国家社会科学基金项目
"出口退税政策的经济与环境效应及优化路径研究"
（批准号：16CJY062）

出口退税政策的环境经济影响研究

宋鹏 著

The Economic and Environmental Impacts of Export Tax Rebates

中国社会科学出版社

图书在版编目（CIP）数据

出口退税政策的环境经济影响研究/宋鹏著.—北京：中国社会科学出版社，2023.4
ISBN 978-7-5227-1824-8

Ⅰ.①出… Ⅱ.①宋… Ⅲ.①出口退税—税收政策—研究—中国 ②环境经济—研究—中国 Ⅳ.①F812.424 ②X196

中国国家版本馆CIP数据核字（2023）第069598号

出 版 人	赵剑英	
责任编辑	刘晓红	
责任校对	周晓东	
责任印制	戴　宽	
出　　版	中国社会科学出版社	
社　　址	北京鼓楼西大街甲158号	
邮　　编	100720	
网　　址	http://www.csspw.cn	
发 行 部	010-84083685	
门 市 部	010-84029450	
经　　销	新华书店及其他书店	
印　　刷	北京君升印刷有限公司	
装　　订	廊坊市广阳区广增装订厂	
版　　次	2023年4月第1版	
印　　次	2023年4月第1次印刷	
开　　本	710×1000　1/16	
印　　张	21.5	
插　　页	2	
字　　数	343千字	
定　　价	109.00元	

凡购买中国社会科学出版社图书，如有质量问题请与本社营销中心联系调换
电话：010-84083683
版权所有　侵权必究

摘　要

出口退税兼具贸易政策和财税政策属性，一方面，作为贸易政策可用以提高我国出口产品竞争力从而激励出口贸易；另一方面，通过调整出口退税率可以起到优化出口产品结构的作用，使其成为我国深化财税体制改革中促产业转型升级和促经济结构调整的一项重要抓手。然而长期以来，中国出口退税存在对行业和贸易产品激励结构不合理等问题，在助推贸易顺差不断扩大的同时，也引致了巨大的资源环境"逆差"。特别是"两高一资"（高耗能、高污染和资源性）行业产品享受了较高的出口退税优惠，会通过"高污染行业产品出口退税优惠→高污染行业产品出口扩大→高污染行业产品生产规模扩张→污染排放增加"的链式反应传导，在产生贸易利得效应的同时产生污染的负效应。为了应对中国经济的结构性问题，党中央国务院多次提出要以推动高质量发展为主题，以深化供给侧结构性改革为主线，加大宏观财税政策应对力度。由此，再次引发了对完善税制促进结构优化的广泛关注。

作为对出口产品供给侧管理的重要政策手段，出口退税政策调整能否助推贸易、经济结构调整和绿色转型？其对优化贸易和经济结构究竟会产生多大的作用？对污染减排的效果如何？是否需要加大调整力度？为了回答这些问题，本书全面量化评估出口退税政策的经济与环境效应，从贸易、经济和环境综合平衡的角度研究出口退税政策的优化路径，为制订正确的调整方案、促进绿色转型提供科学的决策支持。在研究脉络上，首先回顾和梳理了贸易与环境的关系研究现状，综述了出口退税及其经济影响相关的研究进展，发现目前国内外关于出口退税的环境影响的研究尚处于起步阶段，研究的广度和深度明显不够。其次，在对出口退税政策的经济和环境影响进行局部均衡和一般均衡理论分析的基础上，推导出了一个包含"出口税负"的"最优污染排放水平"的理论模型，并构建了出口退税的经济影响与环境效应的结构化分析的传导逻辑和相应的效应分解分析方法。再次，为了验证理论模型，重点选取出口退税承担环境职能、面向"两高一资"行业产品进行较大规模调整的"十一五"时期作为经验分析的样本区间，针对出口退税与污染排放等的关系从不同角度开展了多项经验分析。最后，通过构建可计算局部均衡（CPE）和可计算一般均衡（CGE）等结构化模型，深入分析中国出口退税政策的经济影响与环境效应并进行了多项政策试验，以期从对外贸易、国内经济与环境利益综合平衡的角度，给出政策调整的优化方案。

本书研究发现，出口退税是一项阶段性贸易政策，并且充当了一项次佳环境政策，通过结构（优化）效应助推污染减排。"十一五""十二五"时期的出口退税政策调整被经验分析证实是出于减排污染和保护环境的目的，并且本书进一步研究证实中国"十一五"时期以来降减"两高一资"行业产品出口退税的政策措施也确实起到了减排污染和保护环境的作用。但需要强调的是，此项环境保护职能是出口退税在本地环境政策未能将外贸隐含污染排放的成本有效地内部化的现实情况下所发挥的代理性职能。中国出口退税激励结构不断优化，其环境影响也从"增大排放"转变为"助推减排"，这其中结构（优化）减排效应是关键。2002—2004年，出口退税激励结构不合理，增大污染排放；2005—2009年，出口退税激励结构初步调整，缓解污染增排；2010—2019年，出口退税激励结构进一步优化，助推污染减排。未来，我们主张加大对洁净行业产品的出口退税力度，对其要及时足额退税；主张降减甚至全面取消高污染行业产品的出口退税，以降低其"污染的负效应"。我们强调，应该重视"通过调整出口退税率去优化出口产品结构和相应的产业结构从而发挥结构减排的政策效力"，应最大化发挥其结构优化效应的减排作用。就取消单一高污染行业出口退税而言，化工、钢铁、造纸、皮革制品、纺织印染等行业及其产品表现较为突出；而全面取消所有"两高一资"行业产品的出口退税，不仅可以有效规避污染减排的范围偏差，在实现协同减排的同时还可以有效阻止行业间污染外溢效应，达成对外贸易、国内经济和国内环境利益的综合平衡与多赢，应是中国出口退税政策调整的较优选择。

具体而言，本书研究的主要成果如下。

1. 在中国出口退税政策调整及其水平和结构变化方面

在集结6位税号（HS6）共计5113类产品的出口退税率的基础上，通过使用多种方法量化测度历史年份以及重点行业（特别是"两高一资"行业）的出口退税和"出口税负"水平，对中国2002年、2004—2019年高污染行业和外贸全行业产品的出口退税率水平及其结构状况、"出口税负"水平及其结构状况等进行了比较分析。我们发现，高污染行业产品的出口退税率平均水平在2002年均高于外贸全行业出口退税率平均水平，最低的也要高出4个百分点，尤其是纺织服装（含印染）、金属制品、化工橡胶塑料制品、其他金属，以及石油煤炭产品等享有过高的出口退税优惠。从2005年开始，高污染行业的平均出口退税率出现较为明显的下降，到2007年已低于外贸全行业平均出口退税水平，且在2008年降至2.8%的历史最低值，与外贸全行业产品的平均出口退税水平的差距也达到最大，两者差值为-1.79%。

这种状况和发展趋势，亦可由计算的"出口税负"水平差异所反映：考察期内，高污染行业产品的平均"出口税负"水平均高于外贸全行业产品的平均"出口税负"水平，且在2008年两者差值达到最大，前者比后者高出了6.28个百分点。2008年之后，两者差值虽有所缩减，但前者仍然明显高于后者，年均高出5.32个百分点。

虽然在2008年之后，高污染行业产品的平均出口退税水平（"出口税负"水平）的年际变化有升有降，但均小于（高于）当年外贸全行业产品的平均出口退税水平（"出口税负"水平）。2008—2019年，高污染行业产品的平均出口退税水平（"出口税负"水平）基本围绕4.62%（11.56%）的水平波动，而外贸全行业产品的平均出口退税水平（"出口税负"水平）则基本围绕5.42%（6.23%）的水平波动，两者差值基本维持在年均-0.80%（5.32%）的水平。以上一系列变化均已说明，"十一五"时期以来，中国面向"两高一资"行业产品实施的降减出口退税的多批次政策，在降低高污染行业产品出口退税水平、优化出口退税对行业产品的激励结构等方面的作用已充分显现并卓见成效。

2. 在出口退税与污染排放的理论研究及其经验分析方面

（1）出口退税与环境。在发挥环境保护的作用上，出口退税是次佳政策。在处理对外贸易所引致的污染排放等环境问题上，中国本地环境政策由于存在执行效率低、执法腐败、环境政策缺乏弹性等现实问题，实施效果欠佳，没能充分起到减排外贸隐含污染和保护环境等应有作用。在本地环境政策未能将外贸隐含污染排放的成本有效地内部化的现实情况下，出口退税成为中国对外开放过程中的一种合理的次佳环境政策选择，被中国政府较频繁地使用和调整以发挥其降减贸易隐含污染排放、绿化贸易结构和保护环境等的功能。

本书第五章基于中国出口退税政策调整历程与污染排放的经验分析证实：中国"十一五""十二五"时期的出口退税政策调整，特别是2007年以来针对"两高一资"行业产品的出口退税政策调整，是出于减排贸易隐含污染物和保护环境的目的。

本书第六章进一步的经验分析也已反向证实：中国"十一五"时期以来的出口退税政策调整确实起到了减排贸易隐含污染和保护环境的作用。

（2）出口退税与社会福利。出口退税（"出口税负"）对于社会福利水平的影响取决于贸易利得效应和污染的负效应。减少"出口税负"，即加大出口退税力度，会带来贸易利得，其效应为正。污染的负效应的大小则在一定程度上取决于本地环境政策对于环境损害外部效应内部化的力度。在中国本地环境政策效果欠佳、未能将外贸隐含污染排放的环境损害有效地内部化的现实下，出口退税对社会福利水平的影响则是"贸易利得效应"与"污染的负效应"之和。

本书第六章的经验分析也已证实：中国"十一五"时期以来面向"两高一资"行业产品实施的出口退税政策调整通过影响高污染行业及产品的相对价格而影响污染排放，进而通过"污染的负效应"影响了社会福利水平。

（3）行业出口退税、贸易利得与污染的负效应。无论是洁净行业产品，还是高污染行业产品，增大其出口退税，即减少"出口税负"，均会带来贸易利得，从而增进社会福利水平。一方面，我们主张未来应加大出口退税力度。另一方面，本书研究发现"污染的负效应"的存在，使出口退税政策调整的福利效应会因"本地环境成本（τ）和环境损害（MD）"的大小关系在行业产品层面体现出异质性。靶向锚定环境保护和污染减排，减少高污染行业产品的出口退税（增加了"出口税负"），会降低高污染行业产品的相对价格优势，从而减少高污染行业产品的出口占比和生产规模，污染排放水平的下降会使社会福利水平上升；而贸易利得效应下，由于减少了高污染行业产品出口退税（增加了"出口税负"），会使高污染行业产品所引致的社会福利水平下降。但在资源自由配置和生产要素充分流动的框架下，一定量的资源和生产要素会流向洁净行业，会带来社会福利水平的上升。这种结构优化调整指导着我们后文运用结构化模型尤其是可计算一般均衡模型开展研究工作。

至此，我们形成一个结论并且主张：就未来趋势而言，应加大对洁净行业产品的出口退税力度，而降减高污染行业产品的出口退税。

3. 在通过出口退税政策调整抑制重点"两高一资"行业效果方面

依据我国历年出口退税政策调整文件，本书运用所构建的CPE模型，对纺织印染、皮革制品、造纸、化工、钢铁、有色金属、非金属矿物制品、矿物质、矿物燃料和稀土10个重点"两高一资"行业共计36类贸易产品出口退税政策调整的经济与环境影响展开分析。CPE分析表明，降减出口退税会使我国"两高一资"行业产品的出口额下降，生产者福利下降，但由于政府税收涨幅大于生产者福利下降程度，从而我国净福利整体表现为上升。在获得经济净福利的同时，高污染行业产品的出口和生产受到抑制，减少了多种污染物的排放量，从而能够起到污染减排的作用。这种局部均衡的分析过程及其结果，证实了我国政府针对"两高一资"行业产品实施的"降减出口退税"的政策措施，可以取得经济利益与环境效益的"双赢"结果。我们提出：在纺织印染行业、部分皮革制品、造纸业、塑料橡胶及其制品、钢铁制品、部分有色金属制品等的出口退税率有进一步下调空间和取得经济与环境效益"双赢"的潜力。

4. 在出口退税政策调整的宏观经济效果分析与环境效应测度方面

出口退税政策的环境效应包括规模效应、结构效应和技术效应。短期主要集中在规模和结构效应，而技术效应不明显。受降减出口退税政策影响，高污染行业产品出口及生产规模下降，从而通过规模效应减排污染；同时生产要素等资源会从高污染行业流向清洁行业，清洁行业产出及其占比就会扩大，从而通过结构（优化）效应减排污染。CGE 研究表明，2002 年，出口退税安排存在较大的结构不合理问题，产生了规模增排效应和结构（劣化）效应，在带来经济总产值上升的同时也带来了多种污染物排放量的上升，并且污染物排放量上升更快；2005 年的出口退税安排，产生了结构减排效应，但此时规模增排效应大于结构减排效应，在总体上依然表现为污染增排；到 2010 年，出口退税结构得到进一步优化，结构效应的减排作用超过了规模效应的增排作用，在总体上表现为污染减排，并且还提升了经济总产值。通过 CGE 研究，本书指出：对出口退税进行优化调整有助于实现贸易、经济和环境利益的综合平衡，即实现经济、贸易和环境利益多赢。并且，我们强调应该重视"通过调整出口退税率去优化出口产品结构和相应的产业结构从而发挥结构减排污染物的政策效力"。

5. 在出口退税"政策试验"与路径选择方面

以 2018 年出口退税为基准，分别运用 CPE 和 CGE 模型分别对"单一高污染行业"产品和对"所有高污染行业"产品开展了"提高出口税负"（取消出口退税）的政策模拟。在模拟结果基础上，通过构建和使用"污染减排的出口额损失代价""单位税率污染变动""污染减排综合指数""出口税负引致的污染—经济弹性""GDP 的污染排放代价"等指标，多角度综合比较不同政策方案，从贸易、经济与环境利益综合平衡角度，提出优化路径选择。一是"提高单一高污染行业产品出口税负"即取消单一高污染行业出口退税，优先顺序依次为：化工行业、钢铁行业、造纸行业、皮革制品行业、纺织印染行业、有色金属行业、陶瓷行业、玻璃及其制品行业、矿物材料制品行业。二是具体细类产品的出口退税率和税目结构仍存在继续优化的空间：短期内，进一步加大对"两高一资"行业产品出口退税率的下调力度，而对除"两高一资"外的产品足额退税。建议提高钢铁制品、其他合金钢等细类产品的"出口税负率"（尽快取消其出口退税），同时逐步提高合成橡胶、纺织服装（含印染）、皮革制品、造纸、其他金属制品等的"出口税负率"。三是"提高单一高污染行业产品出口税负",会导致污染减排的不平衡,在行业间产生污染外溢效应,且不利于同时控制多种污染物的排放;而"提高所有高污染行业产品出口税负"即全面取消所有"两高一资"行业产品的出口退税,不仅可以有效规避污染减排的范围偏差,在实现协同减排的同时还可以有效阻止行业间污染外溢效应,达成对外贸易、国内经济和国内环境利益的综合平衡与多赢,应是中国出口退税政策调整的较优选择。

关键词:出口退税;经济影响;环境效应;污染减排;经验分析;可计算局部均衡模型;可计算一般均衡模型

目 录

第一章 绪论 ··· 1
    第一节 研究背景 ·· 1
    第二节 研究意义 ·· 11
    第三节 研究内容与技术路线 ··· 11

第二章 文献综述 ·· 18
    第一节 贸易与环境关系研究 ··· 18
    第二节 出口退税及其经济影响相关研究 ···································· 27
    第三节 出口退税的环境影响研究 ·· 29
    第四节 本章小结 ·· 29

第三章 理论基础与研究方法 ··· 31
    第一节 出口退税的经济与环境影响的局部均衡理论分析 ········· 31
    第二节 出口退税与"最优污染排放水平"的一般
             均衡理论分析 ·· 34
    第三节 出口退税政策环境经济影响结构化分析的
             传导逻辑 ·· 44
    第四节 可计算局部均衡（CPE）模型 ······································ 48
    第五节 可计算一般均衡（CGE）模型 ······································ 55
    第六节 出口退税政策环境效应分解分析 ·································· 64
    第七节 本章小结 ·· 67

第四章 出口退税政策调整及其水平和结构变化 ······················ 68
    第一节 出口退税政策调整历程 ··· 68

1

第二节	出口退税水平及其变化情况	74
第三节	"出口税负"水平及其变化情况	84
第四节	本章小结	88

第五章 出口退税调整动机的经验分析 90
第一节	出口退税调整的减排动机的理论模型	92
第二节	计量回归模型的构建与数据来源	98
第三节	实证结果及分析	106
第四节	本章小结	118

第六章 出口退税调整的减排效应的实证分析 120
第一节	出口退税与出口	121
第二节	出口退税与污染排放	125
第三节	出口退税的减排效应的理论模型	128
第四节	进一步的经验分析模型与数据说明	131
第五节	出口退税调整对全行业减排效应的实证分析	138
第六节	出口退税调整对高污染行业减排效应的实证分析	154
第七节	内生性问题策略之工具变量法	166
第八节	内生性问题策略之出口退税对污染排放影响的 DID 分析	167
第九节	本章小结	170

第七章 通过出口退税政策调整抑制重点"两高一资"行业效果研究 173
第一节	纺织印染行业	173
第二节	皮革制品行业	178
第三节	造纸行业	182
第四节	化工行业	185
第五节	钢铁行业	195
第六节	有色金属行业	200
第七节	矿物质	210
第八节	矿物燃料	214

第九节	矿物材料制品	217
第十节	陶瓷产品	220
第十一节	玻璃及其制品	224
第十二节	稀土及其制品	227
第十三节	本章小结	229

第八章 出口退税政策调整的宏观经济效果分析与环境效应测度 … 232

第一节	方法与政策情景	232
第二节	数据与模型校验	237
第三节	结果分析	240
第四节	本章小结	251

第九章 出口退税"政策试验"：贸易、经济与环境综合平衡的路径选择 … 253

第一节	基于CPE模型的出口退税"政策试验"与路径选择	253
第二节	基于CGE模型的出口退税"政策试验"与路径选择	264
第三节	贸易、经济与环境综合平衡分析与路径选择	269
第四节	本章小结	279

第十章 结论与政策建议 … 281

第一节	出口退税调整与贸易、经济、环境利益的平衡	282
第二节	出口退税政策未来调整方向	290
第三节	本书特色与未来展望	292

参考文献 … 296

附录 … 312

第一章

绪 论

第一节 研究背景

一 改革开放尤其是加入世界贸易组织（WTO）以来，中国对外贸易快速发展，其背后却隐含着巨大的资源环境逆差

改革开放特别是加入 WTO 以来，中国对外贸易发展迅速。在改革开放之初，我国进出口总额仅为 206.40 亿美元，而截至 2019 年上升至 45753 亿美元。快速增长的进出口总额在我国加入 WTO 之后的 10 年里表现尤为突出，以接近年均 30% 的增长速度"领跑"全球。这其中出口总额的增长速度快于进口总额，在改革开放之初，中国出口总额仅为 97.50 亿美元，占进出口总额的 47.24%，而到 2019 年出口总额增长至 24984.1 亿美元，占比提升至 54.61%。受出口增长快于进口的影响，中国贸易差额也由改革开放之初的逆差转变为顺差，并且顺差额不断扩大，从 2001 年加入 WTO 之初的 225.50 亿美元扩大至 2019 年的 4215.1 亿美元。出口贸易额的增长一方面增强了我国对世界经济的贡献，譬如 2000 年我国在世界货物贸易排名中位居第七，而在加入 WTO 之后对世界经济的贡献率持续上升，尤其是国际金融危机之后，我国出口贸易量跃居全球榜首并保持至今。另一方面，出口额的快速增长极大地拉动了国内经济增长，在改革开放之初，出口对我国经济增长的贡献度为 4.60%，而截至 2019 年这一贡献度上升至 17.39%。这也从侧面反映出我国经济增长对出口的依赖程度较大。出口贸易不仅影响了我国的经济规模，还影响着我国的经济结构，如加入 WTO 以后，我国经贸结构不断优化，第二产业尤其是第三产业占GDP的比重大幅上升，截至2018年，第三产业对GDP的贡献率已达到52.16%。①

对外贸易尤其是出口贸易在助推我国经济增长和结构调整的同时，受限于我国较为粗放的发展方式，往往会通过"出口扩张→经济规模扩大→能源资源消耗和污染排放增加"的链条引发资源环境问题。我国能源消耗总量在1952年不足1亿吨标准煤，在加入WTO后增速明显加快，到2009年在成为世界第一大出口贸易经济体的同时也跃居为全球第一大能源消耗经济体。2018年，我国能源消耗总量已高达46.40亿吨标准煤，当年我国GDP只占世界总量的15.86%左右，外贸只占全球的12.77%，但是石油、煤炭和天然气消耗分别占世界总消耗量的13.55%、50.55%和7.35%。同样在2018年，我国以94.29亿吨的二氧化碳（CO_2）排放量，位居全球首位，占世界二氧化碳排放总量的27.82%。我国二氧化硫（SO_2）排放量在2018年也位居全球首位。局地大气污染物（二氧化硫、烟尘以及工业粉尘）的这种排放规模还是在国家大力节能减排下的结果。从"十一五"时期我国主要污染物排放量开始减少。其中，到2017年全国二氧化硫排放达875.4万吨。至于其他主要污染物，化学需氧量（COD）、氨氮（NH_3-N）排放量在2017年分别达到1021.97万吨、139.51万吨。工业固体废物产生量连年增长，从2001年到2010年，工业固体废物产生量由8.87亿吨增长到24.09亿吨，其平均增长率为11.9%，从2010年到2011年，工业固体废物产生量大幅增长，由24.09亿吨增长至32.51亿吨，其增长率为35%，从2011年到2017年，工业固体废物产生量由32.52亿吨增长至33.16亿吨，其平均增长率又回落到0.4%的更低增长水平。

对于改革开放尤其是加入WTO以来我国巨大的能源消耗和污染排放，许多学者研究测度了它们与对外贸易的关系，发现了巨大的贸易隐含污染排放，认为中国对外贸易价值量顺差的背后是沉重的资源能源消耗和污染排放代价（Liu and Diamond，2005；陈迎等，2008；张友国，2009；中国科学院，2011）。赵忠秀（2013）从贸易隐含碳的角度出发，分析了中美两国之间高碳行业转移的证据，发现出口是造成隐含碳

① 以上数据来自"商务部进出口统计"。

排放迅速增加的主要原因。郭际等（2015）认为，2004—2008年中国制造业出口贸易隐含的二氧化硫污染已经占了二氧化硫排放总量的一半以上。潘安（2017）研究发现，1995—2009年重制造业出口隐含碳排放占比最高且呈上升的趋势，中间品的出口隐含碳排放高于最终品，反映了该行业以出口中间品为主；相反，轻制造业的最终品隐含碳排放高于中间品，反映了该行业以出口最终品为主。由于中国在GVC的分工中主要处于下游环节，不利的分工地位使其在贸易活动中引起相对较高的隐含碳排放。李永源等（2019）研究发现，2012年中国生产端核算的SO_2、NOx、PM_{10}、NMVOC出口隐含的排放量分别占生产端排放的14.6%、14.7%、14.1%、15.0%，而中国消费端核算的SO_2、NOx、PM_{10}、NMVOC进口隐含的排放量分别占消费端排放的6.9%、9.3%、9.6%、22.3%。总的来看，中国是贸易隐含SO_2、NOx、PM_{10}排放的净输出地和隐含NMVOC排放的净输入地。陈曦等（2020）认为，中国出口贸易的隐含碳排放在1992—2002年呈缓慢上升的趋势，而在2002—2007年则快速增加，并且在2007年达到了历史峰值，约为28.2亿吨。

二 针对贸易隐含的污染排放，国内环境政策效果欠佳，绿色贸易转型倒逼贸易政策调整

尽管贸易给环境带来一定影响，但是贸易本身并不是产生"环境逆差"从而导致超量贸易隐含污染排放的最根本原因。我们发现主要原因有如下两个：一是针对对外贸易隐含污染排放所造成的负外部效应，我国国内环境政策将负外部效应内部化的作用力度不够、效果欠佳。二是我国对外贸易政策中仍然存在增排污染的不合理因素，需要继续优化并向绿色贸易转型。

（一）国内环境政策在内化贸易隐含污染排放上的作用效果欠佳，因而需要贸易政策发挥减排作用

近年来，尤其是"十一五"时期以来，中国政府在处理环境问题上表现出了较大的期望。首先，从"十五"规划开始，在每年的五年规划中，中国均采取了各种措施减少污染排放和能源消耗。在"十一五"规划中，政府要求各地区各部门努力解决各种突出的环境问题，努力建设环境友好型社会。要将确定的主要污染物排放量控制在一定的目标范围之内，要将污染防治作为重中之重，加大污染治理力度，加快结构调整。加强城市污水处理设施建设，到2010年化学需氧量比2005年削减10%，城市污水处理率不低于70%，单位工业增加值用水量降低30%；同时，要加快淮河、海河等重点流域污染治理，保障群众饮用水水源安全；加强大气污染防治力度，大气污染防治的工作重点就是确保到2010年二氧化硫比2005年削减10%；加强固体废物污染防治，将固体废物的综合利用率提高到60%，到2010年城市生活垃圾无害化处理率不低于60%；减少能源消耗，计划到2010年单位国内生产总值能源消耗降低20%。另外，也提出了量化的环境质量改善目标，即地表水国控断面劣Ⅴ类水质的比例由2005年的26.1%降低至22%以下，七大水系国控断面好于Ⅲ类的比例由2005年的41%提高至43%以上，重点城市空气质量好于Ⅱ级标准的天数超过292天的比例由2005年的69.4%提高至75%。在"十二五"规划中，首次提出了"绿色发展"的概念，政府要求各地区、各部门到2015年，主要污染物排放总量显著减少。到2015年，每单位国内生产总值所引起的二氧化碳排放相较于2010年减少17%，所引起的二氧化硫和化学需氧量的污染排放分别相较于2010年下降8%，所造成的氮氧化物、氨氮的排放分别相较于2010年减少10%。控制温室气体排放，推进植树造林，新增森林面积1250万公顷。减少水污染，加强水资源节约，城乡饮用水水源地环境安全得到有效保障，单位工业增加值用水量降低30%。节约集约利用土地，单位国内生产总值建设用地下降3%。大力发展循环经济，使固体废物的综合利用率到2015年达到72%，资源产出率到2015年提高15%。加大环境保护力度，加强污染物的治理，减少污染物的排放，目标到2015年地级以上城市空气质量达到二级标准以上的比例达到80%，而且城市污水处理率达到85%，生活垃圾无害化处理率达到80%，单位国内生产总值能源消耗相较于2010年降低16%，非化石能源占一次性能源消耗的比重达到11.4%。同时，也要促进生态保护和修复，构建生态安全屏障，强化环境保护和治理。要着力减少各个污染物的排放，计划到2020年，化学需氧量和氨氮的污染排放总量相较于2015年分别减少10%；二氧化硫和氮氧化物的污染排放总量相较于2020年分别减少15%。推进资源节约集约利用，推进节约能源进程，计划到2020年能源消耗总量控制在50亿吨标准煤以内。严格落实城市空气质量达标计划，地级及以上城市重污染天数减少25%，338个地级以上城市空气质量优良天数比率到2020年要大于80%。推进水资源的管理与利用，到2020年用水总量控制在6700亿立方米以内，主要江河湖泊水功能区水质达标率达到80%以上，地表水质量达到或好于Ⅲ类水体的比例到2020年计划要大于70%，地表水质量劣Ⅴ类水体比例要小于5%。制订工业污染源排放达标计划，从而控制重点行业挥发性有机物的排放总量下降10%。加强环境基础设施建设，城市、县城污水集中处理率分别达到95%、85%。

其次，中国制定了相关环境战略和政策法规体系。譬如，在国家层面提出了生态文明战略，深入实施"史上"最严《中华人民共和国环境保护法》，推进建立最严格的环境保护制度，相继推出"大气十条"、"水十条"和"土十条"等力度空前的污染防治行动计划，并逐步落地实施了排污权交易、环保财政、生态补偿、绿色信贷、绿色证券、绿色保险、绿色金融、环境税等环境经济政策等。

最后，中国政府还推行了机构改革，环境保护在国家和政府机构中的作用更加突出（Gang，2009；Ren and Shou，2013）。2008年，原国家环境保护总局升级为部级单位，成立原国家环境保护部，拥有了更多的预算和更多的工作人员。中央政府还通过将地方官员绩效考核与环境保护成效挂钩，以激励地方政府保护环境。2018年，十三届全国人大一次会议表决通过了关于国务院机构改革方案的决定，批准成立中华人民共和国生态环境部，不再保留环境保护部。新组建的生态环境部职责范围更广，不仅包括原环境保护部的职责，还纳入了原国家发展和改革委员会应对气候变化和碳减排的职责、农业部的指导面源污染治理职责等。

尽管中国采取了诸如以上相关行动和措施来保护环境，但执行力不足是"中国环境法规最大的弱点"（Stalley，2010）。环境法规的实施和执行由省、市地方环境保护局负责。然而，受多种因素的影响，地方环保局往往缺乏执行这些法规的权力。第一，虽然环保局机构编制人员有所增加，但现有人员规模依然偏少，不足以保证诸多环境法规的顺利执法和落实（Ren and Shou，2013；Stalley，2010；Brettell，2013）。第二，地方环保机构在一定程度上仍然缺乏检测污染标准违规行为的技能和技术（Ren and Shou，2013）。第三，地方企业是政府财政收入的重要来源，因而会受到地方政府一定程度的保护和激励，其污染排放往往被忽视或默许。如果地方领导人认为某家企业对当地经济发展至关重要，那么环境政策法规的执行就会大打折扣，环保部门执法也会因此受到干扰甚至被阻止（Dean et al.，2009；经合组织，2005年）。

另外，地方腐败加剧了地方环境机构执行不力和执行效率低下（Stalley，2010）。有充分的经验证据表明，企业会与地方当局协商环保监管处罚力度和罚没款项等（Dean et al.，2009；经合组织，2005；Wang et al.，2003）。地方腐败造成的环境成本难以估算，但很可能是巨大的。譬如，根据原国家环境保护局局长周生贤在2006年的一份声明中提到，政府调查了建筑项目的污染控制许可，发现约40%的项目存在违规行为而未得到应有的惩罚（Stalley，2010）。

退一步讲，即使环境法规执行有力并且对违规行为进行了应有的环境税费等处罚，环境政策也只有在能够促使生产者减少污染的情况下才能有效。也就是说，处罚力度要足够大才具有震慑效力和取得切实效果。中国政府已经采取了一些措施来提高对环境法规和标准的遵守程度，比如增加刑事责任。《中华人民共和国刑法》："破坏环境资源保护罪"是1997年新增入刑法的一类犯罪。另外，于2014年4月24日修订通过了《中华人民共和国环境保护法》，并于2015年1月1日起施行，该法明确规定了一切单位和个人都有保护环境的义务，县级以上人民政府应当将环境保护纳入工作规划并采取相应措施，促进清洁生产和资源循环利用，保证信息的公开，使公众依法参与和监督环境保护，采用有奖有罚的制度将环境保护落到实处。对某些不遵守规定的行为处以更高的罚款，并努力加强执法力度。然而，这些措施的威慑作用实际上仍然是有限的。有证据表明违反污染标准所受到的惩罚（违法成本）仍然小于守规成本（Brettell，2018）。Cole等（2008）的经验研究也支持这一观点，认为无论是正式的还是非正式的环境规制，均未能"成本有效地"阻止工业行业污染排放，尤其是对于中国对外贸易隐含污染排放的作用则更小。

众所周知，在局地范围内产生的污染排放、局地环境的扭曲，包括对外贸易引致的局地范围内的外贸隐含污染排放，最好是通过国内污染税费等国内环境政策工具进行内部化（Copeland，2011）。然而，地方环保执法不力、腐败以及污染税费的威慑作用令人质疑等，使中国政府在国内难以真正有效地收紧局地环境政策。对于贸易隐含污染排放而言,国内环境政策内部化其外部效应的作用力度则更为局限,更未能起到应有的作用,未能产生预期效果。彭昱(2013)通过实证分析,发现目前我国环境公共政策在效果方面仍有所不足,并不能将国内的污染排放包括外贸隐含污染排放减少到社会最优水平。熊波等(2019)认为,中国的命令控制型环境政策是失效的,一个重要的原因是地区竞争,地区竞争导致的最直接的结果就是环境政策执行力不足。地方政府为了吸引企业投资,往往会采取最宽松的环境政策,进而导致环境的恶化,致使环境政策效果欠佳。田秀杰等(2020)认为,政府实行的征收资源税等环境政策对环境的影响表现为"绿色悖论"效应,即环境政策未能有效地减少碳的污染排放。王班班等(2020)基于河长制政策的研究发现,环境政策在未受到上级政府要求的情况下,由其他地方政府主动模仿的"平行扩散"并不能达到预期的效果,甚至在有些地区不能产生减排的效应。黄晓航(2020)认为,政府的环保支出、政府执行力和行政命令控制等与环境相关的政策对中国工业废气的排放都没有明显的抑制效果。李小胜等(2020)认为,中国的环境政策从长期来看存在边际效率递减的规律,距离政策冲击的时间点越远,其政策效果越不具备有效性。由此,在国内环境政策效果不佳或失效的情况下,可以利用贸易政策调整这项手段发挥贸易减排作用,积极绿化和调整贸易政策,促进绿色贸易转型,理应成为减少贸易隐含污染排放的重要选择。

Copeland(1994)的研究支持了这一观点和思路,认为实施最优环境规制失败的国家,可以使用贸易政策作为削减污染排放的次佳政策工具。对照中国国内环境政策及其内化贸易隐含污染排放此类外部效应的作用情况,我们认为这种次佳政策情景适合中国。那么,接下来我们将目光转移至中国贸易政策领域,分析中国贸易政策因应污染减排而进行调整和绿化的有关情况。

(二)我国对外贸易政策中仍然存在增排污染的不合理因素,需要绿化调整从而发挥贸易减排作用

长期以来(尤其是1978—2005年),我国实行的传统贸易政策忽视了对外贸易带来的环境影响,对此并没有采取适应的环保措施。到"十一五"时期,由于面临内外双重压力,这些传统贸易政策和外贸增长模式亟须调整。特别是,近年来随着国内生态文明建设,推进环境质

量改善和"美丽中国"建设等需求的增加,为了促进经济高质量发展、产业结构绿化升级和建设资源节约型、环境友好型社会,需要绿化调整贸易政策从而发挥贸易减排作用。

尽管中国还没有建立专门针对绿色贸易转型的系统性政策,但在促进绿色贸易转型的具体实践中已使用了多种政策手段,这其中比较重要的如调节多种产品出口退税率、限制"两高一资"(高耗能、高污染和资源性)行业产品出口、提高服务贸易占比等。

1. 出口退税和进出口关税手段

"十一五"时期,为限制"两高一资"产品出口,国务院、发展改革委、财政部、国家税务总局等有关部门分10批次取消了1115项"两高一资"产品的出口退税(面向"两高一资"行业产品的出口退税政策调整详见本书第四章第一节内容),分4批次对300多个商品开征出口关税。自2011年起,我国对部分高新技术产品或"两高一资"产品的进口,免征进口环节的增值税、消费税或进口关税。2011年,国家税务局决定对我国不能生产或生产的数量不能满足我国生产需要的科技开发用品的进口,可以免征进口环节的增值税、消费税和进口关税;对外资研发中心进口科技开发用品继续免征进口环节的增值税、消费税和进口关税;对符合规定条件的国内企业为生产国家支持发展的千万吨炼油设备及天然气管道运输设备、大型船舶装备、成套棉纺设备而确有必要进口部分关键零部件、原材料,免征关税和进口环节增值税等。2015年,国家取消了含硼钢(含硼合金钢)的出口退税,降低了档发(合成纺织材料制的假发等)的出口退税率。具体可参见第四章第一节"出口退税政策调整历程"和表4-1。

2. 加工贸易限制和禁止手段

为推动加工贸易绿色转型升级,我国在"十一五"时期面向"两高一资"行业产品的加工贸易,分5批次增补了加工贸易禁止类产品目录和加工贸易限制类产品目录,其中,增补的加工贸易禁止类产品目录覆盖了1759项产品,加工贸易限制类产品共涉及1853项商品。

3. 以提高服务贸易占比来绿化贸易结构

我国在"十一五"规划中明确提出提升出口产品的档次,以提高服务贸易占比来优化和绿化对外贸易结构。并且要求推动从出口规模向出口质量的转变，明确要求对高耗能、高污染和资源性（"两高一资"）产品的出口进行严格控制。中国因此也继续探索并出台了一系列绿色贸易政策。在"十二五"规划中也明确提出要限制高耗能、高污染、资源性（"两高一资"）产品出口，引导更多的外资投向节能环保等领域。同时，充分利用WTO框架下的环境保护条款，积极应对起诉我国限制性矿产资源产品出口的贸易纠纷；积极参与WTO对华贸易政策的环境议题审议，以及中国对WTO其他成员方贸易政策的环境议题评议，并开展国内环境政策和措施的贸易影响分析。在"十三五"规划中，明确提出了贸易发展的有关要求。要着力发展绿色环保产业，扩大环保产品和服务的供给、发展环保技术装备。鼓励社会资本进入环境基础设施领域的建设，创建一批具有国际竞争力和影响力的大型节能环保企业，扩大节能环保产品的出口，同时也加快绿色产业链体系的构建。为促进清洁型产品生产，鼓励外资更多地投向节能环保等领域，改进生产技术。并且限制高污染、高耗能和资源类（"两高一资"）产品的出口，促进绿色产业发展，努力打造全球绿色贸易。加强节能环保国际合作，积极参与国际绿色发展规则制定。

以上政策手段在促进绿色贸易转型的具体实践中起到一定效果，尤其是面向"两高一资"行业产品实施的调整出口退税的政策手段，在国内本地环境政策效果欠佳的情况下，可以成为减排外贸隐含污染物，促进我国绿色贸易转型的重要抓手。

三 作为促进绿色贸易转型的重要政策手段，出口退税及其政策调整的经济与环境影响值得深究

从前文梳理的部分政策手段来看，出口退税政策是促进绿色贸易转型的主要抓手之一，而且是重点使用和使用频次最高的政策手段。"出口退税"指对出口货物退还其在国内生产和流通环节实际缴纳的产品税、增值税、营业税和特别消费税，兼具贸易政策和财税政策双重属性。而且出口退税是一种国际惯例，是《关税与贸易总协定》（以下简称GATT）、WTO以及其他国际贸易规制所允许的一种政策手段，如GATT明确提出它是与倾销、配额、关税、补贴等完全不同的一种贸易行为，并且在其附件九"注释和补充规定"中载明："对一出口产品免征其同类产品供国内消费时所负担的关税或国内税，或免除此类关税或国内税的数量不超过已增加的数量，不得视为一种补贴。"因此，使用出口退税政策手段并不违反 WTO 等国际贸易规则，我国可以对其进行调整以发挥除了贸易和财税职能外的减排外贸隐含污染物的代理性职能。

近期，中美贸易摩擦不断，加之受新冠疫情影响，我国在对外贸易形势恶化、国内经济下行压力加大的同时，却依然要面对严峻的环境污染减排和经济高质量发展等需求，这极大地考验着我国经济社会发展的韧性和可持续性，给政策制定者带来了选择上的多重困难和严峻挑战。为了应对中国经济的结构性问题，"供给侧改革"再次引发了对完善税制促进结构优化的广泛关注。我国"十三五"规划明确提出："加快对外贸易优化升级，深化财税体制改革，转变经济发展方式。"出口退税，可以成为深化财税体制改革中促产业转型升级和促经济结构调整的一项重要抓手，发挥减排外贸隐含污染物的代理性职能。这是因为，长期以来，中国出口退税存在对行业和贸易产品激励结构不合理等问题，在助推贸易顺差不断扩大的同时，也引致了巨大的资源环境"逆差"。特别是"两高一资"（高耗能、高污染和资源性）行业产品享受了较高的出口退税优惠，会通过"高污染行业产品出口退税优惠→高污染行业产品出口扩大→高污染行业产品生产规模扩张→污染排放增加"的链式反应传导，在产生贸易利得效应的同时产生污染的负效应。

那么，作为对出口产品供给侧管理的重要政策手段，出口退税政策的调整，尤其是"十一五"时期以来降低或取消出口退税的政策调整是出于环境保护的目的吗？如果是的话，中国"十一五"时期以来降减"两高一资"行业产品出口退税的政策措施起到减排污染和保护环境的作用了吗？更进一步地，出口退税政策调整能否助推贸易、经济结构调整和绿色转型？其对优化贸易和经济结构究竟会产生多大的作用？对污染减排的效果如何？是否会影响企业竞争力、出口和社会福利？未来是否需要加大调整力度或者是否需要调整政策方向？出口退税政策优化调整的依据及具体调整方案应是怎样的？

为了回答以上一系列问题，有必要全面量化评估出口退税政策的经济与环境效应，从贸易、经济和环境综合平衡的角度研究出口退税政策的优化路径，为制订出正确的调整方案、促进绿色转型提供科学的决策支持。

第二节 研究意义

研究出口退税政策的经济与环境效应及其优化调整方案,具有一定的学术价值和应用价值。

一 学术价值

本书尝试从贸易、经济与环境利益综合平衡出发,将出口退税及其变动的环境影响纳入经贸政策分析框架,全面量化评估中国出口退税政策的经济与环境效应,研究出口退税调整对贸易、经济结构优化和污染减排的政策效力,是对现有出口退税问题研究的集成和创新;本书依照"出口退税→贸易变化→经济活动→环境影响"的链式反应逻辑,在重点研究开发出口退税政策影响污染排放的理论和机理的基础上,搭建"理论(模型)分析→经验(实证)分析→结构化模型(模拟)"的三元递进式研究框架,可以丰富和完善环境经济研究的理论和方法。

二 现实意义

本书将研究重点放在挖掘出口退税调整的贸易和经济结构优化和污染减排潜力等方面,通过探讨具体优化路径,试图为绿化和深化中国出口退税政策改革探索方向,具有一定的政策指导意义和应用价值。

第三节 研究内容与技术路线

一 研究对象

根据"十三五"规划"对外贸易优化升级,深化财税体制改革,转变经济发展方式"方针的要求,以中国出口退税政策调整的经济和环境影响,及其未来优化调整路径作为研究对象,探讨通过完善出口退税政策,促进贸易、经济结构调整和污染减排,实现绿色转型的政策空间和效力。

二 研究内容

在研究脉络上,首先回顾和梳理贸易与环境的关系研究现状,综述出口退税及其经济影响相关的研究、出口退税的环境影响相关研究进展。其次,在对出口退税政策的经济和环境影响进行局部均衡和一般均衡理论分析的基础上，推导一个包含"出口税负"的"最优污染排放水平"，探索"出口退税—贸易变化—经济活动—环境影响"的链式反应逻辑，研究开发出口退税政策影响污染排放的理论机理。最后以此为指导，开展经验（实证）分析，并通过构建可计算局部均衡（CPE）和可计算一般均衡（CGE）等结构化模型，深入分析中国出口退税政策的经济影响与环境效应并开展政策试验，以期从对外贸易、国内经济与环境利益综合平衡的角度，给出政策调整的优化方案。依据"理论（模型）分析→经验（实证）分析→结构化模型（模拟）"的三元递进式逻辑结构，本书研究的总体框架主要由以下几个方面组成。

（一）第二章"文献综述"

分别从贸易与环境的关系研究、出口退税及其经济影响研究以及出口退税的环境影响研究这三个方面展开。首先回顾和梳理了贸易与环境的关系研究现状。其次，综述了出口退税及其经济影响相关的研究进展，从理论研究、实证检验、经验分析以及近期研究新变化新特征等方面进行评述总结。最后，对目前数量不多的与"出口退税的环境影响"相关的文献进行梳理总结，发现目前国内外关于出口退税的环境影响的研究尚处于起步阶段，研究的广度和深度明显不够。

（二）第三章"理论基础与研究方法"

理论基础包括：出口退税的环境经济影响的局部均衡理论分析、"出口税负"与"最优污染排放水平"的一般均衡理论分析，以及出口退税政策经济与环境影响结构化分析的传导逻辑等。研究方法包括：CPE 模型、CGE 模型，以及环境效应分解分析方法等。详细来讲，一是分析出口退税政策的经济和环境影响机理，以环境经济学外部效应等理论为起点，将环境污染表达成生产的外部成本，并进一步纳入社会成本中，对出口退税政策实施后的两区域开展比较静态分析，此为局部均衡理论分析。二是将污染看成是污染性产品生产过程中的一种联产品，并将其转化为一种生产要素进行处理[①]，构建一个包含污染性产品 X 和

---

① 把污染作为一种生产投入要素处理已经成为贸易与环境文献中一般均衡分析的标准方法。例如，Pethig（1976）、McGuire（1982）、Copeland 和 Taylor（1994）、Rauscher（1997）等。Copeland 和 Taylor（1994）指出，虽然污染是一种联产品，但能够等价地把它作为一种生产投入要素，并给出了两者等价的特殊和一般情形。

洁净性产品 Y 两种产品、包含中国和世界其他（ROW）两个区域、劳动和资本两种基本生产要素以及包括污染这个特殊生产要素等的一个简单的一般均衡污染供需体系，对该体系中均衡的污染排放水平受出口退税政策冲击前后两种状态开展一般均衡理论分析。三是分析出口退税政策对经济—环境影响的传导机制，探索"出口退税—贸易变化—经济活动—环境影响"的链式反应逻辑，研究开发结构化分析的模型基础。四是构建 CPE 模型、CGE 模型和环境效应分解分析模型，为后续结构化模型模拟铺路。

（三）第四章"出口退税政策调整及其水平和结构变化"

首先，回顾 1985 年中国实施出口退税政策以来的历次调整历程，梳理其被赋予环境保护功能的背景、脉络、强度变化及重要时间节点等。其次，广泛收集整理 1985—2019 年基于 6 位税号（HS6）共计 5113 类产品的出口退税率，合理构建"出口退税水平"指标和"出口税负水平"指标，并给出计算方法。最后，将 6 位税号（HS6）共计 5113 类产品的出口退税率分别集结至 57 个行业部门［与全球贸易分析模型（Global Trade Analysis Project，GTAP）及贸易—经济—环境数据库（TEED）对应］，测算 1985—2019 年各行业部门、高污染行业、外贸全行业"出口退税水平"指标和"出口税负水平"指标，研究高污染行业占外贸全行业出口退税水平（"出口税负"水平）的比重，分析出口退税水平和结构（"出口税负"水平和结构）的变化。本章为后文奠定详尽、扎实、可靠的数据基础。

（四）第五章"出口退税调整动机的经验分析"

本章节是探索出口退税与污染排放关系的第一部分，通过开展经验分析，验证了中国出口退税政策调整的目的是保护环境。

本章主要包括出口退税政策调整的减排动机的理论模型推导和经验分析两部分。其中，模型推导部分将在第三章第二节所述一般均衡理论的基础上进一步推导出"影响出口退税政策调整的因子（这其中包括污染排放相关的因子）"，并据此提出一系列研究假说；经验分析部分则依据模型推导部分，将影响因子转化成解释变量，合理选取指标并收集数据，规范设计计量模型，针对研究假说逐一开展经验分析，以最终检验中国出口退税政策调整的环境保护动机是否属实。本章将建立出口退税与污染排放之间的第一层关系，是决定"出口退税与污染排放"两者关系以及这一课题有无必要继续开展研究的逻辑前提。

（五）第六章"出口退税调整的减排效应的实证分析"

与第五章不同，本章转换角度，将污染排放作为被解释变量，将出口退税作为核心解释变量，这是检验出口退税与污染排放关系的第二部分。在这一部分中，我们通过开展经验分析验证了：中国出口退税政策调整确实起到了污染减排作用。

本章在结构上同样也包括模型推导和经验分析两部分。其中，一是在第三章第二节所述一般均衡理论的基础上，进一步推导出"均衡的污染排放"的表达式，这其中包含了出口退税相关因子。二是依据"均衡的污染排放"的表达式，规范设计计量模型（包括为解决内生性问题而进行的工具变量选取等），合理选取表征指标并相应收集数据，开展经验分析。三是进一步采取另一种经验分析策略，运用DID方法对"十一五"时期降低和取消"两高一资"产品出口退税的污染减排效果进行验证。综合两种经验分析策略，以检验中国出口退税政策调整是否切实起到了保护环境的作用。本章将建立出口退税与污染排放之间的第二层关系，并为后文CPE和CGE等结构化模型参数的设定及政策试验模拟结果的校验等提供经验依据。

（六）第七章"通过出口退税政策调整抑制重点'两高一资'行业效果研究"

本章将运用CPE模型，在收集数据基础上，选取重点"两高一资"行业，测度降低或取消其出口退税所带来的经济与环境影响等。具体而言，一是合理构建经济—环境CPE模型，包括与现实相吻合的参数设定及模型校准、反映现实的指标选取及其嵌入等。二是依据我国历年出口退税政策调整文件，选取重点"两高一资"行业产品，设定与现实相吻合的政策情景，分别对纺织印染、皮革制品、造纸、化工、钢铁、有色金属、矿物质、矿物燃料、非金属矿物制品和稀土10个重点"两高一资"行业共计36大类贸易产品开展分析。三是综合比较不同政策调整下的经济影响（包括行业产值、出口额、政府税收、本国生产者福利、他国消费者福利等）和环境影响（包括COD、SO_2、PM、CO_2等污染物排放的变化等）。四是对各行业经济与环境影响进行综合比较分析，明确下一步降减出口退税的重点行业产品。

（七）第八章"出口退税政策调整的宏观经济效果分析与环境效应测度"

本章将基于 CGE 模型，对出口退税政策调整的宏观经济影响及环境效应进行测度，包括出口退税政策对贸易和经济规模、结构调整的效果分析与环境效应测度等。具体而言，一是遵循链式反应方法，基于 GTAP 模型及 TEED 构建适用于退税政策分析的 CGE 模型。二是参照经验分析（特别是第六章"出口退税调整的减排效应的实证分析"）的结果，合理设定模型参数，校验模型稳定性和准确性。三是为了充分反映政策调整对经济和贸易的作用效果，将模拟分析历次重要节点政策调整下 57 个部门产值的变动、占经济总产值比重的变动，以及出口额、GDP、福利等指标的变动情况。四是以部门生产变动造成的 COD、SO_2、PM、CO_2 等污染物排放的变化为表征指标，评估出口退税调整的环境影响。五是构建环境效应分解模型 $e = \alpha\beta\chi$（其中 α 为污染排放强度，β 为高污染行业所占比重，χ 为经济规模），通过效应分解算法测度技术效应、结构效应和规模效应的贡献比例：$\hat{e} = \hat{\alpha} + \hat{\beta} + \hat{\chi}$。

（八）第九章"出口退税'政策试验'：贸易、经济与环境综合平衡的路径选择"

本章主要是从行业异质性政策设计视角出发，依据历年来出口退税调整状况，设定提高"出口税负"（取消出口退税）的"政策试验"情景，并据此开展"政策试验"和进行综合利益比较分析。具体而言，一是以当前新近年份（2019 年）的出口退税为基准，运用 CPE 和 CGE 模型分别对"单一高污染行业"产品和对"所有高污染行业"产品分别进行了"提高出口税负"（取消出口退税）的政策试验。二是从行业异质性角度设计多种"差别化出口退税"政策方案，模拟不同方案下的经济和环境影响。三是从贸易、经济与环境利益综合平衡角度，提出政策选择的路径：在模拟结果基础上，运用"污染减排的出口额损失代价"指标，并进一步构建"单位税率污染变动""GDP 的污染排放代价"等指标，借以测算各行业获取单位产值（或单位出口额）增量的污染排放代价，并在此基础上进行减排潜力分析；构建"出口税负引致的污染—经济弹性"和"污染减排综合指数"等指标，对不同出口退税政策方案所产生的经济与环境影响开展"污染—经济弹性"分析,借以综合比较并做出优劣判断,从而给出路径选择:包括出口退税调整方向,优先调整的重点行业选择,以及推进进程等。

(九)第十章"结论与政策建议"

本书最后章节为结论与政策建议,通过总结出口退税政策调整与国际贸易、国内经济和国内环境利益的综合平衡关系,揭示政策调整的贸易产品结构优化和经济结构优化空间和污染减排潜力;从国际贸易、国内经济和国内环境利益平衡多赢视角,在结合本书研究结论的情况下,指出未来我国出口退税政策进一步改革和优化调整方向,提出对应的绿化和深化中国出口退税政策改革、促进贸易和经济绿色转型的政策建议。

另外,在本部分也将指出本书研究的特色和不足之处,特别是未来研究展望等。尤其是在当前保护主义上升、世界经济低迷、全球市场萎缩的外部环境下,我国提出"逐步形成以国内大循环为主体、国内国际双循环相互促进的新发展格局"。对内而言,考虑到保税区、自贸试验区、甚至部分国家级新区等存在出口退税政策优惠,未来研究可着眼于区域异质性,尝试探讨"区域差别化出口退税政策"在帮助部分区域平衡贸易、经济与环境利益上的政策效力。具体而言,一是对实施出口退税政策优惠或存在出口退税政策优惠安排的保税区、自贸试验区等区域进行梳理,明晰其出口退税政策优惠时间、范围及力度等情况,选取重点区域及其典型做法,进行比较分析。二是分析选定区域的贸易、经济与环境现状,运用CGE模型测度当前出口退税政策优惠对各区域贸易、经济与环境产生的影响。三是设计区域异质性出口退税政策,帮助促进区域平衡发展的同时,从整体上促进贸易、经济与环境协同发展。构建"协同度"指标,对不同政策方案的经济、贸易与环境影响开展区域"协同度"分析,综合比较并做出优劣判断,从而给出区域异质性和弹性设计策略:包括重点区域出口退税调整方向,优先调整的区域以及推进进程等。

三 技术路线

本书研究的技术路线如图1-1所示。

第一章 绪论

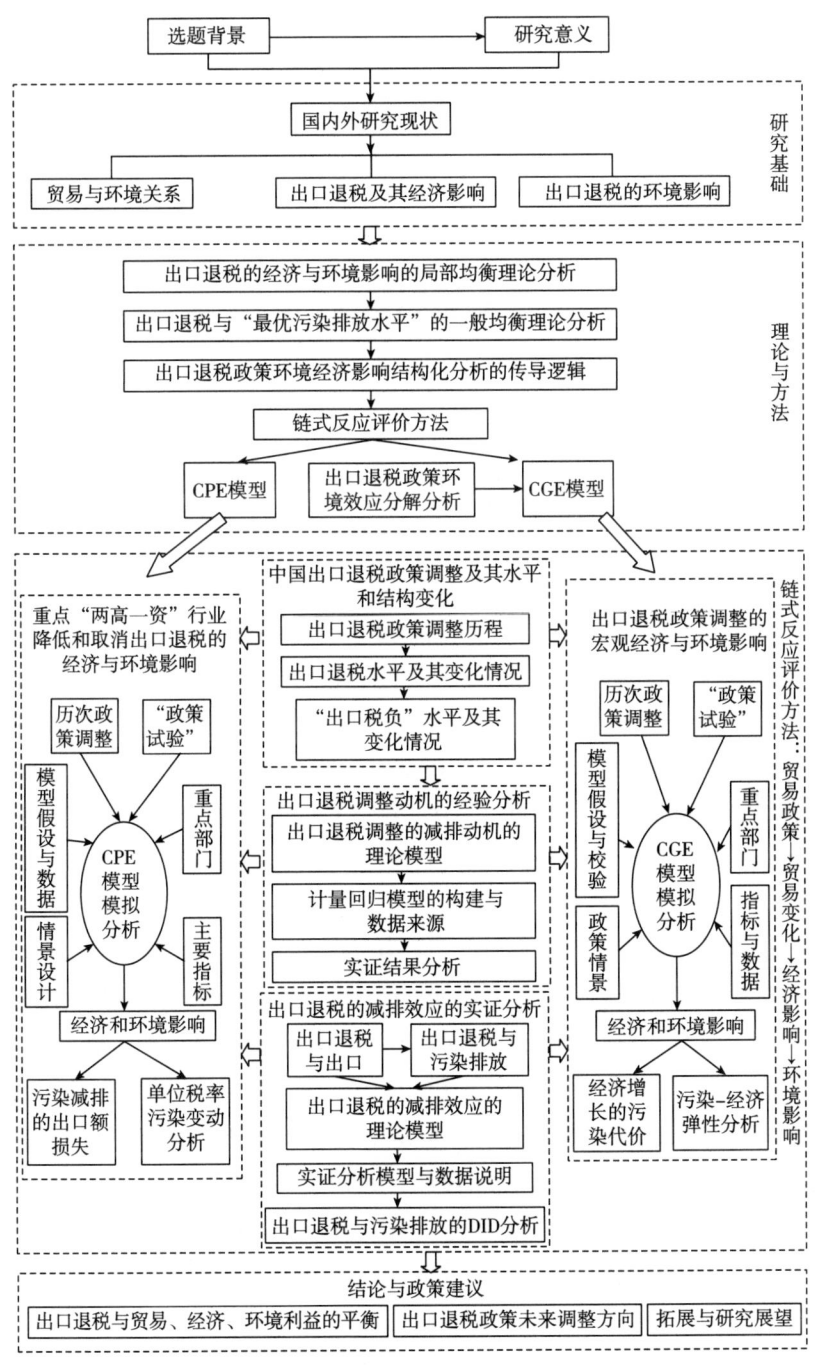

图1-1 本书研究的技术路线

第二章

文献综述

第一节 贸易与环境关系研究

一 国际研究进展

关于贸易对环境的影响,在国际学术界主要有三种鲜明的观点。第一种观点认为贸易对环境有害,即贸易自由化会损害一国的环境质量或状况,如 Dua 和 Esty(1997)等;第二种观点认为贸易对环境有益,即认为贸易自由化会改善一国的环境质量或状况,如 Antweiler(2001)等;而第三种观点则认为贸易对环境的效应是复杂的,即贸易对环境具有复杂的影响,可能是积极的也可能是消极的,如 Grossman 和 Krueger(1993)、Runge(1993)、Copeland 和 Taylor(1994)等。

根据研究目的、分析方法和研究特征等的不同,大致依时间顺序可以将贸易与环境关系的研究划分为以下三个发展阶段。第一阶段:1970—1990 年,聚焦于验证贸易与环境的关系,是"恶化"还是"改善"(研究方法多是通过观察描述或简单的统计回归分析)。第二阶段:1990—2000 年,聚焦于分析自由贸易影响环境的机理和路径(研究方法多是建立假设和理论)。第三阶段:2000 年后至今,聚焦于协调优化贸易与环境关系的"双赢"对策(研究方法多是通过结构化模型进行分析)。这三个阶段主要围绕三个不同的问题("是什么""为什么""怎么办")进行探索和研究。

早在 20 世纪 70 年代初期,贸易与环境的关系问题就已引发了部分学者的关注,如 Baumol(1971)、Magee 和 Ford(1972)以及 Walter

(1973) 等。这些早期学者在第一阶段主要回答"是什么"的问题，即"贸易与环境之间是什么关系，自由贸易对环境是否有益？"。由此自由贸易对环境有害论、自由贸易对环境有益论、贸易先恶化后改善环境质量［倒"U"形环境库兹涅茨曲线（EKC）］等理论和假说相继出现。支撑这些理论和假说的经验分析，需要验证自由贸易的环境效应变化趋势，是呈现"正效应"还是"负效应"，着眼于贸易对局地污染物的影响，通过构建污染物排放系数等指标，采用长时间序列的现象观察或对面板数据（Panel Data）的统计回归等方法，从自由贸易对环境影响的角度来分析贸易与环境的关系。无论是借助自由贸易带来的污染物排放系数变化还是贸易影响下的 EKC 曲线，这一阶段的经验分析仅建立在统计分析基础上，并未深入分析贸易影响环境的机制和路径。

随着国际贸易的不断发展和相关环境问题的日益凸显，学术界在 20 世纪 90 年代迸发了研究二者关系的热潮。在第二阶段，国际学者对于贸易与环境关系的研究则转向对其深层机制的探讨，着重回答"为什么"的问题，即"贸易自由化为什么会影响环境，通过怎样的途径和传导机制对环境产生作用？"由此多种理论假说相继出现，诸如自由贸易导致污染转移驱动力分析中，基于污染排放成本的"污染避难所假说"和"环境成本转移说"，基于生产要素比较优势的"要素禀赋假说"，基于环境规制的"向底线赛跑假说"以及贸易的环境影响效应分解理论（如规模效应、结构效应、技术效应、产品效应）等。

在贸易的环境影响分解研究方面，Grossman 和 Krueger（1991，1993）将国际贸易通过影响经济进而对环境产生影响的机理分解为规模效应、结构效应和技术效应三个方面，由此建立了贸易的环境效应分析的基本框架。Stevens（1993）将贸易的环境效应划分为产品、规模和结构三个方面；Runge（1993）则将贸易自由化的环境效应归结为五个方面：资源配置效率、经济活动的规模、产出结构、生产技术及环境政策；OECD（1994，1997）则是将贸易的环境影响概括为：产品影响、规模影响、结构影响与技术影响四个方面，并进而扩充为产品效应、规模效应、结构效应、技术效应和法规效应等。

Copeland 和 Taylor（1994）通过建立贸易模型对环境效应进行了综合分析，发现自由贸易在改善高收入国家环境质量的同时损害了低收入国家的环境状况，并进而探讨了全球性污染问题的南北贸易模型（Copeland and Taylor，1995），认为国际贸易的环境效应总体为负效应，并提出了"污染藏纳场"（pollution haven）假说。Chichilnisky（1994）则借助南北贸易模型研究了贸易模式与产权之间的关系，结果显示：在全球贸易自由化的背景下，产权制度通过决定贸易模式而对一个国家或地区的资源和环境产生重要影响；特别是发展中国家产权制度不健全，自由贸易会扩大环境资源的外部性，进而导致环境资源使用过度及环境质量的严重恶化。

关于贸易对环境法规（标准）的影响，Dua 和 Esty（1997）以及 Esty 和 Geradin（1997）认为，在世界自由贸易过程中，各国将持续降低本国环境质量标准以增强贸易竞争力，出现"向（环境标准）底线赛跑"（race to the bottom）的畸形现象，在此情况下，世界范围内环境标准竞相下降。但也有部分学者持相反观点，如 Lucas 等（1992）、Birdsal 和 Wheeler（1992）认为，贸易自由化有利于发展中国家学习工业化国家的较高环境标准，从而使整体环境标准及生产技术的进一步提高等。Eliste 和 Fredriksson（1998）特别分析了部分出口竞争型国家或地区的策略性贸易政策（如牺牲环境）对环境管制标准的影响，并未发现有效支持"向（环境标准）底线赛跑"假说的证据。

就全球资源配置和污染转移的视角来看，部分学者提出了"环境成本转移说"。如 Robinson（1988）认为，美国利用进口替代的方式向发展中国家转移环境成本和环境污染。Anderson 和 Blackhurst（1992）则采用局部均衡模型对发达国家和发展中国家的环境质量影响进行研究，结果显示：进口更多的污染密集型产品有利于促进本国环境质量的提升，因而大国会将污染密集型产品的生产转移至小国。此外，这一结论的另一体现是中国参与全球贸易的过程中产生了巨大的资源环境逆差。

上述理论和假说不仅解释了贸易影响环境的机理和路径，还为进一步分析贸易与环境关系提供了坚实的理论基础。第二阶段经验分析在第一阶段的基础上，将环境指标由局地污染物向全球污染变化拓展、空间范围由一国向多边甚至全球延伸，并利用投入产出（IO）模型、计量模型、效应分解技术等以验证理论假说和分解、测度贸易的环境效应。

21世纪以来,学术界关于贸易与环境关系研究进入第三阶段,主要回答"怎么办"的问题,即"如何降低贸易自由化对环境的负面效应而增强其正面效应?"。由此,贸易与环境发展"双赢"理论、自由贸易的环境规制理论等相继出现,学者在这些理论的指导下,寻求优化协调贸易与环境关系的"双赢"对策。这一阶段的研究因全球气候问题的加剧而侧重于在贸易与碳、贸易与温室气体等领域(如 Lu et al.,2010;Dai et al.,2011;Jako and Marschinski,2012),通过设定假设情景,运用局部均衡模型(CPE)和一般均衡模型(CGE)等结构化模型,开展政策模拟和影响预测(Vennemo et al.,2007;Gumilang et al.,2011)等。

此外,还有一些新近文献,通过各自的研究去加深人们对贸易与环境机理的认识及寻找对策。如 Laura 等(2014)使用 265 个中国城市的数据集(其中 158 个是政策的目标),并利用不同时间、行业和企业类型的差异来提取政策对企业出口绩效的因果效应,政策实施后,目标城市的部门出口出现相对下降,而且行业的污染程度越高,出口下降的幅度越大,说明环境法规对环境保护具有正向的促进作用。Edward 和 Richard(2012)认为,严格的环境政策能够在促进经济增长的同时有效地减少环境污染,通过对外贸易污染密集型产品的生产将从环境标准高的国家转移到环境标准低的国家,鉴于环境管制和人均收入之间的密切关系,对一些国家来说,这还意味着发达国家的公司故意把发展中国家作为其污染密集生产的地点,即发达国家将污染向发展中国家转移。Li 等(2014)认为,化石燃料等高污染行业生产规模的扩大和对外贸易开放度的提高都会对环境效率有消极的影响。Kanemoto 等(2014)研究发现,大多数欧盟国家转移到发展中国家的二氧化碳排放量超过了所签订的协议所规定的减排量,即发达国家通过进口高污染产品等方式来减少本国污染排放,而增加了发展中国家的污染排放。即使发达国家实施强有力的国家减排措施,全球的污染排放并没有减少。Nguyen(2020)通过研究 66 个发展中国家 1971—2017 年的环境状况,探讨了贸易开放度与环境污染物之间的关系,通过实证发现:贸易开放度越大,环境污染可能会越严重。Zhang 等(2020)从内生性环境政策的角度出发,论证了国际生产碎片化导致的中间产品贸易也会对环境产生影响，开放中间产品的国际贸易，通过中间产品生产更加碎片化，会对发展中国家造成较大的环境污染。Ioanna（2020）研究发现，对外贸易的增加将加剧环境的污染程度。George等（2020）采用了包含发达国家和发展中国家的大样本，分类分析发现贸易将会损害环境质量，政府可以通过机构干预、制定环境法规等方法以保护环境，同时确保经济增长。Wang等（2019）认为，经合发组织国家的政府实施了各种环境管制政策，可以有效地减少污染排放以促进环境保护，但是当环境规制政策的严格程度超过一定程度后，环境规制对绿色增长的影响就转变为负面影响，环境规制与绿色生产率增长之间呈倒"U"形关系，环境规制是促进经合组织国家绿色增长的有效手段，实现绿色增长需要制定合理严格的环境规制政策。Clara（2020）结合了一组1984—2016年的全球双边贸易流研究表明，环境条款有助于减少发展中国家的污染出口和增加绿色出口，这种影响在有严格环境条例的发展中国家尤其明显。Zhang等（2020）通过研究发达国家和发展中国家1999—2014年的有关样本数据，用二氧化碳和温室气体的总排放量来衡量环境质量的变化，发现发达国家通过增加高污染产品的进口，减少了本国的污染，而使发展中国家的污染有所增加等。

二 国内研究现状

随着中国在全球贸易体系中地位的提升，巨额贸易背后的环境问题日益显著。国内有关贸易与环境关系的研究开始于20世纪90年代后期，大多成果形成于2000年之后，主要聚焦以下四个方面。

（一）贸易与环境关系定性分析

高兴民等（1996）较早对国际贸易与环境保护的协调问题进行了研究。张越等（2001）比较系统地阐述了在WTO机制下我国对外贸易和环境保护的相互关系问题。刘林奇（2008）阐述了中国对外贸易与环境关系的研究；李媛娜（2011）探讨了在WTO体制下自由贸易与环境保护的关系。张晚冰（2015）、陈瑜和董鸿飞（2018）等讨论了国际贸易与环境贸易壁垒之间的影响及存在的问题。荀聪（2020）在国际贸易的角度下分析了环境保护的相关问题。李琴（2018）基于空间计量模型研究了我国省际出口贸易与环境的关系。陈牧（2015）通过建立一个碳排放比较优势，分析了双边贸易中环境和贸易的相互关系。曹薇（2016）通过空间计量模型对我国2000—2012年的对外贸易和环境污染之间的关系进行研究。钟凯扬（2016）采用我国近20年的省际面板数据研究了对外贸易和环境污染的动态关系。

（二）贸易与环境理论研究

黄蕙萍等（2000）指出国际贸易产生的环境问题的根源在于外部性导致的市场失灵，产权机制的不完善致使商品和劳务的价格没有反映其相应的环境成本。胡涵钧（2000）经理论分析得出，当贸易双方均采用"最优的环境污染政策"时，即将环境成本内部化，那么开展自由贸易的两个国家均可获益。曲如晓（2002）认为，环境成本内部化能够提升贸易福利，缓解全球环境污染问题。程名望等（2005）、谷祖莎等（2005）研究表明，协调贸易与环境关系的关键在于国际贸易环境成本内部化。杨丹萍（2011）认为，从成本的角度看环境成本内部化对我国的出口具有负向的影响，但从创新的角度看，环境成本内部化对我国的出口贸易具有正向的影响，综合起来看，创新效应的影响弥补了成本效应的缺口，使环境成本内部化有利于促进中国出口。朱敏（2012）通过实证研究发现环境成本内部化有助于消除许多与环境标准有关的贸易障碍，为中国在国际贸易中提供一个较为公平的国际贸易环境，促进国际贸易向着更加有序的方向发展。叶华光（2013）认为，环境成本外部化容易造成贸易与环境的冲突，而环境成本内部化则能够有效地协调贸易与环境的关系，是实现经济可持续发展的一个重要举措。杨永（2016）认为，环境的外部性容易导致市场失灵，环境成本内部化是解决国际贸易中的环境问题的有效方法之一。李丽（2018）认为，环境成本内部化会引起制造业企业生产成本增加，有利于我国出口贸易产品结构的升级，培养差异化优势。许美琪和张帆（2019）认为，环境成本内部化在长期中有利于中国产品的差异化，有利于优化出口贸易产品的结构。迟铮和王佳元（2019）认为，环境成本内部化对反生态倾销具有显著的负向促进作用，即出口企业环境成本内部化的水平越高，企业避免反生态倾销的风险越显著。

（三）贸易与环境关系的经验分析

张连众等（2003）认为，自由贸易能够进一步改善我国环境质量。但更多的是与其相左的研究观点，如叶继革等（2007）通过对我国主要工业企业出口的行业污染排放物进行实证研究，发现随着对外贸易活动的不断扩大，我国环境污染也日益加剧，出口贸易的增加与环境污染之间有密切的关系。朱红根等（2008）采用VAR模型来探讨出口贸易与污染排放的动态关系，研究表明出口贸易是造成中国污染排放的重要原因，出口贸易的增长使工业粉尘、二氧化硫等污染物的排放量呈上升趋势。沈利生等（2008）认为，由于我国减排技术的进步跟不上我国对外贸易的增长速度，所以出口产品的污染排放总量还处于上升的状态，即我国的出口贸易造成了环境污染的加剧。刘巧玲等（2012）研究发现，国际贸易对中国的污染减排效果并不明显，且考虑到对外贸易对中国经济的拉动作用，经济规模间接污染效应当引起极大的关注。常静（2015）的研究发现，随着中国对外贸易取得较大突破，国内生态环境却越来越严重，工业生产扩大是环境恶化的主要因素之一。邵柏春（2016）也认为，我国出口贸易的碳排放水平量较高，引起了我国环境污染的加剧，并探讨了如何降低各行业出口贸易的碳排放。钟凯扬（2016）研究发现，对外贸易会带动环境污染，并且具有多期滞后性。曹薇（2016）通过运用空间计量对贸易和环境污染关系进行研究，发现固体废物污染和废气污染对进出口贸易影响为负，而废水对其影响为正。杨恺钧（2017）研究发现，金砖国家提高贸易开放会导致环境污染加剧，由贸易活动引起的经济活动会使环境恶化加剧。李琴（2018）也认为，由于贸易开放等原因的影响，我国在国际贸易中面临的较为重要的问题就是环境问题，出口贸易增加使环境问题更加突出。

（四）贸易环境效应量化分析

党玉婷和万能（2007）基于中国1994—2003年的对外贸易环境效应开展实证分析，结果显示正的技术效应和结构效应远小于负的规模效应，所以总体而言中国对外贸易仍然对环境产生不利影响。张友国（2009）测算了贸易对二氧化硫排放的影响，认为贸易对二氧化硫排放的结构效应较小，技术变动则有效地抑制了规模效应，但出口规模迅速增长带来的规模效应依旧造成了环境恶化。毛显强等（2012）对中国的出口退税政策调整进行了研究，从技术效应、结构效应和规模效应进行度量分析，认为由于出口的增加，污染排放强度增加、更多资源的投入和生产规模的扩大都会导致污染排放增加。彭水军等（2013）研究发现，由贸易引致的结构效应从总体上来说有利于环境的改善，但其对环境的影响很有限，贸易开放度提高所导致的产出结构效应也有助于降低烟尘、二氧化硫和废水等的排放量。黄静波等（2015）认为，对外贸易的结构效应以及由此带来的技术效应促进了中国制造业的对外贸易向着更加清洁的方向发展，其中技术效应可能比结构效应在环境保护方面发挥了更大的作用，而规模效应却极大地表现出对环境保护的负面影响；唐剑（2017）认为，经济增长导致的收入和规模效应与污染排放呈"U"形的关系，即两者之间呈现先下降后上升的变化，另外，随着工业生产规模的扩大，规模效应和结构效应使环境污染加重。吴力波等（2017）认为，贸易对环境的影响可以分解为脱钩效应、收入效应和替代效应，当替代效应小于收入效应和脱钩效应的总和时，国际贸易规模的扩大会导致环境污染的减少，而当替代效应大于收入效应和脱钩效应总和时，国际贸易规模的扩大会导致环境污染的增加。孟家丞和王斌（2018）以华北、华东、华南7个省份的环境及贸易数据为样本，测算了二氧化硫的排放量，认为对外贸易的规模效应不利于环境，结构效应和技术效应则有利于环境。

三 贸易与环境关系研究评述

经深入比较分析上述三个阶段对于贸易与环境关系的研究，可得到贸易的环境效应的方向和大小取决于贸易政策和配套环境政策的匹配度。

在第一阶段，通过对不同国家进行比较，多数经验分析得出同一结论，即"如果相关环境政策和发展政策不能很好地配套于自由贸易过程的话，自由贸易恶化环境是很有可能发生的"（Kirkpatrick and Scrieciu，2008）。

在第二阶段，由自由贸易影响环境的内在驱动力分析得到的多种理论假说为探究贸易的环境影响奠定了理论基础，并指出贸易政策和环境政策是决定贸易影响环境的关键因素："污染藏纳场"及"向（环境标准）底线赛跑"等假说本质上就是分析在全球贸易的环境影响过程中一个国家或地区环境政策（环境规制）所起的作用；贸易政策环境影响的效应分解理论相关经验分析表明，一方面由全球贸易引致的技术效应和/或结构效应有利于改善环境质量，另一方面规模效应和/或结构效应会导致一国（多国或全球）环境恶化。其中，结构效应是"自由贸易究竟会恶化环境还是改善环境状况"的关键，其究竟是改善环境还是恶化环境（作用方向），高于还是低于规模效应或技术效应的贡献（效力大小），主要取决于国家（或地区）的贸易政策、环境政策（环境规制）的方向和严厉程度等（Kirkpatrick and Scrieciu, 2008）。因此，该时期经验分析的重点在于自由贸易政策、国内环境政策和发展政策等在贸易的环境影响过程中具有的协调优化作用，虽然存在一定的局限性和不确定性。

在第三阶段，国际学者主要就贸易政策对自由贸易的环境影响存在怎样的作用开展研究，以降低贸易自由化对环境的负面效应而增强其正面效应。仅通过调整贸易政策并不能根除由自由贸易引致的环境问题，但不好的、不合理的贸易政策会新增或增强贸易引致的环境问题，而好的、合理的贸易可在一定程度上避免或减缓贸易对环境的负面影响。

事实上，不同国家或地区处于不同的发展阶段，市场结构、产权制度及贸易政策和环境政策法规的匹配度等都存在较大差异，因而贸易与环境关系存在多种不同形式。对于发展中国家，在国内实施健全的产权制度、成熟的市场结构和高度配套的国内环境政策，需要较长时间的探索和发展。在根除这些难题之前，通过评价贸易政策的前期环境影响，有针对性地调整贸易政策，无论是可选择的替代性方案，还是对贸易政策提出避免或降低负面环境效应及提高正面环境效应的对策措施，都是短期内较好处理自由贸易带来的环境问题的可行方案。

总而言之，通过回顾和总结贸易与环境关系领域的研究，包括贸易与环境关系、有关自由贸易致使污染转移驱动力分析的理论假说、贸易的环境效应分解、贸易影响环境的机制路径以及对解决贸易引致的环境问题对策的分析，可以发现，在贸易与环境组成的庞大而复杂的系统内，贸易的环境影响方向和程度大小取决于众多因素：国家属性、经济体制、市场结构、产权制度、比较优势、要素禀赋、收入水平及其对环境的弹性、环保体制、自由贸易政策和国内配套环境政策等（Copeland and Taylor, 2003）。正如贸易与环境复杂系统一样，在贸易与环境领域的经验分析和相关研究是基于不同的理论基础和假设，从不同的角度形成了诸多差异化观点，甚至相互冲突的观点。同样地，从政策层面的研究来看，一项政策通常也会受到诸多因素影响。因此，只有综合考虑贸易、经济与环境之间的利益平衡，才能在一定程度上保证宏观决策的正确性和有效性，从而确保自由贸易政策实现经贸利益和环境利益"双赢"。

第二节　出口退税及其经济影响相关研究

国外对于出口退税的研究主要是集中在发生出口退税的消费地和生产地这两个原则的基础上进行分析研究，而很少有直接研究出口退税的文献。Valeria（1997）、Keen和Lahiri（1998）、Haufler（2001）、Hashimzade等（2011）通过研究认为，采用发生出口退税的消费地原则的实施效果要好于发生出口退税的生产地原则，所以按照此项结论就应当在产品报关出口时退税。出口退税政策已被较多国家所采用，如欧盟所采取的出口退税政策就是全额退还报关出口的商品在生产和流通环节所征收的增值税（Ferrantino et al.，2012）；韩国在2001年发生的出口退税占全部税收的38.4%。由此可见，韩国也将出口退税政策作为刺激贸易发展，鼓励出口的一种重要手段（Mah，2007）。可见，许多国家都采取出口退税政策作为刺激产品出口的重要贸易手段，并逐渐成为一种国际惯例（马捷和李飞，2008）。

同样，国内大部分学者认为，出口退税是合理且必要的，如黄建忠（1997）认为，出口退税制度在中国转型时期的出口贸易中是非常重要的调节杠杆；刘怡（1998）认为，出口退税有利于提高资源配置效率，可有效避免重复征税问题，为全球贸易创造平等竞争的机会；孙玉良（2000）认为，出口退税能够促进国际市场的公平竞争，是各国鼓励出口贸易发展的重要手段；但也有部分学者对出口退税的合理性提出质疑，如茅于轼（2001）认为，出口退税会加重本国政府的财政负担，扭曲市场价格，降低资源配置效率，不利于本国生产者生产技术的提升等。

目前，国内外涉及出口退税问题的研究主要聚焦于出口退税的理论依据、合理性和必要性、经济效应以及合理税率的确定等方面（Mah，2007；马捷和李飞，2008；Hashimzade et al.，2011；Ferrantino et al.，2012）。这其中，出口退税对出口的促进作用一直是国内外学者研究的重心：在理论研究方面，现有文献通过运用一般均衡模型（Chao et al., 2001）、激励模型（刘穷志，2005）、古诺竞争模型（Chen et al., 2006；王根蓓，2006）、国际多市场寡头模型（马捷和李飞，2008）和出口决策模型（谢建国和陈莉莉，2008）等，对出口退税对出口等的经济效应进行理论分析，均认为提高出口退税能够促进出口增长，但对于一国整体福利的影响，得出了影响不确定的理论判断；在实证（经验）检验方面，现有文献大多利用宏观数据，采用时间序列实证检验出口退税与出口的因果关系，分别从经济整体层面（Chao et al., 2001；万莹，2007）、行业层面（Chao et al., 2006）、产品层面（王孝松等，2010）以及企业层面（Chandra and Long, 2013）证实提高出口退税率可以提高企业的出口倾向，促进本国产品出口的增加。陈平和黄健梅（2003）、郑桂环等（2004）、郑桂环和汪寿阳（2005）、万莹（2007）、樊琦（2009）、白胜玲和崔霞（2009）、向洪金和赖明勇（2010）等的研究也得出了相似的结论。

以上文献通过将理论分析和实证检验相结合（刘穷志，2005；Chen et al., 2006；马捷和李飞，2008；谢建国和陈莉莉，2008），丰富了我们对出口退税政策的理解。然而，宏观数据时序较短、数据样本较少以及遗漏变量等问题一定程度上妨碍了经验分析结果，需要微观层面和研究方法等的创新。

近年来，有关出口退税问题的研究出现了两点新变化。一是采取分类别的微观产品或微观企业数据，强化了对出口退税政策有效性的研究，即从微观出发分析出口退税调控是否达到或在多大程度上达到了预期效果。王孝松等（2010）、白重恩等（2011）、范子英和田彬彬（2014）采用微观产品数据开展倍差分析，避免了以往研究中的遗漏变量等问题，实现了出口退税政策效果在不同产品之间、不同贸易方式之间异质性的测度；而钱学锋等（2015）、王雅琦等（2015）则利用企业层面微观数据实现了出口退税政策在不同类型企业之间异质性的测度。以上文献均使研究的精确性有了很大提高。

二是研究的重点不再局限于出口退税政策对出口数量、出口产品结构的影响上，而是深入分析它对母国乃至他国经济的深层影响（向洪金，2010；林龙辉等，2010；钱学锋等，2015；Tan et al., 2015）以及与社会其他方面的关系,包括发展中国家出口退税的激励创新效应(陈林和朱卫平,2008),政治因素对出口退税政策稳健性的影响(马捷和李飞,2008),出口退税与利益相关方诉求的关系(王孝松和谢申祥,2010),出口退税的就业促进效应(谢建国和吴春燕,2012;2013)。

第三节　出口退税的环境影响研究

目前,国外学者对出口退税的环境效应的研究鲜有涉及。国内也仅有极少数学者就出口退税与环境之间的关系开展研究,如方莉(2006)认为在出口退税环节扣除环境税有助于缓解资源外部性引致的环境问题。最近,开始有文献或采用双重差分方法或运用可计算一般均衡(CGE)模型,探讨出口退税政策调整对出口隐含碳排放的影响(闫云凤等,2012)、节能减排效应(窦彬,2012;俞杰,2014)、二氧化碳的减排效应(樊静丽等,2013)。毛显强等(2012)对出口退税政策变动的环境效应进行量化分析,结果显示在短期内,规模效应及其引致的结构效应决定了出口退税的环境效应。毛显强和宋鹏(2013)以中国出口退税水平及结构变化为基础,测算评估了中国出口退税政策调整对重点"两高一资"行业的经济与环境效应。这些探索对研究出口退税的环境效应提供了很好的思路和方法。

第四节　本章小结

综上所述,对于贸易与环境的关系研究,国际学者已建立了较为成熟的理论分析框架和方法体系,国内研究虽较国际研究起步晚,但通过广泛应用定量分析,丰富和发展了理论内容和方法体系;在出口退税的经济与环境影响研究方面,目前文献主要集中在出口退税政策的理论依据、合理性和必要性、合理税率的确定以及经济影响等方面,特别是对出口退税的经济效应开展了大量研究,并已建立了较为成熟的理论分析框架和综合的方法体系,彰显了较好的广度和深度,但仍有改进的空间;而出口退税的环境影响研究尚处于起步阶段,研究的广度和深度不够,研究手段单一。

通过文献学习，笔者认为：①现有研究普遍以宏观年度的退税额而非微观产品的退税率作为研究变量，未能分析出口退税对经济结构的影响。因此，需要从所有微观产品的出口退税率出发，全面考察历次政策调整下中国出口退税水平的变化及其对经济结构的影响。而且出口退税水平不应该简单地用产品的出口退税率来表达，要用产品的增值税率与出口退税率的差额来表达将更为合理。②目前，理论方面缺乏从出口退税到环境影响的机理分析，经验分析方面缺乏出口退税与污染排放之间的量化分析和深入研究。因此，需要将理论研究、经验研究乃至结构化模型模拟相结合，增强方法综合性和研究的深度。③目前出口退税的环境影响研究，多聚焦于单一行业或单一污染排放（碳排放），因此，需要结合微观产品、中观行业和宏观经济整体，针对多种污染排放，全面量化出口退税的环境效应。④已有文献并未考察出口退税政策调整的减排潜力，更未分析其对多种污染物协同减排的经济代价，因此，需要从贸易、经济、环境利益综合平衡出发，研究出口退税政策调整的绿色转型潜力，强化政策有效性研究。

特别是，目前尚未有针对中国出口退税政策的经济与环境效应的综合量化研究，以经济与环境利益平衡的角度，研究和探索出口退税政策优化调整的路径，在国内外均未见报道。而这正是本书研究所要探索的方向。

第三章

理论基础与研究方法

第一节 出口退税的经济与环境影响的局部均衡理论分析

本节我们将在外部效应思想的基础上尝试构建一个包含"出口税负（出口退税）和污染排放"的局部均衡分析框架。有关局部均衡的概念，不同文献在具体说法上虽有所差异，但在思想上大体相同，一般引自微观经济学对局部均衡的定义：是指在其他条件不变的情况下，单个产品或单个生产要素市场所实现的供求平衡，均衡的价格和均衡产量仅由自身的供求所决定，而不受其他产品或要素市场的影响（Varian，2010；刘昭阳等，2011）。

既然为局部均衡分析框架，那么我们在此只需分析单个产品市场所形成的供求平衡。首先，为了刻画污染排放，我们假定该产品为污染性产品，即该产品在生产过程中会产生污染排放。对于污染排放而言，在一般均衡分析框架下，会将其认定为产品生产过程中的一种副产品或联合（负向）产品。但在局部均衡分析框架下，我们只能有一种产品分析，因而不能再将污染排放认定为另外一种产品。对此，我们刻画污染排放量只是与产品存在联动关系，假定污染排放量与产品产量同步增长，如1吨钢产生1千克二氧化硫，即污染排放强度不变。

其次，为了刻画出口退税，就需要区分国内市场和国际市场，但是在局部均衡分析框架下，最好只分析单一市场。对此，在我们构建的局部均衡分析框架下，一是假定包括中国和"世界其他国家"两个区域，中国是以上污染性产品的生产国和出口国，"世界其他国家"是该污染性产品的进口国。二是中国只负责该污染性产品的生产和出口，需求均来自"世界其他国家"的进口消费者。三是不存在反向出口，即中国只是出口国，"世界其他国家"只是进口国。此假定是为了符合局部均衡分析对单一市场的这个一般性的要求。我们要分析的市场其实只存在于"世界其他国家"的国内。但需要指出，此时这个存在于"世界其他"国内的单一市场，并不意味着"世界其他国家"的国内就没有该污染性产品的生产者和供给者。

基于以上思路，我们具体构建用于分析"出口退税与污染排放"以及市场主体福利水平等的两区域单一产品市场的局部均衡分析框架。我们用 ZX 来表示出口国中国，用 SM 表示进口国即"世界其他国家"。为研究 ZX "出口税负与污染排放"关系，我们需要分析 ZX 的供给，并对出口至 SM 后的供需均衡开展分析，如图 3-1 所示。

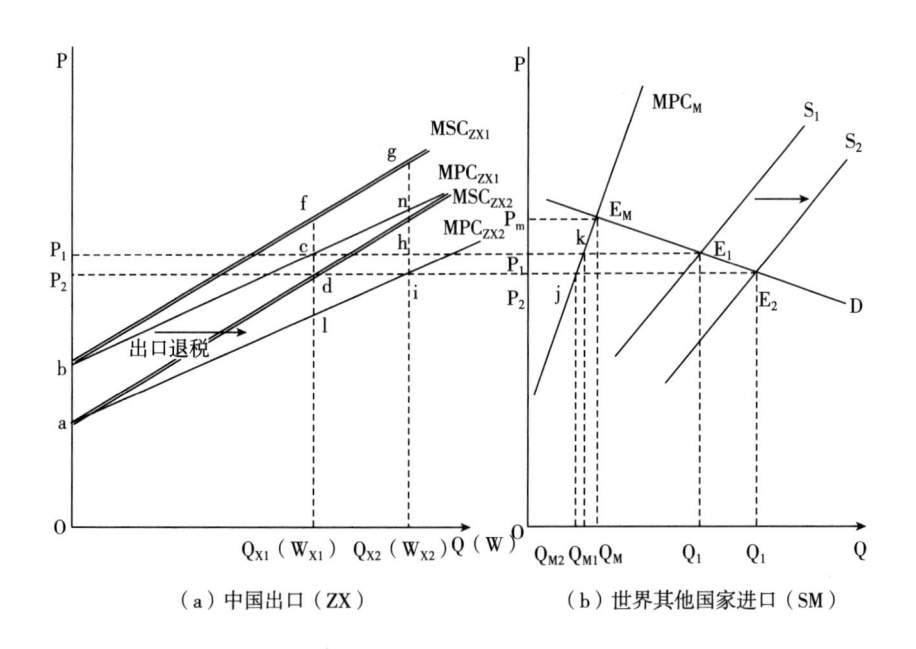

图 3-1 "出口税负"（出口退税）对经济和污染排放影响的局部均衡分析
资料来源：笔者根据相关资料绘制。

图 3-1（a）、图 3-1（b）中，图 3-1（a）为中国出口（ZX），图

3-1（b）为"世界其他国家"进口（SM）。两者通过世界市场均衡价格（P）相连接。图中下标 ZX 表示出口国中国，下标 SM 表示进口国"世界其他国家"。下标中的"1"表示出口退税政策冲击前的状态，下标中的"2"表示出口退税政策冲击后的状态。

MSC（marginal social cost）表示边际社会成本，MPC（marginal private cost）表示边际私人成本；MEC（marginal external cost）表示边际外部成本，刻画了污染排放给社会带来的额外成本。在具有负的外部效应的生产中，满足关系式：MSC=MPC+MEC。D 表示市场需求曲线，S 表示市场供给曲线，E 表示供求相等的市场均衡。P 表示价格，Q 表示产量，W 表示污染排放量。

由于我们假定污染排放和产量同步增长，所以在图 3-1（a）中横轴从左向右的方向不仅表示产量的增加，还代表了污染排放量的增大。图 3-1（a）中，MPC_{ZX1} 表示出口退税政策实施前的 ZX 厂商的边际私人成本曲线，MSC_{ZX1} 表示出口退税政策实施前的 ZX 的边际社会成本曲线，由于 MSC=MPC+MEC，并且 MEC 随产量 Q（和污染排放量 W）而递增，所以 MSC_{ZX1} 位于 MPC_{ZX1} 的上方，而且 MSC_{ZX1} 与 MPC_{ZX1} 的距离随着产量 Q（和污染排放量 W）的增加而扩大。

此时，ZX 产品出口到进口国 SM 市场上，由于 SM 国内本来也存在该产品的生产厂商（其边际私人成本曲线由 MPC_M 表示），所以在 SM 国内该产品的总供给曲线 S_1 至少是两者的加总，总供给曲线 S_1 和 SM 国内市场的需求曲线 D 相交于均衡点 E_1，决定了该产品的初始均衡价格 P_1，和初始均衡数量 Q_1。其中 Q_1 是 SM 国内厂商供给量 Q_{M1} 和进口量 Q_{X1}（ZM 厂商出口量 Q_{X1}）之和。让我们聚焦到出口国中国国内，观察此时的污染排放水平。在出口退税政策实施前的初始均衡下，P_1 的均衡价格对应到 ZX 国内厂商对于该产品的产量水平为 Q_{X1}，也对应了污染排放水平 W_{X1}。

如果中国对该污染性产品的出口实施出口退税政策，那么会使 MPC 曲线向右平移，由 MPC_{ZX1} 变成 MPC_{ZX2}，在其他条件不变的情况下，相应地，MSC_{ZX1} 曲线也会向右平移至 MSC_{ZX2}。对应到 SM 国市场上，同样，在其他条件不变的情况下，会使 S_1 向右平移至 S_2，新的总供给曲线 S_2 和需求曲线 D 相交于新的均衡点 E_2，对应了新的均衡价格

P_2 和新的均衡数量 Q_2。同样，在新的均衡价格下，SM 国内厂商产出水平为 Q_{M2}，进口量 Q_{X2}（ZX 出口量为 Q_{X2}），并且 $Q_{M2}+Q_{X2}=Q_2$。此时，让我们再次观察出口国中国的污染排放水平。在实施出口退税政策后，ZX 国内厂商对于该产品的产量水平为 Q_{X2}，相应的污染排放水平为 W_{X2}。

至此，我们可以展开比较静态分析（对出口退税政策实施前后的两个均衡状态进行比较）。首先，我们可以分析出口退税政策实施前后各市场主体的福利水平变动情况。具体而言，由于出口退税优惠，出口国生产者剩余增加，具体增量为图 3-1（a）中三角形 aP_2i 的面积减去三角形 bP_1c 的面积；进口国生产者剩余会因进口及价格下降的冲击而减少，具体减少量为四边形 P_1P_2jk 的面积；进口国消费者会因价格下降而获得图中 $P_1E_1E_2P_2$ 面积的额外剩余。

其次，我们还可以分析出口退税政策实施前后对出口国污染排放量以及额外社会成本等的影响。出口退税政策会带来出口国产品的出口规模扩大，在污染排放强度不变的情况下，相应地会带来污染增排。从图 3-1（a）中可以看出，增排幅度为 $W_{X2}-W_{X1}$，即图中 $W_{X1}W_{X2}$ 表达的距离。我们还可以观察出由于实施出口退税政策而给社会带来的额外成本，即图中四边形 cfgn 的面积或四边形 dhil 的面积。

虽然以上我们通过开展比较静态分析，从图形上观察出了出口国实施出口退税政策对本国生产者福利、进口国生产者福利、进口国消费者福利以及对本国污染排放和环境代价等的影响，但这些影响需进一步量化。在本书的后续章节，尤其是第七章和第八章，我们将通过建立可计算局部均衡以及可计算一般均衡模型，具体量化表达本章节所分析的福利变动、污染排放及环境成本等的大小。

第二节 出口退税与"最优污染排放水平"的一般均衡理论分析

本节我们围绕"污染排放""污染排放的价格"以及"出口退税"构建了一个简单的一般均衡模型，该模型在接下来的几个章节中都将用到，构成了我们研究"出口退税与污染排放关系"以及"出口退税政策的环境影响"等内容的理论和模型基础。

我们对于"出口退税政策与污染排放"的研究，涉及国际贸易学和环境经济学两大学科，这就需要从这两个学科角度分别阐释基本概念。虽然环境经济学中常常利用局部均衡模型进行分析，但我们需要利用一般均衡模型去考察不同部门产品、不同区域之间出口退税与污染排放的相互作用。基于此，我们的策略是，以国际贸易中标准的赫克歇尔—俄林模型为基础，综合污染藏纳场模型，尝试将出口退税和污染排放等要素纳入，有意识地构建较为简便的一般均衡模型。

参照 McGuire（1982）、Copeland 和 Taylor（1994；2003），我们建立一个简便的一般均衡污染供需体系：假设在这个污染供需体系中包含两个产业部门（一个污染性产业、一个洁净产业）分别生产污染性产品 X 和洁净产品 Y 两种产品，体系中只有中国和世界其他（ROW）两个区域[①]，包含劳动和资本两种基本生产要素以及一个特殊生产要素：污染。此外，由于在完全自由的市场，污染程度可能非常高，所以我们依据现实情况会在模型中引入环境政策以便实现对污染排放的管控。模型尽管简单，但作为国际贸易中标准的赫克歇尔—俄林模型的一种变体，它包含了赫克歇尔—俄林模型的基本要素。

在详细介绍我们的理论模型细节之前，为避免"只见树木不见森林"，有必要先将模型涉及的几个核心概念或假定进行简要说明，这对于理解理论模型是大有裨益的。

第一，在理论模型构建之初，第一个需要解决的问题是对于污染的处理问题。在模型中，我们将污染看成一种生产要素。[②] 事实上，污染是伴随污染性产品生产过程所产生的一种不受欢迎的（负面有害的）联产品。Copeland 和 Taylor（1994；2003）通过一种联合生产技术，论证了把污染看成生产投入要素或作为生产过程中的联产品，这两者是等

[①] 在区域异质性出口退税政策试验章节，由于要考察中国重点区域差异，我们将根据研究需要，参照污染藏纳场模型（Copeland and Taylor, 1994），对我们的基础模型进行拓展，构建中国多区域 CGE 模型。

[②] 在贸易与环境相关的文献中，一般均衡分析往往会将污染处理为一种生产投入要素，这已经成为一种常见的处理方法。例如，Pethig（1976）、McGuire（1982）、Copeland 和 Taylor（1994）、Rauscher（1997）等。Copeland 和 Taylor（1994）指出，虽然污染是一种联产品，但能够等价地把它作为一种生产投入要素，并给出了两者等价的特殊和一般情形。

价的。由此，我们将遵循这种处理方式，将污染这种公共有害品作为一种生产要素嵌入本书一般均衡理论模型的生产端。

第二，我们的目标之一是构建一个简便的，但要足够丰富而且足够灵活的一般均衡模型，以便于较为系统深入地分析出口退税与污染排放问题。这里的"足够丰富和足够灵活"意指，该模型或者基于该模型的拓展模型，至少在我们分析行业异质性或区域异质性出口退税政策的环境影响的时候能够胜任模拟工作。由于中国出口退税政策在发挥其环境保护功能作用上，最为主要的是降低或取消"两高一资"产品出口退税。[①] 这种针对"两高一资"行业产品而非全行业所有产品的行业异质性政策，要求我们所构建的模型能充分体现并且能够灵活处理这种行业差异性。由此，我们假定了两个产业部门（一个污染性产业、一个洁净产业）的模型，以便于我们考察不同类型行业的情况。同样，考虑到中国特定区域（如自贸试验区）实施出口退税政策优惠，这种对区域异质性政策模拟的需求，要求我们所构建的模型能充分体现并且能够灵活处理区域差异性。由此，我们进一步假定了两种基本生产要素（劳动力 L 和资本 K），并且假定产品 X 是资本密集型的，而产品 Y 是劳动力密集型的，这种要素禀赋的区域差异，便于我们考察具有不同资本丰裕程度的区域以及考察政策冲击对于区域污染转移等的影响。值得注意的是，由于我们将污染也作为一种生产要素，因此模型具有三种投入要素。为了使模型能够保持足够的灵活度，我们假定：污染治理需要投入的要素比率与生产污染性产品完全相同。这一假定比较关键，可以极大地简化我们所开发的三种投入要素的模型。譬如，这样保持污染性产业的污染排放强度不变，那么我们所开发的模型就很好地继承了赫克歇尔—俄林模型所具有的比较静态特征，并且斯托尔珀—萨缪尔森（Stolper-Samuelson）定理成立：污染性产品相对价格上升，会提升资本报酬，降低劳动力报酬。此外，雷布钦斯基（Rybczinski）定理成立：资本的增加会使资本密集型的相对污染性产业的产出增加，劳动力密集型的相对洁净型产业的产出下降。这可以帮助我们分析污染转移背后的

---

① 这一判断，可以从本书第四章对中国出口退税政策调整历程的梳理，以及第五章、第六章有关出口退税与污染排放经验分析等的章节内容得知。

真实原因,是由出口退税政策调整冲击所引致还是基础要素禀赋在发挥作用,从而便于进一步辨析区域异质性出口退税政策的贸易利得和环境利得等。

第三,本章节一般均衡理论模型的主要任务之一是要探讨出口退税政策调整这种外生冲击如何导致均衡污染水平的变化。为了便于分析,我们利用一般均衡供需方法来确定均衡的污染排放水平(见图3-2)。一是污染的需求方是生产者,由于污染被作为一种生产要素,那么在给定的污染排放价格水平下,企业会选择排放多少污染物,这就使我们能够推导出一般均衡时的污染排放需求。二是污染排放的供给水平反映了居民(或监管当局)允许增加污染排放的意愿,这在现实中取决于环境规制水平。如果环境规制形式为总量控制,即设定污染排放配额,那么污染排放的供给曲线就是一条垂直线,它与污染排放需求曲线的交点决定了污染排放的均衡价格。如果环境规制采取污染税的形式,那么在既定污染税情形下,污染排放的供给曲线就是一条水平线,它与污染排放需求曲线的交点决定了污染排放的均衡数量。然而,就本书研究任务而言,我们需要环境规制(环境保护政策)在模型中是内生的。居民(或监管当局)允许污染排放的意愿可以近似地看成是一个内生要素的供给问题。这样,我们就可以通过居民(或监管当局)的最优化行为推导出污染供给曲线。污染供给曲线和需求曲线的交点同时决定了污染排放的均衡价格和均衡数量。

第四,这里需要简要说明的最后一个概念是利用国民收入或者国民生产总值(GNP)函数表示整个系统的供给状况。这一概念的引入主要是由于收入在我们一般均衡理论模型中居于核心位置,它帮助完成经济系统的闭合。如前所述,要想从居民(或监管当局)的最优化行为推导出污染供给曲线,就要最大化其效用,而效用最大化的约束条件是收入。这就说明,居民(或监管当局)对产品的需求以及对环境治理(污染减排)的需求都受到自身收入的约束,即环境规制水平(或者说有效的环境规制,或者说环境保护政策强度等)在本质上是由居民偏好和居民收入水平所决定的。

如前所述,收入在我们的一般均衡模型中是内生变量。因而我们需要一种方法,既可以分析收入在决定污染排放供给中所起的作用,同时又能够顾及收入所具有的内生性。幸运的是，在国际贸易研究文献中有一方法，可以满足上述要求从而内生地求得经济体系收入。这种方法因其简单实用而被多数文献普遍应用，在此，我们将该方法表述为：在一个完全竞争的经济体系中，企业的利润最大化行为会使国民收入最大化。[①] 这样，我们就可以通过求解生产者利润最大化行为而获得内生的收入水平，再由效用最大化行为完成收入对污染排放供给的影响的考察。至此，供需之间的一个关键链接即可成功搭建，完成了一般均衡模型所要求的完整经济结构，实现了 CGE 模型的宏观闭合。

接下来，就一般均衡理论模型的具体细节和构建过程描述如下：

第一，消费端。我们假设有一经济体，其中有 N 个完全同质的消费者，他们不仅关心商品 x 和商品 y 的消费，还关心环境质量（如污染排放 Z）。我们知道，污染是一种公共有害品，对所有消费者而言，他们能感受到的污染水平完全相同。为简便起见，假设消费者对商品消费的偏好是位似偏好，而且效用函数相对于商品消费和环境质量具有强可分离性。代表性消费者的效用函数由下式给定：

$$U(x, y, Z) = u(x, y) - h(Z) \tag{3.1}$$

我们假定 $U(x, y, Z)$ 满足连续性、局部非餍足性和严格凸性，其中，$u(x, y)$ 是递增的、关于 x 和 y 的位似偏好的凸函数，$h(Z)$ 是递增的凸函数，$u(x, y)$ 和 $h(Z)$ 具有强可分离性。

位似偏好是国际贸易文献中较为常见的假设，因为位似偏好很好地简化了收入效应。正因如此，本书位似偏好效用函数的假定可以帮助我们在考察出口退税的经济与环境影响（尤其是在考察行业异质性和区域异质性出口退税政策的经济与环境影响）时，至少可以具有如下两方面优势。一是位似偏好的收入提供曲线以及恩格尔曲线都是通过原点的一条直线，意味着消费者的消费需求是随着收入的变化而同比例变动的，并且还意味着消费者在不同种商品（或者商品消费与环境质量需求）之间的消费占比（相对需求）是不受收入水平所影响的。这一重

[①] 追求利润最大化的企业使国民收入最大化这一结论也是微观经济学理论中的基本结论。当然，这里我们隐含了一个假定，即一个产业部门产生污染不会损害其他产业部门。

要特征，可以使我们在考察区域异质性出口退税政策的经济与环境影响时，只需专注于出口退税政策差异的影响而不必再考虑由于收入水平不同而引起的支出模式的差异等情况，因而帮助我们简化了模型，专注于我们探讨的主要目标而不至于有所偏离。① 二是位似偏好效用函数是线性齐次函数的转换形式，可以方便我们写出其间接效用函数。并且其间接效用函数是实际收入水平（名义收入水平除以价格指数）的增函数。这一重要特征，可以帮助我们在考察出口退税政策调整的影响时采用加总的方式简化处理。

在式（3.1）所表达的代表性消费者效用函数以及上述假定的基础上，我们进一步给出代表性消费者的间接效用函数表达式。从消费者间接效用函数角度看，本模型中代表性消费者是在外生给定的环境污染水平、产品价格和收入的情况下，追求效用最大化。本书代表性消费者的间接效用函数表达式如下：

$$V(P, I, Z) = v(P, I) - h(Z) \tag{3.2}$$

其中，P 代表国内市场商品的相对价格，I 代表总收入，v 是与效用函数 $u(x, y)$ 对应的间接效用函数。由于函数 $u(x, y)$ 是连续的凸函数，函数 $v(P, I)$ 亦是连续的凸函数。

第二，生产端。在 McGuire（1982）、Copeland 和 Taylor（1994；2003）等模型基础上，拓展至大国假设，并纳入出口退税。假设经济体系包含两个产业部门（一个污染性产业、一个洁净产业）分别生产污染性产品 X 和洁净产品 Y 两种产品，产品 X 在生产过程中产生污染 Z，而产品 Y 则不产生。② 两种产品的国内价格分别为 Px 和 Py，为简便起见，我们假定产品 Y 为基准计价单位并令 Py=1，则 Px 亦即为产品 X 的相对价格。要模拟出口退税的影响，就要有国际贸易发生。同样为了简便，我们假设经济体系中只有中国和世界其他（ROW）两个区域，在大国假设下，中国出口退税政策会对产品的世界价格产生影

---

① 当然，有兴趣的读者，特别是对收入水平和污染排放之间关系感兴趣的读者，可以扩展我们的分析，进一步刻画消费支出差异。
② 该模型可以较为直观地扩展成两种产品都产生污染的情形。但就本章节任务而言，这样不过是无端增加模型的复杂性而已。关于一个以上污染性产品的模型，可参见 Copeland 和 Taylor（1994）的模型，该模型考察一个连续的产品集，每个产品具有不同的污染强度。

响。依照现实，中国对"两高一资"产品进行出口退税政策调整，这里我们假定只针对污染性产品 X 实施"降低或取消出口退税"的政策。政府对污染性产品 X 实施"降低或取消出口退税"的政策，类似于增加了对污染性产品 X 的出口税收负担。由此，我们定义"出口税负"[①] =增值税-出口退税。"出口税负"用 t 来表示。此时，我们将国内市场相对价格 Px 简记为更一般化的表达 P（这也与消费者间接效用函数中的相对价格 P 的表达保持一致），世界市场相对价格 W =（1+ t）P。

追求利润最大化的企业使国民收入最大化是微观经济学理论中的一个基本结论。根据前文所述，并参照 Copeland（1994），我们模型的生产端使用国民收入或者国民生产总值（GNP）函数来表示整个系统的供给状况。定义国民收入函数 G 如下：

$$G(P, \tau, K, L) = \max\{Px+y-\tau Z, s.t.(x, y) \in T(K, L, Z)\} \quad (3.3)$$

我们定义国民收入函数也是企业的生产函数，包含了劳动和资本两种基本生产要素以及一个特殊生产要素：污染。其中，P 为国内商品相对价格，τ 为监管者制定的污染税（生产者所面临的污染排放价格，反映了生产者单位污染治理成本），K、L 分别表示资本和劳动力，皆为经济的禀赋，T(K, L, Z) 为技术集。

第三，均衡的污染排放水平的表达。均衡的污染排放水平由污染排放供给曲线和污染排放需求曲线共同决定。因此，我们需要从以上消费者效用最大化模型和生产者利润最大化（国民收入最大化）模型出发，分别导出包含出口退税因子的污染排放的供给曲线和需求曲线的表

[①] 有大量的理论和实证证据（Chao et al., 2001, 2006; Chen et al., 2006; Chandra and Long, 2013; Gourdon et al., 2014）表明，出口退税部分退税而非全额退税，其作用效果与出口关税的作用效果具有相似性。因此，本书将增值税与出口退税率之间的差异视为"出口税负"。使用"出口税负率"而非出口退税率，还基于如下事实：由于不同产品的增值税率存在差异，因此对出口退税率自身大小的分析并不能提供足够的信息。因为在部分退税而非全额退税的框架下，具有相同出口退税率的两种产品，很可能由于它们的增值税率的差异，而面临最终不同的税率负担。譬如，大部分商品的增值税率为 17%，有部分农产品增值税率为 13%。那么，同样是 5% 的出口退税率，对于最终产品需要缴纳 13% 而不是 17% 的增值税的出口商来说负担较轻。为了对生产者的部分出口退税政策的出口税等价物进行评估，有必要使用"出口税负"这一信息。

达式。

第一，我们根据式（3.3）表达的国民收入函数 G，可知：

$$Z = -G_\tau \tag{3.4}$$

式（3.4）中，Z 为污染排放，τ 为监管者制定的污染税（生产者所面临的污染排放价格，反映了生产者单位污染治理成本），因此式（3.4）刻画了污染排放量与污染排放价格两者之间的关系，从而给出了生产者对于污染的需求函数。

值得说明的是，在式（3.3）所表达的国民收入函数中，污染税 τ 被看作一个外生变量。我们是在污染税外生给定的前提条件下，得到了均衡的污染排放量。也就是说，在 τ 固定不变的情况下，Z 由式（3.4）内生决定。式（3.4）表达的是污染的派生需求函数。对于监管者而言，既可以通过用方式一设定某一污染税 τ，由市场竞争形成均衡的污染排放水平 Z；也可以用方式二确定某一污染排放水平 Z，通过发放排污许可证，开展排污权市场交易，从而形成污染排放价格 τ。方式一为庇古税的政策手段，而方式二则为科斯产权交易手段。无论哪种手段，我们都能够求均衡解得到污染需求函数的表达。如果采用方式二，那么我们可以构建国民收入函数的另外一种表达形式：

$$\tilde{G}(P, Z, K, L) = \max\{Px + y - \tau Z, \; s.t. \; (x, y) \in T(K, L, Z)\} \tag{3.5}$$

由此，我们可以得到污染需求函数的另外一种表达方式，即污染的逆需求函数：

$$\tau = -\tilde{G}_Z \tag{3.6}$$

式（3.6）即为当外生给定污染排放水平 Z 时，污染排放价格 τ 的表达式，是污染排放的逆需求函数。式（3.4）和式（3.6）相互关联，两个等式描述的是同一条污染的需求曲线。

第二，我们依国民收入函数 G，可以表达出国民预算约束（消费者总收入函数）。在总收入函数中，我们假定监管者收取的污染税全部转移给消费者。同时，我们将"出口税负"刻画到函数中。政府对商品征收"出口税负"，"出口税负率"（出口退税）由 t 来表示，且其为从价税率。用 W 来表示世界价格，则国内市场商品的相对价格可以表

示为 $P=\dfrac{W}{1+t}$，又假定"出口税负"收入也同样返还给消费者。因此，总收入的表达式可以表示为：

$$I=G(P, \tau, K, L)+\tau Z+tPE \tag{3.7}$$

第三，依据式（3.2）代表性消费者的间接效用函数 $V(P, I, Z)$ 和式（3.7）的总收入预算约束，我们可以通过求解一个代表性消费者效用最大化的污染排放水平来获得最优的污染供给。因此，我们为上述问题设定一个模型：

$$\max_{Z}\{V(P, I, Z), \text{ s.t. } I=G(P, \tau, K, L)+\tau Z+tPE\} \tag{3.8}$$

其中，$V(P, I, Z)$ 是代表性消费者的间接效用函数，由于所有消费者完全同质，所以他们收入水平相同。因此，使消费者效用最大化的污染的一阶条件为：

$$V_p\frac{dp}{dZ}+V_I\frac{dI}{dZ}+V_Z=0 \tag{3.9}$$

进一步地，

$$\frac{dI}{dZ}=-\frac{V_p}{V_I}\frac{dp}{dZ}-\frac{V_Z}{V_I} \tag{3.10}$$

观察式（3.10）右边第一项，由罗伊恒等式（Roy's identity）可得：$X=-\dfrac{V_p}{V_I}$。并且通过观察式（3.10）右边第二项 $-\dfrac{V_Z}{V_I}$ 可知，此为污染与收入之间的边际替代率，反映的是代表性消费者为减少单位污染排放的边际支付意愿，在有关环境污染方面的文献中将之称为"边际损害"（Marginal Damage），设 MD 表示边际损害，则 $MD\equiv-\dfrac{V_Z}{V_I}$。因此，式（3.10）可写成：

$$\frac{dI}{dZ}=X\frac{dp}{dZ}+MD \tag{3.11}$$

第四，对式（3.8）中的约束条件，即总收入表达式进行全微分，可得：

$$dI=G_p dP+G_\tau d\tau+G_L dL+G_K dK+Zd\tau+\tau dZ+d(tPE) \tag{3.12}$$

由国民收入函数可知，$G_p=X$；L、K 和 τ 均为外生给定，其恒定不变，则 $dL=0$，$dK=0$，$d\tau=0$。则式（3.12）可进一步简化和变形为：

$$\frac{dI}{dZ} = X\frac{dp}{dZ} + \tau + \frac{d(tPE)}{dZ} \tag{3.13}$$

将式（3.11）和式（3.13）联立，商品 X 的供需达到均衡时，可得：

$$MD = \tau + \frac{d(tPE)}{dZ} \tag{3.14}$$

式（3.14）即为包含"出口税负"（出口退税）因子的污染排放的均衡条件。等式左边是消费者总的边际损害，等式右边第一项是生产者面临的污染排放价格，等式右边第二项则是"出口税负"额与污染排放之间的边际替代率，表示为减排单位污染物所付出的以"出口税负"额（出口退税）所衡量的机会成本。式（3.14）意味着均衡的污染排放水平要求消费者总的边际损害要等于生产者面临的污染排放价格与污染的出口退税（"出口税负"）成本之和。由于生产者面临的污染排放价格是由监管者制定的污染税所反映，当监管者制定的污染税等于 MD 时，亦即当污染税这种国内环境政策能够将污染的边际损害完全内部化时，污染的出口退税（"出口税负"）成本等于零。此时，出口退税政策并未造成任何污染代价，或者国内环境政策已经完全消除了出口退税的污染代价。还可以换一个角度来看，此时还意味着，出口退税政策调整的污染减排效应为零，即不需要出口退税政策发挥减排污染的作用，出口退税政策也无法具有减排效果。但是，当污染税等国内环境政策力度较小或者由于执行力不足，没能将环境损害（或者说环境成本）完全内部化，那么出口退税政策可以作为次佳环境政策发挥污染减排的作用。换言之，如果国内环境政策存在失灵，那么出口退税政策可能会带来污染代价，对出口退税进行优化调整将是内部化环境损害、减排国内污染的一种重要政策手段。

式（3.14）所决定的均衡的污染排放水平是污染排放供给曲线和污染排放需求曲线共同作用的结果，可以由图 3-2 表示。

图 3-2 中横轴为污染排放水平，纵轴为污染排放的价格（成本或经济代价）。污染排放的需求曲线和供给曲线的交点为均衡点，决定了最优的污染排放水平和均衡价格。污染的供给曲线由污染的边际治理成

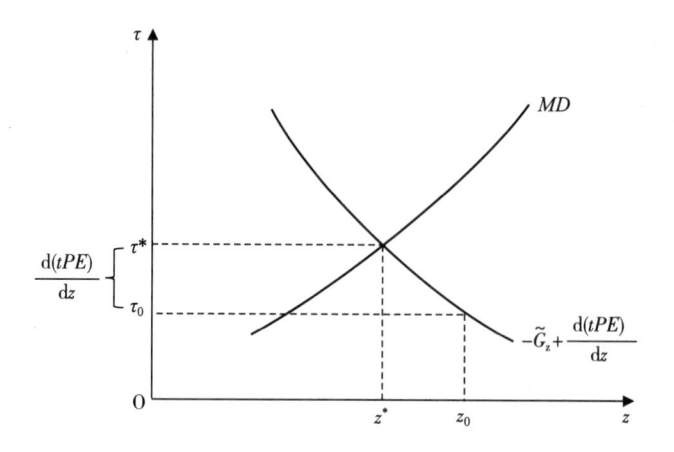

图 3-2　包含"出口税负"(出口退税)的最优的污染排放水平

资料来源：笔者根据相关资料绘制。

本和污染的边际出口惩罚共同决定，而污染的需求曲线则是由边际污染损害所决定的，体现了社会容忍污染排放的意愿的大小。其中，污染的出口惩罚也是污染成本的组成部分，所以污染的需求曲线可以看作是一般均衡的污染治理成本。只不过在国内环境政策失灵而无法将污染损害完全内部化的情况下，针对"两高一资"产品的出口而实施的"降减出口退税"政策给高污染行业带来了额外的成本，从而出现了生产的污染治理成本和出口的污染成本两个组成部分。因此，最优的污染排放水平必然是由边际污染成本与边际损害收益之间的均衡所决定的。我们将"出口税负"（或降减出口退税）对高污染行业的惩罚置入了最优污染排放的一般均衡分析的框架中，形成了一个以污染边际成本和污染边际收益为基础的、包含"出口税负"（或者出口退税同类替代）因子的污染供需的一般均衡模型体系。为后文开展经验分析和结构化模型模拟奠定了理论基础。

第三节　出口退税政策环境经济影响结构化分析的传导逻辑

不同于建设项目的环境影响，也不同于具体的政府指令、规制抑或规划对经济社会和环境的影响，出口退税这种贸易政策对环境的影响更多的是一种间接而非直接影响，更多的是借助于参数的改变，对宏观总量产生影响，带来经济规模和结构上的、贸易总量和结构上的、产业产值和结构上的变化，进而通过间接经济效应作用于企业生产方式、企业生产规模以及企业运输和分配等其他经济层面，并通过规模效应、结构效应和技术效应等环境效应对环境乃至生态系统产生影响。因此，我们需要厘清这种逻辑链条，再在这种逻辑链条下分析出口退税政策可能的经济影响、环境影响等。借鉴以往有关贸易与环境的理论研究可以帮助我们把握从出口退税到贸易到经济再到环境的链条。通过分析贸易与环境相关理论及经验（实证）研究的有关成果，我们将贸易政策对经济与环境效应的链条总结如下：贸易政策往往通过成本向外贸企业施加影响或者通过更为直接的进出口限制影响外贸企业进出口，无论哪条路径都会带来外贸企业活动水平乃至整个贸易体系规模发生变化，而贸易规模的变化对应着生产规模、行业产品生产结构上甚至企业生产方式等的变化，这种生产方式的变化、生产规模的变化以及可能存在的行业产品结构乃至整个经济结构上的变化会影响产出和污染排放，从而对环境产生影响。整个影响过程其实还更加复杂，以上是从生产的角度考察政策影响下的规模效应、结构效应乃至技术效应。除此之外，还有交换过程中、分配过程中以及消费过程中的变动及其引致的经济与环境影响等。

通过文献学习，我们得知，在贸易与环境领域，已有文献如毛显强等（2010）就提出了贸易政策对环境影响的链式反应评价方法（CRAM：Chain Reaction Assessment Method），认为分析贸易政策的环境影响应遵循"贸易政策→贸易变化→经济影响→环境影响"的基本逻辑。我们参照以上逻辑，对出口退税的经济与环境影响的分析提出如下逻辑链条或用于开展分析的逻辑框架，即"出口退税政策→贸易变化→经济活动→环境影响"的基本过程（见图3-3）。在后续章节，尤其是第三章第五节"可计算一般均衡（CGE）模型"、第八章"出口退税政策调整的宏观经济效果分析与环境效应测度"，以及第九章"出口退税'政策试验'：贸易、经济与环境综合平衡的路径选择"等，我们进一步因循此逻辑链条和框架开展有关的分析和结构化模拟。

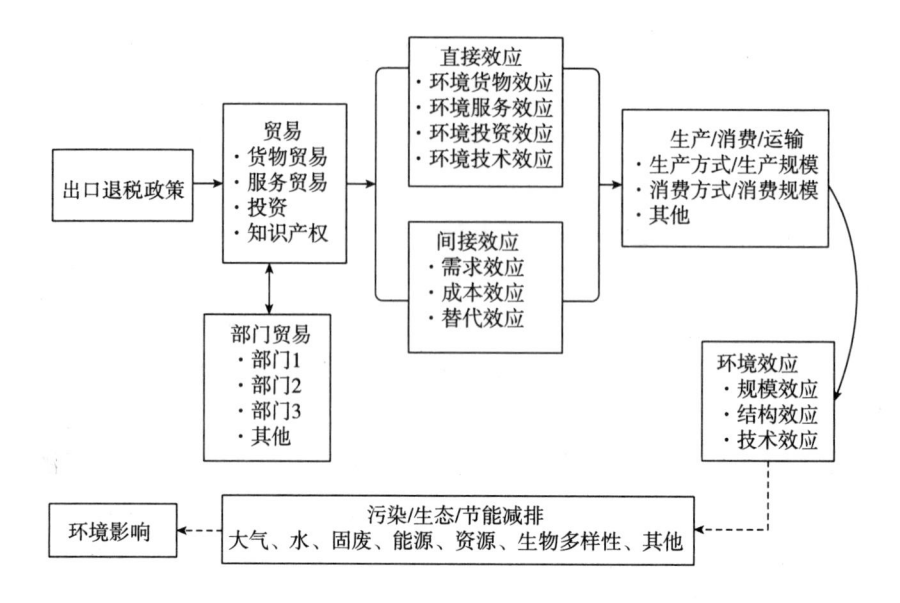

图 3-3 从出口退税政策到环境影响的逻辑过程

我们根据以上从"出口退税政策→贸易变化→经济活动→环境影响"的基本过程,将出口退税政策变动对环境的影响进一步进行数学化表达。这一数学化表达步骤将用于后文基于CGE模型的模拟分析(主要涉及第八章、第九章内容)。

首先,ETR_i^0 为政策调整前部门 i 的出口退税水平,ETR_i^1 为政策调整后部门 i 的出口退税水平。这里出口退税水平是指行业层面的出口退税率,是行业细类产品集结至行业层面的平均出口退税率。关于平均出口退税率,我们在后文第四章将会介绍两种计算平均出口退税水平的方式,具体可参见第四章第二节和第三节。在结构化模型模拟时,第一步,我们将 ETR_i^0 输入模型得到出口退税调整前的均衡状态相对应的经济变量值,包括行业产值、产品需求、进口额、出口额,甚至生产者福利、消费者福利和社会福利水平等。第二步,我们再将 ETR_i^1 输入模型,得到出口退税政策调整后的均衡状态所对应的经济变量值,同样包括行业产值、产品需求、进口额、出口额,甚至生产者福利、消费者福利和社会福利水平等。第三步,对于出口退税政策实施前后的两种状态及其相对应的经济变量值,我们进行比较,开展比较静态分析,可以用出口退税政策实施后的经济变量值减去政策实施前的各经济变量值，得到各指标所对应的相对经济影响。这里的相对经济影响是指比率形式的变动。因为在模型中，出口退税水平或出口退税率是以百分比的形式输入模型，其对产值等经济指标的影响也往往是引起产值等经济指标的变动是以变动率的形式所呈现的，是一种相对量的表达。因此，这里得到的出口退税政策实施前后两种状态下各指标的变动也通常是相对量的表达。鉴于此，我们使用 α_{ij} 来表示相对经济影响，意思是部门 i 经济变量 j 受政策调整的影响下的变动率。

其次，我们需要进一步将相对影响转变成绝对量的影响，只有这样，才能从绝对量的经济影响进一步得到环境影响。在此，我们通过式（3.15）完成相对经济影响 α_{ij} 到绝对经济影响 VO_{ij} 的转化：

$$VO_{ij} = \alpha_{ij} \times V_{ij} \tag{3.15}$$

其中，VO_{ij} 表示部门 i 第 j 个经济变量的绝对变动量（值），而 V_{ij} 则是部门 i 第 j 个经济变量当年的绝对量（值）。我们赋予 j 多个经济表征，包括产值、需求、进口、出口以及福利等经济指标。其实，在量化表达污染排放量等经济影响时，我们使用到的基本是产值这一经济指标。因为污染排放系数和产值是直接相关的，为简便起见，接下来关于环境影响的进一步的公式表达，我们只用产值这一经济指标（变量）来代替 j。

最后，我们假设有 k 种污染物，那么，受出口退税政策冲击所产生的第 k 种污染物排放量的变动量，可以由部门 i 的产值（量）变动乘以第 k 种污染物在该行业部门的基于产值（量）的污染排放系数而得到。因此，出口退税政策冲击下的环境影响可表达为：

$$VQ_{ik} = \varepsilon_{ik} \times VO_{i,产值} \tag{3.16}$$

其中，VQ_{ik} 为第 k 种污染物在部门 i 的污染排放变化量，ε_{ik} 为第 k 种污染物在部门 i 的基于产值（量）的污染排放系数，$VO_{i,产值}$ 为 i 部门产值变动额（量）。

在此，需要说明的是，对于模型中使用的污染排放系数 ε_{ik}，我们需要依据模型模拟年份而计算其当年值。这种基于当年数据而得到的各行业的污染排放系数，或者说污染排放强度，其实是当年行业产品生产技术状况、当年行业产品污染治理状况、当年行业所投入的资源能源等生产要素及其综合利用效率状况等的综合反映。因此，基于污染排放系数（或者污染排放强度）所测度的出口退税政策的环境影响，虽然已经包含了技术效应的影响，但其技术效应是由污染排放系数（或者污染排放强度）自身所反映的。因而，这种方式只能测度出除技术效应之外的规模效应和结构效应。

第四节　可计算局部均衡（CPE）模型

可计算局部均衡（Computable Partial Equilibrium，CPE）模型实现了局部均衡理论向现实可计算、可量化的迈进。正因如此，所以在全球范围内对于政策分析，尤其是国际多边贸易谈判问题、技术性贸易壁垒、自由贸易协定（Free Trade Agreement，FTA）、贸易政策的经济影响测度，以及出口退税政策的经济影响测度等方面（Francois and Kenneth，1997；鲍晓华，2004；李荣林和鲁晓东，2006；Francois and Hall，2009；林龙辉等，2010），CPE 模型备受青睐。当然，CPE 模型的具体形式也丰富多样。随着研究对象、研究指标和研究变量等的不同，在世界范围内开发出了多种与之相适应的 CPE 模型。这其中，较著名的和应用较普遍的是世界银行开发的 SMART 局部均衡模型，以及 Francois 和 Hall（2009）的 GSIM（Global Simulation Model）模型等。运用 CPE 模型开展政策影响分析，一是可以跟踪到政策实施或政策调整的具体年份甚至月份，因为年度数据甚至月度数据均可以在 CPE 模型中实现及时更新，这一点是 CPE 模型相较于大型的一般均衡模型所具有的一大优势。二是政策调整对行业甚至产品的影响分析，CPE 模型完全可以胜任，而且这也是 CPE 模型相较于大型可计算一般均衡模型而言所具有的另外一大优势。在本书研究中，我们想要考察的对象是出口退税，一是出口退税政策调整在中国国内是非常频繁的，二是出口退税政策调整往往针对的是具体产品。基于这两点，运用 CPE 对重点"两高一资"行业产品出口退税的经济与环境影响开展测度，是再合适不过的了。CPE 模型因其时效性、细致微观考察属性、与出口退税率较好的匹配性以及实用性和良好的可操作性，是我们开展行业产品分析、量化反映"两高一资"行业产品出口退税政策调整的经济与环境影响的合适、合理选择。

我们借鉴 Francois 和 Hall（2009）的 GSIM 模型，根据从"出口退税政策→贸易变化→经济活动→环境影响"的基本过程和逻辑框架，在测度经济影响的基础上进一步引入污染排放系数，从而完成对污染排放量的量化测度。据此，我们尝试构建了一个从多区域集结成两区域（中国出口和"世界其他"进口）的静态 CPE 模型。

表 3-1　　CPE 模型相关参数、变量符号及其定义

指代性符号	
r, s	表示出口地区（经济体）
v, w	表示进口地区（经济体）
i	表示行业部门（高污染行业）
变量	
M	表示进口（量的概念）
X	表示出口（量的概念）
O	表示国内总产出（量的概念）
$y_{(v)}$	表示购买进口商品的总支出（进口地区 v）
$P_{(r,v)}$	表示进口商品在进口地区 v 的价格（区分来源地 r）
P_v	表示商品在进口地区 v 的价格（整合来源地后的合成品）$P_{(v)} \cdot M_{(v)} = \sum_s P_{(s,v)} \cdot M_{(s,v)}$
P_r^*	表示商品出口价格（区分出口地区 r）
$N_{(r,r,v)}$	表示自身价格需求弹性（区分来源地 r），$N_{(r,r,v)} = \dfrac{dM_{(r,v)}}{dP_{(r,v)}} \cdot \dfrac{P_{(r,v)}}{M_{(r,v)}}$
$N_{(r,s,v)}$	表示交叉价格弹性（区分来源地 r），$N_{(r,s,v)} = \dfrac{dM_{(r,v)}}{dP_{(s,v)}} \cdot \dfrac{P_{(s,v)}}{M_{(r,v)}}$
$Q_{(i,r)}$	表示出口地区 r 高污染行业 i 的排污量，$Q_{(i,r)} = \varepsilon_{(i,r)} \cdot O_{(i,r)}$
参量	
$t_{(r)}$	表示"出口税负"（区分出口地区 r，而对进口地区不进行区分）
$T_{(r)}$	表示"出口税负"的加成，$T_{(v)} = 1 + t_{(v)}$
$\theta_{(r,v)}$	表示来自 r 地区的进口所占进口总额的比例，$\theta_{(r,v)} = \dfrac{M_{(r,v)} \cdot T_{(v)}}{y_{(v)}}$

续表

参量		
$\phi_{(r,v)}$	表示出口至 v 地区的出口占总出口的比例，$\varphi_{(r,v)} = \dfrac{X_{(r,v)}}{\sum_w X_{(r,w)}}$	
$\gamma_{(r)}$	表示出口地区 r 的出口占国内总产出的比重，$\gamma_{(r)} = \dfrac{X_{(r)}}{O_{(r)}}$	
$E_{m(v)}$	表示进口合成品的进口需求弹性（进口地区 v），$E_{m(v)} = \dfrac{\partial M_{(v)}}{\partial P_{(v)}} \cdot \dfrac{P_{(v)}}{M_{(v)}}$	
$E_{x(r)}$	表示出口供给弹性（出口地区 r），$E_{x(r)} = \dfrac{\partial X_{(r)}}{\partial P^*_{(r)}} \cdot \dfrac{P^*_{(r)}}{X_{(r)}}$	
E_s	表示替代弹性（区分来源地 r），$E_s = \dfrac{\eta^*_{(r,s,v)}}{\theta_{(r,v)}}$	
$\eta_{(r,s,v)}$	表示偏微分形式的交叉价格弹性（区分来源地 r），$\eta_{(r,s,v)} = \dfrac{\partial M_{(r,v)}}{\partial P_{(s,v)}} \cdot \dfrac{P_{(s,v)}}{M_{(r,v)}}$	
$\eta_{(y,v)}$	表示偏微分形式的收入弹性（区分来源地 r），$\eta_{(y,v)} = \dfrac{\partial M_{(r,v)}}{\partial y_{(v)}} \cdot \dfrac{y_{(v)}}{M_{(r,v)}}$	
$\eta^*_{(s,y,v)}$	表示总支出偏微分形式的交叉价格弹性（区分来源地 s），$\eta^*_{(s,y,v)} = \dfrac{\partial y_{(v)}}{\partial P_{(s,v)}} \cdot \dfrac{P_{(s,v)}}{y_{(v)}}$	
$\eta^*_{(r,s,v)}$	表示 Slutsky 偏微分形式的交叉价格弹性（区分来源地 r），$\eta^*_{(r,s,v)} = \dfrac{\partial M^S_{(r,v)}}{\partial P_{(s,v)}} \cdot \dfrac{P_{(s,v)}}{M_{(r,v)}}$	
$\varepsilon_{(i,r)}$	表示出口地区 r 高污染行业 i 的排污系数	

GSIM 模型是一个多区域进出口贸易情形下的单一商品市场的局部均衡模型，我们在本章第一节局部均衡理论分析的基础上，按照 GSIM 模型框架将其从多区域集结成两区域（中国出口和"世界其他"进口）的静态 CPE 模型。多区域框架下，在进口国市场上，首先需要对进口商品的需求进行说明，我们用需求弹性来刻画来源于某一地区的进口需求量变动对于该地区出口价格变动的敏感程度，称为贸易创造效应。其次，我们需要对来源于地区的进口商品需求之间的关系做出说明，对此，我们用需求的交叉弹性来刻画来源于某一地区的进口需求量变动对于另一地区出口价格变动的敏感程度，又称为贸易转移效应。将这两种效应相加，即可得到进口地区对某一出口地区产品的总的进口需求变动率，即为：

$$\hat{M}_{(r,v)} = N_{(r,r,v)} \cdot \hat{P}_{(r,v)} + \sum_s N_{(r,s,v)} \cdot \hat{P}_{(s,v)} \qquad (3.17)$$

$$\hat{x} = \frac{dx}{x}$$

式（3.17）表达了某一进口地区对出口地区 r 的总的进口需求变动率，那么，同样地，其他地区对出口地区 r 的总的需求变动率，同样可以以式（3.17）的形式呈现。如果将所有进口地区看成"世界其他"，将出口地区 r 看成是中国，那么"世界其他"对中国产品的总的进口需求变动率，就可以在式（3.17）的基础上将"所有进口地区"加总成"世界其他国家"，因此，式（3.17）进一步集结为"世界其他国家"对某一地区出口产品的总的需求变动率的表达如下：

$$\hat{M}_{(r)} = \sum_v \hat{M}_{(r,v)} = \sum_v N_{(r,r,v)} \cdot \hat{P}_{(r,v)} + \sum_v \sum_s N_{(r,s,v)} \cdot \hat{P}_{(s,v)} \qquad (3.18)$$

现在，我们需要对式（3.18）中 $N_{(r,r,v)}$、$N_{(r,s,v)}$、$P_{(r,v)}$ 和 $P_{(s,v)}$ 分别进行表达。这其中，区分来源地的价格需求弹性 $N_{(r,r,v)}$ 以及基于不同来源地的交叉价格弹性的导出 $N_{(r,s,v)}$ 较为复杂，因此，我们先从这两者的导出入手。对于这两者的导出，需要从需求函数出发。这里的需求函数是指进口地区对出口地区产品的需求函数，即 v 地区对 r 地区产品的需求函数可由如下隐函数表达：

$$M_{(r,v)} = M(P_{(r,v)}, P_{(s,v)}, y_{(v)}) \qquad (3.19)$$

式（3.19）对 $P_{(s,v)}$ 全微分，可得：

$$\frac{dM_{(r,v)}}{dP_{(s,v)}} = \frac{\partial M_{(r,v)}}{\partial P_{(s,v)}} + \frac{\partial M_{(r,v)}}{\partial y_{(v)}} \times \frac{\partial y_{(v)}}{\partial P_{(s,v)}} \qquad (3.20)$$

式（3.20）两边同乘以 $\dfrac{P_{(s,v)}}{M_{(r,v)}}$，简化后可得：

$$N_{(r,s,v)} = \eta_{(r,s,v)} + \eta_{(y,v)} \times \eta_{(s,y,v)} \qquad (3.21)$$

式（3.21）表示"基于不同来源地的交叉价格弹性"可以分为两部分，第一部分是"基于不同来源地的偏微分形式的交叉价格弹性"；第二部分是"基于不同来源地的偏微分形式的收入弹性"与"基于不同来源地总支出的偏微分形式的交叉价格弹性"的乘积。这一关系反映了价格变动对需求影响的两种效应，可以用 Slutsky 方程分解的替代效应和收入效应来解释和刻画。

如图 3-4 所示，价格变化对不同来源地商品需求影响的替代效应对应的是图中的（$M^b_{(r,v)} - M^a_{(r,v)}$），我们用 $\Delta M^s_{(r,v)}$ 来表示两者差值。价格变化对不同来源地商品需求影响的收入效应对应的是图中的（$M^c_{(r,v)} - M^b_{(r,v)}$），我们用 $\Delta M^M_{(r,v)}$ 来表示两者差值。在初始价格体系（$\bar{P}_{(r,v)}, \bar{P}_{(s,v)}$）下的消费束记为（$\bar{M}_{(r,v)}, \bar{M}_{(s,v)}$）的情况下，价格变动会带来需求变动，如果我们计算新价格冲击下的替代效应，那么就需要将替代效应下的需求函数表达出来。替代效应下的需求函数对应的是新的价格体系（$P_{(r,v)}, P_{(s,v)}$）以及调整后的收入水平。而调整后的收入水平是指将收入调整至刚好能够购买得起原来的消费束的收入水平，对这一调整后的收入水平，可以表达为：$P_{(r,v)} \times \bar{M}_{(r,v)} + P_{(s,v)} \times \bar{M}_{(s,v)}$。

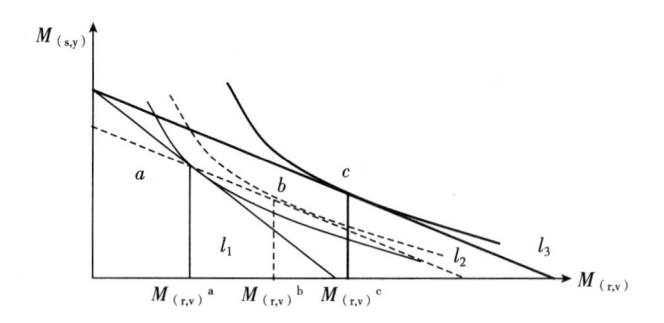

图 3-4　价格变化对不同来源地商品需求影响的替代效应和收入效应（Slutsky 分析方法）

因此，在式（3.19）的基础上，替代效应带来的需求可以由以下恒等式表达：

$$M^S_{(r,v)} \equiv M_{(r,v)}(P_{(r,v)}, P_{(s,v)}, P_{(r,v)} \times \bar{M}_{(r,v)} + P_{(s,v)} \times \bar{M}_{(s,v)}) \quad (3.22)$$

式（3.22）两边对 $P_{(s,v)}$ 全微分，可得：

$$\frac{\partial M^S_{(r,v)}}{\partial P_{(s,v)}} \equiv \frac{\partial M_{(r,v)}}{\partial P_{(s,v)}} + \frac{\partial M_{(r,v)}}{\partial y_{(v)}} \times \frac{\partial y_{(v)}}{\partial P_{(s,v)}} = \frac{\partial M_{(r,v)}}{\partial P_{(s,v)}} + \frac{\partial M_{(r,v)}}{\partial y_{(v)}} \times M_{(s,v)} \quad (3.23)$$

式（3.23）两边同乘以 $\dfrac{P_{(s,v)}}{M_{(r,v)}}$，简化后得：

$$\eta_{(r,s,v)} = \eta^*_{(r,s,v)} - \theta_{(s,v)} \times \eta_{(y,v)} \tag{3.24}$$

将式（3.24）代入式（3.21），依据艾伦替代弹性整理可得：

$$N_{(r,s,v)} = \theta_{(s,v)} \times E_s + \eta_{(y,v)} \times (\eta_{(s,y,v)} - \theta_{(s,v)}) \tag{3.25}$$

同理，可以将式（3.17）中的区分来源地的自身价格需求弹性表达为：

$$N_{(r,r,v)} = \theta_{(r,v)} \times E_s + \eta_{(y,v)} \times (\eta_{(r,y,v)} - \theta_{(r,v)}) \tag{3.26}$$

由式（3.25）和式（3.26）中的 $\eta_{(y,v)}$ 和 $\eta_{(s,y,v)}$，是偏微分形式的收入弹性和交叉价格弹性，这两者均非外生给定，因此，我们需要继续推导并分别写出两者的表达式。在此，我们转换角度，从希克斯需求函数出发。

类似于式（3.19），v 地区对 r 地区产品的希克斯需求函数可由如下隐函数表达：

$$M_{(r,v)} = M_H(P_{(r,v)}, P_{(s,v)}, U) \tag{3.27}$$

进一步地，均衡条件下效用函数的边际替代率要等于两种商品价格之比，而效用函数的边际替代率等于两种商品的边际效用之比，意味着绝对量的效用水平并无实际意义，相对量的效用水平即边际替代率才有意义。因此，在希克斯需求函数中，U 的绝对量水平以及边际效用意义不大，但边际替代率以及价格之比决定着偏好顺序。也就是说，单调变换并不影响偏好顺序，绝对价格水平不影响偏好顺序，意味着希克斯需求函数对于价格而言是零次齐次的，所以：

$$M_{(r,v)} = M_H(P_{(r,v)}, P_{(s,v)}, U) = M_H\left(1, \frac{P_{(s,v)}}{P_{(r,v)}}, U\right) \tag{3.28}$$

由此，不同来源地产品，譬如，某一来源地区和其他来源地区产品的相对价格发生变动，那么对该来源地区产品需求的影响与对其他来源地区产品需求的影响在方向上是相反的，而且双方产品需求变动率相加为零。这可以由不同来源地 Slutsky 偏微分形式的交叉价格弹性来表达，即：

$$\sum_s \eta^*_{(r,s,v)} = 0, \text{ 或 } \eta^*_{(r,r,v)} = -\sum_{s \neq r} \eta^*_{(r,s,v)} \tag{3.29}$$

因此，将式（3.29）表达的 Slutsky 偏微分形式的交叉价格弹性代入式（3.24）和式（3.25），可得：

$$N_{(r,r,v)} = -\sum_{s \neq r} \theta_{(s,v)} \times E_s + \eta_{(y,v)} \times (\eta_{(r,y,v)} - \theta_{(r,v)}) \quad (3.30)$$

$$\eta_{(s,y,v)} = \frac{\partial y_{(v)}}{\partial P_{(s,v)}} \times \frac{P_{(s,v)}}{y_{(v)}} = \frac{\partial (P_{(v)} \times M_{(v)})}{\partial P_{(s,v)}} \times \frac{P_{(s,v)}}{y_{(v)}}$$

$$= \left(\frac{\partial P_{(v)}}{\partial P_{(s,v)}} \times M_{(v)} + \frac{\partial M_{(v)}}{\partial P_{(s,v)}} \times \frac{\partial P_{(v)}}{\partial P_{(s,v)}} \times P_{(v)} \right) \times \frac{P_{(s,v)}}{y_{(v)}} \quad (3.31)$$

进一步地，由 Shephard Lemma 可知 $\frac{\partial P_{(v)}}{\partial P_{(s,v)}} = \frac{M_{(s,v)}}{M_{(v)}}$，并且进口合成品价格弹性为 $E_{m(v)} = \frac{\partial M_{(v)}}{\partial P_{(v)}} \times \frac{P_{(v)}}{M_{(v)}}$，式（3.17）可进一步写成：

$$\eta_{(s,y,v)} = (M_{(s,v)} + M_{(s,v)} \times E_{m(v)}) \times \frac{P_{(s,v)}}{y_{(v)}} = \theta_{(s,v)} \times (1 + E_{m(v)}) \quad (3.32)$$

在假定 $\eta_{(y,v)}$ 等于 1 的情况下，将式（3.32）代入式（3.25）可得：

$$N_{(r,s,v)} = \theta_{(s,v)} \times (E_m + E_s) \quad (3.33)$$

同理：

$$N_{(r,r,v)} = \theta_{(r,v)} \times E_m - (1 - \theta_{(r,v)}) \times E_s \quad (3.34)$$

在导出区分来源地的价格需求弹性 $N_{(r,r,v)}$ 以及基于不同来源地的交叉价格弹性 $N_{(r,s,v)}$ 的表达式后，我们接下来继续对式（3.18）中的 $P_{(r,v)}$ 和 $P_{(s,v)}$ 来用参量进行表达。由"出口税负"对价格的加成可知，

$$P_{(r,v)} = T_{(r,v)} \times P_{(r)}^* \quad (3.35)$$

将式（3.35）转换成微分形式表达为：

$$\hat{P}_{(r,v)} = \hat{T}_{(t,v)} + \hat{P}_{(r)} \quad (3.36)$$

$$\hat{X}_{(r)} = E_{x(r)} \times \hat{P}_{(r)}^* \quad (3.37)$$

局部均衡市场供需相等要求：

$$\hat{X}_{(r)} = \hat{M}_{(r)} \quad (3.38)$$

为了对接出口变动对污染排放的影响，在此，我们进一步假定行业出口变动等于行业产出变动，国内总产出等于各行业产出加总。

$$\hat{O}_{(r)} = \frac{dO_{(r)}}{O_{(r)}} = \frac{dX_{(r)}}{X_{(r)}/\gamma_{(r)}} = \gamma_{(r)} \times \hat{X}_{(r)} \quad (3.39)$$

外生给定各行业的污染排放系数，那么就可以计算"出口税负"

冲击所带来的污染排放变动量：

$$dQ_{(i,r)} = \varepsilon_{(i,r)} \times dO_{(i,r)} \tag{3.40}$$

至此，我们构建了一个完整的 CPE 模型，该 CPE 模型包括上述式（3.17）到式（3.40）一共 9 个等式，9 个内生变量：$N_{(r,r,v)}$、$N_{(r,s,v)}$、$P_{(r,v)}$、$P_{(v)}$、$P^*_{(r)}$、M、X、O、$Q_{(i,r)}$。外生变量为购买进口商品的总支出 $Y_{(v)}$。外生给定的参数为：$\theta_{(r,v)}$、$\phi_{(r,v)}$、$\gamma_{(r)}$、$E_{m(v)}$、$E_{x(r)}$、E_s、$\varepsilon_{(i,r)}$ 等。在后续章节（尤其是第七章和第九章第一节），我们对"两高一资"行业产品出口退税（"出口税负"）政策调整的经济与环境影响正是使用此章节所构建的静态 CPE 模型而开展分析和测度。

第五节 可计算一般均衡（CGE）模型

可计算一般均衡（Computable General Equilibrium，CGE）模型，是对一般均衡理论的发展和应用，具体体现在两个方面。第一个方面是数据基础的支撑，即形成了以社会核算矩阵（Social Accounting Matrix，SAM）为基础的数据表，从而符合了现实复杂情况下的非线性供求函数。CGE 模型的 SAM 表数据基础是从投入产出（IO）表发展而来的，不仅包括生产账户，还包括非生产账户，并包括它们之间的闭合关系，从而实现一般均衡的量化分析，即可以模拟政策冲击下的均衡数量和均衡价格。第二个方面则是瓦尔拉斯一般均衡理论的应用化，这里主要是指生产函数、效用函数、支出函数等函数形式的具体实现以及宏观闭合条件的具体实现等，从而保证了一般均衡可操作、可求解。在实现了这两个方面的创新发展后，一般均衡理论变身成 CGE 模型，得以推广应用。CGE 模型在政策评估领域应用广泛，是学者公认和首选的大型政策评估模型之一。当受到政策冲击时，用 CGE 模型刻画的经济系统会因此而受到影响，模型中的内生变量会发生变化，从一个均衡变动到另一个均衡，从而可以通过开展比较静态分析，即比较前后两个均衡状态下各变量的变动情况，实现对政策冲击的经济影响的模拟。进一步地，在经济影响的基础上，通过我们前文所述的污染排放系数的"软连接"，即可实现对政策冲击的环境影响的测度。这一分析过程和在 CGE 模型中的实现，正是我们开展出口退税政策的经济与环境影响分析所需要的，因而我们选取 CGE 模型开展分析测度。

在众多 CGE 模型中，标准 GTAP（Global Trade Analysis Project）模型无疑是一个超大型的、全球尺度的、发展非常成熟的 CGE 模型。我们研究中国出口退税政策，涉及中国与世界的进出口，因此我们选用 GTAP 模型作为本书一般均衡分析篇章的核心模型。GTAP 模型在国际上应用非常广泛，涉及国际各级贸易政策、环境政策、能源政策、气候政策、经济政策、区域发展政策、可持续发展政策以及风险评估等领域。对于不同领域，GTAP 模型有不同的拓展和模块特色，在这里我们选择其基本模型，并立足于出口退税政策研究需要，进行了部分拓展。在此，我们给出一般的描述。

首先，在模型实现的软件基础上，我们使用的是通用代数建模系统（The General Algebraic Modeling System，GAMS），选取的模型基底是 GTAPinGAMS 模型[①]（Rutherford，2005）。使用 GTAPinGAMS 作为基底模型能够不受部门和地区的限制，虽然在我们出口退税政策的一般均衡分析中，并未考察太多的区域问题，但却考察了大量的行业产品层面的出口退税变动问题，即频繁使用行业部门，因此，GTAPinGAMS 的模型基底可以方便我们解决行业部门限制的困扰。

其次，虽然 GTAPinGAMS 的模型基底并未有环境影响的测度，但这也正是我们对模型进行拓展的方向之一。即在前文所述的基于污染排放系数的"软连接"的思想基础上，我们将污染排放系数嫁接到 GTAPinGAMS 的模型基底中，从而实现了经济影响到环境影响的这一过程，实现对出口退税政策的环境影响的测度。

最后，在模型的基本结构上，一是生产端采用了三层嵌套的生产函数，采用 CES 函数形式或者更为特殊的 Leontief 生产函数形式。具体而言，对源于不同区域的进口品采用 CES 函数形式进行合成，这是第一层嵌套；在第二层次上同样采用 CES 函数形式将进口合成品和本国国产品进行合成，形成"中间投入品"。与此同时，我们仍采用 CES 函数形式，在该层次上将各种生产要素合成为"增加值"；至此，我们形成

[①] GTAPinGAMS 模型是 GTAP（Global Trade Analysis Project）模型的一个版本，是在 GAMS 中运行的 GTAP 模型。GTAP 模型由美国普渡大学开发，是基于 GTAP 数据库的多区域、多部门 CGE 模型，常用于评估贸易政策。参见 https：//www.gtap.agecon.purdue.edu/。

了"中间投入品"和"增加值",两者之间的关系倾向于互补关系,因此第三层嵌套我们则采用固定比例生产函数,即 Leontief 函数形式,进一步将两者合成为最终产品。二是消费端包括居民、储蓄以及政府,采用了四层嵌套的效用函数,具体使用了四种类型的函数形式,分别为 CES 函数形式、常差别弹性(Constant Difference in Elasticity,CDE)函数形式、柯布—道格拉斯(Cobb-Douglas,C-D)以及线性函数形式,具体而言,在第一层次上,同样对于不同区域的进口品采用 CES 函数形式进行合成;在第二层次上同样采用 CES 函数形式将进口合成品和本国国产品进行合成,形成"消费品";在第三层次上,则采用 CDE 函数形式将"消费品"转换成居民效用,还有部分"消费品"需要进一步转换成储蓄,或者将部分"消费品"进一步转换成政府效用,对此两类情况我们则采用了 C-D 函数形式;至此,我们形成了居民效用、储蓄和政府效用,三者之间的关系倾向于替代关系,因此第四层嵌套我们采用了线性函数形式,进一步将三者合成为总效用。三是出口端采用了两层嵌套的转换函数,具体使用了常转换弹性(Constant-Elasticity-of-Transformation,CET)函数结构形式。在出口端,商品出口至不同区域,我们需要将它们进行合成,对此我们采用 CET 函数形式,这是第一层嵌套关系;在第一层嵌套形成了"出口合成品",进一步地,我们同样采用 CET 函数形式将"出口合成品"和国内销售品合成为"最终产品"。

另外,根据出口退税政策一般均衡分析的需要,我们在 GTAP-inGAMS 基底模型的基础上,进行了部分拓展。在生产端,我们从生产者追求利润最大化的过程中,导出要素需求函数,进而植入到 GTAP-inGAMS 模型中。这不同于 GTAPinGAMS 模型的基础设置,即在其基础设置中,是按照总产出水平既定下,求解最小化成本而求得最优解,做出最优投入决策的。对于出口退税在模型中的实现,不同文献有不同的方法,比较经典的如马捷(2002)、马捷和李飞(2008)均将出口退税视为一种补贴,并将其纳入模型。本书研究在第四章基于5113项产品计算出了57个行业部门的历年的出口退税水平,同时,我们还计算出了"出口税负"水平,那么在模型中到底应该用出口退税水平,还是"出口税负"水平呢?一般而言,"出口税负"水平更能说明问题(关于其原因，可参见第四章第三节），因而在模型中可以直接使用"出口税负"表达成增值税与出口退税的差额，通过调节模型相应变量即可实现对出口退税（"出口税负"）政策冲击的影响的模拟。那么，这个相应变量在GTAPinGAMS模型中应该是哪一个变量呢？在GTAPinGAMS模型中有一个参量MTAX，可以描绘出口（进口）部门产品 i 的国内价格和世界价格的差别，是表达"出口税负率"最合适的变量。因此，我们依据现实中出口退税政策及计算的"出口税负"水平，对MTAX数值进行调节，就可以实现对出口退税政策的影响的模拟。当然，我们将各行业历年污染排放系数纳入CGE模型中，是一种"软连接"，这也是我们模型所拓展的一处贡献。

接下来，我们简单描述和数学化呈现本书的CGE模型，基本结构如下。

如前文所述，在生产端，我们从生产者追求利润最大化的过程中，导出要素需求函数，进而植入到GTAPinGAMS模型中。生产端共采用了三层嵌套的生产函数，分别通过CES函数形式和固定比例生产函数形式进行逐层嵌套并合成最终产品。以下为具体函数表达式：

$$QVA_{(j,r)} = AFE_{(j,r)} \times \left[\sum_{i \in ENDW} SVA_{(i,j,r)} \times QFE_{(i,j,r)}^{\rho} \right]^{\frac{1}{\rho}} \quad (3.41)$$

$$QVA_{(j,r)} \times PVA_{(j,r)} = \sum_{i \in ENDW} PFE_{(i,j,r)} \times QFE_{(i,j,r)} \quad (3.42)$$

$$QO_{(j,r)} = \min\left[\frac{QF_{(i,j,r)}}{AF_{(i,j,r)}}, (i \in TRAD); \frac{QVA_{(j,r)}}{AVA_{(j,r)}} \right] \quad (3.43)$$

$$VOA_{(j,r)} = QO_{(j,r)} \times PS_{(j,r)} \times (1 - PTAX_{(j,r)})$$

$$= QVA_{(j,r)} \times PVA_{(j,r)} + \sum_{i \in TRAD} QF_{(i,j,r)} \times PID_{(i,r)} \quad (3.44)$$

首先，我们用指示性符号 i、j 表示行业产品，同时为了简化表达，我们对生产要素的指代也同样使用了 i、j，会发现在本模型中并不会产生冲突，而且在必要的时候我们会对它们的具体属性进行说明，如，当 $i \in ENDW$，意味着 i 代指生产要素，当 $i \in TRAD$，意味着 i 代指贸易商品（行业产品）。另外，还有一组指示性符号 r、s、d，我们用来指代不同区域或经济体。

其次，以上公式中涉及多个变量以及参数的代指符号，其中 QVA

表示增加值,虽然我们在这里称作增加"值",但在以上公式及函数中,它被设定为一种量的表达。如果 QVA 有下标,譬如 $QVA_{(j,r)}$,那么它代指的就是 r 地区 j 行业的增加值(量)。其中,式(3.41)表示增加值是由各种生产要素数量按照 CES 函数形式合成而来的。公式中的 AFE 是参量,是一种转换参数,表示全要素生产率或技术生产效率。同样,如果有下标,譬如 $AFE_{(j,r)}$,则意味着 r 地区 j 行业的生产技术效率。公式中的 SVA 也是一个参量,被设定为了一种份额参数,表示生产要素价格(成本)在增加值中的比重,同样,如果有下标,如 $SVA_{(i,j,r)}$ 则具体指代 r 地区第 i 种生产要素价格(成本)在行业 j 的增加值中的比重。公式中的 $QFE_{(i,j,r)}$ 是一个变量,表示的是 r 地区 j 行业中第 i 种生产要素的数量。式(3.42)表示增加值总值等于各生产要素价值之和,其中,$PVA_{(j,r)}$ 为 r 地区 j 行业增加值的价格,在模型中以价格指数的形式出现,$PFE_{(i,j,r)}$ 为 r 地区 j 行业中第 i 种生产要素的价格,在模型中同样以价格指数的形式出现。式(3.43)表示采用固定比例生产函数的形式将"中间投入"和"增加值"合成为最终产出。其中,$QO_{(j,r)}$ 为 r 地区 j 行业最终产出,$QF_{(i,j,r)}$ 为 r 地区 i 行业产品投入 j 行业中的数量,$AF_{(i,j,r)}$ 是 r 地区 i 行业产品作为 j 行业的中间投入时的技术转换参数,$AVA_{(j,r)}$ 是 r 地区 j 行业增加值的技术转换参数。式(3.44)表示 r 地区 j 行业产值 $VOA_{(j,r)}$ 等于 r 地区 j 行业最终产出 $QO_{(j,r)}$ 乘以 r 地区 j 行业税收调整后的生产者价格指数 $PS_{(j,r)}$ × (1-$PTAX_{(j,r)}$)。这里的税收 $PTAX_{(j,r)}$ 不仅可以指代面向生产者所征收的各类生产者,还可以指代面向消费者所征收的各类消费税。另外,值得说明的是,这里的 $VOA_{(j,r)}$ 和第三章第三节"出口退税政策环境经济影响结构化分析的传导逻辑",以及第八章和第九章中的 $VO_{i,产值}$(或 $VO_{i,output}$)指代相同,均表示某地区某行业的产值。公式中的 $PID_{(j,r)}$ 表示 r 地区 j 行业产品的国内价格,是进口品与国产品合成后的价格,在模型中也会以价格指数的形式出现。

在需求端,同样如前文所述,我们具体使用了四种类型的函数形式进行了四层嵌套。以下为需求端的函数表达:

$$YP_{(r)} = (1-HTAX_{(r)}) \times \sum_{j \in PROD} \sum_{i \in ENDW} PFE_{(i,j,r)} \times QFE_{(i,j,r)} \quad (3.45)$$

$$YP_{(r)} = CP_{(r)} + IP_{(r)} \tag{3.46}$$

$$CP_{(r)} = (1 - PSAV_{(r)}) \times YP_{(r)} \tag{3.47}$$

$$IP_{(r)} = PSAV_{(r)} \times YP_{(r)} \tag{3.48}$$

$$UP_{(r)} = \prod_{i \in TRAD} QP_{(i,r)}^{CONSHR_{(i,r)}} \tag{3.49}$$

$$CP_{(r)} = PP_{(r)} \times UP_{(r)} = \sum_{i \in TRAD} PID_{(i,r)} \times QP_{(i,r)} \tag{3.50}$$

$$PP_{(r)} = \sum_{i \in TRAD} CONSHR_{(i,r)} \times PID_{(i,r)} \tag{3.51}$$

$$YG_{(r)} = \sum_{j \in PROD} QO_{(j,r)} \times PS_{(j,r)} \times PTAX_{(j,r)} + HTAX_{(r)} \times \sum_{j \in PROD} \sum_{i \in ENDW} PFE_{(i,j,r)} \times QFE_{(i,j,r)} + \sum_{i \in TRAD} \sum_{s \in REG} \frac{MTAX_{(i,r,s)}}{1 + MTAX_{(i,r,s)}} PMS_{(i,r,s)} \times QMS_{(i,r,s)}$$
$$\tag{3.52}$$

$$CG_{(r)} = (1 - GSAV_{(r)}) \times YG_{(r)} \tag{3.53}$$

$$IG_{(r)} = GSAV_{(r)} \times YG_{(r)} \tag{3.54}$$

$$UG_{(r)} = \min\left[\frac{QG_{(i,r)}}{GSHR_{(i,r)}}, (i \in TRAD)\right] \tag{3.55}$$

$$CG_{(r)} = PG_{(r)} \times UG_{(r)} = \sum_{i \in TRAD} PID_{(i,r)} \times QG_{(i,r)} \tag{3.56}$$

$$PG_{(r)} = \sum_{i \in TRAD} GSHR_{(i,r)} \times PID_{(i,r)} \tag{3.57}$$

以上公式中，$YP_{(r)}$ 为 r 地区居民收入；$HTAX_{(r)}$ 为 r 地区面向收入所征收的税或者所给予的补贴；$CP_{(r)}$ 为 r 地区居民消费支出；$IP_{(r)}$ 为 r 地区居民储蓄；$PSAV_{(r)}$ 为 r 地区居民储蓄占居民收入的比率；$UP_{(r)}$ 为 r 地区居民效用函数；$QP_{(i,r)}^{CONSHR_{(i,r)}}$ 为 r 地区居民对 j 行业产品的消费量，标定了消费的份额参数；$PP_{(r)}$ 为 r 地区居民消费价格指数；$YG_{(r)}$ 为 r 地区政府财税收入；$PMS_{(i,r,s)}$ 为 r 地区进口 s 地区 i 行业产品的价格指数；$QMS_{(i,r,s)}$ 为 r 地区从 s 地区进口的 i 行业产品的数量；$MTAX_{(i,r,s)}$ 为 r 地区进口 s 地区 i 行业产品时所征收的进口关税或者进口补贴，这一参量还被用作出口税，我们将在后文分析其被用作出口税的情况，并说明本书"出口税负"（出口退税）如何用这一参量表达。$CG_{(r)}$ 为 r 地区政府消费支出；$GSAV_{(r)}$ 为 r 地区政府储蓄占政府收入的比率；$IG_{(r)}$ 为 r 地区政府储蓄；$UG_{(r)}$ 为 r 地区政府效用函数；

$QG_{(i,r)}$ 为 r 地区政府对 i 行业产品的消费量；$GSHR_{(i,r)}$ 为政府消费支出占总支出/总预算的比例参数；$PG_{(r)}$ 为 r 地区政府消费价格指数。

在国际贸易出口端，如前文所述，我们主要使用 CET 函数形式进行了两层嵌套，以下为相关函数表达：

$$QIM_{(i,r)} = \left(\sum_{s \in REG} MSHR_{(i,r,s)} \times QMS_{(i,r,s)}^{\rho} \right)^{\frac{1}{\rho}} \quad (3.58)$$

$$QIM_{(i,r)} \times PIM_{(i,r)} = \sum_{s \in REG} PMS_{(i,r,s)} \times QMS_{(i,r,s)} \quad (3.59)$$

$$QID_{(i,r)} = \left[IDSHR_{(i,r)} \times QIM_{(i,r)}^{\rho} + (1 - IDSHR_{(i,r)}) \times QDM_{(i,r)}^{\rho} \right]^{\frac{1}{\rho}} \quad (3.60)$$

$$PID_{(i,r)} \times QID_{(i,r)} = PIM_{(i,r)} \times QIM_{(i,r)} + PDM_{(i,r)} \times QDM_{(i,r)} \quad (3.61)$$

$$QO_{(j,r)} = AXD_{(j,r)} \left[XDSHR_{(j,r)} \times QXF_{(j,r)}^{\rho} + (1 - XDSHR_{(j,r)}) \times QDM_{(j,r)}^{\rho} \right]^{\frac{1}{\rho}} \quad (3.62)$$

$$PS_{(j,r)} \times QO_{(j,r)} = PXF_{(j,r)} \times QXF_{(j,r)} + PDM_{(j,r)} \times QDM_{(j,r)} \quad (3.63)$$

$$QXF_{(j,r)} = \left(\sum_{d \in REG} XSHR_{(j,r,d)} \times QXD_{(j,r,d)}^{\rho} \right)^{\frac{1}{\rho}} \quad (3.64)$$

$$QXF_{(j,r)} \times PXF_{(j,r)} = \sum_{d \in REG} PXS_{(j,r,d)} \times QXD_{(j,r,d)} \quad (3.65)$$

$$PMS_{(i,d,r)} = PXS_{(i,r,d)} \times (1 + MTAX_{(i,d,r)}) + ATR_{(i,r,d)} \times PT \quad (3.66)$$

以上公式中，$QIM_{(i,r)}$ 表示 r 地区进口的 i 行业产品的合成品数量；$MSHR_{(i,r,s)}$ 为 r 地区从 s 地区进口的 i 行业产品数量占 r 地区从所有地区进口的 i 行业产品总量的比例；$PIM_{(i,r)}$ 为 r 地区进口的 i 行业产品的合成品的价格指数；$QID_{(i,r)}$ 表示 r 地区市场上关于 i 行业产品的总量，包括了该行业产品的进口合成品以及该行业产品的国产合成品，是两者的合成数量；$IDSHR_{(i,r)}$ 为 r 地区市场上进口的 i 行业产品数量占 r 地区市场上 i 行业产品总量的比例；$QDM_{(i,r)}$ 为 r 地区关于 i 行业产品的国产品合成数量；$PDM_{(i,r)}$ 为 r 地区国内 i 行业产品合成品的价格指数；$AXD_{(j,r)}$ 表示 r 地区进口的 i 行业产品的希克斯技术转换参数；$XDSHR_{(j,r)}$ 为 r 地区出口的 j 行业产品数量占 r 地区 j 行业产品产量的份额；$QXF_{(j,r)}$ 表示 r 地区出口的 j 行业产品数量，如果涉及出口地区，那么这里就是一个出口合成总量；$PXF_{(j,r)}$ 为 r 地区出口的 j 行业产品的价格指数；$QXD_{(j,r,d)}$ 表示 r 地区出口到 d 地区的关于 j 行业产品的数量；$XSHR_{(j,r,d)}$ 为 r 地区出口到 d 地区 j 行业产品占 r 地区出口到所有地区的

j 行业产品总量的份额；$PXS_{(j,r,d)}$ 表示 r 地区出口至 d 地区的 j 行业产品的价格指数；$ATR_{(i,r,d)}$ 为 r 地区将 j 行业产品出口至 d 地区时的运输技术转换参数；PT 为运输服务价格。我们需要重点交代一下变量 $MTAX_{(i,d,r)}$，在形式上表示进出口贸易过程中发生的税收或补贴。在上一模块即"需求端"的函数表达式中也出现过，但当时是以 $MTAX_{(i,r,s)}$ 的形式出现的，表示的是进口税或进口补贴，这是因为在 $MTAX_{(i,r,s)}$ 中，r 是进口国，s 表示来源地区，即出口国。但是，在这里 $MTAX_{(i,d,r)}$ 则表示出口过程中所征收的税收或补贴，因为，此时 r 作为出口国，而 d 表示的是目的地，即进口国。因此，本书对于"出口税负"（或出口退税）政策的一般均衡分析，对应的就是该变量，通过该变量的变动去模拟出口国"出口税负"政策在一般均衡框架下的经济与环境效应。

对于生产要素而言，我们同样对其进行集结，以下为函数表达：

$$QOES_{(i,r)} = (\sum_{j \in PROD} REVSHR_{(i,j,r)} \times QFE^\rho_{(i,j,r)})^{\frac{1}{\rho}} \quad (3.67)$$

$$QOES_{(i,r)} \times PE_{(i,r)} = \sum_{j \in PROD} PFE_{(i,j,r)} \times QFE_{(i,j,r)} \quad (3.68)$$

$$QID_{(i,r)} = \sum_{j \in PROD} QF_{(i,j,r)} + QP_{(i,r)} + QG_{(i,r)} + \sum_{j \in PROD} QFC_{(i,j,r)} \quad (3.69)$$

$$QMS_{(i,r,k)} = QXD_{(i,k,r)} \quad (3.70)$$

我们用 $QOES_{(i,r)}$ 来表示 r 地区关于第 i 种生产要素的总量，式 (3.67) 表明它是 r 地区各行业关于第 i 种生产要素 $QFE_{(i,j,r)}$ 与收益份额 $REVSHR_{(i,j,r)}$ 乘积的函数。式 (3.68) 表明 r 地区关于第 i 种生产要素的总量 $QOES_{(i,r)}$ 乘以第 i 种生产要素在 r 地区的价格指数 $PE_{(i,r)}$，等于 r 地区各行业关于第 i 种生产要素 $QFE_{(i,j,r)}$ 乘以各行业关于第 i 种生产要素的价格 $PFE_{(i,j,r)}$ 然后加总的和。式 (3.69) 则定义示 r 地区市场上关于 i 行业产品的总量 $QID_{(i,r)}$ 等于用于中间投入的该产品的总量 $QF_{(i,j,r)}$ +居民消费的该产品的总量 $QP_{(i,r)}$ +政府消费的该产品的总量 $QG_{(i,r)}$ +用于投资的该产品的总量 $QFC_{(i,j,r)}$。式 (3.70) 则表明了国际贸易市场上产品的供需相等，即 r 地区统计的从 k 地区进口的 i 行业产品的数量 $QMS_{(i,r,k)}$，等于 k 地区统计的出口至 r 地区的该行业产品的数量 $QXD_{(i,k,r)}$。

模型中国际贸易还涉及运输服务，因此，我们在模型中需要体现运输的供给和需求。考虑到运输并不是我们研究的对象,因此我们将运输服务与出口规模相对应,通过设定固定的份额比例来实现成本最小化,具体如下方程所示:

$$QT = \prod_{i \in TRAD} \prod_{r \in REG} QST_{(i,r)} \quad (3.71)$$

$$QT \times PT = QST_{(i,r)} \times PM_{(i,r)} \quad (3.72)$$

其中,QT 为运输服务总量,$QST_{(i,r)}$ 为 r 地区关于 i 行业产品的运输服务量。再次说明,对于运输而言,一方面运输并不是本书研究的对象,因此在模型中我们对其不做细化设计;另一方面运输线路与出口联系的数据是较难获取的,所以我们在模型中将不同的运输线路集结合并成单一运输服务,并假定其与出口规模维持固定比例关系:

$$QTS_{(i,r,s)} = \frac{QXD_{(i,r,s)}}{ATR_{(i,r,s)}} \quad (3.73)$$

$$\sum_{i \in TRAD} \sum_{r \in REG} \sum_{s \in REG} QTS_{(i,r,s)} = QT \quad (3.74)$$

在标准 GTAP 模型中需要一个虚拟的全球银行,负责完成模型中的资本供需平衡。毫无例外,在我们的 CGE 模型中也将保留这个虚拟的全球银行的设置。在资本供需平衡模块中,我们也进行了简化处理,即认为投资是按固定比例而非具体的资本回报率进行的。所以:

$$\sum_{r \in REG} (IP_{(r)} + IG_{(r)}) = GLOBINV \quad (3.75)$$

$$\sum_{r \in REG} REGINV_{(r)} = GLOBINV \quad (3.76)$$

$$REGINV_{(r)} = \frac{KB_{(r)}}{\sum_{r \in REG} KB_{(r)}} \times GLOBINV \quad (3.77)$$

$$QFC_{(i,r)} = ACP_{(i,r)} \times QCP_{(r)} \quad (3.78)$$

$$\sum_{i \in TRAD} QFC_{(i,r)} \times PID_{(i,r)} = QCP_{(r)} \times PCP_{(r)} = REGINV \quad (3.79)$$

其中,$REGINV_{(r)}$ 为 r 地区的区域投资规模,而 $GLOBINV$ 表示全球投资规模。$KB_{(r)}$ 为 r 地区基期投资规模,$QFC_{(i,r)}$ 为 r 地区在 i 行业的投资需求,$ACP_{(i,r)}$ 为 r 地区在 i 行业资本占比,为 r 地区资本总量,$PCP_{(r)}$ 为 r 地区资本价格指数。

进一步地,对于经济影响到环境影响的"软连接",我们使用污染排放系数对模型进行了拓展，通过以下公式，计算污染排放变化率 VR_k，下标 k 表示第 k 种污染物。

$$VR_k = \frac{\sum_i VQ_{ik}}{\sum_i (\varepsilon_{ik} \times V_{i,产值})} \tag{3.80}$$

其中，Q_{ik} 为第 k 种污染物在部门 i 的基准排放量，因此：

$$\varepsilon_{ik} \times V_{i,产值} = Q_{ik} \tag{3.81}$$

从而，

$$VR_k = \frac{\sum_i VQ_{ik}}{\sum_i (\varepsilon_{ik} \times V_{i,产值})} = \frac{\sum_i (\varepsilon_{ik} \times VO_{i,产值})}{\sum_i Q_{ik}}$$

$$= \frac{\sum_i (\varepsilon_{ik} \times \alpha_{i,产值} \times V_{i,产值})}{\sum_i Q_{ik}} = \frac{\sum_i (\alpha_{i,产值} \times Q_{ik})}{\sum_i Q_{ik}} \tag{3.82}$$

其中，$\alpha_{i,产值}$ 为政策情景下部门 i 的产值变化率。

第六节 出口退税政策环境效应分解分析

有关出口退税政策环境效应的分解分析，我们借鉴国际上对贸易政策环境影响的分解方法。在国际贸易政策环境影响评价领域存在许多实践，而学者从这些具体实践中总结出了贸易政策的环境效应，进而对其进行了分解分析。最为经典的当属 Grossman 和 Krueger（1991，1993），他们在分析《北美自由贸易协议》（NAFTA）的环境效应时，构建了效应分解分析的基本框架，认为贸易政策的环境效应可以分为规模效应、结构效应和技术效应三方面。后来，Copeland 和 Taylor（1995）提出了贸易政策环境三效应的分解分析方法。

依照 Copeland 和 Taylor（1995）的研究，贸易自由化引起的污染排放量可以通过如下公式来表达：

$$e = \alpha\beta X \tag{3.83}$$

式（3.83）中，e 表示贸易自由化所导致的污染物排放量，或者也可以用来表达出口隐含污染排放；α 为国内污染排放强度，一般对应的是高污染行业的平均污染排放强度；β 为高污染行业占外贸全行业的比重，或者可以用"高污染行业产值占工业总产值的比重"来表达；X 指的是经济规模，可以用外贸全行业产值、工业总产值或者 GDP 等来表达。据此，Copeland 和 Taylor（1995）认为，贸易自由化（出口）所引致的污染排放量取决于高污染行业的污染排放强度（与生产技术水平有关）、高污染行业占外贸全行业的比重（与行业结构有关）以及经济规模（与外贸全行业产值或 GDP 等有关）。

基于式（3.83）的基本形式，Copeland 和 Taylor（1995）通过在等式两边同时取对数并求导，进一步实现了对三种效应的分解：

$$\hat{e}=\hat{\alpha}+\hat{\beta}+\hat{x} \tag{3.84}$$

其中，等式左边 $\hat{e}$ 表示污染排放量的变动，等式右边第一项 $\hat{\alpha}$ 是污染排放强度的变动，反映的是技术效应。一般而言，贸易自由化会直接带来先进的生产技术，生产技术的更新和清洁化会降低企业污染排放强度，这是贸易自由化影响污染排放强度的可能的第一条途径；贸易自由化会提升人们的收入水平，收入水平的提升会增强人们对环境规制的需求以及提高对环境规制执行力度的要求，环境规制及其执行力的增强会倒逼企业降低污染排放强度，这是贸易自由化影响污染排放强度的可能的第二条途径。无论哪条途径，在产业结构和经济规模不变的情况下，一般而言，自由贸易会降低污染排放强度，即贸易自由化的技术效应一般为负。等式右边的第二项 $\hat{\beta}$ 是高污染行业占比的变动，反映的是结构效应。贸易自由化会通过进出口产品贸易影响产业结构，至于产业结构是否会通过自由贸易更加优化或绿色转型，很大程度上取决于一国进出口贸易的比较优势，如果出口产品更多的是高附加值和相对洁净性产品，那么贸易自由化会加速产业结构优化升级和绿色转型，但如果一国出口产品更多的是低附加值和"两高一资"产品，那么贸易自由化会加速恶化该国产业结构，强化高污染产业占比。因此，在污染排放强度和经济规模不变的情况下，一般而言，贸易自由化的结构效应有可能为正，产生结构（恶化）增排效果，也有可能为负，发挥结构（优化）减排作用。至于是结构恶化效应还是结构优化效应，除受一国比较优势的影响外，很大程度上还取决于该国的环境规制政策及其执行力等情况。等式右边第三项 $\hat{x}$ 是经济规模的变动，反映的是规模效应。贸易自由化一般会带来经济增长和规模扩大，在污染排放强度和产业结构不变的情况下，经济规模的扩张往往会带来污染排放量的增加，因此贸易自由化对污染排放影响的规模效应一般为正。

依照式（3.84）不仅可以从数学上理解三种效应的解构，还可以帮助我们在现实中分离出这三种效应，但这并不意味着现实中就一定可以或者就可以很清晰地将这三种效应分离出来。对于出口退税的环境影响而言，技术效应往往不明显，至少在短期内的技术效应是非常微弱的，长期可能存在技术效应，但在长期技术效应又有可能是与结构效应紧密连接在一起的。

我们对此进行进一步说明。一是规模效应，是指出口退税优惠使出口贸易扩大，促进了出口产品生产的增加，从而增加了生产过程中的污染排放。二是结构效应，是指出口退税在行业产品层面的安排，会对产业结构产生影响，如果安排不合理，那么会引起高污染行业出口产品的扩大和生产规模的扩张，从而污染排放增加，起到结构（恶化）增排的作用，但如果洁净型行业享有的出口退税优惠较高，那么会使洁净型行业出口产品扩大及其生产规模扩张，从而起到结构优化减排的作用。三是技术效应，与出口产品的污染排放强度相关，是指在出口退税政策实施后，生产技术更加清洁，生产同样数量的产品，污染物排放量下降了。技术效应暗含了出口退税政策调整会使国内环境规制增强，并且其执行力也更强。这既有可能是出口退税政策自身所带来的一种直接影响，也有可能是通过更高的收入而使人们对于环境规制的需求及对于环境规制执行力度的要求更加强烈所施加的间接影响。但通过相应描述，可以发现，贸易自由化在发挥这种技术效应方面，无论是直接影响还是通过提高人们收入水平而间接影响环境规制强度及环境规制执行力度，都可能是存在的，但出口退税很显然在发挥技术效应减排污染物的作用方面，要微弱得多。至少在短期来看，这种效应是极其微弱的。而且，我们知道，出口退税即使是肩负减排污染物的代理性职责，我国对于出口退税的调整也是极其频繁的，甚至在方向性上会出现后期调整与前期调整相反的情况，因而即使存在技术效应，技术效应也会在这种频繁调整的出口退税政策实践现实中变得更为微弱。

第三章 | 理论基础与研究方法

第七节　本章小结

本章详细介绍了本书研究的理论基础和研究方法，为后续章节进一步的理论模型推导及实证分析奠定了理论和方法基础。

理论基础包括以下三点：一是出口退税的经济与环境影响的局部均衡理论分析。以环境经济学外部效应等理论为起点，将环境污染表达成生产的外部成本，并进一步纳入社会成本中，对出口退税政策实施后对局部均衡的影响开展比较静态分析。二是"出口税负"与"最优污染排放水平"的一般均衡理论分析。将污染看成是污染性产品生产过程中的一种联产品，并将其转化为一种生产要素进行处理，构建一个包含污染性产品 X 和洁净性产品 Y 两种产品、包含中国和世界其他（ROW）两个区域、劳动和资本两种基本生产要素以及包括污染这个特殊生产要素等的一个简单的一般均衡污染供需体系，对该体系中均衡的污染排放水平受出口退税政策冲击前后两种状态开展一般均衡理论分析。三是出口退税政策环境经济影响结构化分析的传导逻辑。分析出口退税政策对经济—环境影响的传导机制，探索"出口退税—贸易变化—经济活动—环境影响"的链式反应逻辑，研究开发结构化分析的模型基础。

研究方法主要为以下三种：第一，可计算局部均衡（CPE）模型。我们构建了一个从多区域集结成两区域（中国出口和"世界其他"进口）的静态 CPE 模型，通过在测度经济影响的基础上进一步引入污染排放系数，实现对污染排放量的量化测度。第二，可计算一般均衡（CGE）模型。我们选用 GTAP 模型作为本书研究一般均衡分析板块的核心模型，并立足于出口退税政策研究需要，进行了部分拓展。第三，环境效应分解分析方法。我们借鉴 Copeland 和 Taylor（1995）的贸易政策环境三效应分解框架，在此基础上对出口退税政策的环境效应进行拓展和分解分析。

第四章

出口退税政策调整及其水平和结构变化

第一节 出口退税政策调整历程

1985年,中国在出口退税政策实施之初,主要以退还商品在生产及流转过程中的消费税、增值税和产品税为管理措施,而且出口退税率的征收标准是以产品类别为依据而确定的。由于1985年才开始实施出口退税政策,所以在当年出口退税额仅19.8亿元,由此可见当年出口退税规模较小,对财政收支无较大影响。在1994年,中国在原有的税制基础上进行了进一步改革,确立了"征多少退多少、未征不退"和"彻底退税"的原则。中国的出口退税政策则开始实行此项退税原则,综合核定产品在国内生产及流转过程中所征收的增值税和消费税等税率,在出口环节退还其之前所征收的流转税(万莹,2007)。该项出口退税政策措施的实施极大地鼓励了企业将生产的产品更多地用于出口,以至于在1994年中国出口退税额增至113亿元,其增幅较为明显(刘怡,1998),甚至在后面年份,中国的出口退税额和企业外汇收入均呈现持续增长的趋势。

在1994年开始实施改革后的出口退税政策,其虽然刺激了企业出口,但随之也暴露出越来越多的问题,其中骗取出口退税、少征多退、钻取出口退税漏洞等问题较为突出,由此出口退税额大幅增加,使财政支出加重,给国家财政收支造成了极大的负担,超出了其承受能力范围，以至于国家不得不重新考虑"出口税负"实行"零税率"这项规定是否恰当。中国出口退税政策正是经历了如上述经济形势等因素的变化，并据此不断进行政策调整以适应不断变化的经济形势，从1985年到2019年主要出口退税政策文件见表4-1。

表4-1　　　　　　中国主要出口退税政策相关文件

实施时间	政策文件	简要内容
1985年4月1日	《国务院关于批转财政部〈关于对进出口产品征、退产品税或增值税的规定〉的通知》（国发〔1985〕043号）	标志着中国开启了出口退税制度，主要是退还出口商品在国内生产和流转过程中所缴纳的产品税、增值税和消费税
1994年1月1日	《中华人民共和国增值税暂行条例》（国务院令〔1993〕134号）	对于出口的产品，其增值税税率为零，在报关出口时不征税，且退还其在国内生产和流转过程中所缴纳的税款
1995年7月1日	《国务院关于调低出口退税率加强出口退税管理的通知》（国发明电〔1995〕3号）	对出口产品征收的税率调整为3%、6%和9%这三档，并且根据实际经济情况适当降低了部分产品的出口退税水平，严格管控出口退税的相关过程
2004年1月1日	《国务院关于改革现行出口退税机制的决定》（国发〔2003〕24号）	五档：5%、8%、11%、13%、17%。同时适当降低了部分产品的出口退税率，且将出口退税率的结构进行了调整，对于出口的产品需要退还增值税的，由中央财政负担其属于地区基数范围内的出口退税额，对于超出的部分，则由中央和地方按照3∶1的比例各自承担
2005年5月1日	《财政部、国家税务总局关于调整部分产品出口退税率的通知》（财税〔2005〕75号）	适当降低或取消部分"两高一资"产品的出口退税率，适当调低部分容易引起贸易摩擦的产品的出口退税水平，提高IT产品等创新型产品的出口退税水平
2006年9月5日	《财政部　发展改革委　商务部　海关总署　国家税务总局关于调整部分商品出口退税率和增补加工贸易禁止类商品目录的通知》（财税〔2006〕139号）	取消煤炭、金属陶瓷、农药、软木制品等产品的出口退税率。降低部分产品的出口退税率，如将玻璃等产品的出口退税率由原来的13%降至8%和11%。对于部分产品而言，这一文件将重大技术装备等创新型产品的出口退税率由原来的13%提高至17%，将部分农产品的加工品的出口退税率由原来的5%、11%提高至13%

69

续表

实施时间	政策文件	简要内容
2007年7月1日	《财政部、国家税务总局关于调整部分商品出口退税率的通知》（财税〔2007〕90号）	将出口退税率调整为5%、9%、11%、13%、17%这五档，同时取消了553项"两高一资"产品的出口退税率，降低了2268项产品的出口退税率，将10项产品调整为出口免税。本次调整共2831项产品，约占《中华人民共和国海关进出口税则》（以下简称《税则》）中全部报关出口商品的37%
2008年8月1日	《财政部、国家税务总局关于调整纺织品服装等部分商品出口退税率的通知》（财税〔2008〕111号）	将服装等产品的出口退税率提高至13%，将某些竹制品等产品提高至11%的出口退税水平，取消了松香、零号锌等产品的出口退税率
2008年11月1日	《财政部、国家税务总局关于提高部分商品出口退税率的通知》（财税〔2008〕138号）	将出口退税率调整为5%、9%、11%、13%、14%、17%这六档，提高了技术型等部分产品的出口退税率
2009年1月1日	《财政部、国家税务总局关于提高部分机电产品出口退税率的通知》（财税〔2008〕177号）	为了鼓励部分高附加值和高技术含量的机电产品的出口，适当提高了其出口退税率
2009年2月1日	《财政部、国家税务总局关于提高纺织品服装出口退税率的通知》（财税〔2009〕14号）	将纺织品、服装的出口退税水平提高至15%
2009年4月1日	《财政部、国家税务总局关于提高轻纺电子信息等商品出口退税率的通知》（财税〔2009〕43号）	将服装等产品的出口退税率调整为16%，将部分家具等产品的出口退税率调整为13%，将锁具等产品的出口退税率调整为9%等，本次调整共涉及3802项报关出口产品
2010年7月15日	《财政部、国家税务总局关于取消部分商品出口退税的通知》（财税〔2010〕57号）	本次调整涉及钢铁、玻璃、农药、橡胶这四类产品，共计约406个商品种类
2010年1月1日	《财政部、工业和信息化部、海关总署、国家税务总局关于调整三代核电机组等重大技术装备进口税收政策的通知》（财关税〔2011〕45号）	对符合规定条件的国内企业为生产国家支持发展的三代核电机组而确有必要进口部分关键零部件、原材料，不征收增值税

续表

实施时间	政策文件	简要内容
2011年1月1日	《财政部、商务部、海关总署、国家税务总局关于继续执行研发机构采购设备税收政策的通知》（财税〔2011〕88号）	继续对外资研发中心进口科技开发用品免征进口关税和进口环节增值税、消费税，继续对内、外资研发中心采购国产设备全额退还增值税
2011年1月1日	《财政部、海关总署、国家税务总局关于"十二五"时期在我国海洋开采石油（天然气）进口物资免征进口税收的通知》（财关税〔2011〕32号）	进口直接用于项目需要的设备等，可以免征增值税
2011年7月1日	《财政部、工业和信息化部、海关总署、国家税务总局关于调整三代核电机组等重大技术装备进口税收政策的通知》（财关税〔2011〕45号）	对符合规定条件的国内企业为生产国家支持发展的千万吨炼油设备及天然气管道运输设备等而确有必要进口部分关键零部件、原材料，免征关税和进口环节增值税
2011年8月1日	《国家税务总局货物和劳务税司关于调整出口退税率文库的通知》	化学改性的动、植物油、脂的出口征税率调整为17%、退税率调整为15%
2011年8月1日	《国家税务总局货物和劳务税司关于调整出口退税率文库的通知》	氢化、酯化或反油酸化动物油、脂的出口征税率调整为17%、退税率调整为15%
2011年8月1日	《国家税务总局货物和劳务税司关于调整出口退税率文库的通知》	动物油脂制造的起酥油、其他混合制成的动物质食用油脂或制品和粗甘油，甘油水及甘油碱液的出口征税率调整为17%、退税率调整为15%
2012年1月1日	《财政部、海关总署、国家税务总局关于鼓励科普事业发展的进口税收政策的通知》（财关税〔2012〕4号）	对公众开放的科技馆等科普基地，从境外购买符合要求的拷贝、工作带，免征进口关税，不征进口环节增值税；上述科普单位其他进口的自用影视作品，免征增值税
2012年1月1日	《财政部、海关总署、国家税务总局关于进一步扶持新型显示器件产业发展有关税收优惠政策的通知》	新型显示器件面板生产企业进口国不能生产的自用生产性原材料等，免征进口关税，照章征收进口环节增值税；进口建设净化室符合要求的配套系统以及所需零部件免征进口关税和进口环节增值税
2012年1月1日	《财政部、海关总署、国家税务总局关于印发薄膜晶体管液晶显示器件生产企业进口免税物资范围及首批享受政策企业名单的通知》（财关税〔2012〕18号）	对薄膜晶体管液晶显示器件生产企业进口的生产性原材料等免征进口关税；进口建设净化室所需的配套系统免征进口关税和进口环节增值税；进口零部件免征进口环节增值税

续表

实施时间	政策文件	简要内容
2012年1月1日	《财政部、海关总署、国家税务总局关于印发有机发光二极管显示面板生产企业进口免税物资范围及首批享受政策企业名单的通知》（财关税〔2012〕20号）	对有机发光二极管显示面板生产企业进口国内不能生产的自用生产性原材料等免征进口关税，照章征收进口环节增值税
2012年6月1日	《财政部、海关总署、国家税务总局关于印发彩色滤光膜偏光片生产企业进口物资范围及首批享受政策企业名单的通知》（财关税〔2012〕53号）	对符合要求的生产企业，可享受进口国内不能生产的自用生产性原材料、消耗品免征进口关税，照章征收进口环节增值税的优惠政策
2015年1月1日	《关于调整部分产品出口退税率的通知》（财关税〔2014〕150号）	提高部分高附加值产品、玉米加工产品、纺织品服装的出口退税率，取消含硼钢的出口退税，降低档发的出口退税率
2016年1月1日	《财政部、海关总署、国家税务总局关于动漫企业进口动漫开发生产用品税收政策的通知》（财关税〔2016〕36号）	动漫企业自主开发、生产动漫直接产品，确需进口的商品可享受免征进口关税及进口环节增值税的政策
2016年9月1日	《财政部、国家税务总局关于恢复玉米深加工产品出口退税率的通知》（财关税〔2016〕92号）	将玉米淀粉、酒精等玉米深加工产品的增值税出口退税率恢复至13%
2016年11月1日	《关于提高机电、成品油等产品出口退税率的通知》（财税〔2016〕113号）	将照相机、摄影机、内燃发动机、汽油、航空煤油、柴油等产品的出口退税率提高至17%
2018年9月15日	《关于提高机电、文化等产品出口退税率的通知》	提高部分产品的出口退税率：将报纸、多元件集成电路等产品的出口退税水平调整为16%，将竹刻等产品的出口退税水平调整为13%，将安全别针等产品的出口退税水平调整为9%
2018年11月1日	《财政部、税务总局关于调整部分产品出口退税率的通知》（财税〔2018〕123号）	提高部分产品的出口退税率：将相纸胶卷等产品的出口退税率调整为16%；将润滑剂、航空器用轮胎等产品的出口退税率调整为13%；将砖、玻璃纤维等产品的出口退税率调整为10%。同时取消了豆粕等产品的出口退税率

续表

实施时间	政策文件	简要内容
2019年4月1日	《财政部、税务总局、海关总署联合公告2019年第39号（关于深化增值税改革有关政策的公告）》（联合公告〔2019〕39号）	原适用16%税率的，税率调整为13%；原适用10%税率的，税率调整为9%；纳税人购进农产品，原适用10%扣除率的，扣除率调整为9%。纳税人购进用于生产或加工税率为13%的农产品，计算进项税额时以10%作为扣除标准
2019年4月9日	《国务院关税税则委员会关于调整进境物品进口税有关问题的通知》	将进境物品进口税税目1、2的税率分别调降为13%、20%。将税目1"药品"注释修改为"对国家规定减按3%征收进口环节增值税的进口药品，按照货物税率征税"

1994—1997年，中国出口退税率主要呈现下降的趋势，原因在于自1994年实施改革出口退税政策以来，增值税率为17.0%的商品在出口环节全部返还其缴纳的增值税，这虽然刺激出口增长（江霞，2010），但加重了中国财政负担，在1995年甚至无力支付退税额，出现欠退税的现象。另外，由于税收制度的管理尚不完善，在税收过程中容易产生一些问题。因此，在1995年和1996年政府分别降低了出口退税率，1995年和1996年平均退税率分别降低至14.2%和6.0%，1996年平均退税率的降低幅度较大。1997—2003年，中国出口退税水平呈现逐步增大的趋势，由于1997年亚洲爆发金融危机，出口增长受到抑制，1998年出口增长率仅为0.53%，为了应对金融危机，刺激产品出口，中国从1998年开始多次提高出口退税率，平均提高至15.6%的水平，这一水平意味着出口产品的国内增值税几乎为零（江霞，2010）。

在2003年，由于《关于改革现行出口退税机制的决定》文件的颁布，我国出口退税政策体系受到了较大的影响。在此之前，出口退税是为提高出口企业和出口产品的竞争力而服务的，同时还兼顾平衡国家的财政收支。但是从2004年起，尤其是在2005年以后，国家财政局、税务局和商务部等相关部门出于保护环境的目的，为了限制高污染性行业产品的出口，分10批次降低或取消了1115项"两高一资"产品的出口退税率。整个"十一五"时期，降减或取消"两高一资"行业产品的出口退税成为一种常态化的操作，持续时间长，覆盖范围广，影响力大，并已成为转变我国经济发展方式、促进节约资源和保护环境等政策措施的重要组成部分，但"十一五"时期，出口退税政策的调整对促进国内企业节能减排还存在一定的局限性，尚未达到预期的效果。在"十二五"时期，国家继续调整有关出口退税政策，以减少"两高一资"产品的出口，推动绿色贸易的发展。在2011年将部分油、脂的出口征税率调整为17%，退税率调整为15%；2015年取消了含硼钢等高污染产品的出口退税。

在"十一五""十二五"时期，出口退税政策对促进企业节能减排成效显著，"十三五"时期继续推进出口退税政策的调整，在将其作为一种绿色贸易手段，使其起到节能减排作用以缓解国内环境压力的同时，相应提高了一些产品的出口退税率，以促进这些产品的出口。其中，2016年政策文件中将玉米深加工产品的出口退税率恢复至13%；2016年《关于提高机电、成品油等产品出口退税率的通知》（财税〔2016〕113号）将汽油、柴油等产品的出口退税率提高至17%；2018年《关于提高机电、文化等产品出口退税率的通知》将多元件集成电路等产品出口退税率提高至16%；2018年《财政部、税务总局关于调整部分产品出口退税率的通知》〔以下简称（财税〔2018〕123号）〕将胶卷等高污染性产品的出口退税水平提高至16%，将航空器用轮胎等产品的出口退税水平提高至13%，取消豆粕出口退税；2019年将原适用16%、10%税率的产品分别调整为13%、9%。

第二节　出口退税水平及其变化情况

一　出口退税水平的两种计算方法

中国的出口退税政策经历了多次调整，对出口退税率划分的税率档次也在不断调整，2018年出口退税率调整为6%、10%、13%、16%、17%这五档。

在此，为了准确分析出口退税对整体经济及各行业（尤其是"两高一资"行业）出口和生产的激励作用，我们需要进一步研究全行业的出口退税水平，以及"两高一资"行业的出口退税水平。

将产品层面的出口退税率集结至行业层面出口退税水平在计算方法上主要分为两种，即算数平均法和加权平均法。顾名思义，算术平均法通过算术平均直接计算而得，我们将《中华人民共和国海关进出口税则》（以下简称《税则》）中的6位税号产品的出口退税率进行算术平均化，在这一过程中不需要考虑各6位税号商品实际出口的数量和金额，而只需要按照《税则》中6位税号商品的税率求其平均值，亦即：

$$LETR = \sum\nolimits_{i} RETR_i \div METR \times 100\% \tag{4.1}$$

其中，$LETR$ 表示行业出口退税水平，i 表示行业内的 HS6 商品，$RETR_i$ 表示行业内 HS6 商品的出口退税率，$METR$ 表示行业内 HS6 商品税目数。此为第一种方法。

第二种是将出口额作为该方法的权数进行加权平均，计算方式如下所示：

$$LETR = VETR \div VE \times 100\% \tag{4.2}$$

其中，$LETR$ 表示行业出口退税水平，$VETR$ 表示出口退税总额，VE 表示出口总额。

在某个行业内，多数产品的出口退税率较为接近，所以用算术平均法计算各个行业各个类别产品的出口退税率时误差较小。因此，在本章研究中，我们用式（4.1）所表达的第一种方法来估算各个行业的出口退税水平。

二　基于算术平均法计算的出口退税水平及其变化情况

首先，我们将5113类 HS6 商品按照 GTAP 数据库中的57个部门为分类标准进行归结，针对这57个部门[①]的出口退税水平，我们和白重恩等（2011）以及毛显强和宋鹏（2013）一样，均采用了式（4.1）的计算方法。其次，在时间序列上，本书研究力求全面呈现57个行业部门从2002年[②]到2019年的出口退税水平及其变化情况，但受限于数据

---

① 《GTAP 详细部门分类及编码表》（GTAP Data Base: Detailed Sectoral List）请见附表1。
② 之所以选择从2002年开始计算出口退税水平，是因为在2003年中国出台《国务院关于改革现行出口退税机制的决定》之前，出口退税单纯依据经济形势进行调整，以追求出口创汇为主要目标；该决定发布之后，出口退税调整开始逐步转向服务出口结构调整及资源环境保护。特别是自2005年开始，财政部、税务总局、商务部等有关部门分批次调低和取消了部分"两高一资"行业产品的出口退税，用于限制其出口，缓解国内资源环境压力。

可得性，始终未能获取到2003年的全部行业的出口退税率，所以2003年出口退税水平在本书研究中缺失。为了研究需要，尤其是为后文CGE结构化模拟分析奠定基础，由于2002年、2005年和2010年这三年中国的出口退税政策进行了重要的调整①，所以本章将会重点研究这三个时间节点的出口退税水平及其变化情况。最后，我们需要说明的是，虽然我们尽量全面地去计算、呈现并比较分析外贸全行业以及57个分行业的出口退税水平及其变化情况，但这只是我们考察的一个方面，更重要的是，我们想要重点考察和分析"两高一资"行业的出口退税水平及其变化情况。因此，我们需要先界定"两高一资"行业范围。我们并没有收集到关于"两高一资"行业范围的权威界定，在文献中也不尽相同。在2010年，原环境保护部发布了《上市公司环境信息披露指南（征求意见稿）》，这个文件界定了16类重污染性行业，我们以此为依据，从57个行业部门中辨析集结出了14个高污染行业部门，它们分别是：煤、石油、天然气、矿物质、纺织服装（含印染）、皮革制品、造纸、石油煤炭产品、化工橡胶塑料制品、其他矿产品、黑色金属、其他金属、金属制品，以及电力等行业。

因此，我们运用式（4.1）计算得到了2002年、2004—2019年57个行业部门（包括14个高污染行业部门）的出口退税水平（附表2），并且我们将重点研究分析14个高污染行业部门的出口退税水平及其变化情况（见表4-2）。在2002年，57个行业部门平均的出口退税水平为8.93%，其中14个高污染性行业平均的出口退税水平为13.66%，显著高于外贸全行业（57个行业部门）平均出口退税水平。从表4-2我们可以发现，2002年高污染行业的出口退税率较高，如煤炭、石油等行业的出口退税率为13.00%、纺织的出口退税率为15.36%、化工橡胶塑料制品的出口退税率为14.08%、其他金属的出口退税率为13.95%。由此可见，在2002年高污染性行业的出口退税率较高，其出口退税政策优惠较大，从而导致了高污染性行业在该年出口退税水平较高，说明中国的出口退税政策结构不合理，其刺激了高污染性行业产品的出口，

---

① 本书研究分别选择2002年、2005年和2010年作为重要时间断面进行分析，具体理由请见第八章第一节"政策情景"。

表4-2　2002年、2004—2019年中国高污染行业出口退税水平

单位：%

高污染行业	煤	石油	天然气	其他矿物质	石油煤炭产品	其他矿产品	纺织	服装	皮革制品	造纸	钢铁	化工橡胶塑料制品	电力	金属制品	其他金属	高污染行业平均	外贸全行业平均
2002年	13.00	13.00	13.00	13.00	13.22	13.01	15.36	16.42	13.55	13.00	13.00	14.08	13.00	14.31	13.95	13.66	8.93
2004年	10.71	0.00	11.00	0.00	11.56	11.25	12.84	13.00	12.71	5.53	5.53	12.54	13.00	12.89	9.44	9.47	7.42
2005年	11.00	0.00	11.00	0.42	11.38	11.70	12.81	13.00	12.64	5.14	5.15	12.61	13.00	12.83	8.92	9.44	7.27
2006年	5.33	0.00	11.00	0.00	9.25	11.64	12.81	13.00	10.86	5.17	0.50	12.42	13.00	11.36	6.67	8.20	6.96
2007年	0.00	0.00	2.40	0.00	3.25	6.67	12.00	13.00	8.19	5.27	0.00	12.08	13.00	9.37	2.35	5.84	6.22
2008年	0.00	0.00	0.00	0.00	0.00	2.24	11.13	11.00	4.38	3.85	0.00	4.18	0.00	4.56	0.58	2.80	4.59
2009年	1.78	0.00	0.00	0.00	0.00	2.68	13.64	14.00	4.20	4.37	0.00	5.16	0.00	4.73	0.52	3.41	4.79
2010年	0.00	0.00	0.00	0.00	0.00	3.60	15.67	16.00	6.35	5.89	0.00	5.60	13.00	5.77	0.60	4.83	5.66
2011年	0.00	0.00	0.00	0.00	0.00	3.06	15.61	16.00	4.79	5.54	0.00	5.27	13.00	5.88	0.42	4.64	5.22
2012年	0.00	0.00	0.00	0.00	0.00	3.10	15.62	16.00	4.79	5.58	0.00	5.34	13.00	5.88	0.52	4.66	5.54
2013年	0.00	0.00	0.00	0.00	0.00	3.07	15.62	16.00	4.79	5.58	0.00	5.33	13.00	5.87	0.52	4.65	5.51
2014年	0.00	0.00	0.00	0.00	0.00	3.07	15.62	16.00	4.79	5.58	0.00	5.31	13.00	5.86	0.52	4.65	5.51
2015年	0.00	0.00	0.00	0.00	0.00	3.07	15.80	16.22	4.79	4.95	0.00	5.29	13.00	5.86	0.52	4.61	5.50
2016年	0.00	0.00	0.00	0.00	0.00	3.18	15.94	16.62	4.79	4.95	0.00	5.35	17.00	6.11	0.52	4.92	5.62
2017年	0.00	0.00	0.00	0.00	0.00	3.18	16.14	16.62	4.79	5.08	0.00	4.93	17.00	6.12	0.52	4.95	5.53
2018年	0.00	0.00	0.00	0.00	0.00	3.18	16.14	16.62	4.79	5.18	0.00	5.02	17.00	6.12	0.52	4.97	5.46
2019年	0.00	0.00	0.00	0.00	3.98	12.75	13.00	4.90	5.10	0.00	6.41	13.00	8.24	0.67	4.54	5.24

从而使污染排放增加，环境污染加剧。

在2004年，用式（4.1）计算出的57个行业部门的出口退税水平，与2002年相比，外贸全行业与高污染行业的平均出口退税水平均有所下降，其中外贸全行业平均出口退税水平下降了1.51%，高污染行业的平均出口退税水平则下降了4.19%，后者降幅明显大于前者。同时，中国还取消了石油的出口退税优惠政策，其他高污染行业的出口退税水平也显著降低，如煤炭的出口退税率降低至10.71%、石油煤炭产品的出口退税率降低至11.56%、纺织的出口退税率降低至12.84%、化工橡胶塑料制品的出口退税率降低至12.54%、其他金属的出口退税率降低至9.44%。在2004年，虽然中国全行业的出口退税水平呈下降的趋势，但是中国的出口退税额却有所提高，为2195.9亿元。然而，高污染行业的出口退税水平仍明显高于全行业的出口退税水平，中国的出口退税政策可以进一步调整，以优化出口退税结构。

从2005年开始，我国面向"两高一资"行业产品实施了一系列降减或取消出口退税的政策措施，以减少其出口，进而减少其在生产过程中的污染排放对环境造成的影响。到2010年，中国的出口退税总额为7328亿元。另外，在2010年，外贸全行业与高污染行业的平均出口退税水平均进一步下降，其中高污染行业平均出口退税水平相较于2004年（9.47%）下降了4.64%，相较于2002年（13.66%）更是下降了8.83%，且已低于外贸全行业的平均出口退税水平。这表明在2010年高污染行业所享有的出口退税优惠政策已经少于外贸全行业的平均水平，出口退税结构得以优化。另外，煤炭、石油、黑色金属等高污染行业的出口退税率已经降低至0，皮革制品、化工橡胶塑料制品等高污染行业的出口退税率也呈下降的趋势，这也直接反映了中国的出口退税结构已经得到了优化。但是，纺织、服装等高污染行业的出口退税率仍处于较高水平，一定程度上反映了进一步优化调整的潜力。

2011年中国仍然继续调整出口退税相关政策，降低或取消部分"两高一资"产品的出口退税，以应对国内资源环境压力。截至2011年，外贸全行业的出口退税水平降低至5.22%，其中高污染行业出口退税水平已降低至4.64%，相较于2010年，外贸全行业出口退税水平降低比率为7.77%，高污染行业出口退税水平降低比率为3.93%，而

2011年的出口退税额进一步增加到9204.75亿元。由此可知，彼时中国出口退税激励结构出现了进一步的优化。煤、石油和天然气等的出口退税率与2010年一致，仍然为0；纺织和化工橡胶塑料制品出口退税率分别为15.61%和5.27%，相较于2010年略有提高；皮革制品、金属制品及其他金属的出口退税率分别为4.79%、5.88%和0.42%，与2010年相比，稍有降低。纺织、服装类行业的出口退税率还是处在较高税率水平，因此，中国的出口退税结构虽然得到进一步改善，但仍存在改进的空间。

2012年中国大力推进贸易便利化，进一步改进进出口服务和管理。截至2012年，出口退税额为10428.89亿元，外贸全行业出口退税水平为5.54%，相较于2011年，其提高了0.02%；高污染行业出口退税水平为4.66%，与2011年较为接近。煤、石油、天然气、其他矿物质、石油煤炭产品和钢铁的出口退税率仍然维持在0的水平；纺织、化工橡胶塑料制品和其他金属行业等高污染性行业的出口退税率大致不变，分别为15.62%、5.34%和5.88%；服装、皮革制品、电力、金属制品相对于2011年来说都保持不变，分别为16.00%、4.79%、13.00%和5.88%；从2012年出口退税率的整体架构来说，纺织、服装和电力的出口退税率还处在较高的税率水平。

2013年和2014年高污染行业出口退税水平基本相同。其中，2013年和2014年的高污染行业出口退税水平和外贸全行业出口退税水平皆相同，分别为4.65%和5.51%，相较于2012年，均有轻微的下降；2013年和2014年出口退税额分别为10518.85亿元和11356.46亿元，呈逐年上升的趋势。2013年和2014年的煤、石油、天然气、其他矿物质、石油煤炭产品和钢铁行业的出口退税率依然为零；纺织、服装和电力行业的出口退税水平与2012年相同，分别为15.62%、16.00%和13.00%，依然处在较高的退税水平，其导致形成的污染增排结构存在一定的不合理性，应当引起一定程度的重视；其他矿产品的出口退税率在2013年和2014年相同，均为3.07%，相较于2012年下降了0.03%，下降幅度微弱；皮革制品、造纸和其他金属的出口退税水平在该两年中也相同，分别为4.79%、5.58%和0.52%，且与2012年完全一致；化工橡胶塑料制品在2013年和2014年的出口退税率分别为5.33%和

5.31%，金属制品在这两年的出口退税率分别为5.87%和5.86%，与2012年相比，这两个行业在2012—2014年呈现出逐年轻微下降的趋势。

在2015年和2016年中，外贸全行业出口退税水平分别为5.50%和5.62%，退税水平较为稳定，2016年相较于2015年增长了0.12%，幅度较小，这两年的出口退税额分别为12867.19亿元和12154.48亿元，相较于2014年也有所增加。2015年和2016年高污染行业出口退税水平分别为4.61%和4.92%，差异较小。2015年和2016年，煤、石油、天然气、其他矿物质、石油煤炭产品和钢铁行业的出口退税率均为0；其他矿产品、皮革制品、造纸和其他金属的出口退税水平在这两年皆相同，分别为3.07%、4.79%、4.95%和0.52%；纺织在这两年的出口退税率分别为15.62%、15.80%，服装的出口退税率分别为16.00%、16.22%，化工橡胶塑料制品的出口退税率分别为5.29%、5.35%，金属制品的出口退税率分别为5.86%、6.11%，相较于2015年，这四个行业在2016年均有轻微的增加；电力行业的出口退税水平由2015年的13.00%增加至2016年的17.00%，退税水平幅度明显增加。纺织、服装和电力较高的出口退税率以及高污染性行业和外贸全行业的出口退税率均没有发生明显的变化，说明在2015年和2016年中国的出口退税结构未能得到进一步改善，从保护环境的角度，进一步优化税率结构是有必要的。

在2017年和2018年里，外贸全行业的出口退税水平分别为5.53%、5.46%，高污染行业的出口退税水平分别为4.95%、4.97%，2015—2018年，高污染行业的出口退税水平呈现出每年递增的趋势，但是增加的幅度较小。2017年和2018年，煤、石油、天然气、其他矿物质、石油煤炭产品和钢铁行业的出口退税率仍然维持在0的水平，没有发生变化；其他矿产品、服装、皮革制品、电力、金属制品和其他金属的出口退税水平在2017年和2018年里均保持不变，分别为3.18%、16.62%、4.79%、17.00%、6.12%和0.52%；纺织在该两年的出口退税水平分别为15.94%、16.14%，造纸在该两年的出口退税水平分别为5.08%、5.18%，化工橡胶塑料制品在该两年间的出口退税水平分别为4.93%、5.02%，而且，相较于2017年，纺织、造纸和化工橡胶塑料制品在2018年均有小幅度的增加；纺织、服装和电力仍然处于较高的出口退税水平。

在2019年，外贸全行业的出口退税水平为5.24%，相较于2018年下降了0.22%，下降幅度较小；高污染行业的出口退税水平为4.54%，相较于2018年下降了0.43%，下降幅度为8.65%。煤、石油、天然气、其他矿物质、石油煤炭产品和钢铁行业的出口退税率仍然维持在0的水平，该六个行业的出口退税率从2010年至2019年均处于0的水平；另外，其他矿产品、皮革制品、化工橡胶塑料制品、金属制品和其他金属这五个行业的出口退税水平分别为3.98%、4.90%、6.41%、8.24%和0.67%，该五个行业的出口退税水平相较于2018年来说均有所增加，增加的幅度分别为25.16%、2.30%、27.69%、34.64%和28.85%，其他矿产品、化工橡胶塑料制品、金属制品和其他金属的增幅较为显著；纺织、服装、造纸和电力的出口退税水平分别为12.75%、13.00%、5.10%、13.00%，降低的幅度分别为21.00%、21.78%、1.54%和23.53%，服装和电力的降低幅度较为明显；从2019年看来，全行业和高污染行业的出口退税水平相较于2012年至2018年来说都呈下降的状态，其中纺织、服装和电力2010—2019年都呈现较高的出口退税水平，但在2019年都呈现下降的趋势，从2019年高污染行业的出口退税水平来看，中国的税率结构得到了明显的改善。

三 基于加权平均法计算的出口退税水平及其变化情况

对于中国出口退税在外贸整体上的把握和测度，在加入价值权重后将更为合适，将更加客观和准确，因为不同行业产品的价值量差异较大，所以我们在此基于式（4.2）计算并分析了中国1985—2017年经济整体的出口退税水平情况（见图4-1），一方面提供观察中国出口退税水平的另一个角度，另一方面还可以将其与式（4.1）计算的出口退税水平进行对照分析。

图4-1中数据显示，基于式（4.2）的中国外贸总体出口退税水平在1985年最低，为2.22%，在2017年最高，为9.05%，其中，平均出口退税水平为6.94%，从1985—2017年整体来看，出口退税水平呈逐渐上升的趋势。

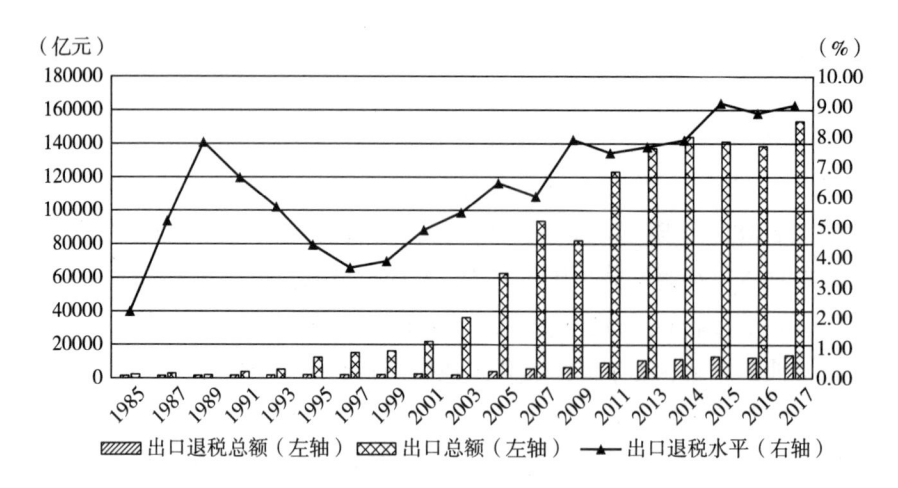

图 4-1 1985—2017 年基于加权平均法计算的中国出口退税水平及其变化情况

我们先来看 2002 年的情况。前文基于式（4.1）计算的外贸全行业平均出口退税水平在 2002 年为 8.93%，但这里我们基于式（4.2）计算的结果为 4.67%，后者低于前者。这主要是因为在式（4.2）的计算方式中，分母是所有出口商品的出口额，并不是"有税商品"的出口额。如果分母使用"有税商品"出口额，那么权重就会降低，加权平均计算的总体出口退税水平就会偏高。和大多数文献对此的看法一样，我们认为虽然确实有一些出口商品并未享受出口退税政策，但就一国的出口退税力度或退税优惠或者说是出口退税水平而言，使用所有商品出口总额作为分母将更加合理。这也就是式（4.2）的计算结果低于式（4.1）计算结果的原因之一。除此之外，还有两点原因：一是在式（4.1）的计算方式下，虽然我们面向的是 5113 项 HS6 商品，并称作外贸全行业，但实际上商品并未穷尽，在商品覆盖范围上，式（4.2）则更为广泛和全面，因此基于式（4.2）的计算会使总体出口退税水平数值较低。二是在式（4.2）中加入了价值量权重，而在我国一般会给予高附加值产品较高出口退税优惠的现实情况下，价值量权重会在一定程度上冲抵高附加值产品较高的出口退税率的作用，因此也会在一定程度上造成计算结果比式（4.1）的计算结果低。这一现象同样出现在 2004 年，即基于式（4.2）计算的总体出口退税水平（4.47%）也低于采用式（4.1）计算的外贸全行业平均出口退税水平（7.42%）。

到 2010 年，这一现象开始出现了反转，即基于式（4.2）计算的总体出口退税水平（6.85%）超过了采用式（4.1）计算的外贸全行业平均出口退税水平（5.66%）。这说明在 2010 年出口退税率较高的商品其出口的数量也较大，或者说相较于之前年份，2010 年出口退税"有税商品"出口额占总出口额的比重增大。这种情况，可以从不同年份出口退税额的变化看出，2010 年出口退税额相比之前年份（2002 年和 2004 年）增加。2011 年和 2012 年，基于式（4.2）计算的总体出口退税水平依然高于采用式（4.1）计算的外贸全行业平均出口退税水平，譬如在 2012 年两者数值分别为 8.06% 和 5.49%。这说明在 2011 年和 2012 年出口退税率较高的商品进一步加大了其出口，从而提高了出口退税额，相较于 2010 年和 2011 年它们在出口中的占比较大。

在 2013 年，基于式（4.2）计算的我国加权平均的经济总体出口退税水平为 7.67%，同样大于 5.93% 的基于式（4.1）计算的全行业算术平均出口退税率。但是，2013 年加权平均的经济总体出口退税水平小于 2012 年的，说明到 2013 年出口退税率较高的产品的出口数量相较于 2012 年有所下降，从而出口退税额也有所降低。在 2014 年，采用加权平均法计算的经济整体的平均出口退税水平为 7.89%，高于采用算术平均法计算得出的外贸全行业平均出口退税水平 5.95%。在 2015 年，采用加权平均法计算的经济整体的平均出口退税水平为 9.12%，高于采用算术平均法计算得出的外贸全行业平均出口退税水平 5.89%。同时，2015 年的出口退税额相比于 2012 年、2013 年和 2014 年来说，在出口中占了更大的份额。在 2016 年，采用加权平均法计算的经济整体的平均出口退税水平为 8.78%，高于采用算术平均法计算得出的外贸全行业平均出口退税水平 5.90%。但 2016 年采用加权平均法计算的经济总体出口退税水平低于 2015 年，说明 2016 年的出口退税额相比于 2015 年来说在出口中占了更小的份额。在 2017 年，采用加权平均法计算的经济整体的平均出口退税水平为 9.05%，高于采用算术平均法计算得出的外贸全行业平均出口退税水平 5.88%。2017 年的出口退税额和出口总额相较于以前年度均有所增长，且 2017 年的出口退税额相比于 2016 年来说在出口中占了更大的份额。

第三节 "出口税负"水平及其变化情况

中国实施的出口退税政策多数情况下是部分退税而非全额退税,那么单纯的出口退税率的大小并不能反映企业的真实税率负担,对出口退税率自身大小的分析也就不能提供足够的信息。这是因为不同产品的增值税率往往存在差异,所以在部分退税而非全额退税的框架下,具有相同出口退税率的两种产品,很可能由于它们的增值税率的差异,而面临最终不同的税率负担。譬如,大部分商品的增值税率为17%,有部分农产品增值税率为13%。那么,同样是5%的出口退税率,对于最终产品需要缴纳13%而不是17%的增值税的出口商来说负担较轻。因此,本书将增值税与出口退税率之间的差异视为"出口税负"。为了对生产者的部分出口退税政策的出口税等价物进行评估,有必要使用"出口税负"这一信息。

本书研究继续采用式(4.1)计算得到2002年、2004—2019年57个行业部门的出口退税与增值税差额水平(后文统称"出口税负"水平,见附表3),并重点研究与分析高污染性行业的"出口税负"水平及其变化情况,具体如表4-3所示。2011年外贸全行业的"出口税负"水平为6.47%,高污染行业的"出口税负"水平为11.74%,明显高于外贸全行业"出口税负"水平。其中,煤、石油、石油煤炭产品和钢铁的"出口税负"水平较高,皆为17.00%;天然气、其他矿产品、皮革制品、造纸、化工橡胶塑料制品、其他金属等高污染性行业的"出口税负"也处于较高的水平,分别为13.40%、12.97%、12.02%、11.04%、11.61%和15.70%;而纺织、服装和电力相对来说处于一个较低的"出口税负"水平,分别为1.39%、1.00%和4.00%。由此可见,中国的税率结构尚存在需要改进的地方。

在2012年、2013年和2014年,外贸全行业的"出口税负"水平分别为6.14%、8.28%、6.17%,相较于2011年,其在2012年略有下降,但到2013年其显著上升,增长了2.14%,涨幅为34.85%,但到2014年又显著下降。高污染行业的"出口税负"水平均为11.73%,与2011年高污染行业的"出口税负"水平无显著差异,但显著高于外贸

第四章 | 出口退税政策调整及其水平和结构变化

表4-3　中国2005—2019年高污染行业产品"出口税负"水平　　　　　单位：%

高污染行业	煤	石油	天然气	其他矿物质	石油煤炭产品	其他矿产品	纺织	服装	皮革制品	造纸	钢铁	化工橡胶塑料制品	电力	金属制品	其他金属	高污染行业平均	外贸全行业平均
2005年	3.11	17.00	2.40	12.19	1.62	4.43	4.19	4.00	4.36	11.45	11.84	4.26	4.00	4.14	7.37	6.42	4.30
2006年	7.67	17.00	2.40	13.29	7.75	4.43	4.19	4.00	6.14	11.42	16.50	4.43	4.00	5.60	9.45	7.89	4.64
2007年	14.11	17.00	11.00	12.95	13.75	9.31	5.00	4.00	8.81	11.31	17.00	4.80	4.00	7.59	13.94	10.31	5.41
2008年	14.11	17.00	13.40	12.61	17.00	13.82	5.87	6.00	12.43	12.73	17.00	12.61	17.00	12.40	15.54	13.30	7.02
2009年	14.33	17.00	13.40	12.97	17.00	14.32	3.36	3.00	12.61	12.21	17.00	11.71	17.00	12.23	15.60	12.92	6.87
2010年	17.00	17.00	13.40	12.97	17.00	13.40	1.33	1.00	10.46	10.69	17.00	11.27	4.00	11.19	15.52	11.55	5.98
2011年	17.00	17.00	13.40	12.97	17.00	13.94	1.39	1.00	12.02	11.04	17.00	11.61	4.00	11.08	15.70	11.74	6.47
2012年	17.00	17.00	13.40	12.97	17.00	13.90	1.38	1.00	12.02	11.00	17.00	11.53	4.00	11.08	15.60	11.73	6.14
2013年	17.00	17.00	13.40	12.97	17.00	13.93	1.38	1.00	12.02	11.00	17.00	11.54	4.00	11.09	15.60	11.73	8.28
2014年	17.00	17.00	13.40	12.97	17.00	13.93	1.38	1.00	12.02	11.63	17.00	11.56	4.00	11.10	15.60	11.73	6.17
2015年	17.00	17.00	13.40	12.97	17.00	13.93	1.38	0.78	12.02	11.63	17.00	11.48	4.00	11.10	14.89	11.72	6.17
2016年	17.00	17.00	13.40	12.97	17.00	13.82	1.20	0.38	12.02	11.49	17.00	11.52	0.00	10.85	15.60	11.46	6.06
2017年	17.00	17.00	13.40	12.97	17.00	13.82	1.06	0.38	12.02	11.17	17.00	11.90	0.00	10.84	15.60	11.43	6.12
2018年	17.00	17.00	12.80	12.97	17.00	13.82	0.86	0.00	11.96	11.17	17.00	11.78	0.00	10.84	15.60	11.35	5.98
2019年	13.00	13.00	9.40	11.46	13.13	9.02	0.31	0.00	7.91	7.47	13.00	6.45	0.00	4.72	11.38	8.02	3.53

85

全行业的"出口税负"水平。其中，与2011年相同，2012—2014年煤、石油、石油煤炭产品和钢铁的"出口税负"水平皆为17.00%，仍然处于较高的水平。天然气、其他矿物质、服装和皮革制品"出口税负"水平分别为13.40%、12.97%、1.00%和12.02%。其他矿产品在该三年里的"出口税负"水平分别为13.90%、13.93%、13.93%，其在2011—2014年"出口税负"水平没有显著的变化；造纸在该三年的"出口税负"水平均为11.00%，化工橡胶塑料制品在该三年的"出口税负"水平分别为11.53%、11.54%、11.56%，金属制品在该三年的"出口税负"水平分别为11.08%、11.09%、11.10%，其他金属在该三年里的"出口税负"水平均为15.60%；天然气、其他矿物质、皮革制品、其他矿产品、造纸、化工橡胶塑料制品、金属制品和其他金属这八个行业的"出口税负"均处于较高的水平。纺织、服装和电力在2012—2014年"出口税负"水平相同，分别为1.38%、1.00%、4.00%，处于较低的"出口税负"水平。2012—2014年与2011年的税率总体来说大致相同，税率结构无显著差异。

2015年、2016年，外贸全行业的"出口税负"水平分别为6.17%、6.06%，2015年与2014年的税率水平相同，2016年相较于2015年来说稍有下降，下降了约0.11%。高污染行业的"出口税负"水平分别为11.72%、11.46%，从2014年到2016年税率水平呈现出逐年下降的趋势。在2015年和2016年，煤、石油、石油煤炭产品和钢铁的"出口税负"仍处于17.00%这一非常高的税率水平。天然气、其他矿物质、其他矿产品、皮革制品、造纸在该两年里的"出口税负"水平相同，分别为13.40%、12.97%、13.93%、12.02%、11.63%，相对来说处于较高的税率水平，与2014年相比"出口退税"水平保持不变或变化极小。在2015年和2016年，化工橡胶塑料制品的"出口税负"水平分别为11.48%、11.52%，相较于2014年，化工橡胶塑料制品在2015年"出口税负"水平略有下降，但到2016年略有上升；金属制品在该两年的"出口税负"水平分别为11.10%、10.85%；其他金属在该两年的"出口税负"水平分别为14.89%、15.60%；纺织在该两年的"出口税负"水平分别为1.38%、1.20%；服装在该两年的"出口税负"水平分别为1.00%、0.78%，纺织和服装在这两年里税率均略有下降。

电力在2015年和2016年的"出口税负"水平分别为4.00%、0，相较于2015年，2016年电力的"出口税负"水平的下降幅度较大，下降了4.00%。总体来说，2015年和2016年相比于2014年来说，全行业和高污染行业的"出口税负"水平略有下降，且较多高污染行业处于较高税率水平。由此可见，中国的税率结构还有待改善，国家应采取进一步的措施以优化税率结构。

在2017年和2018年，外贸全行业的"出口税负"水平分别为6.12%、5.98%，相较于2016年，其在2017年上涨了0.06%，但在2018年又显著下降。高污染行业的"出口税负"水平分别为11.43%、11.35%，从2011年至2018年，虽然高污染行业的"出口税负"水平呈现总体下降的趋势，但下降的幅度较小。2011—2018年，煤、石油、石油煤炭产品和钢铁始终维持在17.00%较高的"出口税负"水平。其他矿物质、其他矿产品、服装、电力、金属制品、其他金属的"出口税负"水平在该两年保持不变，分别为12.97%、13.82%、0.38%、0、10.84%、15.60%。其中，其他矿物质在2011—2018年的"出口税负"水平保持不变，其他矿产品、服装、金属制品的"出口税负"水平相较于2016年来说都略有下降，分别下降了0.11%、0.40%、0.01%；2017年、2018年电力和其他金属的"出口税负"水平与2016年相同。2017年和2018年，天然气的"出口税负"水平分别为13.40%、12.80%，税率水平略有下降；纺织在该两年的"出口税负"水平分别为1.06%、0.86%，其从2015年到2019年呈逐年下降的趋势，但总体下降的幅度极小；皮革制品在该两年的"出口税负"水平分别为12.02%、11.96%，两年的税率仅相差0.06%，差额极小；造纸在该两年的"出口税负"水平分别为11.49%、11.17%，从2016年至2018年其税率降低，且降低的幅度较小；化工橡胶塑料制品在该两年的"出口税负"水平分别为11.90%、11.78%。

在2019年，外贸全行业的"出口税负"水平为3.53%，相较于2018年下降了2.45%，下降的比率为40.97%；高污染行业的"出口税负"水平为8.02%，相较于2018年来说下降了3.33%，下降的比率为29.34%，两者下降的幅度都较大。煤、石油、钢铁的"出口税负"水平为13.00%，相较于2018年都下降了4.00%，下降的比率为23.53%；天然气、其他矿质、石油煤炭产品、其他矿产品、皮革制品、造纸、化工橡胶塑料制品、金属制品和其他金属的"出口税负"水平分别为9.40%、11.46%、13.13%、9.02%、7.91%、7.47%、6.45%、4.72%、11.38%，下降的幅度分别为3.40%、1.51%、3.87%、4.80%、4.05%、3.70%、5.33%、6.12%、4.22%，下降的比率分别为26.56%、11.64%、22.77%、34.73%、33.86%、33.12%、45.25%、56.46%、27.05%，该九个行业"出口税负"水平下降的幅度都较大，在2018年及其之前年份的税率水平都较高，但在2019年金属制品和化工橡胶塑料制品等行业的税率明显不属于高税率水平。纺织和服装的"出口税负"水平分别为0.31%、0，相较于2018年，"出口税负"水平分别下降了0.55%、0.38%。电力的"出口税负"水平与2016—2018年相同，均为0。从2019年整体来看，全行业和高污染行业的"出口税负"水平相较于2011—2018年来说都有所下降，除电力的"出口税负"一直维持在0的水平，其他高污染行业相较于2018年来说均有大幅度的下降，说明在2019年中国的税率结构有明显的改变。

第四节　本章小结

本章首先阐述了中国出口退税政策的调整历程，1985—2003年，我国为了鼓励出口或应对金融危机，先后提高了出口退税率，但为了缓解财政压力，我国又降低了出口退税率。从2004年起，出口退税政策的调整更多地被赋予了保护环境的职责，特别是对于高污染性行业，从2005年开始，我国对其进行了分期、分批次大规模的出口退税政策的调整，尤其是2007年所采取的出口退税政策的调整，涉及范围广，调整幅度大，目的是有效地减少高污染企业生产造成的环境污染问题。我国高度重视环境污染问题，这可以从我国的"十一五""十二五""十三五"规划中均明确地提出了减少污染排放的具体约束性目标中可以看出，所以我国试图通过调整出口退税政策来改善环境问题。

其次，我们通过多种方法量化计算并比较分析了2002年、2004—2019年外贸全行业以及高污染性行业的出口退税水平及其结构状况、"出口税负"水平及其结构状况。通过分析可以发现，2002年，高污染性行业享有的出口退税优惠多于外贸全行业平均水平，特别是煤炭、石油、天然气、化工橡胶塑料制品等行业享有较高的出口退税政策优惠。从 2005 年开始，高污染行业的平均出口退税率出现较为明显的下降，到 2007 年已低于外贸全行业平均出口退税水平，且在 2008 年降至 2.80% 的历史最低值，与外贸全行业产品的平均出口退税水平的差距也达到最大，两者差值为 -1.79%。从中也可以看出：中国出口退税政策的调整有针对性地降低了高污染性产品的出口退税率，以使高污染性产品的出口成本大于清洁型产品的出口成本，从而减少该类型产品的出口，以达到保护环境的目的。

这种状况和发展趋势，也可由计算的"出口税负"水平差异所反映：考察期内（2005 年以来），高污染行业产品的平均"出口税负"水平均高于外贸全行业产品的平均"出口税负"水平，且在 2008 年两者差值达到最大，前者比后者高出了 6.28 个百分点。2008 年之后，两者差值虽有所缩减，但前者仍然明显高于后者，年均高出 5.32 个百分点。

虽然在 2008 年之后，高污染行业产品的平均出口退税水平（和"出口税负"水平）的年际变化有升有降，但均小于（和高于）当年外贸全行业产品的平均出口退税水平（和"出口税负"水平）。2008—2019 年，高污染行业产品的平均出口退税水平（"出口税负"水平）基本围绕 4.62%（11.56%）的水平波动，而外贸全行业产品的平均出口退税水平（"出口税负"水平）则基本围绕 5.42%（6.23%）的水平波动，两者差值基本维持在年均 -0.80%（5.32%）的水平。以上系列变化均已说明，"十一五"时期以来，中国面向"两高一资"行业产品实施的降减出口退税的多批次政策，在降低高污染行业产品出口退税水平、优化出口退税激励结构等方面的作用已充分显现并卓有成效。

第五章

出口退税调整动机的经验分析

为了验证理论模型,本书重点选取出口退税承担环境职能、面向"两高一资"行业产品进行较大规模调整的"十一五"时期作为经验分析的样本区间,针对出口退税与污染排放等的关系从不同角度开展多项经验分析。

2005年,国家发改委进一步采取措施以减少部分"两高一资"产品的出口,并且提出明确要求:自2006年1月1日起,继续调整出口退税政策以降低污染性产品的出口退税水平,并严格控制部分资源性产品的出口。在"十一五"规划时期,财政部、税务局等相关部门分期分批取消了部分"两高一资"产品的出口退税水平,其中共涉及1115项产品,另外也分批次对部分商品开征出口关税,其中共涉及300多项产品,以减少"两高一资"产品的出口(见表4-1)。依据《中国应对气候变化国家方案》(国发〔2007〕17号),出口退税调整的目的是"深化对外贸易体制改革,减少高污染性产品的出口,通过改革促进构建能源结构优化和环境清洁化的进出口结构"。已经连续多年有很多论述都将出口退税政策的调整与环境问题联系起来(Wang et al., 2010; WTO, 2008)。然而,环境问题并不是调整出口退税率的唯一动机。改革还意味着服务于中国的发展战略,促进高技术和高附加值出口产品的生产(Wang et al., 2010)。

在此章节,我们旨在考察中国"十一五"时期的出口退税政策实践是否反映出了环保动机,并为上述问题提供一种有益的理论框架和实证性证据。具体包括:一是从前述一般均衡理论推导影响出口退税政策调整的污染排放因子,并构建出从"污染排放强度→出口退税水平"

的理论模型；二是基于历史数据，开展经验（实证）分析。

本书开展分析的理论基础是对 Copeland（1994）模型的拓展。拓展成大国模型，单边设定贸易和环境政策。通过构建理论模型并求解以得出次佳出口税（出口税履行次佳环境政策职能）的表达式，由表达式我们可以看出随着污染排放强度的增加，次佳出口税也随之增加。得出这一结论的主要原因是：征收出口税使产品出口的成本增加，所以将会减少部分产品的生产以及出口。因此，资源流向更低出口税的行业。如果污染排放强度的大小与出口税相对应，即对污染排放强度较大的产品征收较高的出口税，那么出于成本的考虑，更多的资源和生产要素将会流向更加清洁的行业，总体的污染排放强度将会减少。

依据我们对次佳出口税与污染排放强度的关系（次佳出口税与污染排放强度呈正相关）推论，我们将由此开展本章的经验分析。我们将沿着几个维度考察，对于高污染强度产品而言，其"部分出口退税"这一出口税等价物（后文称"出口税负"），或者是其出口税是否更高？政府在其多个五年规划中针对多种污染物都设定了具体的减排目标，我们据此选取并圈定本章节经验分析所要考察的污染物，包括废水、化学需氧量、氨氮、烟尘、二氧化硫、固体废物以及能源利用（能源消费）。

由于受到数据可得性的限制，本章实证分析将分为两个部分：第一个部分分析所使用的数据年份为 2005—2010 年，第二个部分分析所使用的数据年份为 2005—2015 年。由于在 2007 年政府出台的许多政策文件都将贸易与环境问题联系起来，所以 2007—2009 年相关贸易政策与污染排放强度的关系值得我们进一步分析探讨。同时，为了能够检验 2007 年出口税和增值退税改革的影响，我们还将分析 2005 年和 2006 年贸易政策与污染排放强度之间的关系，便于比较 2007 年之后，相较于 2007 年之前，贸易政策变量和污染强度之间是否存有更强的联系。

我们的经验分析结果表明，具有更高水污染强度、二氧化硫强度和能源强度的行业在 2007 年之后具有更高的"出口税负"。即出口退税调整被经验分析证实是出于减排贸易隐含污染物和保护环境的目的。这一经验分析结果与政府对征收的增值税采取部分退税是出于减少水污染、二氧化硫排放和能源消耗的目的是一样的。

我们目前尚无法由相关证据得出中国出口税的设置与调整是出于保护环境的目的这一结论，但是，当初级产品的出口税较高时，厂商为了降低生产产品的成本，会将生产产品的工厂迁往中国以便获得较低价格的原材料。

第一节　出口退税调整的减排动机的理论模型

在开始我们的理论框架和经验分析工作之前，有必要在此先介绍一下有关贸易政策的环境动机方面的已有文献及其进展，以便说明我们的研究工作与已有文献的区别。

Wang 等（2010）对中国贸易政策背后的环境动机进行了分析。文章针对 8 个能源密集型部门，计算了出口税和出口退税背后隐含的出口碳税，发现隐含出口碳税在部门间存在很大差异。这种差异区间从基础化学品的 18 美元/吨二氧化碳到化学纤维的 764 美元/吨二氧化碳。然而，这一发现并不意味着出口退税改革没有建立在对环境的关心上。二氧化碳排放可能不是中国政府设计出口退税政策的唯一初衷和主要关注点。我们研究出口退税政策与一系列污染物之间的关系，用以揭示中国出口退税政策是否反映出对空气、水或者固体废物污染以及能源利用上的关注，并表明哪种污染物对中国出口退税政策调整影响最大。与 Wang 等（2010）不同，我们考虑到的是生产过程的所有阶段所产生的总体污染排放，而不仅仅是某一个部门直接的污染排放。

OECD（2002，2003）、Kim（2010）和 Piermartini（2004）讨论了许多国家引入出口税的目的。OECD 和 Kim 从 WTO 贸易政策报告中收集了有关出口限制和出口关税的信息，发现出口关税和出口限制措施大多数被应用于可再生资源，比如林业、渔业产品，农业产品以及皮革矿产金属制品。财政收入、提升下游生产者以及试图保护环境和保护资源，被认为是在这些部门实施出口限制和出口关税的主要驱动力。

有关中国出口限制背后的合理性的描述请见 Karapinar（2011）。该作者强调中国出口限制可能由保护下游生产者的动机以及环境动机所驱动。这一观点在 Korinek 和 Kim（2011）对于中国钨钼出口限制的描述中得到证实。Korinek 和 Kim（2011）、Pothen 和 Fink（2015）均对中国稀土出口限制措施开展了分析。这些出口限制措施背后的潜在目的包括：保护中国下游生产者，保护自然资源和环境保护。

中国出口限制措施背后的政策动机，在WTO争端解决案例——原材料出口限制案（WTO，2013a）和稀土出口限制案（WTO，2014）中显现出来。这两起争端案中的产品，可以用作生产高科技产品的中间投入品，而中国是主要生产国。控告方认为中国对部分初级产品等征收出口税，提高了其出口成本，从而在一定程度上限制了其出口，这将使中间品的生产厂商迁往中国，以便以更低成本获得相关原材料的稳定供应。但是，中国认为这些产品的生产是高污染的，为了保护中国的自然资源和民众的身体健康，对其出口进行限制是必需的。尽管中国在其加入WTO议定书中承诺取消大多数产品的出口关税，但是依据《关税及贸易总协定》（以下简称GATT）第20条款所进行的出口限制是合理的。GATT第20条款对出于环境保护目的的行为允许有例外，比如：保护可耗竭的自然资源或出于保护健康的考虑等（WTO，2013b）。

以上所提及的文献，强调了引入出口税和限制措施的重要目的，可以为分析出口退税的环保动机提供借鉴。然而，以上文献仅仅是定性描述，并未开展经验分析，而经验分析可以帮助理解不同目的的相对重要程度。我们的分析将考察污染性产品和资源性产品的出口退税是否更高一些，控制一系列的非环境动机，比如为保护下游生产者和保护贸易条件动机，对原材料开征的出口税。此方法允许我们挑选出（分离出）环境动机的重要性。

目前，很少有经验性的工作，明确地将出口退税和污染规制或污染强度之间的关系纳入研究范围。就出口退税这种贸易政策与污染规制这种局地环境政策之间的分析，需要在中国环境议程的背景下深入考察出口退税政策调整。近十年来，中国政府在处理环境问题上表现出了较大的努力。对环境政策越发关注的原因，主要有以下三点：一是中国政府已经逐渐意识到环境污染可能会给中国的经济长期增长带来重大影响。二是群众对环境的不满与日俱增（Gang，2009）。这从对环境恶化的大规模抗议活动以及越来越多的人参与到环境NGO中去的现实中可以明显看出。Gang（2009）认为，政府着力解决好环境污染问题是巩固长期有效执政的关键点之一。三是随着经济的发展，越来越多的国家越发注重环境问题,并设置了较高的环境标准,国际上也有相关组织对全球的环境状况提出了较高的标准,在这样较大的国家压力下中国也应当设定更加严格的环境标准,采取更加有效的环境政策。

显而易见,内部化局地环境扭曲最好通过本地环境规制手段(Copeland,2011)。然而,Copeland(1994)认为,仅仅依靠征收污染税等环境规制手段不能使国家的环境问题较好地得到解决,所以在这种情况下可以考虑使用贸易政策来减少污染排放,解决环境问题,将其作为次佳环境政策工具。无可争辩地,将贸易政策作为次佳政环境策工具的这个方法是比较适合中国的具体情况的。从"十一五""十二五"等五年规划中我们可以发现中国近年来致力于减少污染排放,以实现环境保护的目的。但是,本地环境政策执法不严、执行效率低、执行中存在腐败、环境政策缺乏弹性等降低了中国政府使用污染税等本地环境政策削减污染排放的效力。尤其对于贸易隐含污染排放而言,本地环境政策在发挥其内部化外部效应上的作用力度则更为有限,未能起到应有的作用,未能产生预期效果。这种情况下,我们可以考虑采用征收出口关税以及调整出口退税(征收"出口税负")等手段作为次佳环境政策工具,以减少中国的污染排放,达到保护环境的目的。

本章节在第三章第二节"出口退税与'最优污染排放水平'的一般均衡理论分析"的基础上,进一步推导出了一个次佳出口退税的表达式,并表明次佳出口退税与污染排放强度相关。这一关系表达式,也成为我们构建计量回归模型并开展经验分析的基础。

在第三章第二节"出口退税与'最优污染排放水平'的一般均衡理论分析",我们从污染排放的供给和需求出发,设定了一个国民收入约束下的效用最大化模型,该模型包含了污染排放因子,即式(3.8):

$$\max_Z \{V(P, I, Z), s.t. I=G(P, \tau, K, L)+\tau Z+tPE\}$$

现在我们探讨贸易自由化的福利效应。首先,对式(3.8)中的消费者间接效用函数进行全微分可得:

$$dV=V_p dp+V_I dI+V_Z dZ=V_I\left(\frac{V_p}{V_I}dp+dI+\frac{V_Z}{V_I}dZ\right) \quad (5.1)$$

由罗伊恒等式(Roy's identity)可得:$X^c=-\frac{V_p}{V_I}$。这里我们用 X^c 表

达对 X 的需求，以区别于对 X 的供给。并且我们再次引入边际损害 MD，即 $MD \equiv -\dfrac{V_Z}{V_I}$。由此，式（5.1）可写成：

$$dV = V_I(-X^c dp + dI - MD dZ) \tag{5.2}$$

其次，我们对式（3.8）模型中的限制条件（预算约束）进行全微分，可得：

$$dI = G_p dP + G_\tau d\tau + G_L dL + G_K dK + Z d\tau + \tau dZ + d(tPE)$$

由国民收入函数可知，$G_p = X$；L、K 均为外生变量，$dL = 0$，$dK = 0$，我们在假定本地环境政策外生给定（τ 恒定不变，$d\tau = 0$）时，式（3.12）可进一步简化为：

$$dI = XdP + \tau dZ + tPdE + tEdP + EPdt \tag{5.3}$$

由式（3.6）可知：$Z = -G_\tau$，则 dZ 经过化简可得：

$$dZ = -G_{\tau p} dp \tag{5.4}$$

设 E^* 为国外出口，X^* 为国外供给，X^{c*} 为国外需求，因此 $E^* = X^* - X^{c*}$，由于国内出口 $E = X - X^c$，由瓦尔拉斯一般均衡条件（超额需求等于零）可知，国际市场上关于 X 商品的均衡条件化简为：

$$E + E^* = 0 \tag{5.5}$$

前文我们将"出口税负" t 刻画到了预算约束中，并且建立了国内价格 P 与世界价格 W 的关系表达式：$P = \dfrac{W}{1+t}$。由于 E 和 E^* 分别为国内和国外出口额，则有它们的函数表达：

$$E = E(P), \quad E^* = E^*(W) \tag{5.6}$$

对式（5.6）中的国内和国外出口函数表达式分别进行全微分可得：

$$dE = E_p dp, \quad dE^* = E_W^* dW \tag{5.7}$$

由式（5.5）可知 $dE + dE^* = 0$，所以将式（5.7）代入可得：

$$E_p dp = -E_W^* dW \tag{5.8}$$

将式（5.4）和式（5.7）代入式（5.3）可得：

$$dI = XdP - \tau G_{\tau p} dp + tPE_p dp + tEdp + EPdt \tag{5.9}$$

由于 $P = \dfrac{W}{1+t}$，所以将其全微分并化简可得：

$$dp = \frac{dW}{1+t} - \frac{Wdt}{(1+t)^2} \qquad (5.10)$$

将式（5.8）代入式（5.10）得：

$$dp = -\frac{PE_W^*}{(1+t)E_W^* + E_p}dt \qquad (5.11)$$

将式（5.4）、式（5.9）和式（5.11）代入式（5.2）得：

$$\frac{dv}{V_I} = -(1+t)\frac{EPE_W^*}{(1+t)E_W^* + E_p}dt + \frac{PE_W^*(\tau-MD)}{(1+t)E_W^* + E_p}G_{\tau p}dt - \frac{tPE_pPE_W^*}{(1+t)E_W^* + E_p}dt + EPdt$$

$$(5.12)$$

由于使福利最大化时的"出口税负"要满足 $\frac{dv}{V_I}/dt = 0$，所以在式（5.12）的基础上求解优化条件可得：

$$t^* = \frac{E}{PE_W^*} + (\tau-MD)G_{\tau p}\frac{1}{PE_p} \qquad (5.13)$$

由国民收入函数 G 可知：$G_{\tau p} = -\frac{\partial Z}{\partial P}$，将其代入式（5.13）可得：

$$t^* = \frac{E}{PE_W^*} + (MD-\tau)\frac{\partial Z}{\partial P}\frac{1}{PE_p} \qquad (5.14)$$

由于 t 为从价税率，将其转化为从量税率，可得：

$$t^*P = \frac{E}{E_W^*} + (MD-\tau)\frac{\partial Z}{\partial P}\frac{1}{PE_p} \qquad (5.15)$$

其中，t^*P 为满足福利最大化的优化的"出口税负"[①]向量，E 为国内出口向量，E_W^* 表示国外出口对于世界市场价格变化的反应，τ 表示排污税，MD 表示污染排放与收入之间的边际替代率，即"边际损害"；$\frac{\partial Z}{\partial P}$ 表示污染排放对于商品价格变动的反应，可以被视为"污染排放强度"；E_p 表示国内出口对国内和世界市场价格变化的反应。

式（5.15）说明了当环境规制政策既定，即在监管机构无法调整污染政策的情况下，获得福利最大化时的"出口税负"的优化表达式，我们称为"次佳出口税负"，次佳是相对于最优化的本地环境政策而言

---

① 本书将"增值税与出口退税的差额"定义为"出口税负"，下同。

的。之所以称为"次佳出口税负",是因为在表达式推导过程中我们假定污染税外生给定,即 $d\tau=0$。使用这一表达式,是想说明:当环境规制(环境政策)不起作用或者起不到应有作用①时,"出口税负"可以用作次佳的环境政策措施。

"次佳出口税负"表达式可以分解成"贸易条件动机"和"环境动机"两部分。其中,$E(E_W^*)^{-1}$ 表示的是贸易条件动机,亦即为了减少商品在世界市场上的供给而征收"出口税负"。大国假设下,该国主导世界市场上的供给,通过征税提高世界市场价格就可以增加出口额,从而改善其贸易条件。$(\tau-MD)\dfrac{\partial Z}{\partial PE_p}\dfrac{1}{}$ 表示的是环境动机,亦即为了减少环境污染而开征"出口税负"。增大"出口税负"会增加出口企业的成本,从而减少其出口和生产,产出的下降会相应减少生产过程中的污染排放。如果监管者从结构上调整出口退税,譬如增大高污染行业产品的"出口税负",会使高污染行业产出下降,生产要素等资源会从高污染行业流向清洁行业,从而扩大清洁行业产出及其占比,最终会带来经济整体污染排放强度的下降。

式(5.15)还表明,在"出口税负"的环境动机中,污染排放强度 $\dfrac{\partial Z}{\partial P}$ 与"出口税负"的关系受环境损害利益与本地环境规制成本的差额($MD-\tau$)的影响。其中,τ 在我们的模型中虽然是污染税,但其代表了中国现实中的环境规制力度。τ 越小,表明环境规制越弱,生产者对于造成污染排放所交的污染税额就越小,生产者的污染成本就越低,从而环境规制发挥内部化环境损害这种负外部效应的效果就越差。在中国目前环境规制实践中,($MD-\tau$)一般被认为是大于0的,因为现实中还是存在污染,存在企业排污,正是由于人们对清洁的评价 MD 大于目前对于企业排污的惩罚 τ,所以中国目前仍在持续强调要制定和进一步强化环境规制及其执行效果,对企业进行更加严格的排污惩罚,以进

---

① 有许多文献研究中国环境规制政策的有效性问题,认为中国环境规制政策并未起到应有的作用,主要原因包括:地方政府对环境规制政策的执行力不足、存在一定程度的政企合谋与腐败现象、环境规制本身力度太小不足以削减污染等。我们在第一章第一节"针对贸易隐含的污染排放,国内环境政策效果欠佳,绿色贸易转型倒逼贸易政策调整"和第五章第一节前文中对此进行过专门讨论。

一步内化环境扭曲。

为了表达和呈现"出口税负"与污染排放强度之间的关系，我们暂不考虑出口供给的交叉价格弹性。也就是说，对于式（5.15）"出口税负"的环境动机中的$\frac{1}{E_p}$，我们假定向量E_p中非对角线上的出口供给的交叉价格弹性均为零，或者它们的绝对值均明显小于对角线上的出口供给的自身价格弹性的绝对值。这样可以降低复杂性，简化我们的分析过程。据此，在其他条件不变的情况下，通过以上分析，我们提出如下假说：

假说5-1：中国目前本地环境规制效果欠佳，未能有效地内部化污染损害所带来的外部效应，即中国目前（$MD-\tau$）大于零。

假说5-2：在本地环境规制不力，$MD-\tau>0$的情况下，中国"出口税负"与污染排放强度呈现正相关关系。

依据假说5-2，就环境规制强弱变化，对"出口税负"与污染排放强度之间正向关系的影响，有以下两个推论：

推论5-1：τ越小，则（$MD-\tau$）就越大，即环境规制越弱，（$MD-\tau$）越大，"出口税负"与污染排放强度之间的正向关系越强。

推论5-2：τ越大，则（$MD-\tau$）就越小，即环境规制越强，（$MD-\tau$）越小，"出口税负"与污染排放强度之间的正向关系越弱。

假说5-3：从行业产品角度来看，当$MD-\tau>0$时，"出口税负"水平随行业产品的污染排放强度而上升。

第二节 计量回归模型的构建与数据来源

一 模型构建

"十一五"时期以来，中国政府多批次降减"两高一资"行业产品的出口退税，以"出口税负"的相对增加来减少高污染行业产品的出口，在实证分析中，我们将试图分析中国出口退税政策的调整是否出于保护环境的目的。如果将出口退税作为减排污染的次佳政策，在其他环境政策相对宽松的环境下，政府应该会对污染强度较高的产品征收更高的"出口税负"。

由本章第一节推导的模型,尤其是依据式(5.15),我们设定了如下的计量回归模型:

$$EX\_VATtax_{it}=a_0+\beta Reg\_gap_{it}\times pol\_int_{it}+controls_{it}+\delta_t+\mu_i+\varepsilon_{it} \quad (5.16)$$

式(5.16)中,被解释变量 EX_VATtax_{it} 为产品 i 在时间 t 时的"出口税负",Reg_gap_{it} 是产品 i 在时间 t 时的排污税 τ 与"边际损害"MD 之间的差值,pol_int_{it} 代表了出口产品 i 在时间 t 时的污染排放强度,交互项 $Reg\_gap_{it}\times pol\_int_{it}$ 反映出如果边际损害与污染税之间的差值越大,那么"出口税负"和污染排放强度之间的关系就越强。$controls_{it}$ 表示产品 i 在时间 t 时的控制变量,δ_t 表示时间固定效应,μ_i 表示产品固定效应,ε_{it} 是误差项。

理论模型预测,①当边际损害减去污染税的差值为正时,交互项 $Reg\_gap_{it}\times pol\_int_{it}$ 的系数预测为正,也就是说,在本地环境规制没有将污染排放的负外部效应有效地内部化(未能有效地消除环境损害)的情况下,预测"出口税负"税率与污染排放强度之间存在正向关系;②当边际损害减去污染税的差值为正时,如果交互项 $Reg\_gap_{it}\times pol\_int_{it}$ 为正的系数越大,那么"出口税负"税率与污染排放强度的相关性越强,且两者之间依然呈正相关关系。③如果边际损害与污染税的差值为正,随着其差值越大,"出口税负"税率与污染排放强度之间的关系也越强。因此,我们可以对污染税与边际损害之间的差值进行测度,其较为具有代表性的则是不符合排放标准的污染排放量或未达标排放率,未达标排放因污染物、行业水平和时间而异。

由于受数据可得性的限制,各个行业废水、二氧化硫排放量的数据只能获取至2010年,各个行业固体废物排放量的数据可获取至2015年,所以本章的实证分析主要分为两个部分:第一部分是以2005—2010年17个行业的"出口税负"为被解释变量,以废水、二氧化硫的不达标排放率与污染排放强度的交互项、化学需氧量的污染排放强度为解释变量进行多元回归。第二部分是以2005—2015年17个行业的"出口税负"为被解释变量,以固体废物的不达标排放率与污染排放强度的交互项、能源消耗强度为解释变量进行多元回归。本章节两部分的数据皆为按时间和行业产品分类的面板数据,采用控制了时间和产品的固定效应模型进行面板数据的多元回归。

二 变量说明

（一）变量的定义

表 5-1　　　　　　　　　　　变量定义及描述

变量	描述
被解释变量	
EX_VAT	"出口税负"，增值税减去出口退税
环境变量	
$waterReg\_gap \times pol\_int$	废水不达标排放率与总体废水污染排放强度的交互项（以万吨/亿元为单位）
$so_2Reg\_gap \times pol\_int$	二氧化硫不达标排放率与总体二氧化硫污染排放强度的交互项（以万吨/亿元为单位）
$solidReg\_gap \times pol\_int$	固体废物不达标排放率与总体固体废物污染排放强度的交互项（以万吨/亿元为单位）
$CODpol\_int$	化学需氧量的污染排放强度（以吨/亿元为单位）
$energypol\_int$	总能源的污染排放强度（以万吨标准煤/亿元为单位）
控制变量	
companies	行业公司数（以个为单位）
profit	行业利润（以亿元为单位）
SOEshare	国有企业产值占比
foreignshare	外资企业产值占比
tax	应交增值税（以亿元为单位）
asset	企业资产合计（以亿元为单位）
ad_expense	企业管理费用（以亿元为单位）

其中，污染物的不达标排放率为不符合排放标准的污染排放与总体污染排放的比率，污染物的污染排放强度为污染物的总体污染排放与该行业的总产值的比率。

（二）变量的描述

1. 被解释变量

我们通过归纳统计 2005—2015 年《中华人民共和国海关进出口税则》（以下简称《税则》）中 6 位税号（HS6）产品的增值税率与出口退税率数据，并将其按照需要归集到 17 个行业中（具体行业分类见下文），其中行业归集的标准是在第四章第二节所列示的高污染行业的基础上进行进一步细分分类和整合，所以在原来第四章第二节中所列 14 个行业的基础上细分整合为本章所列示的 17 个行业。将统计的各个行业的增值税率减去出口退税率，就得到我们所需要的各个行业产品的"出口税负"，这里的"出口税负"指的就是企业出口时实际缴纳的税率。

2. 环境变量

在确定模型中应该考虑哪些污染物对出口退税政策产生影响时，我们通过参考"十一五"规划和"十二五"规划中的环境章节部分，发现中国在"十一五"规划和"十二五"规划中均明确提出了废水、二氧化硫、化学需氧量、工业固体废物等污染物的减排目标，所以我们在实证中主要集中在以上污染物的排放分析上，从而确定了废水、二氧化硫、固体废物、化学需氧量和能源消耗这六个环境变量。

由于政府在各个五年规划中都明确设定了各项污染物的减排目标，说明目前中国制定的污染税政策并没有达到预期的效果，这表明社会污染物的排放量高于社会最优水平，政府还应当采取其他的环境政策以降低社会的污染排放。政府多次在各项环境政策文件中将出口退税率与环境问题联系起来，所以我们考虑将"出口税负"作为次优环境政策，通过建立模型分析，预期"出口税负"与污染排放强度之间存在正向的关系，即式（5.16）中系数 β 的符号为正。

（1）废水的不达标排放率与污染排放强度的交互项。在"十一五"和"十二五"规划中均提出了减少废水排放的计划，所以废水的排放并没有达到社会的最优水平。在这种情况下，我们认为边际损害与污染税之间的差值（$MD - \tau$）大于 0，所以我们用废水的不达标排放率（废水不达标排放量与排放总量的比率）作为（$MD - \tau$）的代理变量，废水的污染排放强度是用各个行业废水的排放总量与各个行业总产值的比值来衡量。由于废水的不达标排放率越高、废水的污染排放强度越大，导致"出口税负"将会越高，所以由此可得，废水的不达标排放率和污染排放强度组成的交互项越大，"出口税负"将会越高。

（2）二氧化硫的不达标排放率与污染排放强度的交互项。我国是一个二氧化硫排放较高的国家，在"十一五"规划中明确提出了 2010 年二氧化硫比 2005 年削减 10% 的约束性目标，在"十二五"规划中明确提出了2015年二氧化硫的污染排放相较于2010年减少8%的约束性目标。很明显，我国目前的环境政策并不能有效地减少二氧化硫的排放，将出口退税政策作为一种绿色贸易政策手段来减少二氧化硫的排放就不足为奇了，所以在本章实证中将二氧化硫纳入分析范围，探究其与出口退税之间的关系。二氧化硫的排放没有达到社会最优的污染排放水平，所以我们用二氧化硫的不达标排放率（二氧化硫不达标排放量与排放总量的比率）作为（$MD-\tau$）的代理变量，二氧化硫的污染排放强度是用各个行业二氧化硫排放总量与各个行业总产值的比值来衡量。由于二氧化硫的不达标排放率越高、二氧化硫的污染排放强度越大，将会导致"出口税负"越高，所以我们可以得出：二氧化硫的不达标排放率与污染排放强度组成的交互项越高，"出口税负"将会越高。

（3）固体废物的不达标排放率与污染排放强度的交互项。在"十一五"规划中明确提出到2010年固体废物的综合利用率提高到60%的约束性目标，在"十二五"规划中明确提出到2015年固体废物的综合利用率达到72%的约束性目标。在目前国内的环境政策不能满足社会对固体废物最优排放要求的情况下，可以试图通过调整出口退税政策来减少固体废物的排放。如前所述，我们用固体废物的不达标排放率（固体废物不达标排放量与排放总量的比率）作为（$MD-\tau$）的代理变量，固体废物的污染排放强度是用各个行业固体废物排放总量与各个行业总产值的比值来衡量。政府为了控制固体废物的不达标排放率和污染排放强度，可能会设置较高的"出口税负"以减少固体废物排放量高的企业的产品的出口。所以，固体废物的不达标排放率越高、固体废物的污染排放强度越大，"出口税负"将会越高。由此我们可以得出：固体废物的不达标排放率与污染排放强度组成的交互项越高，"出口税负"将会越高。

（4）化学需氧量污染排放强度。在"十一五"规划中明确提出了到2010年化学需氧量比2005年削减10%的约束性目标，在"十二五"规划中明确提出了到2015年化学需氧量污染排放相较于2010年减少8%的约束性目标。显然，化学需氧量的污染排放并没有达到社会最优污染排放水平，在这种情况下，政府试图通过调整出口退税政策来减少化学需氧量的排放。由于无法收集到化学需氧量不达标排放量的数据，所以我们在本章实证分析中将探究"出口税负"与化学需氧量的污染排放强度（各个行业化学需氧量排放总量与各个行业总产值的比值）之间的关系。随着化学需氧量污染排放强度的增加，表示环境污染加剧，为了减少化学需氧量的污染排放，政府可以设置较高的"出口税负"，以减少化学需氧量污染排放量高的企业产品的出口。所以，化学需氧量污染排放强度越大，"出口税负"将会越高。

（5）能源消耗强度。在"十一五"规划中明确提出要减少能源消耗，到2010年单位国内生产总值能源消耗降低20%，在"十二五"规划中提出单位国内生产总值能源消耗相较于2010年降低16%的约束性目标。我们将能源消耗用标准煤来衡量，随着标准煤的消耗，将会产生较大的污染，尤其是大气污染。在"十一五""十二五"规划中均明确地提出了减少能源消耗的目标，由此我们可以得知能源消耗并没有达到社会最优消耗水平，所以可以借助出口退税政策的调整试图减少能源消耗，我们在本章实证中将着重分析"出口税负"与能源消耗强度（各个行业能源消耗总量与各个行业总产值的比值）之间的关系。随着能源消耗强度增加，将会造成更大的环境污染，在国内环境规制效果有限的情况下，政府可以通过设置更高的"出口税负"以限制能源消耗高的行业产品的出口，从而起到保护环境的作用。所以能源消耗强度越大，"出口税负"将会越高。

3. 控制变量

（1）行业公司数。对于公司数量较多的行业而言，其吸纳就业的作用较大，地方政府可能为了保障居民就业而注重提高这些行业的经济效益，从而对其进行保护，倾向于设置更低的"出口税负"。因为对于那些公司数量较多的行业，行业的规模较大，所需要的劳动力就越多。如果对这些行业设置较高的"出口税负"，则会提高各个企业所生产的产品的出口成本，一些不具有竞争力的企业可能就会退出市场或者缩小公司的规模，那么公司的一些员工可能就会面临失业的风险。政府出于保障劳动者充分就业的考虑，可能会对那些职工人数较多的行业，即公司数量较多的行业设置更低的"出口税负"。

（2）行业利润。对于利润较高的行业，政府可能会设置更高的"出口税负"。因为对于利润较高的行业，可能是这些企业通过生产大量的产品用于出口等获得了较大盈利。而企业在生产大量产品的同时，必然伴随较高的污染排放，从而造成较大的环境污染。对于某些行业利润较高的另一个可能的原因就是企业通过生产销售产品获得较高的利润，而这些企业并没有拿出利润的一部分用于治理本企业所造成的环境污染问题，也没有将获得的盈利用于技术改造，以减少后面产品生产过程中所产生的环境污染问题。我们将2005—2010年各个行业的利润总额按照从大到小的顺序进行排列，可以发现，在2005—2010年，在排名前五个行业中，高污染行业所占的比例分别为80%、80%、80%、60%、60%、80%，显然，高污染行业所占的比重较大，即在利润较高的行业中，大多数属于高污染行业。所以政府可能会由于考虑到那些利润较高的行业造成的污染更大，从而通过设置更高的"出口税负"来减少这些行业的产出，或者激励企业改进技术从而减少污染排放。

（3）国有企业产值占比。我们通过国有企业产值占行业总产值的比率来衡量国有企业在行业中的占比，对于国有企业产值占比较大的行业，政府可能会设置更低的"出口税负"。因为国有企业是以国家为大股东的企业，是需要政府相关的行政部门管理配合的。而且，国家在出台相关政策时，一般会优先考虑其对国有企业发展的影响，国有企业的各项福利也较私有企业更为明显。针对中国政府所采取的一系列贸易政策均表明，国有企业的经济效益与发展对政府的决策具有重要的影响。所以，政府可能会对国有企业占比较高的行业设定更低的"出口税负"，以保护国有企业的各项利益。

（4）外资企业产值占比。我们通过外资企业产值占行业总产值的比率来衡量外资企业在行业中的占比，同样，对于外资企业占比较高的行业，政府可能会设置更低的"出口税负"。这是因为中国政府通过提供给外资企业更多的优惠政策，比如设置较低的"出口税负"，可以吸引更多的外商到中国进行投资，以改善中国的投资环境，促进中国的经济发展。我们可以发现，随着贸易自由化，越来越多的外商到中国设立企业、工厂，进行投资等，不但提高了我国的就业率，而且带动了我国的经济发展。所以政府可能会对外资企业占比较高的行业设置更低的"出口税负"，以利用外商投资为我国的经济发展注入更强大的发展动力。

（5）应交增值税。对于应交增值税较高的行业，政府可能会设置更高的"出口税负"。增值税是商品在流转过程中以产生的增值额作为纳税依据而征收的一种流转税，随着企业生产更多的商品，流转并增值的商品越多，企业就需要缴纳更高的增值税。虽然应交增值税越高，政府通过税收获得的收入就越高，但是政府在权衡环境保护与增值税税收两方面的利弊时，更可能倾向于制定相关的措施来保护环境。这是因为我国的经济已由过去追求高速发展向现在追求高质量发展而转变，我国的经济已经在过去取得了巨大的进步，现阶段更加注重的是环境保护方面的问题。而且通过设置更高的"出口税负"税率，政府也可以获得更多的税收收入。所以，政府可能会对应交增值税较高的行业设置更高的"出口税负"。

（6）资产合计。对于资产合计较高的行业，政府可能会设置更高的"出口税负"。因为对于资产合计较高的行业，一般来说它们拥有更多的资金、设备等，所以它们也更有能力生产更多的产品，但从而也会造成更大的污染。为了防止环境的进一步破坏，政府可以通过设置更高的"出口税负"，以减少资产合计较高的行业由于生产大量产品而造成更大的污染。

（7）管理费用。对于管理费用较高的行业，政府可能会设置更低的"出口税负"。因为管理费用是由许多费用所组成的，其中包括环境保护费，即公司缴纳的排污费和评审费等；绿化费，即公司发生的用于绿化方面的费用。管理费用越高，企业发生的环境保护费、绿化费可能就越高，则企业的环保意识可能更强。对于这类具有较高环保意识的企业，则可能更会注重企业在生产过程中的污染排放问题，其更可能通过改进生产技术等手段将污染排放控制在达标排放量以内。所以，对于管理费用较高的行业，政府可能将会设置更低的"出口税负"。

三　数据来源与行业分类

（一）数据来源

表 5-2　　　　　　　　　　资料来源

变量	资料来源
出口税负	《中华人民共和国海关进出口税则》
废水的污染排放	《中国环境统计年鉴》

续表

变量	资料来源
二氧化硫的污染排放	《中国环境统计年鉴》
固体废物的污染排放	《中国环境统计年鉴》
化学需氧量的污染排放	《中国环境统计年鉴》
总能源的消耗	《中国能源统计年鉴》
行业公司数	EPS 数据库
行业利润	EPS 数据库
行业总产值	EPS 数据库
国有企业总产值	EPS 数据库
外资企业总产值	EPS 数据库
应交增值税	EPS 数据库
资产合计	EPS 数据库
管理费用	EPS 数据库

（二）行业分类

本书对"两高一资"行业的考察主要聚焦于17个行业[①]，其中包括煤、石油与天然气、矿物质和其他矿产品4个采掘业和剩下的13个制造业。因为采掘业和制造业的污染排放情况相对来说更为严重，所以选取以上17个较具代表性的"两高一资"行业。

第三节 实证结果及分析

一 总体回归结果及分析

虽然从2005年开始中国出台的多项政策文件均将出口退税与环境状况联系而谈，但是就出口退税政策的调整是不是出于保护环境的目的我们尚无法得出结论。所以在本章节中我们以"出口税负"为被解释变量进行多元回归，以发现中国出口退税政策背后是否有出于保护环境的动机。

---

① 17个行业包括：煤，石油与天然气，矿物质，其他矿产品，纺织，服装，皮革制品，木材制品，纸制品和出版业，黑色金属类，化工、橡胶、塑料制品，其他金属，金属制品，其他机械及设备，其他制成品，电子器械，烟草制品业。

由于受数据可得性的限制，废水和二氧化硫的污染排放数据只能获取至 2010 年，固体废物的污染排放数据可获取至 2015 年，所以我们在本章的实证中将分成两部分进行回归分析。第一部分是在 2005—2010 年的样本期间内，以废水、二氧化硫的交互项作为其中的两个解释变量进行多元回归。第二部分是在 2005—2015 年的样本期间内，以固体废物的交互项作为其中一个解释变量进行多元回归。

（一）样本期：2005—2010 年

通过对 2005—2010 年有关变量进行回归分析，实证结果如表 5-3 所示。

表 5-3　　　　基本回归结果（样本区间：2005—2010 年）

变量	(1)
$waterReg\_gap \times pol\_int$	0.0019* (1.94)
$so_2Reg\_gap \times pol\_int$	2.5336** (2.05)
$CODpol\_int$	1.89e-4*** (3.74)
$companies$	-3.56e-06** (-2.54)
$profit$	2.71e-05*** (3.56)
$SOEshare$	-0.0448* (-1.86)
$foreignshare$	-0.0802** (-2.15)
F 值	26.49
R^2	0.5302
观测值	102

注：*、**、***分别表示在 10%、5%、1%的水平下显著，下同。

观察表 5-3 中的实证结果，我们发现，降低各行业废水的污染排放显然是中国出口退税调整的一个重要原因。由于在中国污染减排现实中，边际损害减去污染税的差值为正值，所以我们回归结果中 $waterReg\_gap \times pol\_int$ 的系数为正，废水的不达标排放率也显然为正，表明 2005—2010 年，"出口税负"与废水强度呈显著的正相关关系。在假设废水的不达标排放率增加一个单位的情况下，废水强度的系数表明，随着废水强度每亿元产值增加 1 万吨，$waterReg\_gap$ 增加一个单位，"出口税负"的税率提高 0.19%。

  随着工业废水污染的加剧，国家加强了立法工作，但由于法律法规不完善、立法实施效果差等原因，我国水环境状况尚未得到改善（任宇，2015）。考虑到水资源的稀缺性和水污染的严重性，促使监管者利用贸易政策特别是通过降减高污染行业的出口退税优惠以抑制废水排放量高的行业的产品出口，从而达到减排工业废水污染的目的。因此，减排工业废水就成为中国出口退税政策调整的驱动因素之一。黄磊（2020）研究发现，我国人均水资源仅占世界人均水量的 1/4，可见我国的水资源较为紧张，联合国已将我国列为人均水资源最为短缺的国家之一。另外，我国的水资源整体分布较不均匀，呈现出南多北少的分布状态，这些都是我国面临的针对水资源现状较为棘手的问题。究其原因，不可否认的一个重要因素就是水资源污染严重，其中工业用水污染更为严重。在有关水资源立法实施等存在执行不足的情况下，利用出口退税政策调整以降低水污染的排放就成为国家采用的一项重要的政策手段。我们通过实证也发现，通过降减高污染行业出口退税以提高它们的"出口税负"水平，对工业废水的排放具有一定的抑制作用，这也可以在一定程度上缓解我国水资源的紧缺。

  模型中 $so_2Reg\_gap \times pol\_int$ 的系数显著为正，当边际损害减去污染税的差值为正时，显然二氧化硫的不达标排放率也为正值，在系数与二氧化硫不达标排放率均为正值的情况下，表明在 2005—2010 年，"出口税负"与二氧化硫强度呈正相关关系。在假设二氧化硫的不达标排放率不变的情况下，二氧化硫强度每上升 1 个单位，会带来"出口税负"税率提高 2.53%。这一高度敏感的系数表明这一时期中国出口退税政策走向及其调整力度在很大程度上是受二氧化硫排放强度所影响的。换言之，抑制二氧化硫排放强度高的产品的出口，是 2005—2010 年中国降减高污染行业产品出口退税这一政策调整的直接驱动力和重要标的。

中国是一个二氧化硫排放量较高的国家,且在"十一五"规划(2006—2010年)中明确提出了二氧化硫的减排目标,工业生产是二氧化硫的主要来源之一,对人体、工农业生产和基础设施都会造成一定的危害。同时,二氧化硫也是酸雨的重要来源,给环境和人类社会经济都会造成严重的影响,中国的出口退税政策应为减少二氧化硫的排放问题做出相应的调整。另外,在2005年我国整体的二氧化硫排放量为2549万吨,其中工业二氧化硫的排放量增加了34.5%,排放增加量较高。在这种严峻的形势下,国家为减少二氧化硫的排放,制定采取了诸多控制措施。在"十五"规划中,中国明确针对二氧化硫提出了减排目标,但在实施的过程中针对二氧化硫的减排并未取得预期的效果。在"十一五"规划中明确提出将二氧化硫的排放量在2005年的基础上削减10%作为约束性减排指标,并在2006—2010年,制定通过了多项关于减少二氧化硫排放的政策措施。虽然国家针对减少二氧化硫排放问题已经采取了较多的控制措施,但是二氧化硫的污染状况依然是值得我们担忧的一个问题。所以,针对由二氧化硫造成的环境污染状况,在国内制定的有关政策不能有效实现既定目标的情况下,促使监管者通过贸易政策手段,特别是降减高污染行业出口退税政策以实现减少高污染产品出口从而起到减排二氧化硫的目标。上述的实证结果分析显示,二氧化硫强度对"出口税负"的影响非常显著,即国家为了减少二氧化硫排放而相应地调减了高污染行业产品的出口退税政策优惠。从我们的实证结果来看,减排二氧化硫成为2005—2010年这段时期左右中国出口退税政策绿化调整方向和结构性调整力度的最为关键的驱动因素。

模型中 $CODpol\_int$ 的系数为正,说明在2005—2010年,"出口税负"与化学需氧量排放强度呈正相关关系。在"十一五"时期,国家把化学需氧量作为减排约束性指标,这对改善环境质量具有积极的作用。但是在2005—2010年,化学需氧量的排放量却呈现逐步上升的趋势。化学需氧量越高,表示水体受到污染的程度越严重,从而也会以直接或间接的方式对人体产生危害,减少化学需氧量的排放是十分必要的。由于化学需氧量是造成废水污染的一个重要因素,国家通过调整出口退税政策减少化学需氧量排放的同时，也可以有效地减少废水排放的污染。

控制变量系数估计值的符号与我们的预期方向也是一致的。政府在制定出口退税政策时，对于那些公司数量较多的行业，国有企业产值占比较大和外资投资产值占比较大的行业会给予更多的优惠，"出口税负"水平相对来说偏低。但在实施的过程中针对二氧化硫的减排并未取得预期的效果。政府可能更多的是考虑到其造成的污染可能会更加严重，出于环保的目的政府会设置更高的"出口税负"。

（二）样本期：2005—2015 年

通过对 2005—2015 年有关变量进行回归分析，实证结果如表 5-4 所示。

表 5-4　　　　　基本回归结果（样本区间：2005—2015 年）

变量	(1)
$solidReg\_gap \times pol\_int$	0.0084***
	(5.33)
$energypol\_int$	0.0015***
	(3.82)
$companies$	-2.56e-06
	(-0.29)
tax	4.64e-06**
	(2.11)
$asset$	1.34e-06***
	(3.00)
$ad\_expense$	-4.62e-06*
	(-1.80)
F 值	28.70
R^2	0.4581
观测值	187

表中的实证结果显示，我们可以发现，模型中 $solidReg\_gap \times pol\_int$ 的系数为正，当边际损害减去污染税的差值为正时，显然固体废物的不达标排放率也为正值，在系数与固体废物的不达标排放率均为正值的情况下，说明在 2005—2015 年，"出口税负"与固体废物强度呈显

著正相关关系。在假设固体废物的不达标排放率增加一个单位的情况下，随着固体废物强度每亿元产值增加1万吨，"出口税负"的税率提高0.84%。

2005—2015年各个行业的固体废物污染排放基本都呈上升的趋势，但是现有的固体废物处理处置设施数量远远不能满足废物处置需求。大量固体废物被不规范焚烧或没有采取恰当的处理措施，直接排入环境，会造成严重的环境污染。政府在"十一五"规划中明确提出要将固体废物的综合利用率提高到60%，在"十二五"时期，我国也针对固体废物提出明确的节能减排目标，即到2015年固体废物的综合利用率达到72%，但是，由于我国区域发展不平衡、固体废物综合利用的技术支撑不足、现有支持政策有待进一步完善等原因，我国由于固体废物所导致的环境污染问题依然严重。尤其是我国针对大宗工业固体废物综合利用缺少强制性要求和奖惩措施，使企业对提高固体废物的综合利用率问题缺少压力和动力。政府通过对固体废物排放量多或者综合利用率低的行业设置更高的"出口税负"，可以在一定程度上减少高污染企业产品的出口和促进企业改善技术来减少固体废物的排放或者提高固体废物的综合利用率。而通过实证结果我们也可以看出，通过调整出口退税政策可以有效地减少固体废物的排放，提高固体废物的综合利用率，且作用十分显著。

模型中 $energypol\_int$ 的系数为正，这是符合我们预期的，"出口税负"和能源消耗强度呈正相关关系。出口退税政策调整的背后有出于降低能源消耗的目的。根据《BP世界能源统计年鉴》可以发现，在21世纪，中国的能源消耗增速明显，并在2009年跃居成为世界上第一大能源消耗国。经济的增长离不开能源消耗，能源消耗的增加离不开经济的推动，我国在过去经济取得高速发展的同时，是以消耗大量的能源为代价的。在21世纪初期和中期，中国面临着能源短缺问题，国内的煤炭、天然气等逐渐不能满足经济增长对能源的需求了。而且中国的能源消耗中有70%来源于煤的消耗，这也是造成环境污染的重要原因。因此，政府可以通过调整出口退税政策，使我国经济在稳步发展的同时，更加重视对环境的保护，减少能源的消耗，从而也可以减少由于能源消耗所导致的环境污染问题。

控制变量系数的符号是与我们预期一致的,与上文中 2005—2010 年的分析相同,行业的公司数越多,政府出于保护就业的目的可能会设置更低的"出口税负"。政府在权衡税收收入和环境保护利弊时,出于节能减排的环保目的,政府会对应交增值税较高的行业设置更严苛的出口退税政策。资产合计越高,说明企业越有能力生产更多的产品,从而造成更大的污染,所以我们应该通过贸易政策对其进行适当的管控。对于管理费用较高的行业,政府可能会给予更多的保护,这是因为管理费用中包含了环境保护费、绿化费等费用,说明管理费用较高的行业具有更强的环保意识,他们更可能通过改进技术等来减少污染排放,对于这些行业政府可能会设置较为宽松的出口退税政策。

(三)"出口税负"与污染排放强度关系分析

由表 5-3 中的基本回归结果和表 5-4 中的基本回归结果我们可以得知,"出口税负"与废水、二氧化硫和固体废物的交互项之间的系数均为正,说明"出口税负"与废水、二氧化硫和固体废物的交互项均呈正相关关系。废水、二氧化硫和固体废物的交互项是由各个污染物的不达标排放率和各个污染物的污染排放强度组成,其中不达标排放率为边际损害与污染税的差值 $(MD-\tau)$ 的代理变量。由于我国在"十一五""十二五"规划中均明确提出了关于废水、二氧化硫和固体废物的减排目标,说明中国采取的环境规制存在执行力不足等问题,废水、二氧化硫和固体废物的污染排放水平皆没有达到社会最优水平,所以边际损害与污染税的差值 $(MD-\tau)$ 必然大于零。

在 $(MD-\tau)$ 保持不变的情况下,"出口税负"与污染物交互项的系数为正,且随着系数越大,"出口税负"与污染物的污染排放强度之间的正向关系越强。在"出口税负"与污染物交互项的系数为正且不变的情况下,污染税越小,即环境规制越弱,则 $(MD-\tau)$ 就越大,由于 $(MD-\tau)$ 为正,所以"出口税负"与污染排放强度之间的正向关系则越强。由此我们可以验证假说 5-2 中的推论 5-1 和推论 5-2,即 τ 越小,则 $(MD-\tau)$ 就越大,即环境规制越弱,$(MD-\tau)$ 越大,"出口税负"与污染排放强度之间的正向关系越强。

二 稳健性检验

本节的稳健性检验也将分为两个部分,第一部分即是对样本期间为

2005—2010 年的基本回归结果进行稳健性检验，第二部分是对样本期间为 2005—2015 年的基本回归结果进行稳健性检验。

首先，我们将对样本期间为 2005—2010 年的基本回归结果进行稳健性检验。

（一）忽略监管缺口

在本节中我们在假设忽略监管缺口的情况下对上述多元回归方程进行稳健性检验，针对 2005—2010 年的稳健性检验结果如表 5-5 所示。

表 5-5　　稳健性检验（样本区间：2005—2010 年）

变量	（1）
$waterReg\_gap \times pol\_int$	3.34e-03** (2.27)
so_2pol_int	-0.1151 (-0.09)
$CODpol\_int$	2.40e-04*** (7.59)
$companies$	-3.61e-06*** (-2.61)
$profit$	2.64e-05*** (3.43)
$SOEshare$	-0.0431* (-1.69)
$foreignshare$	-0.0761* (-1.92)
F 值	32.78
R^2	0.5090
观测值	102

由本章第一节理论模型可知，在以"出口税负"为被解释变量的多元回归中，我们将污染物的不达标排放率作为边际损害与污染税之间差值的代理变量，将废水、二氧化硫的不达标排放率与它们各自的污染排放强度相互作用，组成交互项作为解释变量，其中不达标排放率代表污染税与边际损害之间的差值（我们在下文将其称为"监管缺口"）。

在本次稳健性检验中，为了检验二氧化硫的不达标排放率与污染强度组成的交互项对上节得出的结果是否具有重要影响，研究这一监管缺口的测量是否驱动了我们的结果，同时又由上述的实证结果我们可以得知，二氧化硫是推动中国出口退税政策调整的直接驱动力，所以我们将二氧化硫的交互项进行拆分，将二氧化硫的污染排放强度作为其中一个解释变量，而不与监管缺口的测量（二氧化硫的不达标排放率）相互作用，在其他条件不变的情况下，检验其对结果的影响。如前所述，"十一五""十二五"规划中明确提出了二氧化硫的减排目标，这表明边际损害大于污染税，污染税没有将环境扭曲内部化到预期的程度，即环境规制并没有将二氧化硫的污染排放降低到社会最优水平。

表5-5显示了以"出口税负"为被解释变量，废水的交互项、二氧化硫的污染排放强度和化学需氧量的污染排放强度作为解释变量进行多元回归的结果，该模型没有将二氧化硫的监管缺口与污染排放强度相互作用。从实证结果我们可以看出，"出口税负"与废水的交互项呈正相关关系，与二氧化硫的污染排放强度不存在相关性，与化学需氧量的污染排放强度之间呈显著正相关的关系，除二氧化硫污染排放强度以外，废水的交互项、化学需氧量的污染排放强度的系数符号是符合我们预期的。上述稳健性检验的回归结果中的控制变量——行业公司数、行业利润、国有企业产值占比和外资企业产值占比的系数符号和我们预期都是相符的，且皆与"出口税负"之间的关系较为显著。

由上述推导的公式可以发现，"出口税负"由"贸易条件动机"和"环境动机"所决定，而"环境动机"则是为了减排污染而征收"出口税负"。对于"环境动机"部分，"出口税负"是由监管缺口和污染排放强度之间的交互项所决定的。上述稳健性检验的实证结果突出了在上述回归分析中使用监管缺口与污染强度之间交互项的重要性，忽略监管缺口可能被认为是一种不符合规范的行为，本节的实证结果也证实了这种观点。

（二）排除经济和金融危机的影响

在本节中我们在排除经济和金融危机的情况下对上述多元回归方程进行稳健性检验，结果如表5-6所示。

表 5-6　　稳健性检验（样本区间：2006—2007 年）

变量	（1）
$waterReg\_gap \times pol\_int$	4.91e-03***
	(4.62)
$so_2Reg\_gap \times pol\_int$	3.4916***
	(5.22)
$CODpol\_int$	2.62e-04***
	(7.33)
$companies$	-4.35e-06***
	(-4.88)
$profit$	422e-05***
	(6.53)
$SOEshare$	-0.1270***
	(-5.91)
$foreignshare$	-0.2206***
	(-5.91)
F 值	26.21
R^2	0.4865
观测值	34

2008 年，国际金融危机对中国某些类别产品的出口产生了重大的负面影响。在面对中国产品出口暴跌的情况下，中国政府可能试图通过提高出口退税率来支持某些行业的出口，以缓解金融危机所造成的经济萧条。为了证实我们上述的实证结果并不是由于政府为应对经济和金融危机而调整出口退税率所驱动的，我们将样本期间限制在 2006—2007 年，这样就排除了 2008 年国际金融危机所造成的影响。

表 5-6 显示了在 2006—2007 年样本期间内，以"出口税负"为被解释变量，以废水、二氧化硫的交互项、化学需氧量的污染排放强度为解释变量进行回归的结果。由实证结果我们可以发现，"出口税负"与废水强度、二氧化硫强度和化学需氧量强度均呈显著正相关关系，由废水强度、二氧化硫强度和化学需氧量强度的系数大小我们可以发现，为减少二氧化硫的污染排放是驱动出口退税政策调整的主要原因，这与我们本章进行基本回归所得到的结果是一致的。控制变量的符号也与我们

的预期完全相符,且与"出口税负"的关系皆较为显著。

本节在排除了2008年国际金融危机的影响下进行的稳健性检验,其结果说明,中国出口退税政策调整的背后是出于环保的动机,主要是为了减少污染物排放、达到保护环境的目的,而非为应对经济和金融危机所驱动。

我们将对样本期间为2005—2015年的基本回归结果进行稳健性检验。

由本章第一节理论模型可知,在以"出口税负"为被解释变量的多元回归中,我们将污染物的不达标排放率作为边际损害与污染税之间差值(监管缺口)的代理变量,在2005—2015年的基准回归中,我们研究了"出口税负"与固体废物的不达标排放率与污染排放强度组成的交互项之间的关系,其结果与我们预期相符,二者呈显著正相关关系。在本次的稳健性检验中,我们首先来检验固体废物的不达标排放率与污染强度组成的交互项对基准回归所得出的结果是否具有重要影响,本节研究了在只考虑监管缺口而不考虑污染排放强度的情况下是否依然能得出我们之前的结论。为了对其进行检验,我们将固体废物的交互项进行拆分,将固体废物的不达标排放率作为其中一个解释变量,而不与固体废物的污染排放强度相互作用,在其他条件不变的情况下,检验其对结果的影响。在2005—2015年的样本期间,以"出口税负"作为被解释变量,固体废物的不达标排放率、能源的消耗强度作为解释变量来检验固体废物的由不达标排放率和污染排放强度组成的交互项是否对结果具有重要影响。如表5-7列(1)实证结果所示,在只考虑监管缺口而不考虑污染排放强度的情况下,"出口税负"与固体废物的不达标排放率无相关关系,与能源消耗强度呈正相关,这是符合我们预期的。所以我们在考虑"出口税负"的"环境动机"时,应当充分考虑污染物的监管缺口与污染排放强度之间交互项的影响,忽略它们其中任何一个的影响都是不合规范的。

表5-7　　　　稳健性检验(样本区间:2005—2015年)

变量	(1)	(2)	(3)
$solidReg\_gap \times pol\_int$		0.0042 *** (4.92)	0.0072 *** (5.52)

续表

变量	(1)	(2)	(3)
$solidReg\_gap$	0.0313 (1.24)		
$energypol\_int$	9.45e-04** (2.22)	9.16e-04*** (3.05)	8.69e-04** (2.43)
$companies$	-3.77e-07 (-0.37)	8.13e-07 (1.43)	-3.29e-07 (-0.35)
tax	4.61e-05** (2.11)	2.21e-05** (2.23)	-2.30e-07 (-0.35)
$asset$	1.23e-06*** (2.80)	7.51e-07** (2.42)	1.55e-06** (2.12)
$ad\_expense$	-4.86e-05** (-2.10)	-2.49e-05** (-2.28)	-3.92e-05* (-1.81)
F 值	30.77	18.09	33.03
R^2	0.4058	0.3290	0.3849
观测值	187	153	154

2007—2008 年，中国对出口退税政策进行了较多的调整，随之相关产品的出口退税率也发生了较多调整。为了理解中国在 2007 年及其之后大量出口退税政策的调整背后是否具有环保动机，我们将样本范围限定在 2007—2015 年，我们仍然以"出口税负"为被解释变量，固体废物的交互项和能源消耗强度为解释变量，将其进行多元回归。实证结果如表 5-7 列（2）所示，回归结果与我们对整个样本进行基本回归得到的结果较为相似，"出口税负"与固体废物强度和能源消耗强度均呈显著正相关关系，控制变量系数的符号也符合我们的预期。该项稳健性检验结果表明，在 2007 年和 2008 年中国多次将环境问题和出口退税政策联系起来，这从大量出口退税政策的调整中可以看出，同时也说明了中国 2007 年和 2008 年大量出口退税政策调整的背后有出于环境保护的动机。

根据我们对样本中 17 个行业的固体废物排放量进行统计分析可以发现，煤、矿物质和黑色金属类这三个行业固体废物的排放量较高，它们均是污染最严重的行业之一。因此，我们将研究在没有煤、矿物质和黑色金属类这三个污染密集型行业时，"出口税负"与污染强度之间是否存在正相关关系。回归结果如表5-7列（3）所示，在2005—2015年的样本期间内，"出口税负"与固体废物强度和能源消耗强度均呈正相关关系。说明即使在排除固体废物污染排放量较高的行业的情况下，"出口税负"与固体废物强度和能源消耗强度依然呈正相关关系，与对整个样本进行回归得到的结果相似。

第四节　本章小结

中国在其"十一五"规划和"十二五"规划中，对废水、二氧化硫和固体废物等污染物提出了明确的节能减排目标，环境问题在中国的政策议程中扮演着越来越重要的角色。然而，由于地方政府执行力度差、环境法规和制度不完善等而使环境成本内部化难以实现。鉴于国内污染税和环保政策等的实施受到一定的限制，不能充分实现减排贸易隐含污染物的目的，在这种情况下，政府可以考虑将出口退税政策作为保护环境的次佳政策工具。

在现实实践中，"十一五""十二五"规划时期的出口退税政策也被赋予了更多的环保职能，作为次佳政策工具以弥补局地环境政策执行力的不足。譬如，中国多批次降低或取消了"两高一资"行业产品的出口退税。那么，这些调整是否真的如中国政府所宣称的那样，是出于保护环境的目的吗？这需要我们检验中国出口退税政策调整的环境保护动机是否属实，以回答上述问题。

本章的经验分析证实了中国"十一五""十二五"时期的出口退税政策调整，特别是2007年以来针对"两高一资"行业产品的出口退税政策调整，是出于减排贸易隐含污染物和保护环境的目的。在以"出口税负"水平为被解释变量，以废水、二氧化硫、固体废物的排放强度和能源消耗为解释变量的回归分析中，结果显示"出口税负"水平与废水、二氧化硫、固体废物的排放强度和能源消耗均呈显著正相关关系，且在2005年之后，具有更高废水、二氧化硫、固体废物排放强度和能源消耗的行业具有更高的"出口税负"水平，说明我国出口退税政策的调整确实对水污染密集型、二氧化硫密集型、固体废物密集型和能源消耗密集型产品的出口起到了抑制作用。

本章研究结果还说明，出口退税政策作为国家政策调整的重要工具，是促进环境保护、提升产品质量的一项重要手段。出口退税政策的有效执行可以促使外贸部门中的高污染行业的环境成本内部化，有利于资源要素的合理配置。对污染排放水平较高的行业或产品，可以通过调整出口退税政策设置更高的"出口税负"水平，增加该行业产品的出口成本，从而减少高污染行业产品的出口，促使资源要素向清洁型、创新型行业流动，同时还有利于低附加值企业的转型升级，最终达到保护环境的目的。

第六章

出口退税调整的减排效应的实证分析

本章试图将污染排放作为被解释变量,将出口退税作为核心解释变量,通过开展经验分析,检验中国出口退税政策调整对保护环境的作用。

首先,我们对出口退税与出口之间的关系进行向量自回归(VAR)分析;其次,我们就出口退税额与污染排放量之间的关系开展初步经验分析;最后,我们基于第三章第二节"出口退税与'最优污染排放水平'的一般均衡理论分析",并且参考 Copeland 和 Taylor(1994)一般均衡模型推导出来的计量模型,进一步推导出"均衡的污染排放"的表达式,这其中包含了出口退税相关因子。依据"均衡的污染排放"的表达式,构建相应的计量回归模型,对出口退税与污染排放之间的关系开展更为深入的计量回归分析。

在第五章中我们探讨了中国高污染行业污染排放强度对"出口税负"的影响,发现"出口税负"与污染物排放强度呈正相关关系,即行业污染物排放强度越大,其"出口税负"则越高,从而证实了中国出口退税政策调整是出于环境保护的目的,并且得出了"行业污染排放强度影响了行业出口退税水平及结构,是中国调整出口退税的重要依据"的结论。由此,在本章计量模型中,核心解释变量出口退税水平与被解释变量污染排放可能存在相互影响,即存在内生性问题。为解决内生性问题,我们在此采取两种策略,第一种策略是采取工具变量法,借助工具变量开展 2SLS 回归分析。后文中我们将选取"出口退税偷税漏税水平"作为工具变量,其直接影响出口退税水平,但不直接影响污染排放水平,是出口退税水平的合理的工具变量。

进一步地,我们还将进行第二种经验分析策略,即采用 DID 方法对"十一五"时期降低和取消"两高一资"产品出口退税的污染减排效果进行经验验证。综合两种经验分析策略,以检验中国出口退税政策调整是否切实起到了保护环境的作用。本章将建立出口退税与污染排放之间的第二层关系,并为后文 CPE 和 CGE 等结构化模型参数的设定及政策试验模拟结果的校验等提供经验参考。

第一节 出口退税与出口

从 1985 年中国开始实施出口退税政策,刚开始实施时出口退税总额(按当年价格计算)较少,在 1985 年仅为 18 亿元,后来随着我国出口退税政策的不断调整与完善,到 2017 年,我国的出口退税总额达到 13870 亿元,年平均增长率为 27.91%。出口退税额占出口额的比重也由 1985 年的 2.22% 上升至 2017 年的 9.05%(在 2015 年占比为 9.11%)(见图 4-1)。

关于出口退税率、出口退税额与出口额三者之间的关系:一方面,出口退税额取决于当期出口额和当期出口退税率;另一方面,由于企业对出口退税率的反应较为敏感,当期出口退税率的下降或上升会刺激企业在下一年度(或其后二、三、四、……年度)减少或增加出口。因此,从理论分析来看,当期出口退税水平或出口退税额又成为影响下期(或后期)出口额(因变量)的自变量。鉴于此,本书首先采用 VAR 模型分析出口额与出口退税额之间的动态关系。与传统静态的结构式经济计量模型不同,VAR 模型是一种非结构型的动态联立方程模型(Sims,1980):基于数据的统计性质,将系统中每一个内生变量视作系统中所有内生变量的滞后值的函数。VAR 模型能够克服对变量交互影响的估计中内生解释变量所造成的联立偏倚,同时由于不必考虑经济理论,因而能够避免因经济理论不完善而导致的内生和外生变量划分不合理等问题。

在一个含 n 个变量的 VAR 模型中,若滞后阶数为 p,则 VAR 模型的一般形式可以表示为：

$$Y_t = \alpha + \sum_{i=1}^{p} \beta_i Y_{t-i} + \varepsilon_t \qquad (6.1)$$

其中，Y_t 是 $n×1$ 维向量；ε_t 就是白噪声序列向量，服从均值为 0，方差为 Ω 的正态分布；β_i 是 $n×n$ 阶矩阵；i 是滞后期。

为了研究出口退税政策的调整历程，即探讨出口退税政策对出口的影响，本书分别以 1985—2012 年和 1985—2017 年为两个样本区间开展经验分析。选取这两个样本区间，一是为了检验稳健性，二是为了后文 CGE 模型校验所需。

一 以 1985—2012 年为样本

首先我们以 1985—2012 年为样本期间，以出口退税水平、出口退税额、出口总额为变量（见图 4-1），采用 VAR 模型，对中国 1985—2012 年出口总额与出口退税水平开展分析。①

表 6-1　　　　1985—2012 年中国出口退税水平与出口总额
VAR 模型滞后阶数检验结果

Lag	LogL	LR	FPE	AIC	SC	HQ
0	-196.4488	NA	1.06e+09	26.45984	26.55425	26.45883
1	-172.5570	38.22692*	75736666*	23.80760*	24.09082*	23.80458*
2	-172.0395	0.689972	1.26e+08	24.27193	24.74397	24.26690
3	-170.2472	1.911793	1.87e+08	24.56629	25.22714	24.55925

注：*表示检验准则选择的滞后阶数。LR 表示连续改进的 LR 统计量（5%的检验水平）。FPE 表示最终预测误差。AIC 表示赤池信息准则。SC 表示施瓦茨信息准测。HQ 表示汉南—奎因信息准则。

表 6-1 所展示的结果说明出口总额与出口退税水平的关系存在滞后性，即随着出口退税水平的变化，出口总额将在下一期受其影响产生变化。即如果当期出口退税水平增加，则在下一期出口退税额将会增加，企业受到出口刺激的影响，出口总额也将会增加，进而使出口退税

---

① 在 VAR 模型分析过程中，本书依次进行了单位根检验、协整检验、格兰杰（Granger）因果关系检验、脉冲响应函数分析和方差分解分析，其中，格兰杰因果关系检验表明，出口退税水平是出口总额的格兰杰原因，即出口退税水平的提高会对出口总额产生显著影响。

额增长更快。

为进一步探究中国出口退税政策对维持中国出口持续稳定增长的作用,本章参考郑桂环等(2004)和刘穷志(2005)等做法,在1985—2012 年的样本区间,以出口总额、出口退税总额作为变量(见图 4-1),采用 OLS 计量方法对两者进行回归,以发现二者之间的相关性。

从表 6-2 的回归结果我们可以发现,各项检验值均显著,说明拟合程度较好。另外,由于出口总额和出口退税总额均采用的是对数的形式,所以解释变量的系数则表示影响弹性。我们可以从变量的系数看出,出口退税额与出口额呈显著正相关关系,即出口退税额每增加 1%,出口总额将增加 0.91%。

表 6-2　　　　　出口退税对出口额影响的 OLS 检验结果

（样本区间：1985—2012 年）

	系数	标准误差	T 统计值	P 值	[95% 置信区间]	
$\ln ETR$	0.909895	0.032341	28.13	0.000	0.843416	0.976373
截距项	3.565043	0.222045	16.06	0.000	3.108624	4.021463
F 统计值	791.52					
Prob>F	0.0000					
调整后的 R^2	0.9670					
残差平方根	0.2863					
N	28					

二　以 1985—2017 年为样本

刘穷志(2005)通过协整检验发现,包含国外收入、进口额、GDP、出口商品价格指数、汇率和出口退税额等变量的计量结果难以观察出口退税对出口的激励,从而在对变量项进行删减之后,得到了只剩下关于出口退税项的计量方程。本书参考刘穷志(2005)、江霞和李广伟(2010)等的做法,对 1985—2017 年的出口总额和出口退税总额(见图 4-1)分别进行了 ADF 单位根检验、格兰杰因果关系检验和协整检验。Johansen 协整检验是在 VAR 模型的检验基础上进行的进一步检验，在开展Johansen协整检验之前，我们必须要先确定VAR模型的结构。依据SC准则我们可以得到在本小节中VAR模型采用滞后期数为1效果最优；另外，我们在本小节中还采用了Q统计量检验、怀特检验和JB检验进一步分析在VAR模型中采用滞后期数为1是否最优，从检验结果中我们可以发现变量间的拟合优度较好，且残差序列具有平稳性。由此，得出的协整检验结果如表6-3所示。从表6-3中我们可以发现，出口额与出口退税额在滞后一期关系显著，另外由格兰杰因果关系检验结果可以得知，出口退税额是出口额的格兰杰原因。所以，我们可以得出结论：随着当期出口退税额的增加，下一期出口额将会增加，从而将会导致出口退税额进一步上升，由此可以发现本节所得出的结论与上述理论假设相一致。

表6-3　　　　　出口总额与出口退税额的协整检验结果

（样本区间：1985—2017年）

零假设：协整向量的数目	特征值	迹统计量	临界值（5%显著水平）	P值
0**	0.390999	14.38214	14.26460	0.0479
至多1个	0.004645	0.135023	3.841466	0.7133

注：**表示在5%的显著水平上拒绝零假设。

由表6-3可知，协整检验表明在1985—2017年样本区间内，出口额与出口退税额之间存在一个协整关系，其均衡向量为（1.000000，-0.762812），可得协整方程为：

$$\ln EX = 0.762812 \times \ln ETR \tag{6.2}$$

　　　　（0.10802）

　　　　（7.06176）

其中，$\ln EX$是对出口额取对数，$\ln ETR$是对出口退税额取对数。方程（6.2）表明，在1985—2017年出口额与出口退税额之间存在长期均衡关系，出口退税每增加1%引起出口额增长0.76%。

一系列经验研究同样证明中国出口退税额与出口额呈显著的正相关关系（Chen et al.，2006；王孝松等，2010；Chandra and Long，2013）。其中，陈平和黄建梅（2003）、郑桂环等（2004）利用1985—2002年的数据回归得到出口额对于出口退税额的弹性系数分别为0.50和

0.71，与我们的经验分析结果较为相近。但他们的观测值并没有达到大样本要求。鉴于此，陈平和黄建梅（2003）进一步利用分地区的面板数据进行估计，得到了更高的组间估计系数（1.043）。在此，我们并未进一步开展面板数据估计和检验，一方面因为受限于数据可得性，另一方面观测值已达到大样本要求，较之前的研究已经降低了由于样本容量不足而使估计结果产生误差的可能性，以此在一定范围内保证了本章实证分析的可靠性。

第二节 出口退税与污染排放

总产出和污染排放强度共同决定了污染排放。由此，如果以"污染排放量"为因变量，则"总产出"和"污染排放强度"是两个解释变量。在开放的宏观经济体系中，总产出被用来满足国内需求和国外（出口）需求。因而总产出这个自变量可以由"国内需求"和"出口"来代替，而"国内需求"由中间使用和最终消费两部分构成。相应地，"污染排放"的驱动因子便可解构为"国内需求"（由中间使用和最终消费两部分构成）、"出口"和"污染排放强度"三部分。由本章第一节的结论我们可以知道，出口额与出口退税额滞后一期回归效果最优，因此在本章节中我们进一步将被解释变量污染排放量与"总产出用于国内中间使用和最终消费的部分"、"前一期出口退税额"和"污染排放强度"这三个解释变量构建模型，具体回归模型表达式如下：

$$\ln P_{i,t} = \delta_i + \alpha_i \ln D_t + \beta_i \ln ETR_{t-1} + \gamma_i \ln PEI_{i,t} + \varepsilon_{i,t} \tag{6.3}$$

在式（6.3）中，$P_{i,t}$ 表示在时期 t 时第 i 种污染物的排放量，δ_i 表示截距项，D_t 表示在时期 t 时"总产出中用于国内的部分"，ETR_{t-1} 表示在时期（$t-1$）时的出口退税额，$PEI_{i,t}$ 表示时期 t 时第 i 种污染物的污染排放强度，$\varepsilon_{i,t}$ 为白噪声，α_i、β_i 和 γ_i 为各自变量的系数。

本章节解释变量的选取和回归模型的建立借鉴了既有文献（林伯强和蒋竺均，2009；闫云凤等，2012），并在前文对"出口额"使用"（t-1）期出口退税额"作为解释变量进行分析且结果显著的基础上，用"（t-1）期出口退税额"在回归模型中代替"出口额"，实现关于出口退税额与污染排放之间的计量分析。

同样分别利用1985—2012年和1985—2017年两个样本区间的时间序列数据进行回归分析。产值、出口退税这两个变量的数据均来自《中国统计年鉴》。由于受数据可得性的限制，在本章中选取工业废水（WW）、二氧化硫、烟粉尘（PM）和工业固体废物（SW）污染这四种污染物来衡量被解释变量污染排放，这四种污染物的数据均来自《中国环境年鉴》。采用OLS计量分析方法，具体回归结果如表6-4（样本区间：1985—2012年）和表6-5（样本区间：1985—2017年）所示。由表中的结果我们可以发现，以上述四种污染物作为被解释变量的回归结果均呈现出较小的残差平方根以及较大的调整后的R^2，F统计量和t值均显著，说明工业废水（WW）、二氧化硫、烟粉尘（PM）和工业固体废物（SW）污染这四种污染物排放量与出口退税额以及其他变量的相关性均显著。

表6-4 出口退税、排污系数等自变量对污染物排放影响的对数形式方程的OLS检验结果（样本区间：1985—2012年）

	(1) LWW	(2) LSO$_2$	(3) LPM	(4) LSW
LD	0.735*** (16.27)	0.934*** (15.57)	1.014*** (29.70)	0.991*** (32.83)
LETR	0.0416** (2.89)	0.0564* (2.77)	0.0776*** (4.02)	0.0639** (3.48)
LPEI_WW	0.778*** (17.47)			
LPEI_SO$_2$		0.985*** (15.01)		
LPEI_PM			1.079*** (35.46)	
LPEI_SW				1.031*** (74.66)
截距项	1.537*** (6.07)	0.468 (1.15)	-0.194 (-0.73)	0.236 (1.48)
F统计值	113.80	245.23	868.46	9597.91

续表

	(1) LWW	(2) LSO$_2$	(3) LPM	(4) LSW
Prob>F	0.0000	0.0000	0.0000	0.0000
调整后的 R^2	0.9261	0.9645	0.9897	0.9991
残差平方根	0.0242	0.0346	0.0306	0.0315
样本数	28	28	28	28

注：括号内为 t 统计值。*p<0.1，**p<0.05，***p<0.01。本节实证分析中所涉及的变量均取对数，解释变量的系数表示弹性的变动。表中被解释变量 LWW、LSO、LPM 和 LSW 分别表示对工业废水（WW）、二氧化硫（SO$_2$）、烟粉尘（PM）和工业固体废物（SW）取对数；解释变量 LD、LETR、LPEI_ WW、LPEI_ SO$_2$、LPEI_ PM 和 LPEI_ SW 分别表示对"总产出（值）用于国内的部分（D）"、"出口退税额（ETR）"、"工业废水排放强度（PEI_ WW）"、"二氧化硫排放强度（PEI_ SO$_2$）"、"烟粉尘排放强度（PEI_ PM）"和"工业固体废物排放强度（PEI_ SW）"取对数，下同。

表 6-5　出口退税、排污系数等自变量对污染物排放影响的对数形式方程的 OLS 检验结果（样本区间：1985—2017 年）

	(1) LWW	(2) LSO$_2$	(3) LPM	(4) LSW
LD	0.680*** (13.53)	0.920*** (14.02)	0.956*** (29.70)	0.969*** (32.83)
LETR	0.0836*** (4.38)	0.0931** (3.58)	0.127*** (4.79)	0.0820** (3.70)
LPEI_ WW	0.776*** (16.45)			
LPEI_ SO$_2$		1.021*** (16.08)		
LPEI_ PM			1.082*** (34.68)	
LPEI_ SW				1.030*** (112.14)
截距项	1.871*** (6.74)	0.538 (1.24)	0.151 (0.60)	0.351 (1.99)
F 统计值	108.12	230.34	840.10	21238.51

续表

	(1) LWW	(2) LSO$_2$	(3) LPM	(4) LSW
Prob>F	0.0000	0.0000	0.0000	0.0000
调整后的 R^2	0.9172	0.9596	0.9886	0.9995
残差平方根	0.0256	0.03523	0.03139	0.02968
样本数	33	33	33	33

虽然以上的实证分析结果均显示污染排放与出口退税之间的相关性显著，但我们需要从更加深入和更全面的角度对污染排放与出口退税之间的关系进行研究验证。尤其是对"十一五"乃至"十二五"时期调减"两高一资"行业产品出口退税从而对污染排放等的影响的分离工作还需进一步深入，考察行业结构调整等对污染排放的影响。为了深入行业层面和从总体上辨析出"十一五"乃至"十二五"时期降减"两高一资"行业产品出口退税的政策影响，下文将从以下两方面进行研究：一是基于前文一般均衡理论模型、环境效应分解分析模型以及参考Copeland 和 Taylor（1994）文献中所涉及的模型，进一步推演包含污染排放和出口退税关系的理论模型，并据此构建包含其他关键控制变量的计量回归模型，开展更加深入的测度研究。二是采用 DID 分析策略研究"十一五"时期出口退税政策调整对污染排放的影响。

第三节 出口退税的减排效应的理论模型

由第三章第六节"出口退税政策环境效应分解分析"可知，污染物排放量的表达式可以表示为：

$$e = \alpha \beta X \tag{6.4}$$

其中，e 为污染物排放量，由式（3.83），可以将污染排放由三个变量表达，即污染排放强度 α、高污染行业占比 β 以及经济规模 X，分别对应了技术效应、结构效应和规模效应。通过对式（6.4）求导可得：

$$\hat{e} = \hat{X} + \hat{\beta} + \hat{\alpha} \tag{6.5}$$

其中，^表示百分比的变化。因为价格的变化会影响结构效应和技术效应产生变化，从而可能会抵消规模效应产生的影响，所以我们有必要寻找出其他更具有决定性并且能够影响规模效应的因素。

我们假设国内生产 x 和 y 两种产品，x 为高污染产品。并且我们知道污染税之所以会影响产品的供给，是因为污染排放强度取决于污染税，我们设有如下等式：

$$x = x[p^d, \alpha(p^d/\tau), K, L] \tag{6.6}$$

$$y = y[p^d, \alpha(p^d/\tau), K, L] \tag{6.7}$$

其中，p^d 表示国内产品的相对价格，τ 表示排污税，K 表示资本，L 表示劳动力。

令 $\kappa = K/L$，且 K 与 L 的供应具有线性同次性，在基期市场价格给定（标准化为 1）的情况下，x 在总产出中占的比重可以表示为：

$$\beta = \frac{x}{x+y} = \frac{x/y}{x/y+1} = \beta(p^d, \alpha, \kappa) \tag{6.8}$$

对式（6.8）求全微分可得：

$$\hat{\beta} = \varepsilon_{\beta p}\hat{p}^d + \varepsilon_{\beta \alpha}\hat{\alpha} + \varepsilon_{\beta \kappa}\hat{\kappa} \tag{6.9}$$

我们假设国内产品的相对价格 p^d 可以表示如下：

$$p^d = p/1+t \tag{6.10}$$

其中，p 表示在世界市场上产品 x 的相对价格，t 表示"出口税负"。

对式（6.10）求微分可得：

$$\hat{p}^d = \hat{p} - \widehat{(1+t)} \tag{6.11}$$

另外，我们设 $\alpha \equiv \dfrac{Z}{x} = \dfrac{p^d}{\tau}$，结合式（6.11）我们可以得到：

$$\hat{\alpha} = \hat{p} - \hat{\tau} - \widehat{(1+t)} \tag{6.12}$$

结合式（6.5）、式（6.9）、式（6.11）、式（6.12），可以将污染排放的需求分解为：

$$\hat{e} = \hat{X} + \varepsilon_{\beta,\kappa}\hat{\kappa} - [\varepsilon_{\beta,p} + (1+\varepsilon_{\beta,\alpha})]\widehat{(1+t)} + [\varepsilon_{\beta,p} + (1+\varepsilon_{\beta,\alpha})]\hat{p} - (1+\varepsilon_{\beta,\alpha})\hat{\tau} \tag{6.13}$$

式（6.13）中各弹性因子皆为正数。经济规模 X 的增大，表示产品 x 和 y 的产量提高，尤其是污染性产品 x 产量的增加将会引致污染排放增加。由于资本劳动比 κ 的增大,将会导致更多的资源要素流向污染性产品 x,从而将会提高 x 的产出水平,进而导致污染排放增加。污染性产品相对价格的上升,也会导致更多的资源流向高污染行业,从而导致污染排放需求的上升。排污税下降,将会导致生产污染性产品的成本下降,使生产污染性产品的利润增加,从而使更多的资源要素流向高污染行业,促使污染性产品产出的增大,导致污染排放需求的增加。最后,由本章第二节可知,污染排放越高的行业所生产的产品出口所缴纳的"出口税负"就会越高,所以"出口税负"税率的提高,将会增加出口产品的成本,企业则会减少高污染性产品的生产,从而导致污染排放需求的下降。

政府选择最优污染税就是要使消费者的加权效用之和最大化,私人部门追求的是利润最大化,我们用普通的 GNP 函数表示私人部门的目标函数。由式(3.3)以及标准单位计价假设,私人部门 GNP 函数可以改写为 $\tilde{G}(p^d, \tau, K, L)$,总的国民收入就是私人部门的利润加上税收返还,即 $G = \tilde{G}(p^d, \tau, K, L) + \tau Z$。经过一系列的简单换算后我们可得到污染税 τ 的表达式如下:

$$\tau = T \times MD(p^d, R) \tag{6.14}$$

其中,T 表示国家出台的政策而使环境损害内部化的比率,$MD(p^d, R)$ 表示边际损害函数,R 代表实际人均国民收入。式(6.14)即为污染排放供给函数,为了确保国家类型以及消费者异质性在模型中便于处理,我们假定边际损害与污染排放之间相互独立,所以在实际收入水平给定的条件下,污染排放供给在 $\{\tau, Z\}$ 构成的坐标系中是一条水平直线。

将式(6.10)与式(6.14)结合起来,我们可以将污染排放的供给分解为:

$$\hat{\tau} = \hat{T} - \varepsilon_{MD,p}\widehat{(1+t)} + \varepsilon_{MD,p}\hat{p} + \varepsilon_{MD,R}\hat{R} \tag{6.15}$$

综合式(6.13)的污染排放需求曲线和式(6.15)的污染排放供给曲线,我们可以得出以下理论模型:

$$\hat{e} = \hat{X} + \varepsilon_{\beta,\kappa}\hat{\kappa} - (1+\varepsilon_{\beta,p})\varepsilon_{MD,R}\hat{R} - [\varepsilon_{\beta,p} + (1+\varepsilon_{\beta,\alpha})(1-\varepsilon_{MD,p})]\widehat{(1+t)} +$$
$$[\varepsilon_{\beta,p} + (1+\varepsilon_{\beta,\alpha})(1-\varepsilon_{MD,p})]\hat{p} - (1+\varepsilon_{\beta,\alpha})\hat{T} \tag{6.16}$$

该式说明了污染排放由经济规模、实际人均国民收入、"出口税负"、世界市场上产品 x 的相对价格以及国家类型这几个经济要素所决定。由于相对价格的变化,将会导致污染排放需求曲线与污染排放供给曲线呈相反的方向变化。虽然在我们的分析中,污染排放量、经济规模等变量属于内生变量,但在我们的模型分析中,我们仍然将污染排放量与其他经济要素联结在一起分析讨论。

在对式（6.13）的分析中,我们讨论了经济规模 X、资本与劳动的比率 κ、污染性产品的相对价格 p、污染税 τ 以及"出口税负" t 对污染排放的影响,下面我们可以讨论实际人均国民收入 R、国家类型 T 对污染排放的影响。

随着实际人均国民收入的提高,人们或许会更加关注环境问题,会将部分收入用于提升环境质量,从而可能会带来更少的污染排放。环境损害内部化的比率 T 由于是由多种因素共同决定的,分析较为复杂,所以在此我们将它设为外生变量,在此处不作分析。

通过以上分析,我们提出如下假说:

假说6-1:污染排放水平与出口退税额呈正相关关系。

假说6-2:污染排放水平与"出口税负"水平呈负相关关系。

第四节 进一步的经验分析模型与数据说明

一 模型设定

在此,我们依据本章第三节推导的理论模型,进一步设定经验分析模型如式（6.17）所示。

$$e_{it}=a_0+\beta_1 X+controls_{it}+\delta_t+\mu_i+\varepsilon_{it} \tag{6.17}$$

被解释变量 e_{it} 表示产品 i 在 t 时期某种污染物的污染排放量,由于我国在"十一五""十二五"规划中针对减少化学需氧量和二氧化硫的排放量均明确提出了量化的约束性目标,同时又由于我国能源消耗较大,在2009年我国已成为世界第一大能源消耗国。基于此,我们选取化学需氧量、二氧化硫的工业排放量以及能源消耗量作为被解释变量。解释变量 X 我们选取 ETR_{it} 和 EX_VAT_{it},其中 ETR_{it} 表示产品 i 在 t 时期的出口退税额,EX_VAT_{it} 表示在 t 时期的高污染行业产品 i 的"出口税负"水平。在本章第五节中我们以全行业的污染排放水平作为被解释变量,选取全行业出口退税额（ETR）作为解释变量进行基本回归。在本章第六节中我们以高污染行业的污染排放水平作为被解释变量，由于高污染行业所发生的出口退税额无法从全行业出口退税额中细分出来，同时为了深入探究出口退税政策调整对高污染行业污染排放的影响，所以我们选取高污染行业的"出口税负"水平（EX_VAT）作为解释变量进行基本回归。我们预测：随着出口退税额的增加，污染排放量也将增加，即污染排放量与出口退税额呈正相关关系。随着"出口税负"水平的增加，污染排放量将降低，即污染排放量与"出口税负"水平呈负相关关系。$controls_{it}$ 表示产品 i 在时期 t 时的控制变量，δ_t 表示时间固定效应，μ_i 表示个体固定效应，扰动项 ε_{it} 独立同分布。

本章开展了多次经验分析，以便尽可能较全面地去验证中国出口退税政策调整对环境保护尤其是对减排出口隐含污染物所起的作用。在此，我们主要展示其中两个经验分析及其结果，分别为：一是在样本期间 2005—2015 年以全行业化学需氧量、二氧化硫和能源消耗排放量为被解释变量进行基本回归；二是在样本期间 2005—2015 年和 2005—2010 年分别以高污染性行业所排放的化学需氧量和出口隐含二氧化硫为被解释变量进行基本回归。

二 变量说明与数据来源

（一）变量的定义

表6-6　　　　　　　　变量定义及描述

变量	描述
被解释变量	
e	污染物排放量（工业化学需氧量、二氧化硫排放量以万吨为单位，能源消耗量以万吨标准煤为单位）
解释变量	
ETR	商品的出口退税额（以亿元为单位）
EX_VAT	"出口税负水平"（"出口税负率"=增值税率-出口退税率）
控制变量	
cei	城市经济强度，即人均 GDP 与城市人口密度的乘积（以平方公里 GDP 为单位）
$foreign$	外贸依存度，即商品进出口总额与 GDP 的比值
$export$	出口总额（以亿元为单位）

续表

变量	描述
in_labour	固定资产投资劳动比，即固定资产投资总额与劳动力的比值（以亿元/万人为单位）
av_GDP	人均 GDP（以元每人为单位）
av_saving	人均节能环保支出，即节能环保支出与人口的比值（以亿元每人为单位）
$open\_trade$	出口贸易开放度，即出口总额与 GDP 的比值
ex_rate	汇率
FDI	外商直接投资额（以亿元为单位）

（二）变量的描述

1. 被解释变量

在本章中我们主要是为了检验出口退税政策的调整是否起到了环境保护的作用，由于我国在"十一五""十二五"时期均针对减少化学需氧量和二氧化硫的排放量提出了明确性的约束性目标，即在"十一五"规划中指出到2010年化学需氧量和二氧化硫的排放量分别相较于2005年要削减10%，在"十二五"规划中指出到2015年化学需氧量和二氧化硫的污染排放分别相较于2010年减少8%。从"十一五""十二五"规划中我们可以清楚地了解到国家高度重视化学需氧量及二氧化硫的污染排放，而且从规划中我们可以看出这两种污染物的排放尚未达到社会最优污染排放水平，所以探究在"十一五""十二五"规划时期即2005—2015年我国出口退税政策的调整是否对减少化学需氧量和二氧化硫的排放量起到了促进作用是具有现实意义的。另外，我国的能源消耗一直较高，在2009年我国成为世界第一大能源消耗国。在"十一五"时期我国提出减少能源消耗，计划到2010年单位国内生产总值能源消耗降低20%的目标；在"十二五"时期提出了到2015年单位国内生产总值能源消耗相较于2010年降低16%，非化石能源占一次性能源消耗的比重达到11.4%的目标。所以，能源消耗过高也是造成我国环境污染的重要原因，基于此，探究在2005—2015年出口退税政策调整与能源消耗的关系，这对我们厘清出口退税政策对环境保护是否起到正面保护作用具有重要的意义。

综上所述，所以我们选取工业化学需氧量排放量、工业二氧化硫排放量和能源消耗量作为被解释变量。

2. 解释变量

（1）出口退税额。在本章第五节的经验分析中我们选取出口退税额作为解释变量，这是因为出口退税额的大小直接反映了我国出口商品的出口规模及出口退税率的高低，在一定程度上反映出我国出口退税政策的调整历程。在其他因素相同的情况下，出口退税额越高，意味着出口退税率越高，则企业出口商品的成本则越低，这将会促进企业的出口，从而增加污染物的排放。所以，我们可以得出：污染排放水平与出口退税额呈正相关关系。

（2）"出口税负"水平。在本章第六节中我们用"出口税负"水平作为解释变量与高污染行业的污染排放水平进行基本回归，"出口税负"水平及其结构变化可以直接反映出我国高污染行业出口退税政策的调整历程。同样，在其他因素相同的情况下，"出口税负"水平越高，意味着企业出口产品的成本越高，则企业将会减少该类产品的出口，对高污染行业而言就会起到降减其污染排放水平的作用。由此，我们预测：污染排放与"出口税负"水平呈负相关关系。

3. 控制变量

（1）城市经济强度。城市经济强度具体指的是每平方公里的GDP。我们以中国的人口密度乘以中国的人均GDP来近似替代中国每平方公里的GDP，显然，城市经济强度在本模型中是一个强度单位。就污染排放与城市经济强度的关系而言，我们发现，在相同污染排放强度情况下，随着城市经济强度的增大，污染排放将会增加。但随着城市经济的发展，污染排放强度会下降，污染排放与城市经济强度之间的关系更符合倒"U"形的关系，这是因为在我国经济发展初期，更多的是以牺牲环境为代价来促进经济的发展。而在经济发展到一定时期，我国逐渐意识到环境保护的重要性，我国在发展经济的同时更加注重保护环境。所以，我们在计量回归中加入城市经济强度对数的平方项这一变量来考察污染排放与城市经济强度之间的关系。由于目前我国已经意识到环境保护的重要性，且不断通过贸易调整来减少污染排放，促进环境保护，所以我们可以推断，污染物排放与城市经济强度对数的平方项的系数为负，且大于-1。在本章第五节以化学需氧量的排放量、能源消耗量作为被解释变量的回归模型中、本章第五节以化学需氧量、二氧化硫的排放量作为被解释变量的稳健性检验一中以及本章第六节中以化学需氧量的排放量作为被解释变量的回归模型中我们选取城市经济强度作为衡量经济规模的指标。由于城市经济强度是人均GDP与城市人口密度的乘积，化学需氧量作为废水中的一种污染物，不仅对环境造成了较大的污染，而且也严重影响了人们的健康，所以我们用城市经济强度来衡量上述回归模型中经济规模这个指标。

（2）外贸依存度。由商品进出口总额与GDP的比值而得到外贸依存度，而商品进出口总额越大，表示进出口规模越大。就污染排放与外贸依存度的关系而言，在污染排放强度不变的情况下，随着外贸依存度的增大，污染排放将会增加。但同样，随着经济社会转型、产业升级和外贸结构优化，外贸隐含污染排放强度会下降，因此污染排放与外贸依存度更符合倒"U"形的关系。据此，我们同样在计量回归中加入外贸依存度的对数的平方项这一变量来对污染排放与外贸依存度之间的关系展开分析。由于我国已经意识到环境保护的重要性，不断推进绿色贸易转型和外贸结构优化，所以我们可以推断，污染排放与外贸依存度对数的平方项的系数为负，且大于-1。在本章第五节以二氧化硫的排放量为被解释变量的回归模型中我们选取外贸依存度作为衡量经济规模的指标。因为工业行业生产是造成二氧化硫排放的主要原因，而工业行业的生产规模对商品进出口总额的大小具有一定的影响，所以我们用外贸依存度来衡量上述回归模型中经济规模这个指标。

（3）固定资产劳动比。我们用固定资产投资总额与劳动力的比值来表征固定资产劳动比。一般而言，相较于劳动密集型行业，资本密集型行业的污染排放强度更大。随着固定资产劳动比的增大，意味着在生产过程中，资本所占比重变大，资本密集型行业及产品规模扩大，污染排放水平将会增大。本章第五节以化学需氧量、二氧化硫的排放量、能源消耗量为被解释变量的回归模型中以及本章第五节以化学需氧量、二氧化硫的排放量为被解释变量的稳健性检验一中我们选取固定资产劳动比作为衡量资本劳动比的指标。由于在本章第五节中我们研究的是全行业的污染排放水平与出口退税额的关系，而固定资产劳动比是用全行业的固定资产投资额与全行业劳动力的比值,所以用其来衡量本章第五节回归模型中资本劳动比这个指标是合理的。

(4) 人均节能环保支出。我们用节能环保支出总额与人口数的比值来表征人均节能环保支出。因为随着资本劳动比的增大,污染排放水平将会增大,而我国较为关注国内的环境污染问题,所以将会加大人均节能环保支出的数额。随着人均节能环保支出的增大,污染排放水平将会减少。在本章第六节以化学需氧量为被解释变量的回归模型中我们选取人均节能环保支出作为衡量资本劳动比的指标。随着资本劳动比的增大,资本密集型行业的污染排放水平将会增大,由于我国高度重视环境污染问题,所以,节能环保支出也将增大,即人均节能环保支出将增大。所以用人均节能环保支出来衡量以高污染行业化学需氧量和二氧化硫排放量为被解释变量的回归模型中资本劳动比这个指标是合理的。

(5) 人均GDP。我们用人均GDP来衡量人均国民收入,因为人均GDP提高,代表经济发展状况越好,从而人均国民收入将会提高。一般而言,随着人均GDP的提高,人们将会更加关注环境问题,甚至会将部分收入用于环境保护,因为更好的环境状况可以提高人们的效用水平。所以我们可以推断,随着人均GDP的提高,污染排放水平将会下降,即污染排放与人均GDP呈负相关关系。在不少文献中,将人均收入直接表达为影响污染排放的技术效应,足见其减排作用。在本章第五节、本章第六节所有的回归模型中我们均选取人均GDP作为衡量人均国民收入的指标。

(6) 汇率。当汇率提高时,表示人民币升值,则国际市场上污染性产品的价格相对降低,企业出于利润最大化的考虑将会减少污染性产品的出口,从而减少生产过程中的污染排放。所以,污染排放与汇率呈负相关关系。在本章第五节以二氧化硫的排放量为被解释变量的回归模型中,在本章第六节以化学需氧量的排放量为被解释变量的回归模型中我们选取汇率作为衡量污染性产品相对价格的指标。综上所述,由于工业行业生产是造成二氧化硫排放的主要原因,且高污染性行业产品的出口数量在一定程度上比其他工业行业更多,则其受汇率的影响将会更大。所以,我们在上述回归模型中选取汇率作为衡量污染性产品相对价格这个指标。

(7) 外商直接投资额。随着国内污染性产品相对价格的提高，会吸引外商的直接投资。外商直接投资一方面可能会促进技术的创新，实现产品结构的升级，从而减少污染排放；另一方面，外商直接投资的增加可能会促使企业更有能力生产污染性产品，从而造成更大的污染排放。所以，污染排放与外商直接投资之间的关系具有不确定性。在本章第五节以化学需氧量、二氧化硫的排放量为被解释变量的稳健性检验一中我们选取外商直接投资额作为污染性产品相对价格的衡量指标。从1994年我国开始实施出口退税政策，污染性产品的相对价格将会受到一定的影响，同时在早期，我国为了刺激贸易发展而设置了较低的环境标准，在两项措施的激励下吸引了外商的直接投资。在本章第五节中稳健性检验一的样本期间为1993—2015年，所以我们在上述回归模型中选取外商直接投资额作为衡量污染性产品相对价格这个指标。

(8) 出口贸易开放度。出口贸易开放度表示出口总额与GDP的比值。当国际市场上污染性产品的相对价格提高，将会使得产品出口更加有利可图，使厂商获得更多利润，从而企业将会增加产品出口，从而出口总额将会增大，所以用出口贸易开放度来衡量污染性产品在国际市场上的相对价格是合理的。而且我们可以发现，随着出口贸易开放度的增大，出口总额增加，将会导致污染排放水平增大。所以我们可以推断，污染排放与出口贸易开放度呈正相关关系。在本章第五节以化学需氧量的排放量、能源消耗量为被解释变量的回归模型中我们选取出口贸易开放度作为污染性产品相对价格的衡量指标。化学需氧量的排放是造成水污染的重要原因，而水污染不仅会对环境造成较大的损害，同时也直接或间接地影响了人们的生活和健康，人们对减少化学需氧量排放的需求将会更加强烈，这将直接影响相关产品的出口，从而影响出口总额。所以我们在上述回归模型中选取出口贸易开放度作为衡量污染性产品相对价格这个指标。

（三）数据来源

表6-7　　　　　　　　　　　资料来源

变量	数据来源
工业化学需氧量	《中国环境统计年鉴》

续表

变量	数据来源
工业二氧化硫	《中国环境统计年鉴》
能源消耗	EPS 数据库
出口退税额	《中国财政年鉴》
"出口税负"水平	《中华人民共和国海关进出口税则》
人均 GDP	《中国统计年鉴》
城市人口密度	《中国统计年鉴》
GDP	《中国统计年鉴》
商品进出口总额	《中国统计年鉴》
固定资产投资总额	《中国统计年鉴》
劳动力	《中国统计年鉴》
节能环保支出	《中国统计年鉴》
人口数	《中国统计年鉴》
汇率	《中国统计年鉴》
外商直接投资额	EPS 数据库

第五节　出口退税调整对全行业减排效应的实证分析

本章首先以2005—2015年全行业数据为样本进行分析，以化学需氧量、二氧化硫的排放量和能源消耗作为被解释变量，出口退税额为解释变量开展经验分析，探究中国出口退税政策的调整是否真正起到了减排污染和保护环境的作用。

一　平稳性检验

为避免出现伪回归等问题，本节时间序列模型首先需要进行平稳性检验，即单位根检验。伪回归一旦出现，将会影响结果的有效性，即便计量回归结果显示被解释变量与解释变量之间具有显著的相关性，这样的结果也没有实际意义。因此，在对时间序列数据进行回归之前进行平稳性检验是十分有必要的，在此，我们选用 ADF 检验法对本章数据进行平稳性检验，如果检验结果中的 P 值小于 0.1，则我们认为该变量通过单位根检验，检验结果如表6-8所示。由表6-8可知，所有变量的水平序列的 ADF 检验中的 P 值均小于 10%的显著水平,说明以上序列不存在单位根,均通过了平稳性检验。

表 6-8　　　　　　　　　　平稳性检验

变量	Prob	是否平稳
$\ln COD$	0.0022	平稳
$\ln SO_2$	0.0582	平稳
$\ln energy$	0.0285	平稳
$\ln ETR$	0.0853	平稳
$\ln cei$	0.0001	平稳
$(\ln cei)^2$	0.0001	平稳
$\ln foreig$	0.0650	平稳
$(\ln foreign)^2$	0.0555	平稳
$\ln in\_labour$	0.0344	平稳
$\ln av\_GDP$	0.0408	平稳
$\ln open\_trade$	0.0965	平稳
$\ln FDI$	0.0965	平稳
$\ln ex\_rate$	0.0046	平稳

二　基准回归

（一）以工业化学需氧量作为被解释变量

在以工业化学需氧量的排放量作为被解释变量、商品出口退税额作为解释变量进行回归时,我们选取城市经济强度、城市经济强度对数的平方、固定资产投资劳动比、人均 GDP、出口贸易开放度（本节所涉及的变量均取对数）作为控制变量,样本期间为 2005—2015 年,回归结果如表 6-9 所示。

表 6-9　工业化学需氧量基本回归结果（样本区间：2005—2015 年）

变量	(1)
$\ln ETR$	0.3000**
	(2.95)
$\ln cei$	10.5363***
	(9.48)

续表

变量	(1)
$(lncei)^2$	-0.3171***
	(-9.38)
$lnin\_labour$	1.4126***
	(9.23)
$lnav\_GDP$	-1.5210***
	(-9.71)
$lnex\_rate$	3.6398***
	(8.62)
F 值	1266
R^2	0.99
观测值	11

注：*、**、***分别表示在10%、5%、1%的水平下显著，下同。

从表6-9的实证结果我们可以看到，工业化学需氧量的排放量与商品出口退税额的回归系数为正，这是符合我们预期的，且在5%的显著水平下显著。由回归系数为正我们可以得出结论：随着商品出口退税额的增加，工业化学需氧量的污染排放量将会增加。这是因为随着商品出口退税额的增加，企业出口商品将会得到更多的出口补贴，从而相对减少了企业出口产品的成本，企业将会大量生产高污染性产品用于出口，直接增加了企业的污染排放。

在"十一五"时期，我国明确提出了到2010年，相较于2005年化学需氧量削减10%的约束性目标；在"十二五"规划中明确提出到2015年，相较于2010年化学需氧量削减8%的约束性目标。由此可见，2005—2015年化学需氧量排放量并没有达到社会最优污染排放水平，我国也高度重视化学需氧量的排放，在此期间多次调整出口退税政策以减少化学需氧量的排放。由于实证结果中工业化学需氧量的排放量与商品出口退税额的系数为正且显著，我们可以得出结论：中国出口退税政策的调整确实有效地降低了工业化学需氧量的污染排放水平，出口退税政策的调整起到了环境保护的作用。

从表6-9的实证结果我们可以看到，工业化学需氧量的排放量与城市经济强度的系数为正，且在1%的显著水平下显著；工业化学需氧量的排放量与城市经济强度对数平方项的系数为负，且在1%的显著水平下显著。工业化学需氧量的排放水平与城市经济强度及其对数平方项的回归系数的符号是符合我们预期的，与一般经济理论和环境库兹涅茨曲线的实证模型也相符。工业化学需氧量的排放量与固定资产投资劳动比的系数为正，且在1%的显著水平下显著，这是符合我们预期的。由回归系数为正我们可以发现随着固定资产投资劳动比的增大，工业化学需氧量的排放量也将增大。工业化学需氧量的排放量与人均GDP的系数为负，且在1%的显著水平下显著，这是符合我们预期的。因为随着人均GDP的提高，人们收入水平也随之提高，人们则会更加关注环境问题，甚至通过采取相关的环保措施来改善环境质量，所以随着人均GDP的提高，工业化学需氧量的排放量将会下降。工业化学需氧量的排放量与出口贸易开放度的系数为正，且在1%的显著水平下显著，这与我们的预期相符。随着出口贸易开放度的增大，企业生产过程中产生的化学需氧量也将越多，从而造成的环境污染越严重。

（二）以工业二氧化硫作为被解释变量

在以工业二氧化硫的排放量作为被解释变量、商品出口退税额作为解释变量进行回归时，我们选取外贸依存度、外贸依存度对数的平方、固定资产投资劳动比、人均GDP、汇率（本节所涉及的变量均取对数）作为控制变量，样本期间为2005—2015年，多元回归的结果如表6-10所示。

表6-10　　　　　工业二氧化硫排放量基本回归结果
（样本区间：2005—2015年）

变量	（1）
$\ln ETR$	0.7223** (3.23)
$\ln foreign$	10.7701** (2.95)
$(\ln foreign)^2$	−11.6595* (−2.48)

续表

变量	（1）
lnin_labour	0.1429
	(0.82)
lnav_GDP	-1.0377**
	(-2.95)
lnex_rate	-0.7627
	(-1.00)
F 值	36
R^2	0.98
观测值	11

从表6-10的实证回归结果我们可以发现，工业二氧化硫的排放量与出口退税额的系数为正，这是与我们预期相符的，且在5%的显著水平下显著为负。这是因为出口退税额增加，即企业出口高污染性产品的出口补贴增加，则企业出口产品的出口成本降低，企业将会加大产品生产以用于出口，从而二氧化硫的排放也将增加，造成更大的环境污染。所以随着出口退税额的增加，工业二氧化硫的排放量也将增加。

"十一五"时期，我国明确提出了相较于2005年，2010年二氧化硫的排放量将削减10%；"十二五"时期，我国明确提出相较于2010年，2015年二氧化硫的排放量将削减8%。从国家制定的"十一五""十二五"规划中对二氧化硫提出的约束性指标我们可以看出，二氧化硫的污染排放量尚未达到我国最优污染排放水平，由此我国在2005—2015年陆续出台了相关贸易政策以减少二氧化硫的工业排放量，尤其是我国对出口退税政策进行了大量的调整，由第五章我们可知出口退税政策的调整是出于保护环境的目的，而且由第五章的基本回归结果我们可以知道减少二氧化硫的排放是出口退税政策调整的主要驱动力。由于在以工业二氧化硫的排放量为被解释变量，出口退税额为解释变量的基本回归中，其系数为正且显著，而且我国在2005—2015年降低了"两高一资"商品的出口退税率，所以其出口退税额也呈逐渐下降的趋势，我们可以得出结论：出口退税政策的调整降低了高污染性产品的出口退税率，减少了商品的出口退税额，有效地减少了二氧化硫的排放量，对环境保护具有促进作用。

由表6-10我们可以看出,二氧化硫的排放量与外贸依存度的系数为正,且在1%的显著水平下显著;二氧化硫的排放量与外贸依存度的对数平方项的系数为负,且在5%的显著水平下显著为负。二氧化硫排放量与外贸依存度、外贸依存度的对数平方项之间的关系与我们的预期相符,同时二氧化硫的污染排放与外贸依存度之间的关系也满足一般经济理论和环境库兹涅茨曲线理论。二氧化硫的排放量与固定资产投资劳动比的系数为正,这是符合我们预期的,但两者之间的相关性并不显著。二氧化硫的排放量与人均GDP的系数为负,这是符合我们预期的,且在5%的显著水平下显著,即两者呈显著负相关关系。二氧化硫的排放量与外商直接投资额的系数为负,这是符合我们预期的,但两者之间的相关性并不显著。

(三) 以能源消耗量作为被解释变量

在以能源消耗量作为被解释变量、商品出口退税额作为解释变量进行回归时,我们选取城市经济强度、城市经济强度对数的平方、固定资产投资劳动比、人均GDP、出口贸易开放度(本节所涉及的变量均取对数)作为控制变量,样本期间为2005—2015年,多元回归的结果如表6-11所示。

表6-11 能源消耗量基本回归结果(样本区间:2005—2015年)

变量	(1)
$\ln ETR$	0.1589**
	(4.58)
$\ln cei$	13.3600***
	(7.23)
$(\ln cei)^2$	−0.3982***
	(−7.22)
$\ln in\_labour$	1.4909***
	(7.05)
$\ln av\_GDP$	−0.2062*
	(−2.57)

续表

变量	(1)
lnopen_ trade	2.1068 ***
	(7.19)
F 值	3240
R^2	0.99
观测值	11

由表 6-11 的基本回归结果可知，能源消耗量与出口退税额的系数为负，且在 5%的显著水平下显著，即能源消耗量与出口退税额呈显著正相关关系。这是由于随着出口退税额的增加，企业出口产品的成本降低，企业将会生产更多的产品用于出口以获得更多的利润，从而也将会消耗更多的能源，造成更大的环境污染，所以随着出口退税额的增加，能源消耗量也将随之增加，从而造成环境污染。

"十一五"时期，我国明确提出了减少能源消耗的目标，计划到 2010 年单位国内生产总值能源消耗降低 20%的目标；"十二五"时期，我国提出了到 2015 年单位国内生产总值能源消耗相较于 2010 年降低 16%，非化石能源占一次性能源消耗的比重达到 11.4%的目标。我国在 2009 年成了世界第一大能源消耗国，并且从"十一五""十二五"规划中制定的减少能源消耗的目标可以看出，我国的能源消耗过高，对环境造成了较大的损害，减少能源消耗是十分有必要的。由第五章的实证结果我们可以得出中国出口退税政策的调整有出于减少能源消耗的目的，而由于能源消耗量与出口退税额呈显著正相关关系我们可以得出：中国出口退税政策的调整减少了能源消耗，对环境保护具有促进作用。

由表 6-11 的实证回归结果可知，能源消耗量与城市经济强度的系数为正，且在 1%的显著水平下显著。能源消耗量与城市经济强度对数平方项的系数为负，且在 1%的显著水平下显著，即能源消耗与城市经济强度的对数平方项呈显著负相关关系。这是由于能源消耗与城市经济强度的关系符合一般经济理论与环境库兹涅茨曲线定理，我国的经济在早期是以牺牲环境为代价而取得了快速的发展，在经济发展到一定阶段后，我国现在已经意识到环境的重要性而更加注重环境保护的问题，所以根据环境库兹涅茨曲线的定义，在能源消耗与城市经济强度倒"U"形曲线的情况下，就我国目前的情况而言，能源消耗与城市经济强度的系数为负，且满足系数大于-1。能源消耗与固定资产投资劳动比的系数为正，且在1%的显著水平下显著，即能源消耗与固定资产投资劳动比呈显著正相关关系。能源消耗与人均GDP的系数为负，且在10%的显著水平下显著，即能源消耗量与人均GDP呈显著负相关关系。能源消耗与出口贸易开放度的系数为正，且在1%的显著水平下显著，即能源消耗与出口贸易开放度呈显著正相关关系。

三 原因分析

出口退税政策的调整是出于保护环境的目的，而且由本章基本回归的结果可知出口退税政策的调整具有促进环境保护的作用。本书认为，资源要素的配置合理化、环境成本内部化以及贸易产品结构优化是出口退税政策降低产品出口退税额，促进环境保护的主要原因。

首先，出口退税政策的调整有利于资源要素的合理配置。出口退税政策的调整主要是降低了"两高一资"商品的出口退税率，从而使得高污染性产品的出口退税额降低，使传统重工业与创新型企业的出口退税率存在差异，由于生产创新型产品的出口退税率相较于高污染性产品更高，所以更多的资源要素将会流向创新型企业，抑制了传统重工业产品的出口对环境造成的损害。

其次，出口退税政策的调整有利于环境成本内部化。所谓的环境成本内部化，就是将环境成本纳入产品成本之中，消除其外部性。出口退税政策的调整降低了高污染性产品的出口退税率，从而相应地减少了污染性产品的出口退税额，由于产品出口的补贴减少，相当于产品出口的成本增加，而这部分增加的成本即为环境成本，厂商从利润最大化的角度出发，使边际成本等于边际收益，从而制定新的均衡的出口产量。尽管个别企业可以通过提高产品国外价格的方式弥补由于出口退税额减少而增加的出口成本，但就行业而言，产品的价格主要是由国际市场上供给与需求的关系所影响的，所以出口退税政策的调整有利于环境成本的内部化。

最后，出口退税政策的调整有利于贸易产品结构的优化升级。出口退税政策的调整降低了污染性产品的出口退税率，增加了企业产品的出口成本。成本的增加将会促使有能力的企业不断进行技术创新，实现产品结构的优化升级，不仅减少了企业的污染排放水平，而且有利于提高产品的竞争力。出口退税政策引致的企业技术创新可以从两个方面得到提升：一方面可以通过在自由贸易的过程中主动学习发达国家的先进技术，另一方面可以通过自身的能力不断进行研发创新。随着企业技术创新的不断完善，企业由生产低附加值产品不断向生产高附加值产品转移，减少环境污染。

四 稳健性检验

（一）延长样本区间（1993—2015 年）

在本节中我们在基准回归的基础上进一步探究，我们以 1993—2015 年为样本期间，由于在"十一五""十二五"时期着重提出了减少化学需氧量和二氧化硫排放量的具体约束性目标，所以在本节稳健性检验中我们以化学需氧量和二氧化硫的排放量为被解释变量，以出口退税额为解释变量进行稳健性检验，进一步探究中国出口退税政策的调整是否对环境保护具有正面的促进作用。

1. 平稳性检验

在本节的稳健性检验中我们构建的是时间序列模型，为了避免出现伪回归问题，以及保证时间序列的平稳性，我们首先进行了单位根检验。我们选用 ADF 检验法对本节数据进行平稳性检验，如果检验结果中的 P 值小于 0.1，则我们认为该变量通过单位根检验，检验结果如表 6-12 所示。从表 6-12 中的结果我们可以发现，在 10% 的显著水平下，$lnSO_2$、$lnETR$、$lncei$、$lnin\_labour$ 均为非平稳序列。进一步对其差分序列进行平稳性检验，发现在 10% 的显著水平下，各变量均平稳，属于 I（1）过程[①]，因此我们将进一步对模型进行协整检验分析。

表 6-12　　　　　　　　　平稳性检验

变量	Prob	是否平稳
$lnCOD$	0.0839	平稳

---

① 如果一个时间序列经过一次差分变成平稳的，则称原序列是 1 阶单整的，记为 I（1），下同。

续表

变量	Prob	是否平稳
$\Delta \ln COD$	0.0004	平稳
$\ln SO_2$	0.4177	不平稳
$\Delta \ln SO_2$	0.0003	平稳
$\ln ETR$	0.4515	不平稳
$\Delta \ln ETR$	0.0415	平稳
$\ln cei$	0.7552	不平稳
$\Delta \ln cei$	0.0023	平稳
$\ln av\_GDP$	0.0024	平稳
$\Delta \ln av\_GDP$	0.0108	平稳
$\ln in\_labour$	0.9002	不平稳
$\Delta \ln in\_labour$	0.0921	平稳
$\ln FDI$	0.0000	平稳
$\Delta \ln FDI$	0.0000	平稳

注：表中 Δ 代表一阶差分。

2. 协整检验

基于单位根检验结果，发现变量间为同阶单整，因此我们便对变量进行协整检验，通过检验以发现变量之间的关系是否持续稳定。在这里，我们由于构建的是时间序列模型，所以我们选用 Engle-Granger 协整检验法。表 6-13 中 Engle-Granger1 是以化学需氧量的排放量为被解释变量的协整检验结果，Engle-Granger2 是以二氧化硫的排放量为被解释变量的协整检验结果，根据表 6-13 的协整检验结果发现，可以拒绝变量间不存在协整关系的原假设，变量协整检验通过，证明被解释变量和解释变量以及控制变量之间的关系较为稳定，所以我们可以对原方程进行回归分析。

表 6-13 　　　　协整检验结果（样本区间：1993—2015 年）

	t-Statistic	Prob
Engle-Granger1	-5.607492	0.0431
Engle-Granger2	-5.154681	0.0970

3. 稳健性检验回归结果

从本节的基本回归中我们可以发现，随着出口退税额的减少，化学需氧量、二氧化硫的排放量和能源消耗量都会减少，由此可以得出中国的出口退税政策的调整对环境保护具有正面的促进作用。在本节的稳健性检验中，我们延长了回归的年份，以1993—2015年为样本期间，进一步探究中国的出口退税政策的调整是否对环境保护有正面促进作用。我们在本节中的稳健性检验分为了两部分，其中第一部分是以工业化学需氧量的排放量作为被解释变量，第二部分是以工业二氧化硫的排放量作为被解释变量。

（1）以工业化学需氧量排放量为被解释变量。我们以工业化学需氧量的排放量为被解释变量，全行业的出口退税额为解释变量进行回归（本节中所涉及的变量均取对数），同时，我们选择城市经济强度、人均GDP、固定资产投资劳动比、外商直接投资额为控制变量，稳健性检验结果如表6-14所示。

表6-14　　　　工业化学需氧量排放量稳健性检验结果
（样本区间：1993—2015年）

变量	(1)
$\ln ETR$	-0.1533***
	(-3.21)
$\ln cei$	0.4340*
	(1.78)
$\ln av\_GDP$	-0.9910***
	(-2.94)
$\ln in\_labour$	-0.0452**
	(-2.60)
$\ln FDI$	0.5962***
	(4.37)
F值	125
R^2	0.97
观测值	23

由表6-14的实证回归结果我们可以发现，工业化学需氧量的排放

量与全行业的出口退税额虽然在1%的显著水平下显著，但是两者呈负相关关系，这是不符合我们预期的。工业化学需氧量的排放量与控制变量城市经济强度、人均GDP、固定资产投资劳动比、外商直接投资额的相关性均显著，且符合我们的预期。

（2）以工业二氧化硫排放量为被解释变量。我们以工业二氧化硫排放量为被解释变量，全行业的出口退税额为解释变量，另外，我们选取城市经济强度、人均GDP、固定资产投资劳动比、外商直接投资额（本节中所有变量均取对数）为控制变量进行多元回归，回归结果如表6-15所示。

表6-15　　　　工业二氧化硫排放量稳健性检验结果
（样本区间：1993—2015年）

变量	(1)
lnETR	0.1296**
	(2.51)
lncei	0.0865*
	(1.81)
lnav_GD	−0.0021
	(−0.45)
lnin_labour	−0.0806***
	(−6.83)
lnFDI	−0.0945
	(−0.92)
F值	29
R^2	0.89
观测值	23

从表6-15的基本回归结果我们可以看到，在样本期间为1993—2015年时，工业二氧化硫的排放量与全行业的出口退税额呈正相关的关系，且在5%的显著水平下显著。由回归系数我们可以发现：随着出口退税额的减少，工业二氧化硫的排放量也将会随之减少，且出口退税额每减少1%，工业二氧化硫的排放量也随之减少0.1296%。这是因为，随着出口退税额的减少，增加了企业出口产品的成本，出于利润最

149

大化的考虑，企业将会减少污染性产品的生产以减少其出口，从而二氧化硫的排放量将会减少。我们在本节基本回归中得出了在2005—2015年的样本期间内，工业二氧化硫的排放量与出口退税额呈显著正相关关系，在本节稳健性检验中我们延长了样本期间，使样本期间为1993—2015年，也得出了与基本回归结果相同的结论。

我国作为一个发展中国家，在早期为了刺激贸易发展，设置的环境标准低于发达国家，由此造成了我国工业污染排放严重，尤其是工业二氧化硫的排放，一直是造成环境污染严重的一个重要原因，其也引起了国家和民众的高度关注。我国早在1995年就相应地下调了某些工业产品的出口退税率以减少其在生产过程中所排放的二氧化硫，且在后面的年份中，国家不断地调整出口退税政策以应对高污染产品加工对国内环境造成的污染，并且试图调整对外贸易产品结构，鼓励创新型、清洁型产品的出口。且在中国的"十一五""十二五"规划中均分别明确地提出到2010年二氧化硫相较于2005年减少10%、到2015年二氧化硫相较于2010年减少8%的约束性目标。由此我们可以看出，国家也高度重视减少二氧化硫的排放量。针对国家采取的一系列出口退税政策的调整措施，由本节的实证回归结果我们可以发现，出口退税政策的调整确实有效减少了二氧化硫的污染排放，对环境保护具有正面的促进作用。工业二氧化硫的排放与城市经济强度呈显著正相关关系，这是符合我们预期的。另外，工业二氧化硫与固定资产投资劳动呈负相关关系，且在1%的显著水平下显著。

我们将基本回归和本节稳健性检验中以工业化学需氧量和二氧化硫排放量为被解释变量的回归结果进行比较可以发现，在样本期间为2005—2015年时，工业化学需氧量和二氧化硫的排放量均与出口退税额呈显著正相关关系，且基本回归结果比本节稳健性检验中样本期间为1993—2015年的回归结果更为显著。在以工业化学需氧量的排放量为被解释变量、全行业的出口退税额为解释变量的实证回归中，样本期间为2005—2015年的回归结果中，化学需氧量与出口退税额在5%的显著水平下显著，且两者之间呈正相关关系。而在样本期间为1993—2015年的回归结果中，化学需氧量与出口退税额呈负相关关系，这显然与我们的预期不符。在以工业二氧化硫的排放量为被解释变量、全行业的出口退税额为解释变量的实证回归中,在样本期间为 2005—2015 年时,二氧化硫与出口退税额呈显著的正相关关系,虽然在样本期间为 1993—2015 年时二氧化硫也与出口退税额呈显著的正相关关系,但是通过比较两个基本回归中出口退税额的系数和 t 值可以发现:样本期间为 2005—2015 年的回归结果中出口退税额的系数比样本期间为 1993—2015 年的回归结果中出口退税额的系数更大,说明前者中出口退税额对二氧化硫的影响更大,且样本期间为 2005—2015 年的回归结果中出口退税额的 t 值比样本期间为 1993—2015 年的回归结果中出口退税额的 t 值更大,说明前者对二氧化硫的影响更为显著。

通过上述对基本回归结果和稳健性检验结果进行对比,我们发现在样本期间为 2005—2015 年的实证回归中工业化学需氧量和二氧化硫的排放量与全行业出口退税额之间的关系更为显著,究其原因,我们可以发现,出口退税政策措施在 2005 年以后被赋予了更多的减排职能。如第四章所述,出口退税政策的调整,在 2005 年之前更多承担的是出口换汇、刺激贸易发展等经济职能,如在 1994 年税制改革以后,国家确立了 17% 的增值税全部退还的规定,从而极大地激励了企业出口的积极性。从 2005 年之后,特别是在 2007 年,我国进行了大规模的出口退税政策的调整,取消了 553 项"两高一资"产品的出口退税,本次调整共涉及 2831 项商品,约占《中华人民共和国海关进出口税则》(以下简称《税则》)中全部商品总数的 37%,平均出口退税率下降了 5.9%,其中特别强调的部分化学品及贱金属等高污染性产品的出口退税率下降了 11.1%。所以,从出口退税政策的调整历程中我们可以看出,出口退税政策在 1993—2005 年更多的是被赋予经济职能,而在 2005 年以后更多的是发挥污染减排和节能环保的职能。我们通过对比基本回归的经验分析结果和本节稳健性检验结果也证实了 2005 年以后出口退税的污染减排作用,从而论证了前文的阐述。

(二)用外商直接投资额替代汇率

由于汇率是受通货膨胀率、利率以及经济增长率等多种因素所影响的,污染性产品的相对价格只是影响汇率的一个较小的因素。相较于汇率,外商直接投资额更能有效地衡量污染性产品相对价格这个指标。这是因为污染性产品相对价格是影响外商直接投资的一个重要因素,如污染性产品相对价格的提高,将会吸引外商的直接投资。所以,我们用外商直接投资额替代汇率。我们依然以工业二氧化硫的排放量作为被解释变量,出口退税额作为解释变量,以外贸依存度、外贸依存度对数的平方、固定资产投资劳动比、人均 GDP、外商直接投资额(本节所涉及的变量均取对数)作为控制变量。与基本回归相比,我们将控制变量中的汇率用外商直接投资额进行替代,这是因为当汇率降低时,1 美元能兑换的人民币减少,即人民币升值时,会吸引外商的直接投资,所以我们可以研究当控制变量由汇率替换成外商直接投资额时,工业二氧化硫的排放量与出口退税额是否依然呈显著正相关关系,以此探究中国出口退税政策的调整是否起到了环境保护的作用。样本期间为2005—2015 年,稳健性检验的回归结果如表 6-16 所示。

表 6-16　　稳健性检验结果(样本区间:2005—2015 年)

变量	(1)
lnETR	0.5815*
	(2.75)
ln$foreign$	12.7275***
	(4.83)
(ln$foreign$)^2	-14.0960**
	(-4.24)
lnin_labour	0.1641
	(1.01)
lnav_GDP	-0.9457**
	(-9.71)
lnFDI	-14.3809
	(-1.40)
F 值	42
R^2	0.98
观测值	11

由表 6-16 的稳健性检验的回归结果可知,工业二氧化硫的排放量与出口退税额的系数为正,且在 10% 的显著水平下显著,即工业二氧化硫的排放量依然与出口退税额呈显著正相关关系。虽然系数的结果与

基本回归二中的系数结果有所变化，但是显著方向依然不变，说明中国出口退税政策的调整对保护环境确实具有正面的促进作用。

工业二氧化硫的排放量与外贸依存度的系数为正，且在1%的显著水平下显著；二氧化硫的排放量与外贸依存度的对数平方项的系数为负，且在5%的显著水平下显著。二氧化硫的排放量与固定资产劳动比的系数为正，但两者之间的相关性并不显著。二氧化硫的排放量与人均GDP的系数为负，且在5%的显著水平下显著。二氧化硫的排放量与外商直接投资额的系数为负，这与我们的预期不符，且两者之间的相关性并不显著。二氧化硫的排放量与控制变量的系数与基本回归结果二中的系数有略微的改变，但是显著方向依然不变。

（三）用人均节能环保支出替代固定资产劳动比

固定资产劳动比主要衡量的是资本劳动比这个指标，固定资产劳动比主要是固定资产投资额与劳动力的比值，与资本劳动比的概念存在一定的出入，所以我们在本节稳健性检验中用人均节能环保支出替代固定资产劳动比来进行实证回归，检验出口退税政策的调整依然对环境保护具有正面的促进作用。我们之所以选择人均节能环保支出来衡量资本劳动比这个指标，是由于随着资本劳动比的增大，资本密集型行业的污染排放将会增加，我国节能环保支出将会增大，即人均节能环保支出增大，所以用人均节能环保支出替代固定资产劳动比来衡量资本劳动比这个指标可能更具有一定的现实意义。我们依然以能源消耗量作为被解释变量，出口退税额作为解释变量，以城市经济强度、城市经济强度的平方、人均节能环保支出、人均GDP、出口贸易开放度（本节所涉及的变量均取对数）作为控制变量进行回归分析。样本期间为2005—2015年，稳健性检验的回归结果如表6-17所示。

表6-17　　稳健性检验结果（样本区间：2005—2015年）

变量	（1）
lnETR	0.1178*
	(2.74)
lncei	9.2011***
	(8.64)

续表

变量	（1）
$(\ln cei)^2$	-0.2741***
	(-8.57)
$\ln av\_saving$	1.0312***
	(9.27)
$\ln av\_GDP$	-1.3597
	(-1.41)
$\ln open\_trade$	1.4782***
	(6.69)
F 值	1830
R^2	0.99
观测值	11

由表 6-17 中的结果可知，能源消耗量与出口退税额的系数为正，且在 10% 的显著水平下显著，稳健性检验中的回归系数与基本回归中的系数略有差异，但显著方向不变。能源消耗量与出口退税额呈显著正相关关系可以说明，出口退税政策的调整确实减少了能源消耗量，中国出口退税政策的调整对环境保护有正面促进作用。

能源消耗量与城市经济强度呈显著正相关关系，与城市经济强度的对数平方项呈显著负相关关系，回归系数为负，且大于 -1，满足环境库兹涅茨曲线的定理。能源消耗量与固定资产劳动比呈显著正相关关系，与人均 GDP 呈负相关关系，这是符合我们预期的，但是两者之间的相关性并不显著，与出口贸易开放度呈显著正相关关系。

第六节 出口退税调整对高污染行业减排效应的实证分析

在本章第五节回归分析中我们可以发现，中国出口退税政策的调整对环境保护具有正面的促进作用。我们通过 2005—2015 年出口退税政策的调整文件中可以发现，中国出口退税政策的调整主要针对的是高污染性产品，是为了减少该类型产品的出口，这尤其是从 2007 年中国进行的一次调整幅度大，涉及范围广，针对高污染性产品的政策调整中可以看出来。所以在本节中我们进一步深入探究出口退税政策调整对高污染性产品出口的影响，是否有效地减少了高污染性产品生产所排放的污染物，以促进环境保护，这对本章检验中国的出口退税政策的调整对环境保护是否具有正面的促进作用具有更加现实的指导意义。

一方面，考虑到与本章第五节中回归结果的可比性，本书选取工业行业中属于高污染性行业所排放的化学需氧量作为被解释变量，以便发现出口退税政策的调整对减少高污染性行业污染排放的促进作用与出口退税政策的调整对减少全行业污染排放的促进作用是否存在差异，是否都具有正向的促进作用。针对工业行业我们共选取了20个高污染性行业[①]，各个行业的化学需氧量数据来源于EPS数据库和中国环境统计年鉴。受数据可得性的限制，样本区间为2005—2015年。另一方面，考虑到本书探究的是出口退税政策调整与出口的"两高一资"产品的污染排放之间的关系，所以用出口隐含污染排放这一指标相较于总体污染排放而言可能更具合理性。为此，我们特选取出口隐含二氧化硫作为被解释变量开展经验分析。受限于数据可得性，我们选取2005—2010年"两高一资"行业3508类产品为研究样本。

我们选取高污染性行业的出口退税水平和"出口税负"水平作为解释变量并对其开展了经验分析，但是，由于"出口税负"水平更能直观地反映我国对高污染性产品征收的实际税率，因此选用"出口税负"作为解释变量更为合理。在此，本节中主要展示"出口税负"水平的经验分析过程及结果，出口退税水平的经验分析及结果作为辅助对照。

一　以化学需氧量为被解释变量

（一）平稳性检验

在本小节中我们构建的是以2005—2015年为样本期间的时间序列模型，而时间序列中的时变行为反映了时间序列可能存在非平稳性，为

[①] 本书选取的20个高污染性行业包括：煤炭开采和洗选业，石油和天然气开采业，黑色金属矿采选业，有色金属矿采选业，非金属矿采选业，其他采矿业，纺织业，纺织服装、鞋、帽制造业，皮革毛皮羽毛（绒）及其制业，造纸及纸制品业，石油加工、炼焦及核燃料加工业，化学原料及化学制品制造业，化学纤维制造业，橡胶制品业，塑料制品业，非金属矿物制品业，黑色金属冶炼及压延加工业，有色金属冶炼及压延加工业，金属制品业，电力、热力的生产和供应业。

了避免时间序列产生非平稳性，出现伪回归的问题，所以在进行基本回归之前，我们首先进行单位根检验。我们选用 ADF 检验法进行平稳性检验，对其中不平稳的数据我们通过处理转变为平稳的时间序列数据，本节中变量的检验结果如表 6-18 所示。由于我们在以化学需氧量的排放量为被解释变量，"出口税负"水平为解释变量进行基本回归时，所选取的控制变量分别为城市经济强度、人均 GDP、人均节能环保支出和汇率，由表 6-18 的平稳性检验结果可知，所有的变量均在 10% 的显著水平下平稳，所以我们可直接将其进行基本回归。

表 6-18　　　　　　　　平稳性检验结果

变量	Prob	是否平稳
$\ln COD$	0.0839	平稳
$\Delta\ln COD$	0.0004	平稳
$\ln EX\_VAT$	0.0073	平稳
$\Delta\ln EX\_VAT$	0.0798	平稳
$\ln cei$	0.0001	平稳
$\Delta\ln cei$	0.0000	平稳
$\ln av\_GDP$	0.0408	平稳
$\Delta\ln av\_GDP$	0.0850	平稳
$\ln av\_saving$	0.0000	平稳
$\Delta\ln av\_saving$	0.0000	平稳
$\ln ex\_rate$	0.0046	平稳
$\Delta\ln ex\_rate$	0.0153	平稳

注：表中 Δ 代表一阶差分。

（二）基准回归

本章第五节中的经验回归分析针对的是全行业的污染排放水平，但是我国出口退税政策调整的主要目的是减少高污染性行业的出口，进而减少其所产生的污染排放水平。所以在本小节中，我们深入探究出口退税政策的调整对高污染行业污染排放的影响，从另一个方面来理解中国出口退税政策的调整对环境保护是否具有正面的促进作用。

我们以选取的 20 个污染性工业行业所排放的化学需氧量总量作为

被解释变量（本节中所涉及的变量均取对数），以"出口税负"水平为解释变量，以城市经济强度、人均 GDP、人均节能环保支出和汇率为控制变量进行基本回归，回归结果如表 6-19 所示。通过对高污染性行业化学需氧量的排放量、"出口税负"水平以及出口退税水平的数据进行观察我们可以发现：2005—2015 年，"出口税负"水平基本呈现出逐年递增的趋势，出口退税水平呈现出逐年下降的趋势，且高污染性行业所排放的化学需氧量呈现出逐年下降的趋势，这与我们的预期是相符的。正如我们前文所说，2005—2015 年，中国出口退税政策的调整主要是为了减少"两高一资"商品的出口，进而减少其污染排放水平。而在此期间，高污染性行业产品的"出口税负"水平呈现上升的趋势，而出口退税水平呈现下降的趋势，这正是出口退税政策调整的结果，以此增加高污染性产品的出口成本，减少其出口，进而起到环境保护的目的。我们也可以发现，虽然全行业的化学需氧量呈现出上升的趋势，但高污染性行业的化学需氧量的排放量在 2005—2015 年呈现出逐年下降的趋势，与我们的预期相符。

由表 6-19 的基本回归结果我们可以发现，化学需氧量与"出口税负"水平呈负相关的关系，这与我们在上述中根据化学需氧量和"出口税负"水平数据的变化得出的结论是一致的，是符合我们预期的，且在 10% 的显著水平下显著。两者之间的系数为 -0.0376，说明当"出口税负"水平每增加 1%，化学需氧量将减少 0.0376%。

表 6-19　化学需氧量基本回归结果（样本区间：2005—2015 年）

变量	(1)
lnEX_VAT	-0.0376*
	(-2.12)
lncei	0.1487**
	(3.23)
lnav_GDP	-1.3079***
	(-5.51)
lnav_saving	-0.1438**
	(3.83)

续表

变量	(1)
lnex_rate	1.3703
	(-1.80)
F 值	304
R^2	0.99
观测值	11

本节实证回归分析针对的是工业行业中的高污染性行业，表6-19的回归结果说明了随着高污染性行业的"出口税负"水平的增加，高污染性行业所排放的化学需氧量呈下降的趋势，且高污染性行业"出口税负"水平的增加也正是出口退税政策调整的结果。高污染性行业"出口税负"水平的增加，提高了企业出口污染性产品的成本，出于利润最大化的考虑，企业将会减少该类型商品的出口，从而导致高污染性行业所排放的化学需氧量减少。同时，我们还以高污染性行业的化学需氧量为被解释变量、出口退税水平为解释变量进行回归（回归结果未在文中展示），发现两者呈显著正相关关系。由"十一五""十二五"规划中明确针对化学需氧量提出的约束性目标可以看出，化学需氧量的排放水平尚未达到社会最优水平，国家及民众也高度重视污染排放对环境所造成的影响。而究其根本，高污染性行业的污染排放是造成环境污染的主要原因，所以我国在2005年及其以后年份赋予了出口退税政策更多节能减排的职责，而我国出口退税政策的调整也更多的是针对"两高一资"行业。由高污染性行业化学需氧量排放量与"出口税负"水平和出口退税水平的基本回归结果可以说明中国出口退税政策的调整切实起到了环境保护的作用，即对环境保护具有正面的促进作用。

高污染性行业的化学需氧量的排放量与城市经济强度呈显著正相关关系，这是符合我们预期的，因为随着经济规模的扩大，生产更多的产品是以牺牲环境为代价的。化学需氧量与人均GDP成反比，且在1%的显著水平下显著，这是因为随着人们生活水平的提高，人们将会更加关注环境问题，甚至采取一些措施以改善环境状况。化学需氧量与人均节能环保支出和汇率的关系均与我们的预期不符。

二 以出口隐含二氧化硫为被解释变量

(一) 变量说明

在本小节中,我们以出口隐含二氧化硫排放量为被解释变量,"出口税负"为解释变量,利用式(6.17)开展经验分析。

对应于式(6.16)中的影响因素,模型中的控制变量选取说明如下。

(1) 工业生产总值 IOV_{it},用来度量规模效应。在相同污染排放强度的情况下,随着工业生产总值的增加,经济规模扩大,生产规模也会扩大,一般来说污染排放将会增加。

(2) 人均资本 k_{it}。用各高污染行业的资本存量与平均用工人数的比值来计算得到人均资本。一般而言,相较于劳动密集型行业,资本密集型行业的污染排放强度更大。人均资本的增大意味着资本密集型行业及产品规模扩大,污染排放水平将会增大。

(3) 实际人均国民收入 av_income_{it}。用全国居民人均可支配收入来衡量实际人均国民收入。一般而言,随着全国居民人均可支配收入的提高,人们将会更加关注环境问题,甚至会将部分收入用于环境保护,因为更好的环境状况可以提高人们的效用水平。

(4) 世界市场上高污染产品的相对价格 p_{it}。该指标将会导致污染排放水平发生变化,可以引入时间相关效应以反映这一变化。对此,可以构造一些近似变量来替代这些不可观测的变量,但近似变量的引入必然会引发新的数据问题,因此我们将采取一种更为可行的方法,即将这些变量作为不可观测变量处理,如式(6.18)所示。

$$\varepsilon_{kt} = \epsilon_t + \theta_k + \gamma_{kt} \tag{6.18}$$

其中,ε_{kt} 表示个体固定效应模型,ϵ_t 为时间相关效应,θ_k 为相关效应,γ_{kt} 为第 t 年 k 国特异性的测量误差。

表6-20　　　　　　　变量定义、描述及数据来源

变量	描述	数据来源
被解释变量		
e_{SO2}	出口隐含二氧化硫(吨)	EPS数据库

续表

变量	描述	数据来源
解释变量		
EX_VAT	"出口税负水平"（"出口税负率"=增值税率-出口退税率）	《税则》
控制变量		
IOV	工业生产总值（亿元）	《中国工业统计年鉴》
k	人均资本，即资本存量与平均用工人数的比值	《中国工业统计年鉴》
av_income	实际人均国民收入（亿元）	《中国工业统计年鉴》
p	污染性产品的相对价格	

（二）基准回归

表 6-21 列示了 OLS 和随机效应模型的回归结果，表 6-22 列示了固定效应模型的回归结果，通过运用 LM 检验以及 Hausman 检验显示采用固定效应模型。

表 6-21　出口隐含二氧化硫估计结果：OLS 和随机效应模型

（样本区间：2015—2010 年）

变量	(1)	(2)
EX_VAT	3.9e+05*** (4.8e+04)	-3.4e+05*** (3.7e+04)
IOV	16.215*** (0.318)	-5.384*** (0.129)
k	-1.3e+04*** (2238.690)	1.7e+04*** (1145.783)
av_income	-26.888*** (0.595)	-7.970*** (0.272)
R^2	0.614	
观测值	19066	19066

注：括号内的数字为聚类到行业的稳健标准误，下同。

表 6-22　出口隐含二氧化硫基准估计结果：固定效应模型

（样本区间：2015—2010 年）

变量	(1)	(2)	(3)	(4)
EX_VAT	-9.4e+04*** (1.8e+04)	-1.6e+05*** (1.7e+04)	4.0e+05*** (5.0e+04)	3.9e+05*** (4.8e+04)

续表

变量	（1）	（2）	（3）	（4）
IOV	-12.654*** (0.121)	-12.507*** (0.113)	16.259*** (0.323)	16.215*** (0.318)
k	1.7e+04*** (2171.337)	1.2e+04*** (0.113)	-1.3e+04*** (2262.850)	-1.3e+04*** (2238.690)
av_income	-2.479*** (0.599)	0.918** (0.468)	-63.546*** (3.944)	-26.888*** (0.595)
年份固定效应	是	否	是	否
行业固定效应	是	是	否	否
R^2	0.978	0.974	0.620	0.614
观测值	19066	19066	19066	19066

表6-22中基准回归结果（1）显示，在控制年份固定效应和行业固定效应的情况下，"两高一资"行业产品"出口税负"对出口隐含二氧化硫排放量的系数在1%的水平上显著为负，与理论预期相符。出口隐含污染排放水平与"出口税负"呈负相关关系，从而与出口退税呈正相关关系。这是因为"出口税负"水平提高，会带来出口成本的增加，从而减少高二氧化硫排放产品的出口，降低出口隐含二氧化硫排放量。随着"出口税负"水平逐渐增加，出口隐含二氧化硫排放量也会逐步减少。两者之间的系数为-94000，说明当"出口税负"水平每增加1%，出口隐含二氧化硫排放量将减少9.4万吨。这一敏感的估计系数表明"十一五"以来中国出口退税政策调整确实起到了较为明显的减排污染的作用。在只控制行业固定效应情形下，回归（2）显示"出口税负"的系数在1%的水平上显著为负，与回归（1）的结论一起证实了中国"十一五"时期的出口退税政策调整起到了减排污染和保护环境的作用。在只控制时间固定效应和均不控制情形下，回归（3）和回归（4）显示"出口税负"的系数显著为正，与理论预期不符。

综上可以得出结论：出口退税政策的调整提高了高污染性产品的"出口税负"水平，有效地减少了出口隐含污染排放量，中国"十一五"以来的出口退税政策调整确实起到了减排出口隐含污染和保护环境的作用，即出口退税政策的调整对环境保护具有正向促进作用。

三 稳健性检验

（一）用外商直接投资额替代汇率

我们在这一部分对本节中以高污染性行业所排放的化学需氧量为被解释变量的基本回归结果进行稳健性检验。我们以高污染性行业所排放的化学需氧量为被解释变量，以"出口税负"水平为解释变量，以城市经济强度、人均GDP、节能环保支出和外商直接投资额为控制变量。与基本回归相比，我们将汇率用外资直接投资额进行替代。如我们在本章第五节"稳健性检验"中所做的稳健性检验原因一样，因为汇率是由多种因素共同决定的，而污染性产品的相对价格只是影响汇率的一个较小的因素，而其对外商直接投资额将会有更大的影响，其将会在一定程度上决定外商直接投资额的多少。所以，当我们用外商直接投资额代替汇率作为控制变量时，我们可以研究在此情况下污染性行业化学需氧量的排放量是否依然与污染性行业的"出口税负"水平呈显著负相关关系。由此，我们进行了稳健性检验，检验结果如表6-23所示。

表6-23　用外商直接投资额替代汇率的稳健性检验结果
（样本区间：2005—2015年）

变量	(1)
$\ln EX\_VAT$	-0.0247**
	(-2.64)
$\ln cei$	0.1301**
	(3.90)
$\ln av\_GDP$	-0.1585***
	(-10.94)
$\ln av\_saving$	-0.1291***
	(4.61)
$\ln FDI$	-0.6735
	(-1.93)
F值	389
R^2	0.99
观测值	11

由表 6-23 稳健性检验的结果可知，高污染性行业所排放的化学需氧量与"出口税负"水平呈显著负相关关系，并在 5% 的显著水平下显著。与基本回归结果相比，两者之间的相关关系不变，均为负相关，虽然两者之间的系数有所不同，但差异较小、显著方向不变。说明中国出口退税政策的调整确实有利于减少高污染性行业中化学需氧量的污染排放量，对中国的环境保护具有正面的促进作用。

化学需氧量与控制变量之间的显著关系与基本回归结果相似：高污染性行业所排放的化学需氧量与城市经济强度呈正相关关系，并在 5% 的显著水平下显著；与人均 GDP 呈显著负相关关系；与人均节能环保支出的关系与我们预期不符；与外商直接投资额虽呈负相关关系，但两者之间的关系并不显著。

下文是对本节中以高污染性行业出口隐含二氧化硫为被解释变量的基本回归结果进行稳健性检验。

（二）改变时间序列

出口退税政策调整对污染减排的作用可能存在滞后性，本节采用滞后 1 年、2 年和 3 年的数据进行检验，结果见表 6-24 第（1）列、第（2）列和第（3）列。第（1）列和第（2）列的结果显示，出口退税政策调整对污染减排的作用存在显著的滞后性，系数均在 1% 的水平上显著为负，与基准回归方向一致。其中，滞后 1 年的系数绝对值明显大于滞后 2 年的系数绝对值，表明当年出口退税政策调整对后一年污染减排能起到更大的作用。在基准回归结果中没有滞后期的系数绝对值比稳健性估计结果中滞后 1 年的系数绝对值大，表明出口退税政策调整对当年污染减排所起的作用最大，说明"两高一资"行业对出口退税政策的调整较为敏感，能快速针对出口退税政策的变化对企业的生产做出调整。第（3）列的结果显示在滞后 3 年时，"出口税负"的系数估计为正且不显著，这显然与理论预期不符，说明出口退税政策的调整对污染减排的作用在滞后 3 年及其以后年份已经不复存在。

（三）改变被解释变量

本部分改变被解释变量，分别用出口隐含废水排放量和出口隐含固体废物排放量作为被解释变量，探究出口退税政策的调整是否切实减少了出口隐含废水和固体废物排放。结果如表 6-24 第（4）列和第（5）列所示，出口隐含废水排放量和出口隐含固体废物排放量均与"出口税负"水平呈负相关的关系，且在1%的显著水平下显著，符合理论预期。出口隐含废水排放量与"出口税负"两者之间的估计系数为-13000，出口隐含固体废物排放量与"出口税负"两者之间的估计系数为-788.419，其系数绝对值均小于基准回归结果中的系数绝对值，说明"十一五"时期中国出口退税政策的调整着重起到了减排出口隐含二氧化硫的作用，其次是减排出口隐含废水和减排出口隐含固体废物。综上，通过改变被解释变量进行稳健性检验，进一步证实中国出口退税政策的调整起到了污染减排的作用，从而进一步支撑了基准回归实证结论。

（四）改变模型参数

本部分的稳健性检验继续从变量着手，通过改变被解释变量度量方式以检验基本回归结果是否稳健。将出口隐含二氧化硫排放量占中国工业行业二氧化硫排放总量的比值（ASO_2，下文简称平均出口隐含二氧化硫排放量）来替换被解释变量，结果如表6-24第（6）列所示，平均出口隐含二氧化硫排放量与"出口税负"呈显著负相关关系，与基本回归的方向一致，说明基本回归的结果是稳健的，"出口税负"水平的增加将会减少出口隐含二氧化硫排放量，即中国出口退税政策的调整对环境保护具有正向的促进作用，有助于改善环境质量。

（五）剔除金融危机的影响

由于在2008年全球经历了较大的金融危机，为检验结论的稳健性，剔除了2008年的样本数据，研究了在2005—2007年、2009—2010年中国出口退税政策调整对出口隐含二氧化硫排放的影响。

结果如表6-24第（7）列所示，出口隐含二氧化硫排放依然与"出口税负"呈负相关关系，且在1%的显著水平下显著。通过将该结果与基准回归结果进行比较可以发现，两者的系数绝对值较为接近，说明在剔除2008年国际金融危机的影响下，出口退税政策的调整依然显著降低了出口隐含二氧化硫排放，这进一步加强了结论的稳健性。

第六章 | 出口退税调整的减排效应的实证分析

表6-24　对出口隐含二氧化硫为被解释变量的基本回归结果的稳健性估计

变量	(1) 滞后1年	(2) 滞后2年	(3) 滞后3年	(4) ex_Water	(5) ex_Solid_waste	(6) ASO_2	(7) e_{SO_2}
EX_VAT	−7.0e+04*** (1.1e+04)	−1.8e+04*** (4993.283)	877.131 (1820.962)	−1.3e+04*** (3711.190)	−788.419*** (96.963)	−2.098* (1.092)	−9.1e+04*** (2.1e+04)
IOV	−10.819*** (0.118)	−9.475*** (0.111)	−3.604*** (0.148)	−3.191*** (0.052)	−0.040*** (0.001)	−0.000 (0.000)	−12.606*** (0.117)
k	1.3e+04*** (1490.333)	6954.892*** (653.688)	−4.4e+03*** (1082.536)	6720.087*** (427.420)	39.869*** (5.539)	−0.039 (0.133)	2.1e+04*** (2610.972)
av_income	−4.270*** (0.421)	2.026 (2.743)	3.021*** (0.386)	−2.021*** (0.129)	0.007 (0.008)	0.000 (0.000)	−0.1291*** (4.61)
年份固定效应	是	是	是	是	是	是	是
行业固定效应	是	是	是	是	是	是	是
R^2	0.984	0.990	0.998	0.967	0.978	0.908	0.976
观测值	15558	12079	8943	19066	19066	19066	15955

注：前6列回归的样本区间为2005—2010年，第(7)列回归的样本区间为2005—2007年，2009—2010年。

165

第七节　内生性问题策略之工具变量法

本书在第五章中探讨了中国高污染行业污染排放强度对"出口税负"的影响，证实中国出口退税调整是出于污染减排的目的。本章节进一步将"出口税负"作为核心解释变量，回归分析其对出口隐含污染排放水平等的影响。这样，核心解释变量和被解释变量之间可能存在相互影响，即存在内生性问题。为解决内生性，需要借助工具变量开展2SLS回归分析。本书选取"出口退税骗税"作为工具变量，其直接影响出口退税水平，但不直接影响污染排放水平，可以认为是出口退税水平的合理工具变量。

偷税漏税数据的计算借鉴 Fisman 和 Wei（2004）的做法，用进口国和出口国所报告的贸易数据（扣除运费和保险费）的不一致来衡量。由于本书研究的是中国的出口退税政策，所以本书中骗税的计算方法是用中国统计的出口世界其他223个国家的贸易数据减去世界其他223个贸易伙伴国记录的从中国进口的贸易数据，在扣除了运输途中的运费和保险费之后的差额即为偷税漏税的额度（数据来源于 Comtrade 数据库）。运费和保险费可能会导致10%—20%的差额（李红等，2019），因此本书用中国与各个贸易国之间的距离来调整运费和保险费在 CIF 价格中所占的比重 f_j，计算方法如式（6.19）所示。

$$f_j = 0.1 + \frac{distw_j - \min(distw_j)}{\max(distw_j) - \min(distw_j)} \times 0.1 \tag{6.19}$$

其中，j 表示国家，$distw_j$ 表示中国与各贸易伙伴国之间的加权距离，$\min(distw_j)$ 为中国与贸易伙伴国之间的最小距离，$\max(distw_j)$ 为中国与贸易伙伴国之间的最大距离。根据该比重从进口国报告的进口额中剔除运费和保险费，即得到 j 国报告的从中国进口的 FOB 价格。

将以上计算得到的各个"两高一资"行业产品的偷税漏税数据作为工具变量纳入本章第六节中以高污染性行业所排放的出口隐含二氧化硫为被解释变量的回归模型中，采用两阶段最小二乘法进行重新回归分析。回归结果如表6-25所示，"出口税负"变量的系数在5%的水平上显著为负，再次验证了假说6-2。工具变量法估计系数为-439.47，其绝对值高于基准固定效应模型估计系数绝对值,说明在基本消除内生性影响的情况下,"出口税负"对出口隐含二氧化硫排放的影响更为显著,即中国出口退税政策调整对减排污染的作用更为明显。

表6-25　　工具变量回归结果(样本区间:2005—2010年)

变量	(1) EX_ VAT	(2) e_{SO_2}
EX_ VAT		-439.47** (-14.14)
Eva_ tax	8.54E-05*** (14.65)	
IOV	2.73E-04*** (3.80)	-0.83*** (-21.27)
k	-2.82E-03*** (-9.82)	-0.49** (-2.56)
av_ income	4.67E-03 (0.15)	-3.89 (-0.28)
年份固定效应	是	是
个体固定效应	是	是
F值	8.34	9.84
R^2	0.3329	0.3921
观测值	19066	19066

第八节　内生性问题策略之出口退税对污染排放影响的 DID 分析

对于内生性问题的解决,我们还可以更换一种经验分析策略,即采用双重差分(DID)模型。DID方法是社会科学研究中广泛使用的准实验方法之一(Slaughter,2001)。相较于面板数据回归这种非实验方法,DID模型因其可以控制处理组和对照组在处理前的差异,所以能够提供更精确的处理效应估计值,因而得到更为准确的政策影响结果。目前,在环境治理领域已有许多文献使用 DID 方法评估政策干预等的环境影响，例如信息披露型政策（Li et al.，2018）和市场激励型政策（如环境税）（He and Zhang，2018）对环境绩效的影响等。中国"十一五"时期特别是 2007 年降减"两高一资"行业产品出口退税的政策，为我们提供了很好的准自然实验。使用 DID 模型对此政策开展双重差分分析，可以为我们检验污染排放与出口退税的因果关系提供较好的经验证据。因此，进一步地，我们运用我国 39 个工业行业[①] 2005—2010 年面板数据，利用 DID 模型检验我国出口退税政策是否对"两高一资"行业污染物减排产生正面影响。模型如下：

$$Y_{it}=\beta_0+\beta_1 Treat_i \times Post_t+\alpha X_{it}+\gamma_t+\mu_i+\varepsilon_{it} \tag{6.20}$$

被解释变量 Y_{it} 为二氧化硫，化学需氧量，工业废水和工业固体废物的排放量和排放浓度（污染物排放量/产值）。当该行业是"两高一资"行业时，$Treat_i$ 取值为 1，否则为 0；2008 年及之后时，$Post_t$ 取值为 1，否则为 0。$Treat_i \times Post_t$ 的系数 β_1 是这一部分关注的重点，$\beta_1<0$，说明我国出口退税政策的实施带来了减排效应。X_{it} 为控制变量集合，包括规模以上工业企业数、规模以上工业利润总额、国有控股工业企业工业产值占比、外商投资工业企业工业产值占比、应交增值税、规模以上工业企业管理费用，共计 6 个控制变量。γ_t 和 μ_i 分别代表时间固定效应和行业固定效应，ε_{it} 为随机误差项。

回归结果如表 6-26 和表 6-27 所示，无论是以各项污染物排放量还是各项污染物排放浓度作为被解释变量，交乘项的结果都负向显著，说明出口退税政策对各项污染物都带来了显著的减排效应。

---

① 39 个工业行业包括：煤炭开采和洗选业，石油和天然气开采业，黑色金属矿采选业，有色金属矿采选业，非金属矿采选业，其他采矿业，农副食品加工业，食品制造业，酒、饮料和精制茶制造业，烟草制品业，纺织业，纺织服装、鞋、帽制造业，皮革毛皮羽毛（绒）及其制业，木材加工及木、竹、藤、棕、草制品业，家具制造业，造纸及纸制品业，印刷和记录媒介复制业，文教、工美、体育和娱乐用品制造业，石油加工、炼焦和核燃料加工业，化学原料和化学制品制造业，医药制造业，化学纤维制造业，橡胶制品业，塑料制品业，非金属矿物制品业，黑色金属冶炼及压延加工业，有色金属冶炼及压延加工业，金属制品业，通用设备制造业，专用设备制造业，交通运输设备制造业，电气机械及器材制造业，计算机、通信和其他电子设备制造业，仪器仪表制造业，其他制造业，废弃资源综合利用业，电力、热力生产和供应业，燃气生产和供应业，水的生产和供应业。

表 6-26　污染物排放量与出口退税关系的 DID 回归结果（样本区间：2005—2010 年）　　单位：万吨

	（1）SO$_2$ 排放量	（2）COD 排放量	（3）工业废水排放量	（4）工业固体废物排放量
Treat×Post	−12.2710**	−2.9833**	−7259.357**	−24.6495***
	(5.4691)	(1.2579)	3092.944)	(5.8421)
企业数量	0.0009	−0.0001	0.9253*	0.0027***
	(0.0009)	(0.0002)	(0.5061)	(0.0010)
利润总额	0.0076	−0.0003	6.0410*	−0.0142**
	(0.0058)	(0.0013)	(3.2557)	(0.0061)
国有企业产值占比	−148.6398***	−9.5715	−5.84e+04*	135.3870**
	(54.8503)	(12.6152)	(3.1e+04)	(58.5908)
外商投资企业产值占比	16.1781	−0.4676	1.49e+04	−65.7170*
	(32.5669)	(7.4901)	(1.8e+04)	(34.7878)
应交增值税	−0.0006	0.0002	1.4071	−0.0495***
	(0.0130)	(0.0030)	(7.3258)	(0.0138)
管理费用	−0.0230	0.0020	−21.1362**	−0.0040
	(0.0154)	(0.0035)	(8.7077)	(0.0164)
行业固定效应	是	是	是	是
时间固定效应	是	是	是	是
N	234	234	234	234
R^2	0.9892	0.9707	0.9866	0.9030

表 6-27　污染物排放浓度与出口退税关系的 DID 回归结果（样本区间：2005—2010 年）　　单位：吨/亿元

	（1）SO$_2$ 排放强度	（2）COD 排放强度	（3）工业废水排放强度	（4）工业固体废物排放强度
Treat×Post	−40.6435***	−8.8506*	−66961.36***	−152.0881***
	(10.5708)	(5.1814)	(23912.49)	(45.5861)
企业数量	0.0023	−0.0004	0.3220	0.0104
	(0.0017)	(0.0008)	(3.9130)	(0.0075)
利润总额	0.0016	−0.0055	−20.5535	−0.0866*
	(0.0111)	(0.0055)	(25.1708)	(0.0480)

续表

	(1) SO₂排放强度	(2) COD排放强度	(3) 工业废水排放强度	(4) 工业固体废物排放强度
国有企业 产值占比	-184.0387* (106.0162)	-15.3074 (51.9649)	-2.41e+05 (2.4e+05)	866.2100* (457.1879)
外商投资企业 产值产比	26.5658 (62.9462)	-96.0127*** (30.8537)	-5.17e+05*** (1.4e+05)	-553.3042** (271.4516)
应交增值税	-0.0167 (0.0250)	0.0105 (0.0123)	51.3557 (56.6379)	0.0190 (0.1080)
管理费用	0.0048 (0.0298)	0.0284* (0.0146)	116.0052* (67.3216)	0.1999 (0.1283)
行业固定效应	是	是	是	是
时间固定效应	是	是	是	是
N	234	234	234	234
R²	0.8305	0.8294	0.8135	0.6151

第九节　本章小结

通过第五章我们可知：降低行业污染排放强度是中国调整出口退税的重要依据，中国面向高污染行业的出口退税政策调整是为了减少污染排放，是出于保护环境的目的。但是，我们需要进一步验证出口退税政策的调整是否切实起到了减排效果。因此，在本章节中，我们转换角度，以各污染物排放量作为被解释变量，以出口退税额、"出口税负"水平为解释变量，继续深入开展经验分析，从而着重探讨和验证中国出口退税政策的调整是否起到了减排污染和保护环境的作用。

我们依次开展了"出口退税与出口之间关系的 VAR 分析""污染排放与出口退税额之间关系的初步经验分析""含有出口退税的'均衡的污染排放'表达式的推导""外贸全行业污染排放与出口退税关系的经验分析""高污染行业污染排放与'出口税负'水平关系的经验分析""内生性问题策略一：工具变量法""内生性问题策略二：污染排放与出口退税的 DID 分析"等研究工作，证实了中国"十一五"时期以来的出口退税政策调整确实起到了减排贸易隐含污染和保护环境的作用。

由于在"十一五""十二五"时期均对化学需氧量和二氧化硫的排放提出了确切的约束性目标，所以在"出口退税调整对全行业减排效应的实证分析""出口退税调整对高污染行业减排效应的实证分析""内生性问题策略之工具变量法"等章节中，我们着重以出口退税政策对化学需氧量和二氧化硫（或出口隐含二氧化硫）的排放量的影响来探究出口退税政策调整对污染减排的作用。回归结果表明，2005—2015年，出口退税政策的调整降低了化学需氧量和二氧化硫（或出口隐含二氧化硫）的排放量。首先，我们以2005—2015年为样本期，以外贸全行业化学需氧量、二氧化硫的污染排放量和能源消耗量作为被解释变量，出口退税额作为解释变量进行基本回归，发现两者之间的系数显著为正，说明中国出口退税政策的调整减少了高污染行业产品的出口退税额，增加了高污染行业产品出口的成本，企业将会减少污染性商品的出口，从而减少了污染排放，促进环境保护。其次，由于我国出口退税政策的调整主要针对的是降低或取消"两高一资"产品的出口退税率，所以我们将研究样本进一步聚焦至高污染行业和面向出口隐含污染排放。一方面，以高污染行业的化学需氧量排放量为被解释变量，以行业层面的"出口税负"水平作为解释变量，回归结果表明，提高高污染行业"出口税负"水平（出口退税政策的调整）能够显著降低高污染行业化学需氧量排放量。另一方面，以"两高一资"行业3508类产品的出口隐含二氧化硫排放量为被解释变量，以产品层面"出口税负"水平作为解释变量，回归结果表明，"两高一资"行业"出口税负"水平的提高能够显著降低"两高一资"行业产品出口中隐含的二氧化硫排放量。为了消除内生性的影响，在加入了"出口退税骗税"这一工具变量后结果依然稳健。此外，针对内生性问题，我们还引入了另一策略，即使用我国39个工业行业2005—2010年面板数据，利用DID模型检验出口退税政策调整对"两高一资"行业污染物减排的影响，回归结果中交乘项系数都负向显著，说明出口退税政策对所考察的污染物都带来了显著的减排效应。

由此，我们认为中国"十一五"时期以来的出口退税政策调整确实起到了减排污染和贸易隐含污染等的作用,即出口退税政策的调整对环境保护具有正向促进作用。

虽然以上分析验证了污染排放与出口退税显著相关,但尚不能据以分析出口退税存在的结构性问题对污染排放的影响。出口退税政策的调整降低或取消了高污染性行业产品的出口退税率,促进了资源要素的重新配置,使其向清洁型产品流动,同时也有利于环境成本内部化,促进产品结构升级,减少高污染行业产品出口对环境造成的影响,从而达到保护环境的目的。为了深入行业层面和从总体结构上分析出口退税政策调整对污染排放的影响,进一步评估出口退税调整的减排效应,特别是预判出口退税未来调整方向,发挥贸易减排作用,我们利用之前所构建的均衡模型来模拟在出口退税政策的影响下由经济变动导致的环境影响链式传导机制:各个行业出口退税水平的变化将会导致出口、产值等经济价值链的变化,从而通过规模效应、结构效应等造成污染排放变化(技术效应已经由行业排污系数变化体现)。后文将依次运用 CPE 和 CGE 模型分别就"'十一五'至'十三五'时期通过出口退税政策调整抑制重点'两高一资'行业效果"和"'十一五'时期出口退税政策调整的宏观经济效果分析与环境效应测度"开展研究。

第七章

通过出口退税政策调整抑制重点"两高一资"行业效果研究

本章将依据第三章第四节所构建的 CPE 模型，主要从经济影响和环境影响两个角度来分析重点"两高一资"行业的出口退税政策调整的影响，并通过开展"取消出口退税"的政策试验，研究出口退税政策在重点"两高一资"行业的减排潜力及其经济代价，综合比较行业差异并给出路径选择。具体而言，一是构建经济—环境 CPE 模型，对该模型依次进行设定参数、提出假设、校准模型、构建指标。二是主要分析重点"两高一资"行业，查阅过往重要的出口退税政策调整文件并设定出与之相符的政策情景，分别对纺织印染、皮革制品、造纸、化工、钢铁、有色金属、非金属矿物制品、矿物质、矿物燃料和稀土 10 个重点"两高一资"行业共计 36 类贸易产品开展分析。三是综合比较不同政策调整下的经济影响（包括行业产值、出口额、政府税收、本国生产者福利、他国消费者福利等）和环境影响（包括 COD、SO_2、PM、CO_2 等污染物排放的变化等），对各行业产品的经济与环境影响进行综合比较分析。

第一节 纺织印染行业

一 行业选取依据

纺织印染行业作为我国传统优势产业，在解决社会就业、维持国际收支平衡等方面具有重要作用。但纺织印染行业的发展也造成了诸多环境问题。《生态环境统计年报》数据显示，纺织业自2011年起废水排放总量就在全国工业部门中位居第三，2015年，该行业的废水排放量为1.84亿吨，约占总量的10.10%；COD的排放量为20.60万吨，约占总量的8.10%；氨氮排放量为1.50万吨，约占总量的7.50%。在能源消耗方面，纺织工业生产过程中机械总耗能严重，化纤行业总耗能比国外先进水平高10.00%—30.00%。可以看出，高污染、高耗能的纺织印染行业是非常典型的"两高一资"行业。

纺织印染行业的细分行业有很多，包括纺织品针织行业、化纤行业等。其中，化纤行业生产所用的原材料以及生产过程中产生的污染物等对环境产生较大危害。因此，我们以化纤行业作为纺织印染行业的代表，选取化纤行业下的化学纤维长丝（第54章①）、化学纤维短纤（第55章）两类产品，来分析出口退税政策调整的经济与环境效益。

二　行业产品的出口退税率

根据我国历年出口退税政策文件，纺织印染行业以及所选取的化纤行业两类产品的出口退税率如图7-1所示。可以看出，2010—2018年

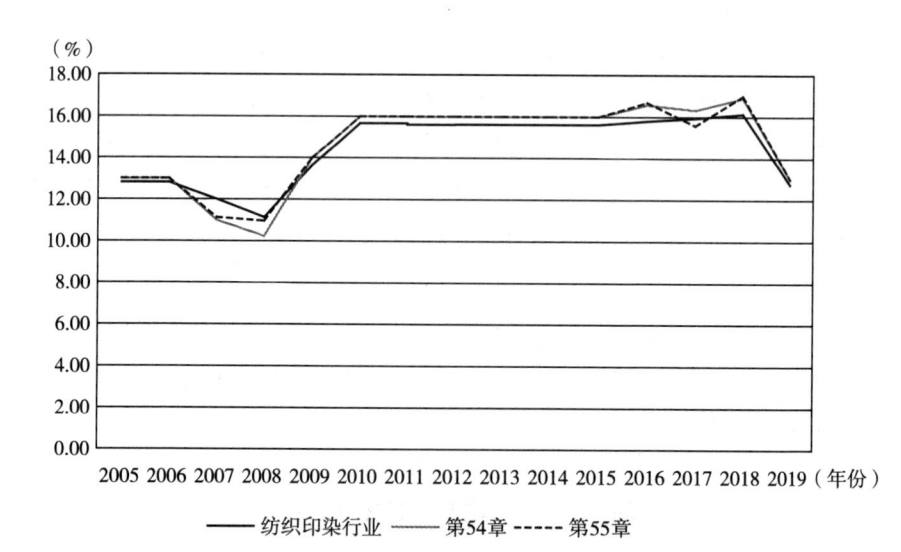

图7-1　2005—2019年纺织印染行业出口退税率

---

① 化学纤维长丝、化学纤维短纤分别为《中华人民共和国海关进出口税则》中第54章、第55章产品，下同。

纺织印染行业出口退税率基本维持在16%左右，2010年之前以及2019年其出口退税率有较大的变动，这也是我国推进"两高一资"行业可持续发展的政策体现。

三　情景设定

根据2005年以来我国的出口退税政策文件，本书以其中两次对纺织品较大的税率调整为例，模拟测算以上两类产品出口退税率调整的经济与环境影响，分别记为情景A、情景B。

（一）情景A

2006年9月15日起实施的《财政部、发展改革委、商务部、海关总署、国家税务总局关于调整部分商品出口退税率和增补加工贸易禁止类商品目录的通知》［以下简称（财税〔2006〕139号）〕将部分纺织品的出口退税率由13.00%降至11.00%。

（1）情景A1：以2006年为基准，分析化学纤维长丝出口退税率由13.00%（2006年第54章商品平均出口退税率）降至11.00%（2007年第54章商品平均出口退税率）的福利变化。

（2）情景A2：以2006年为基准，分析化学纤维短纤出口退税率由13.00%（2006年第55章商品平均出口退税率）降至11.13%（2007年第55章商品平均出口退税率）的福利变化。

（二）情景B

2008年8月1日起实施的《财政部、国家税务总局关于调整纺织品服装等部分商品出口退税率的通知》（财税〔2008〕111号）将部分纺织品的税率由11.00%提升至13.00%；同年11月1日起实施的《财政部、国家税务总局关于提高部分商品出口退税率的通知》〔以下简称（财税〔2008〕138号）〕又将部分纺织品的出口退税率提高到了14.00%。2009年2月1日起实施的《财政部、国家税务总局关于提高纺织品服装出口退税率的通知》（财税〔2009〕14号）将部分纺织品出口退税率由14.00%提高到15.00%；同年4月1日起实施的《财政部、国家税务总局关于提高轻纺电子信息等商品出口退税率的通知》〔以下简称（财税〔2009〕43号）〕又将部分纺织品出口退税率提高至16.00%。由于这四次出口退税率的调整时间间隔较短，我们把这些政策合并在一起进行模拟分析。

（1）情景B1：以2008年为基准，分析化学纤维长丝出口退税率在四次连续调整后，由10.23%（2008年第54章商品平均出口退税率）升至16.00%（2010年第54章商品平均出口退税率）的福利变化。

（2）情景B2：以2008年为基准，分析化学纤维短纤出口退税率在四次连续调整后，由10.96%（2008年第55章商品平均出口退税率）升至16.00%（2010年第55章商品平均出口退税率）的福利变化。

四 经济影响

情景A与情景B的CPE模型结果如表7-1所示。对于情景A，下调出口退税率使得两类产品的出口额减少，国内生产厂商剩余减少，政府税收增加，但前者的绝对值小于后者，从而提高了中国净福利。这说明下调化学纤维长丝出口退税率政策的整体经济效应为正。出口退税率的下调压缩了相关企业的利润空间，倒逼企业调整产品结构，从而促进纺织工业由数量到质量的转变，这也顺应了我国产业结构优化升级的趋势。

表7-1　纺织印染行业不同情景下的经济影响　　　　单位：美元

福利	情景A		情景B	
	情景A1	情景A2	情景B1	情景B2
中国生产者剩余	-78222639.40	-61661762.00	295764814.90	204045431.20
中国税收	124730576.00	98416867.40	-501443991.90	-343932891.60
中国净福利	46507936.60	36755105.40	-205679177.0	-139887460.30
中国出口额	-120699126.20	-95150845.90	458023505.20	315886027.20
世界消费者剩余	-48940226.60	-38638768.00	212073343.30	143871359.60
世界净福利	-48940226.60	-38638768.00	212073343.30	143871359.60

对于情景B，上调出口退税率使两类商品出口额增加，国内生产厂商受益，政府税收减少，且税收降幅大于生产者剩余增幅，最终中国净福利下降。这说明上调出口退税率政策的整体福利效应为负。纺织品出口退税率的提高与我国纺织工业和装备制造业的调整振兴规划相契合。受2008年国际金融危机影响，国内纺织企业接连倒闭，我国纺织业受到重创。因而国家在财税方面加大了对纺织企业的支持，其中就包括提

高出口退税率来降低出口企业的成本。比较情景 A 和情景 B 的模型结果，下调出口退税率的经济效益明显要更好，但出口退税政策的调整还需要结合国内外经济形势，因此不同时期我国出口退税率调整的主要目的有所差异。

此外，化纤行业两类产品经历的政策调整几乎一致，但二者对出口退税政策的敏感度存在一定差异。化学纤维长丝和化学纤维短纤在 2007 年出口退税率均下降了约 2.00%，在 2010 年出口退税率均上升了约 6.00%，但从模型结果来看，二者所受的影响程度不同。可以明显看出化学纤维长丝的出口额变化更多，说明其对出口退税政策更为敏感，企业的发展更依赖于出口退税。

五 环境影响

本书选取化学需氧量排放量、二氧化硫排放量、工业固体废物产生量、工业废水排放量这四个指标，使用各污染物的污染排放强度（详见附表7），测算纺织印染行业出口退税政策的环境影响。测算结果如表 7-2 所示。

表 7-2　　　　　纺织印染行业不同情景下的环境影响

指标	COD/吨	二氧化硫/吨	固体废物/万吨	工业废水/万吨
情景 A	-354.41	-340.42	-0.76	-222.38
情景 B	789.76	662.85	1.98	578.77

对于情景 A，出口退税率的下调使各污染物排放量下降，其中工业废水的减排量最多。这说明出口退税率的下调对纺织业起到了一定的减排作用。减排机制可能在于出口退税政策调整淘汰了行业内低效率企业，迫使其他出口企业通过技术升级优化生产工艺以降低成本，从而减少了污染排放。对于情景 B，出口退税率的上调使各污染物排放量上升。这是由于 2008 年国际金融危机，国内需求不足且国外需求低迷，大量纺织企业停工停产导致。提高出口退税率是促进纺织业恢复的手段之一，当时的配套政策还包括加快淘汰落后产能、加强技术改造等。这说明，我国对于"两高一资"行业的宏观调控以及进一步推进产业结构优化升级的政策方向并没有变化，所以纺织业污染排放强度呈下降趋势。

第二节 皮革制品行业

一 行业选取依据

我国皮革制品行业是轻工业的支柱产业，皮革制品的生产量和出口量均居世界前列。但是皮革制品的加工制造大多工序在水中进行，一方面，需要消耗大量水资源；另一方面，皮革加工所需化工原料会造成严重的水污染。特别是在鞣制阶段，由于皮革对铬鞣剂吸收率低，制革废水中含有大量的重金属铬。《中国生态环境统计年报》显示，2015年皮革、毛皮、羽毛及其制品和制鞋业的总铬排放量为52.02吨，占排放总量的一半，居工业行业首位。此外，废水中还含有大量的硫化物、蛋白质、氯化物等。因此皮革制品行业的环境问题主要集中在工业废水的处理上，需要国家出台政策引导其优化生产工艺。

我国皮革产品出口居多，理论上出口退税政策的调整会对皮革行业的发展产生一定的影响。因此，我们选取了皮革制品行业下的鞣制皮革等（第41章），旅行箱包、动物肠线制品（第42章），鞋靴、护腿和类似品及其零件（第64章）三大类产品，以分析出口退税政策调整的经济与环境影响。

二 行业产品的出口退税率

根据我国历年出口退税政策文件，皮革制品行业以及所选取的三类细分产品的出口退税率如图7-2所示。三类产品2010年之前出口退税率的调整比较频繁，且不同产品出口退税率的调整幅度不同，第41章产品出口退税率调整幅度最大，由13.00%下调至0。

三 情景设定

根据2005年以来我国的出口退税政策文件，本书将以其中三次对皮革制品较大的税率调整为例，模拟测算以上三类产品出口退税率调整的经济与环境效益，分别记为情景A、情景B、情景C。

（一）情景A

2006年9月15日起实施的（财税〔2006〕139号）将部分成品革出口退税率由13.00%降至8.00%。

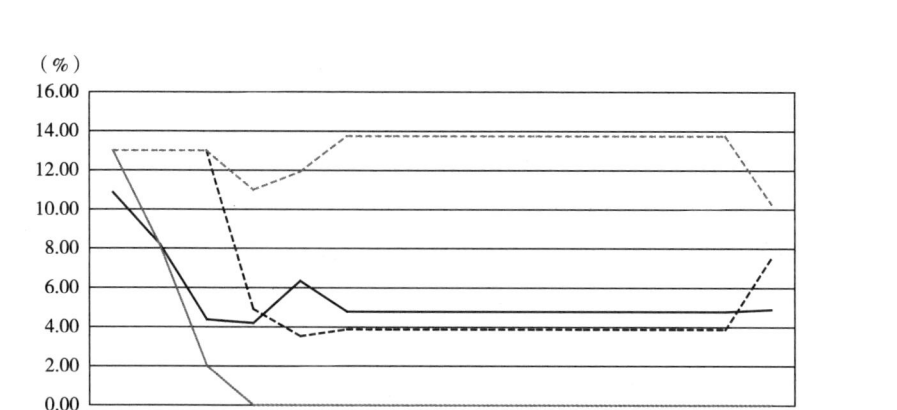

第七章 | 通过出口退税政策调整抑制重点"两高一资"行业效果研究

图 7-2　2005—2019 年皮革制品行业出口退税率

情景 A1：以 2006 年为基准，分析皮革（第 41 章）出口退税率由 8.13%（2006 年第 41 章商品平均出口退税率）降至 2.00%（2007 年第 41 章商品平均出口退税率）的福利变化。

（二）情景 B

2007 年 7 月 1 日起实施的《财政部、国家税务总局关于调整部分商品出口退税率的通知》[以下简称（财税〔2007〕90 号）]取消了皮革出口退税率，并将箱包、鞋靴等出口退税率下调至 11.00%，其他皮革毛皮制品出口退税率下调至 5.00%。

（1）情景 B1：以 2007 年为基准，分析皮革（第 41 章）出口退税率由 2.00%（2007 年第 41 章商品平均出口退税率）降至 0（2008 年第 41 章商品平均出口退税率）的福利变化。

（2）情景 B2：以 2007 年为基准，分析旅行箱包等（第 42 章）出口退税率由 13.00%（2007 年税号第 42 章产品的平均出口退税率）降至 4.91%（2008 年税号第 42 章产品的平均出口退税率）的福利变化。

（3）情景 B3：以 2007 年为基准，分析鞋靴等（第 64 章）出口退税率由 13.00%（2007 年第 64 章商品平均出口退税率）降至 11.00%（2008 年第 64 章商品平均出口退税率）的福利变化。

（三）情景 C

2019 年 4 月 1 日起实施的《财政部、税务总局、海关总署联合公

179

告 2019 年第 39 号〈关于深化增值税改革有关政策的公告〉》［以下简称（联合公告〔2019〕39 号）］将原适用 16.00%税率的，税率调整为 13.00%；原适用 10.00%税率的，税率调整为 9.00%。

（1）情景 C1：以 2018 年为基准，皮革（第 41 章）"出口税负率"由 17.00%（2018 年第 41 章商品平均"出口税负率"）降至 13.00%（2019 年第 41 章商品平均"出口税负率"）的福利变化。

（2）情景 C2：以 2018 年为基准，分析旅行箱包等（第 42 章）"出口税负率"由 13.13%（2018 年税号第 42 章产品的平均"出口税负率"）降至 5.49%（2019 年税号第 42 章产品的平均"出口税负率"）的福利变化。

（3）情景 C3：以 2018 年为基准，分析鞋靴等（第 64 章）出口退税率由 3.25%（2018 年第 64 章商品平均出口退税率）降至 2.71%（2019 年第 64 章商品平均出口退税率）的福利变化。

四 经济影响

情景 A 和情景 B 的经济影响如表 7-3 所示，皮革制品出口退税率的下调减少了产品出口额，国内生产厂商利益受损，政府税收增加，且税收增幅大于生产者剩余的降幅，最终中国净福利增加。说明下调皮革制品出口退税率的整体福利效应为正。2007 年皮革制品行业出口退税率的下调体现了我国不断加大产业结构调整力度。皮革制品的生产工艺烦琐、化学原料种类繁多，低效率企业在浪费资源的同时还严重污染了环境。下调其出口退税率不仅能够淘汰落后产能，还能促进企业优化生产工艺和提升末端废水处理技术。

表 7-3　　　　皮革制品行业不同情景下的经济影响　　　　单位：美元

福利	情景 A	情景 B		
	情景 A1	情景 B1	情景 B2	情景 B3
中国生产者剩余	-60580866.50	-12621609.20	-680235797.80	-300517335.50
中国税收	93681354.70	20228276.10	1032594639.20	479192477.40
中国净福利	33100488.20	7606666.90	352358841.50	178675141.90
中国出口额	-93303505.70	-19477191.70	-1046512245.20	-463704371.30
世界消费者剩余	-37664477.20	-8753586.90	-390947019.00	-188019563.40
世界净福利	-37664477.20	-8753586.90	-390947019.00	-188019563.40

第七章 | 通过出口退税政策调整抑制重点"两高一资"行业效果研究

对比情景 A1 和情景 B1，第 41 章产品出口退税率调整的单位经济效益有所减少。可能是在第一次出口退税调整时，企业对产品结构、生产工艺等进行了针对性调整，所以第二次出口退税的调整对企业的冲击比较小，导致单位经济效益比前者低。

情景 C 的经济影响如表 7-4 所示，2019 年增值税改革使三类产品的"出口税负率"下降，我国出口额增加，国内厂商收益，税收减少，最终中国净福利减少。但是，增值税的调整对企业的影响更大，所以情景 C 指标的单位变化幅度要比情景 B 大。从三类产品出口退税率的变化、产品出口额的变化及国内生产者剩余的变化可以看出，鞋靴等（第 64 章）对出口退税政策的敏感度最高，其次是旅行箱包等（第 42 章），最后是鞣制皮革等（第 41 章），说明鞋靴等生产厂商出口依赖程度较高。

表 7-4　　皮革制品行业情景 C 下的经济影响　　单位：美元

福利	情景 C1	情景 C2	情景 C3
中国生产者剩余	13529654.00	1254285218.70	152548318.50
中国税收	-22728940.80	-2161972106.30	-248076197.20
中国净福利	-9199286.80	-907686887.60	-95527878.70
中国出口额	20931821.40	1943666679.20	235672010.90
世界消费者剩余	10311332.20	972524892.20	98005333.30
世界净福利	10311332.20	972524892.20	98005333.30

五　环境影响

本书选取化学需氧量排放量、二氧化硫排放量、工业固体废物产生量、工业废水排放量这四个指标，使用各污染物的污染排放强度（详见附表7），测算皮革制品行业出口退税政策的环境影响。测算结果如表 7-5 所示。

表 7-5　　皮革制品行业不同情景下的环境影响

指标	COD/吨	二氧化硫/吨	固体废物/万吨	工业废水/万吨
情景 A	-128.85	-32.26	-0.11	-36.45

续表

指标	COD/吨	二氧化硫/吨	固体废物/万吨	工业废水/万吨
情景B	-1599.42	-394.33	-1.40	-532.08
情景C	529.71	196.58	0.61	256.29

情景A和情景B均为下调皮革制品出口退税率情景，从环境指标绝对量的变化来看，所有污染物的排放量均减少，污染排放强度均下降，特别是化学需氧量。综合来看，出口退税政策对皮革制品行业的污染排放起到了一定的减排作用，化学需氧量的大幅下降说明制革企业可能在废水处理设备方面有所突破。对比情景A和情景B，出口退税率下调幅度越大，环境影响越大。对于情景C，增值税改革使皮革制品行业"出口税负率"下降，环境污染物排放量增加。

第三节 造纸行业

一 行业选取依据

纸作为人们日常生活必需品，需求量较大，造纸业也随之蓬勃发展。在我国，造纸行业的突出问题是水污染严重。《中国生态环境统计年报》显示，2014年之前造纸业的废水排放量以及化学需氧量排放量均居工业行业首位；2015年废水排放量为23.70亿吨，约占全行业排放总量的13.10%，位居第二，化学需氧量排放量为33.50万吨，约占全行业排放总量的13.10%，位居第三。造纸行业不仅废水排放量较大，成分也比较复杂，包括大量纤维、树脂酸盐、填料、有机氯化物等。由于我国造纸行业集中度低，中小企业众多，生产工艺和末端废水处理技术受限，因此企业生产时水资源和林木资源消耗量大，废水排放多且达标率低，造纸行业也就成为"两高一资"行业的代表。

我国陆续出台了多项政策以引导造纸行业的可持续发展，理论上针对纸制品的出口退税政策会影响造纸企业的转型升级。由于造纸行业产生的污染中大部分来自制浆污染，因此我们选取了造纸行业下的纸及纸板、纸浆等产品（第48章）来分析出口退税政策调整的经济影响与环境影响。

二 行业产品的出口退税率

根据我国历年出口退税政策文件，造纸行业以及所选取的细类产品的出口退税率如图 7-3 所示。2007—2010 年造纸行业出口退税率有较大的变动，并且第 48 章商品的平均出口退税率低于整个行业，说明该类产品生产企业是造纸行业的重点治理对象。

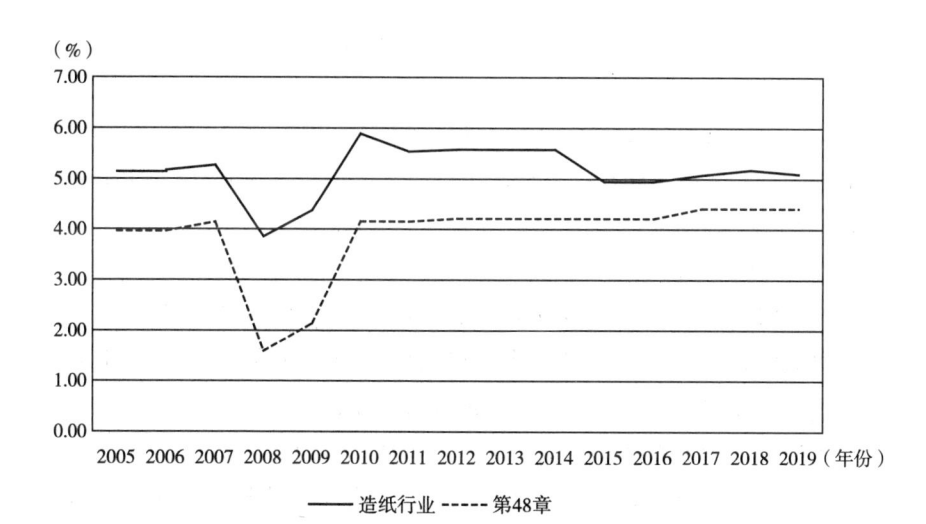

图 7-3 2005—2019 年造纸行业出口退税率

三 情景设定

根据我国 2005 年以来的出口退税政策文件，本书将以其中几次对纸制品较大的税率调整为例，模拟测算第 48 章产品出口退税调整的经济与环境效益，分别记为情景 A、情景 B、情景 C。

（一）情景 A

2007 年 7 月 1 日起实施的（财税〔2007〕90 号）明确指出将纸制品出口退税率下调至 5.00%。

因此我们以 2007 年为基准，分析纸制品出口退税率由 4.14%（2007 年税号第 48 章的产品平均出口退税率）降至 1.59%（2008 年税号第 48 章的产品平均出口退税率）的福利变化。

（二）情景 B

2009 年 4 月 1 日起实施的（财税〔2009〕43 号）将第 48 章部分

产品出口退税率提高至 13.00%。

因此我们以 2009 年为基准，分析纸制品出口退税率由 2.14%（2009 年税号第 48 章的产品平均出口退税率）提高至 4.15%（2010 年税号第 48 章的产品平均出口退税率）的福利变化。

（三）情景 C

2019 年 4 月 1 日起实施的（联合公告〔2019〕39 号）将原适用 16.00%税率的，税率调整为 13.00%；原适用 10.00%税率的，税率调整为 9.00%。

因此我们以 2018 年为基准，分析纸制品"出口税负率"由 12.59%（2018 年税号第 48 章的产品平均"出口税负率"）降至 8.56%（2019 年税号第 48 章的产品平均"出口税负率"）的福利变化。

四 经济影响

经济影响结果如表 7-6 所示。对于情景 A 和情景 B，下调纸制品的出口退税率使中国纸制品的出口额大幅下降。国内生产厂商利益受损，政府税收增加，但生产者剩余的降幅小于税收增幅，最终中国的净福利增加。下调纸制品出口退税政策的整体经济效益为正。而上调出口退税率的经济效益正好相反，国内生产厂商收益，中国的净福利减少。我国出口退税率的调整方向和大小受多方面因素影响。2007 年纸制品出口退税率的下调主要是遏制"两高一资"行业的盲目扩张。对造纸企业来讲，"出口税负"的增加提高了生产成本，一些中小企业可能会被淘汰或兼并重组，但有利于提高行业集中度，提升行业整体生产效率。2009 年出口退税率的上调则主要是为了恢复经济。

表 7-6　　　　造纸行业不同情景下的经济影响　　　　单位：美元

福利	情景 A	情景 B	情景 C
中国生产者剩余	-99106524.20	82134080.00	433340191.40
中国税收	157992893.60	-135782960.30	-726810471.70
中国净福利	58886369.40	-53648880.30	-293470280.30
中国出口额	-152897639.50	126965992.20	670476345.80
世界消费者剩余	-66983391.20	59862904.20	318605804.30
世界净福利	-66983391.20	59862904.20	318605804.30

对于情景 C，纸制品（第 48 章）出口退税率虽然没有发生变化，但是增值税率的下调使其"出口税负率"降低，因而国内厂商收益，出口额增加，税收减少，中国净福利下降。2019 年增值税率的下调主要是为企业减负，这也使造纸企业能将更多的资源用于生产技术创新。对比情景 B 和情景 C，下调增值税率的影响要比调整出口退税大。

五 环境影响

本书选取化学需氧量排放量、二氧化硫排放量、工业固体废物产生量、工业废水排放量这四个指标，使用各污染物的污染排放强度（详见附表 7），测算造纸行业出口退税政策的环境影响。测算结果如表 7-7 所示。

表 7-7　　　　　　造纸行业不同情景下的环境影响

指标	COD/吨	二氧化硫/吨	固体废物/万吨	工业废水/万吨
情景 A	-2892.42	-903.59	-3.31	-780.42
情景 B	1151.46	479.98	2.04	412.02
情景 C	1046.88	11.74	7.02	738.71

情景 A 表现为下调出口退税率。从污染物排放量的变化来看，所有污染物排放量均减少，特别是工业废水最为显著。工业废水不仅排放量减少而且达标排放率也明显提高。从污染排放系数的变化来看，所有污染物的排放强度均下降，仍然是工业废水的下降幅度最大，其次是化学需氧量。综合来看，出口退税率下调对造纸行业起到了一定的减排作用，造纸企业减排可能集中在末端废水处理技术的升级上。情景 B 和情景 C 表现为下调"出口税负率"，从环境数据来看，污染物的排放量均有所增加，但污染物的排放强度均下降。说明造纸行业仍在不断推进污染减排和结构优化调整。

第四节　化工行业

一　行业选取依据

化学工业在我国的国民经济中占有重要地位，其发展速度和规模对社会经济的各个部门有着直接影响。化学工业门类繁多、工艺复杂、产品多样。从化学原料生产到化学产成品生产，化学工业生产过程中的污染排放存在于化工生产的每一个阶段。同时，由于化学工业在生产中会排放大量的废渣、废气、废水，所以对土壤、空气、水环境均会造成严重的影响，而且其产品在使用中、使用后依然会对环境产生影响，例如塑料、橡胶等产品在使用后难以降解、不易处理。

以二氧化硫排放量和化学需氧量为例（如表7-8所示），2011—2015年化工行业二氧化硫排放量由158.14万吨增长到217.52万吨，总排放量呈现上升趋势，同时化学需氧量由58.93万吨增长到59.83万吨，总体上表现平稳。从行业占比来看，化工行业二氧化硫排放量与化学需氧量占比逐年增长，2015年二氧化硫排放占比达15.53%、化学需氧量占比达23.41%。由此可以看出，化工行业是我国污染排放大户。

表7-8　　　　2011—2015年化工行业污染排放及占比情况

年份	二氧化硫排放量/吨	行业占比/%	化学需氧量/吨	行业占比/%
2011	1581379	8.34	589271	18.30
2012	1558746	8.78	581848	19.27
2013	1558710	9.23	591231	20.86
2014	1612418	10.18	586350	21.35
2015	2175166	15.53	598343	23.41

为了全面考察出口退税政策对环境、经济的影响，我们将化工行业分为化学品、化学制成品、塑料橡胶及其制品三个大类产品，化学品包含无机化学品、有机化学品两个小类产品，化学制成品包含药品、肥料、鞣料浸膏等、精油及香膏等、肥皂等、蛋白类等、易燃材料制品、照相及电影用品、杂项化学产品九个小类产品，塑料橡胶及其制品包含塑料及其制品、橡胶及其制品两小类产品。

二　行业产品的出口退税率

2005年以来我国对出口退税率的调整主要表现在优化产品生产以及减少贸易摩擦方面，针对"两高一资"行业，基本上是采取降低或者取消出口退税的政策。

从图7-4、图7-5及图7-6可以看出，2005—2019年化工行业内各个产品出口退税率均有较大的变动，且变动主要集中在2007—2011年。2008年，化工行业内各产品的出口退税率普遍下降且下降幅度较大，例如无机化学品的出口退税率由10.98%下降到0.54%，肥料、鞣料浸膏等产品的出口退税率分别由8.56%、12.76%均下降到0。2009—2010年，化工行业内部分产品的出口退税率出现连续小幅上升。2011—2019年行业内大部分产品的出口退税率基本保持稳定。

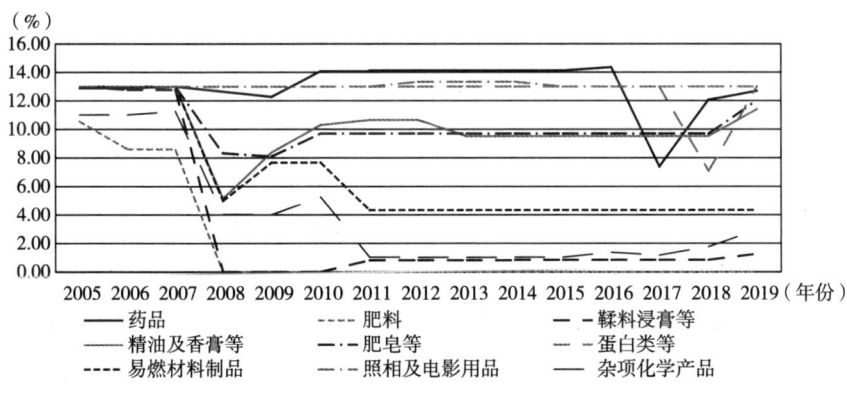

图7-4 2005—2019年化学制成品的出口退税率

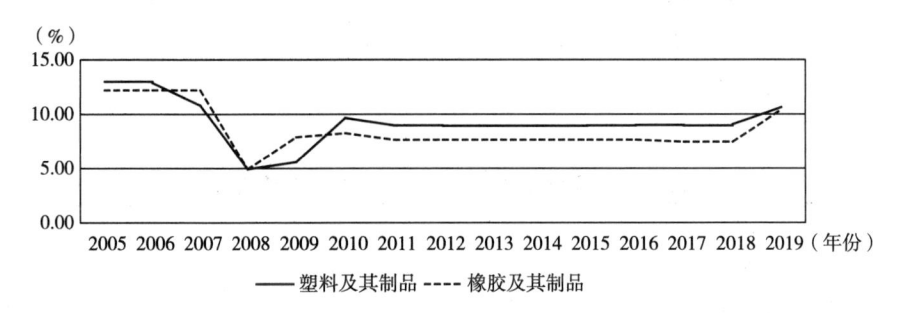

图7-5 2005—2019年塑料橡胶及其制品的出口退税率

三　情景设定

根据2005年以来我国有关出口退税率调整的政策文件，本部分将以其中四次对化工行业内产品较大的出口退税率调整为例，设定A、B、C、D四种情景，模拟测算化工行业内产品出口退税率调整的经济与环境影响。

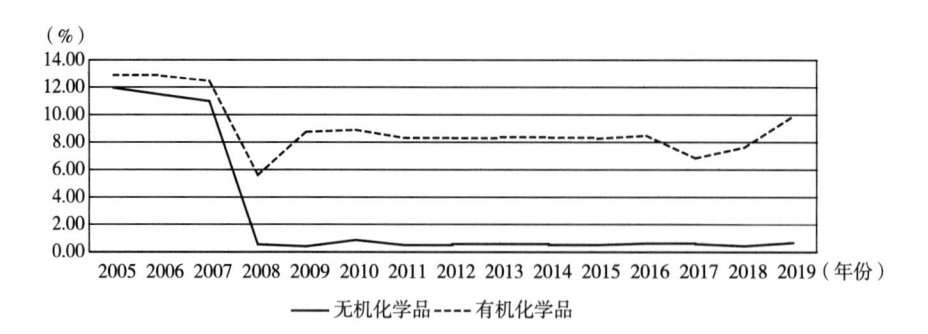

图 7-6 2005—2019 年化学品的出口退税率

（一）情景 A

2007 年 7 月 1 日财政部发布（财税〔2007〕90 号）文件，通知决定将出口退税率变成 5.00%、9.00%、11.00%、13.00% 和 17.00% 五档。文件决定将部分化学品的出口退税率下调至 9.00% 或者 5.00%，将塑料橡胶及其制品出口退税率下调至 5.00%；文件同时还取消了其他 553 项"高耗能、高污染、资源性"产品的出口退税。

情景 A 将以 2007 年为基准，分析 2007—2008 年化工行业内"出口税负率"（出口退税率）出现较大变化的 10 种产品（见表 7-9）的经济与福利变化。

表 7-9　　情景 A 化工行业产品"出口税负率"变动情况　　单位：%

产品	2007 年	2008 年	变动
无机化学品	6.02	16.46	10.44
有机化合物	4.54	11.40	6.86
肥料	4.67	13.22	8.55
鞣料浸膏等	4.24	17.00	12.76
精油及香膏等	4.00	11.83	7.83
肥皂等	4.00	7.88	3.88
易燃材料制品	4.00	12.00	8.00
杂项化学产品	5.75	12.97	7.22

续表

产品	2007年	2008年	变动
塑料及其制品	6.03	11.91	5.88
橡胶及其制品	4.55	11.82	7.27

（二）情景B

2008年12月1日财政部发布（财税〔2007〕90号），决定将部分化工制品、橡胶制品的出口退税率提高。

情景B将以2008年为基准，分析化工行业内"出口税负率"（出口退税率）出现较大上升的四类产品（具体见表7-10）的福利变化等经济影响。

表7-10　　　情景B化工行业产品"出口税负率"变动情况　　单位：%

产品	2008年	2009年	变动
有机化学品	11.40	8.24	-3.15
精油及香膏等	11.83	8.61	-3.22
易燃材料制品	12.00	9.33	-2.67
橡胶及其制品	11.82	8.55	-2.97

（三）情景C

2010年7月15日，财政部发布《财政部、国家税务总局关于取消部分商品出口退税的通知》[以下简称（财税〔2010〕57号）]文件，通知决定取消钢铁、玻璃、农药、橡胶四大类406个品种产品的出口退税。

情景C将以2010年为基准，分析化工行业内"出口税负率"（出口退税率）出现较大下降的两个产品（见表7-11）的经济福利变化情况。

表7-11　　　情景C化工行业产品"出口税负率"变动情况　　单位：%

产品	2010年	2011年	变动
易燃材料制品	9.33	12.67	3.33
杂项化学品	11.74	12.97	4.23

（四）情景 D

2019 年我国对增值税进行了较大的调整，（联合公告〔2019〕39号）文件指出，原适用 16.00%税率的，税率调整为 13.00%；原适用 10.00%税率的，税率调整为 9.00%，因此 2019 年各行业的"出口税负率"普遍下降。

情景 D 针对此次政策调整，以 2018 年为基准，分析化工行业内 13类产品（具体见表 7-12）"出口税负率"（出口退税率）下降引起的经济福利变化情况。

表 7-12　　情景 D 化工行业产品"出口税负率"变动情况　　单位:%

分类	2018 年	2019 年	变动
无机化学品	16.57	12.33	-4.24
有机化合物	9.37	3.10	-6.27
药品	4.39	0.00	-4.39
肥料	11.44	9.00	-2.44
鞣料浸膏等	16.16	11.74	-4.42
精油及香膏等	7.45	1.59	-5.86
肥皂等	7.30	0.98	-6.32
蛋白类等	9.91	0.00	-9.91
易燃材料制品	12.67	8.67	-4.00
照相及电影用品	4.00	0.00	-4.00
杂项化学产品	14.92	9.79	-5.13
塑料及其制品	7.71	2.34	-5.37
橡胶及其制品	9.24	2.34	-6.90

四　经济影响

情景 A 的 CPE 模拟结果如表 7-13 所示。由于出口退税率的下调，出口厂商的出口积极性降低，厂商的出口额下降，利益受损，从表 7-13 中可以看出，10 类产品的生产者剩余受到不同程度的损失。但是出口退税率下调使"出口税负率"上升，这将使政府的税收上升。对比我国政府税收和生产者剩余可以看出政府税收的增加额大于生产者剩余的损失额，因此我国的净福利变动为正。同时我国降低出口退税政策将迫使厂商做出两种反应：第一，降低产品的出口量；第二，提高产品的出口价格。厂商的两种反应都会使我国出口产品在世界上的价格上涨，因此世界上其他经济体的消费者剩余和净福利是下降的。

表 7-13　　　　化工行业 10 类产品情景 A 下的经济影响　　　　单位：美元

分类	中国				世界	
	生产者剩余	税收	净福利	出口变动	消费者剩余	净福利
无机化学品	-588407841.40	875577217.10	287169375.70	-904198120.60	-332576242.20	-332576242.00
有机化合物	-826562110.30	12677817570	441219647.00	-1272418987.00	-486516994.60	-486516995.00
肥料	-186166672.80	281627308.50	95460635.67	-286351909.70	-107027872.70	-107027873.00
鞣料浸膏等	-265357225.90	387446092.50	122088866.60	-407300696.00	-141993648.40	-141993648.00
精油及香膏等	-82410260.26	125366229.30	42955969.03	-126800702.40	-47547482.10	-47547482.00
肥皂等	-33831093.74	53142809.42	19311715.68	-52154715.52	-20646045.19	-20646045.00
易燃材料制品	-27067128.01	41118820.98	14051692.97	-41643957.19	-15577769.39	-15577769.00
杂项化学产品	-243800428.70	373069486.00	129269057.00	-375258365.90	-144579421.00	-144579421.00
塑料及其制品	-905623845.10	1401201708.00	495577863.30	-1394848107.00	-548917670.40	-548917670.00
橡胶及其制品	-430289324.10	657772743.20	227483419.10	-662260019.70	-251791260.90	-251791261.00

情景 B 的 CPE 模拟结果如表 7-14 所示。情景 B 中 4 类产品的出口退税率出现不同程度的上升。出口退税率的上升将刺激厂商的出口，厂商的出口额增加，收入增加，生产者剩余上升。由于出口退税率上升，"出口税负率"下降，政府的税收下降，并且税收下降的幅度要大于生产者剩余上升的幅度，因此我国的净福利下降。出口退税率的上升，使我国出口厂商做出适当调低出口价格的反应，我国产品在世界市场上的价格下降，因此世界上其他经济体的净福利是上升的。

表 7-14　　　　化工行业 4 类产品情景 B 下的经济影响　　　　单位：美元

分类	中国				世界	
	生产者剩余	税收	净福利	出口变动	消费者剩余	净福利
有机化合物	512831562.50	-854032469.00	-341200906.00	793178684.20	368773049.60	368773049.60
精油及香膏等	34872764.25	-58111734.20	-23238970.00	53937619.99	25190359.81	25190359.81
易燃材料制品	8686967.88	-14416933.30	-5729965.40	13433435.33	6236670.85	6236670.85
橡胶及其制品	191023779.30	-317712409.00	-126688630.00	295423603.90	137492068.00	137492068.00

情景 C 的 CPE 模拟结果如表 7-15 所示。情景 C 中两类产品出口退税率出现了不同程度的小幅度下降。其所产生的经济影响与情景 A 相类似。但是，由于情景 C 出口退税率下调幅度要低于情景 A 的下调幅度，因此情景 C 下两类产品所带来的经济影响在绝对量上要小于情景 A。

表 7-15　　　　化工行业 2 类产品情景 C 下的经济影响　　　　单位：美元

分类	中国				世界	
	生产者剩余	税收	净福利	出口变动	消费者剩余	净福利
易燃材料制品	-12247273.10	19370451.20	7123178.11	-18887070.79	-7931685.81	-7931685.81
杂项化学产品	-221981693.00	349006864.00	127025171.70	-342202130.50	-145437987.00	-145437987.00

情景 D 的 CPE 模拟结果如表 7-16 所示。由于增值税率的下调，化工行业的"出口税负率"下降，这将刺激厂商的出口，出口额增加，收入增加，厂商的生产者剩余上升。同时，增值税率的下调将使政府的税收下降，税收的下降幅度大于生产者剩余增加的幅度，因此我国的净福利下降。由于"出口税负率"的下降，厂商的产品出口价格会适当下降，我国产品在世界市场的价格下降，因此世界上其他经济体的消费者剩余以及净福利是上升的。

表 7-16　　　　化工行业 13 类产品情景 D 下的经济影响　　　　单位：美元

分类	中国				世界	
	生产者剩余	税收	净福利	出口变动	消费者剩余	净福利
无机化学品	456785099.80	-768623955.00	-311838855.00	706771032.10	348027715.00	348027715.00
有机化合物	2140431205.00	-3646413825.00	-1505982619.00	3315216638.00	1579991198.00	1579991198.00
药品	232216416.70	-389221558.00	-157005141.00	359401927.40	159837585.10	159837585.10
肥料	95511626.24	-158187079.00	-62675452.30	147677498.30	68011387.97	68011387.97
鞣料浸膏等	184303665.80	-310493132.00	-126189467.00	285191420.20	140292434.90	140292434.90
精油及香膏等	191748335.20	-325402930.00	-133654595.00	296949998.20	138469865.60	138469865.60
肥皂等	151862219.70	-258594144.00	-106731924.00	235230446.40	110239488.10	110239488.10
蛋白类等	173171870.00	-303165943.00	-129994073.00	268643506.10	134890508.30	134890508.30
易燃材料制品	22016221.23	-36919058.90	-14902837.60	34063640.94	16191214.73	16191214.73

续表

分类	中国				世界	
	生产者剩余	税收	净福利	出口变动	消费者剩余	净福利
照相及电影用品	27083771.23	−45253112.00	−18169340.80	41910258.89	18469790.18	18469790.18
杂项化学产品	504600015.40	−854212993.00	−349612977.00	781069328.90	383881284.40	383881284.40
塑料及其制品	2490896525.00	−4211955317.00	−1721058792.00	3856634436.00	1790333828.00	1790333828.00
橡胶及其制品	879396069.40	−1505145002.00	−625748932.00	1362442298.00	654101928.00	654101928.00

对比分析情景A、B可以看出，出口退税率的下调会使我国生产者剩余下降，但是会使我国净福利上升；出口退税率的上升虽然使我国生产者剩余上升，但是我国的净福利是下降的。对比分析情景A、C可以看出，针对同种产品，出口退税率的下调幅度越大，我国生产者剩余损失越大，但是我国净福利上升也会越大。对比情景C、D，我们可以发现出口退税率上升和增值税率下调所引起的我国生产者剩余和我国净福利变化方向是相同的，即都会使我国生产者剩余上升、净福利下降。

五 环境影响

为了全面考察出口退税率变动给我国环境带来的影响，本部分选取二氧化硫排放量、化学需氧量排放量、废水排放量、工业固体废物产生量作为环境指标，对不同情景下所引起的环境指标变动进行测算。测算结果见表7-17。

理论上来说，当出口退税率下调时，厂商的出口积极性降低，出口减少，厂商会选择减少生产，那么厂商的污染排放量会降低；当出口退税率上升时，企业的出口积极性提高，企业会选择增加生产，这时厂商的污染排放量会上升。从表7-17可以看出，在情景A和情景C的情况下，二氧化硫排放量、化学需氧量排放量、工业废水排放量以及工业固体废物产生量均出现不同程度的下降；情景B情况下，四种产品的四种污染物的排放量均出现不同程度的上升；情景D模拟的是增值税率下调的情景，其对污染物排放产生的结果与出口退税率上升所产生的结果相同，即会使污染排放量增多。

从产品层面来看，情景A的情况下出口退税率降低所引起的四种污

表7-17 化工行业13类产品不同情景下的环境影响

污染指标	情景A SO₂/吨	情景A COD/吨	情景A 工业废水/万吨	情景A 工业固体废物/万吨	情景B SO₂/吨	情景B COD/吨	情景B 工业废水/万吨	情景B 工业固体废物/万吨	情景C SO₂/吨	情景C COD/吨	情景C 工业废水/万吨	情景C 工业固体废物/万吨	情景D SO₂/吨	情景D COD/吨	情景D 工业废水/万吨	情景D 工业固体废物/万吨
无机化学品	-2863.67	-1200.26	-831.32	-30.61	1679.82	676.38	489.84	19.27					366.97	194.53	47.65	18.43
有机化合品	-4029.85	-1689.04	-1169.87	-43.07									1721.31	912.49	223.51	86.45
药品	-906.90	-380.11	-263.27	-9.69									1243.37	86.59	236.95	0.33
肥料	-1289.95	-540.66	-374.47	-13.79									76.68	40.65	9.96	3.85
鞣料浸膏等	-401.59	-168.32	-116.58	-4.29	114.23	46.00	33.31	1.31					148.08	78.50	19.23	7.44
精油及香膏等	-165.18	-69.23	-47.95	-1.77									154.18	81.73	20.02	7.74
肥皂类等	-131.89	-55.28	-38.29	-1.41	28.45	11.46	8.30	0.33	-27.75	-8.24	-11.92	-0.39	122.13	64.75	15.86	6.13
蛋白类等													139.48	73.94	18.11	7.01
易燃材料制品													17.69	9.38	2.30	0.89
照相及电影用品													21.76	11.54	2.83	1.09
杂项化学产品	-1188.47	-498.13	-345.01	-12.70					-502.77	-149.38	-216.04	-6.99	405.54	214.98	52.66	20.37
塑料及其制品	-1374.96	-220.38	-197.11	-3.42									616.94	128.54	306.51	1.83
橡胶及其制品	-153.51	-73.55	-25.72	-0.46	50.16	18.92	10.04	0.17					217.95	45.41	108.28	0.65

194

染物排放量的下降在无机化学品、有机化学品、鞣料浸膏等、杂项化学品、塑料及其制品五个产品上表现得较为明显。当然，从情景B也可以看出，出口退税率上升所引起的污染排放量的减少在有机化学品上表现的效果也是尤为明显。出现上述情况的原因可能是由于上述产品本身生产过程中污染排放量就比较高，因此在减排时表现的效果较为明显。针对情景D，由于增值税率的下调，"出口税负"降低，该行业将会增加出口，从而生产也将随之增加，污染排放随之增加。其中有机化学品、药品、杂项化学品和塑料及其制品在污染排放增加方面表现得较为明显。

通过上述分析可以看到，无论是出口退税率的下调还是上调抑或是增值税率的下调，其在污染排放方面的影响在有机化学品、无机化学品、药品、杂项化学品、塑料及其制品上的表现尤为明显。这说明，政府在调整出口退税政策时，针对上述产品将会制定更为严格的出口退税率政策，从而使减排效果更为明显。

2005年以来我国对出口退税率的调整主要表现在优化产品生产以及减少贸易摩擦方面，针对"两高一资"行业，基本上是采取降低或者取消出口退税的政策。

从图7-4可以看出，2005—2019年化工行业内各个产品的出口退税率均有较大的变动，且变动主要集中在2007—2011年。2008年，化工行业内各产品的出口退税率普遍下降且下降幅度较大，例如无机化学品的出口退税率由10.98%下降到0.54%，肥料、鞣料浸膏等产品的出口退税率分别由8.56%、12.76%下降到0。2009—2010年，化工行业内部分产品的出口退税率出现连续小幅上升。2011—2019年行业内大部分产品的出口退税率基本保持稳定。

第五节 钢铁行业

一 行业选取依据

钢铁是工业中不可或缺的原材料，钢铁行业主要生产活动是采选黑色金属矿物及其冶炼加工，既是一个国家的基础行业，也是衡量一个国家工业水平的重要标准。

我国粗钢产量多年来位居世界第一，2011年粗钢产量约占世界的一半。钢铁工业的主要原料是铁矿石，在生产钢铁的过程中还会消耗大量的煤炭和电能。2016年，钢铁企业生产每吨钢需要消耗约0.70吨标准煤、1.53吨铁矿石、115千克废钢、4吨新水，能耗巨大。除高能耗之外，钢铁行业也是污染大户，2013年全国重点统计的钢铁企业烟粉尘排放量达到44万吨，占重点调查工业企业废水排放总量的23.00%，二氧化硫排放68万吨，占重点调查工业企业废水排放总量的10.30%。钢铁行业作为"两高"行业之一，是节能减排计划中的重点关注对象，要求严格控制产能、淘汰落后产能、压减过剩产能、深化污染治理、推进升级改造，全面将其污染排放控制在大气污染物排放限值以内。

钢铁行业的产品包含第72章钢铁和第73章钢铁制品，我们将对钢铁行业这两章的产品开展具体分析。

二 行业产品的出口退税率

我国过去受粗放型发展模式的影响，"两高一资"行业规模的扩大是和经济发展同步的，"两高一资"行业产品的出口在带来出口额不断增加的同时，也使我国环境面临着巨大的挑战。由此，随着转变发展方式和优化经济结构的现实需求，国家越来越重视"两高一资"行业的良性发展。结合我国国情，为了实现可持续、低碳环保发展，我国从2005年开始陆续对"两高一资"行业产品实施取消出口退税等政策措施。

从图7-7可以看出，钢铁和钢铁制品的出口退税率变化趋势类似，2005—2008年出口退税率下调明显，在2009年后小幅回升，2010—2019年钢铁制品的出口退税率稳定，而在2019年时钢铁产品的出口退税率大幅上升。就"出口税负"而言（见图7-8），其反映总体征税额，

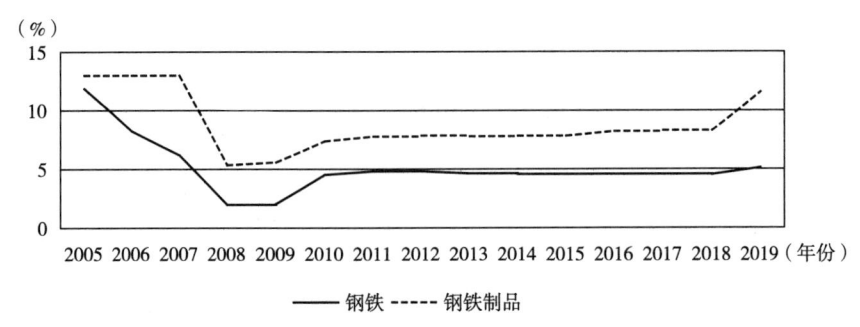

图7-7 2005—2019年钢铁行业产品出口退税率变化情况

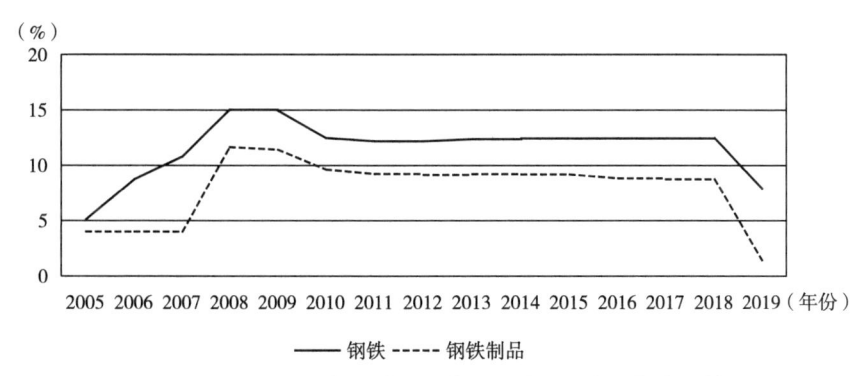

图 7-8　2005—2019 年钢铁行业产品"出口税负率"变化情况

2005—2008 年由于出口退税率下调,"出口税负率"上升,2010—2018 年较为稳定,2019 年钢铁和钢铁制品均下降明显。

三　情景设定

在此部分,我们根据 2005 年以来我国有关出口退税率调整的政策文件来设定情景,每个情景可以由当年的多个政策文件共同组成。本书选取的政策文件均是导致了第 72 章钢铁或第 73 章钢铁制品"出口税负率"显著变化的政策,详见表 7-18。

表 7-18　2005—2019 年钢铁行业出口退税相关政策文件

年份	相关政策
2005	《财政部、国家税务总局关于钢坯等钢铁初级产品停止执行出口退税的通知》(财税〔2005〕57 号)将税则号为 7203、7205、7206、7207、7218、7224 项下的钢铁初级产品停止执行出口退税政策
2006	《财政部、发展改革委、商务部、海关总署、国家税务总局关于调整部分商品出口退税率和增补加工贸易禁止类商品目录的通知》(财税〔2006〕139 号)将钢材(142 个税号)出口退税率由 11% 降至 8%
2007	《财政部、国家税务总局关于调整钢材出口退税率的通知》(财税〔2007〕64 号)将《税则》(2007 年版)第 72 章中的 76 个产品(特种钢材、不锈钢板、冷轧产品等)的出口退税率降低到 5%,另外还对 83 个税号的钢材取消出口退税。《财政部、国家税务总局关于调低部分商品出口退税率的通知》(财税〔2007〕90 号)将部分钢铁制品(石油套管除外)出口退税率下调至 5%
2019	《财政部、税务总局、海关总署联合公告 2019 年第 39 号〈关于深化增值税改革有关政策的公告〉》(联合公告〔2019〕39 号)将原适用 16% 增值税率的,税率调整为 13%;原适用 10% 税率的,税率调整为 9%

依据表 7-18，我们设定以下 4 个情景：

（一）情景 A

2005 年的相关政策（财税〔2005〕57 号）导致第 72 章钢铁"出口税负率"从 5.12%上升至 8.76%，变化幅度为 3.64%。

（二）情景 B

2006 年的相关政策（财税〔2006〕139 号）导致第 72 章钢铁"出口税负率"从 8.76%上升至 10.81%，变化幅度为 2.05%。

（三）情景 C

2007 年的相关政策（财税〔2007〕64 号、财税〔2007〕90 号）导致第 72 章钢铁"出口税负率"从 10.81%上升至 15.02%，变化幅度为 4.21%，第 73 章钢铁制品"出口税负率"从 4.00%上升至 11.65%，变化幅度为 7.65%。

（四）情景 D

2019 年相关政策（联合公告〔2019〕39 号）导致第 72 章钢铁"出口税负率"从 12.47%下降至 7.89%，变化幅度为-4.58%，第 73 章钢铁制品"出口税负率"从 8.72%下降至 1.44%，变化幅度为-7.28%。

四 经济影响

如表 7-19 所示，在情景 A 下，由于 2005 年出台的出口退税政策下调了第 72 章钢铁的出口退税率，国内厂商出口产品的积极性下降，出口额下降接近 5 亿美元，本国的生产者剩余降低，出口退税率下降导致政府税收增加，从表 7-19 中可以看出，本国的税收增加额大于生产者剩余减少额，所以本国净福利增加，世界净福利减少。

表 7-19　　　　钢铁行业不同情景下的经济影响　　　　单位：美元

指标	情景 A	情景 B	情景 C		情景 D	
	72 章钢铁	72 章钢铁	72 章钢铁	73 章钢铁制品	72 章钢铁	73 章钢铁制品
中国生产者剩余	-320591036	-292024130	-932847533	-1650596667	1189645894	2745261251
中国税收	504878743	466491413	1466237286	-1650596667	-2003538319	-4711105922
中国净福利	184287708	174467283	533389753	864081658	-813892424	-1965844670
中国出口额	-494313055	-450607791	-1438047444	-2539918363	1841098081	4253996676

续表

指标	情景 A	情景 B	情景 C		情景 D	
	72 章钢铁	72 章钢铁	72 章钢铁	73 章钢铁制品	72 章钢铁	73 章钢铁制品
世界消费者剩余	-198541439	-191166312	-605979009	-954881387	880420257	2043844265
世界净福利	-198541439	-191166312	-605979009	-954881387	880420257	2043844265

情景 B 中，由于 2006 年出台的出口退税政策继续下调第 72 章钢铁的出口退税率，国内厂商出口积极性下降，出口额下降 4.51 亿美元，由于情景 B 的税率变动幅度小于情景 A，所以出口额变动相较于情景 A 更少，本国的生产者剩余降低，税收增加并且本国净福利增加，世界净福利减少。情景 C 中，由于 2007 年出台的出口退税政策调低了第 72 章钢铁和第 73 章钢铁制品的出口退税率，两类产品的出口额都下降，国内生产者剩余下降，税收增加，本国净福利增加，世界净福利减少。在情景 D 下，2019 年出台的出口退税政策调低了第 72 章钢铁和第 73 章钢铁制品的征税率，"出口税负率"下降，厂商的出口积极性上升，出口额增加，生产者剩余增加，税收减少，减少的税收大于增加的生产者剩余，所以本国净福利减少，导致世界消费者剩余增加。

五 环境影响

为了全面考察出口退税率变动给我国环境带来的影响，本部分选取二氧化硫排放量、化学需氧量排放量、废水排放量、工业固体废物产生量作为环境指标，对不同情景下所引起的环境指标变动进行测算。

首先测算化学需氧量、二氧化硫、工业废水、工业固体废物的污染强度，然后使用污染强度来计算各个环境指标在每个情景下的变化量。根据我们的情景设定，由附表 7 可以看出，2005—2018 年，化学需氧量、二氧化硫、工业废水、工业固体废物的污染强度均随着时间的推移有下降的趋势，说明技术进步导致单位产值造成的污染更低了。

各环境指标在各情景下的污染变化如表 7-20 所示。除情景 D 之外，其他情景均导致污染排放的降低，降低的幅度各有不同，因为情景 D 是出口退税率增加的情况，会导致该行业产品出口的增加，从而该行业将会生产更多的产品用于出口，污染排放将会上升。对于出台的政策来说，情景 C 降污效果最为明显，因为 2007 年的相关政策不仅同时影响了钢铁和钢铁制品的税率变化，而且变化幅度也较大，实施力度较大。

表 7-20　钢铁行业两类产品不同情景下的环境影响

产品	污染物	情景 A	情景 B	情景 C	情景 D
钢铁	COD 污染变化（吨）	−295.19	−178.53	−399.12	142.54
	SO_2 污染变化（吨）	−2080.92	−1613.96	−4001.08	3759.76
	工业废水污染变化（万吨）	−286.28	−197.93	−476.76	164.47
	工业固体废物污染变化（万吨）	−51.43	−43.82	−120.28	119.40
钢铁制品	COD 污染变化（吨）			−704.94	329.36
	SO_2 污染变化（吨）			−7066.82	8687.21
	工业废水污染变化（万吨）			−842.07	380.03
	工业固体废物污染变化（万吨）			−212.45	275.87

第六节　有色金属行业

一　行业选取依据

有色金属是指除了铁、锰、铬以外其他的金属，该行业的废水、废气的排放量虽然仅占工业企业排放总量的 5%，但铅、镉等重金属污染的排放量却占到工业企业排放总量的 80% 以上。我国有色金属产量位居世界第一，经过多年发展，总量不断扩大，废水、废气排放总量逐年增大，同时固体废物产生量更大，一般固体废物产生量占全国总量的 10% 左右，危险固体废物占全国总量的 80% 左右，其次，我国有色金属技术装备落后，产业升级缓慢，污染治理落后。

有色金属行业包含第 74 章铜及其制品，第 75 章镍及其制品，第 76 章铝及其制品，第 78 章铅及其制品，第 79 章锌及其制品，第 80 章锡及其制品，第 81 章其他贱金属、金属陶瓷及其制品，第 82 章贱金属工具、器具、利口器、餐匙、餐叉及其零件和第 83 章贱金属杂项制品，我们将对有色金属行业这几章产品开展具体分析。

二　行业产品出口退税率

我国过去受粗放型发展模式的影响，"两高一资"行业规模的扩大

第七章 通过出口退税政策调整抑制重点"两高一资"行业效果研究

是和经济发展同步的,"两高一资"行业产品的出口额不断增加的同时,也使我国环境面临巨大的挑战。由此,随着转变发展方式和优化经济结构的现实需求,国家越来越重视"两高一资"行业的良性发展。结合我国国情,为了实现可持续、低碳环保发展,我国从2005年开始陆续对"两高一资"行业产品实施取消出口退税等政策措施。其中,有色金属行业是国家降减出口退税优惠的重点行业之一。

从图7-9可以看出,在2005—2009年,有色金属行业出口退税率普遍下调,随后在2010—2018年表现较为平稳,2019年出口退税率上调迹象明显。如图7-10所示,"出口税负率"等于征税率减去出口退税率,反映总体征税额,2005—2009年由于退税率下调,所以"出口税负率"上升,2010—2018年表现较为稳定,2019年有色金属行业"出口税负率"下降明显。

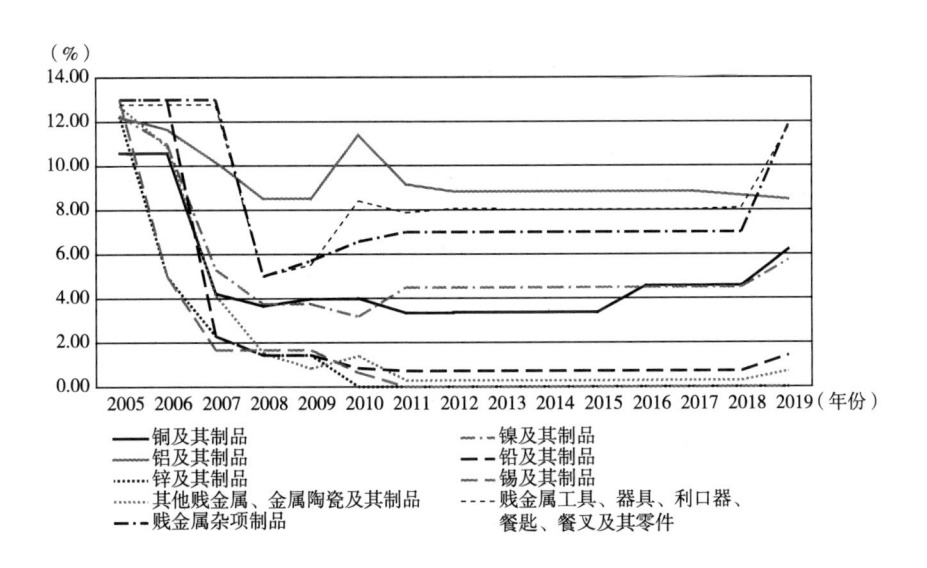

图 7-9 2005—2019 年有色金属行业产品出口退税率变化情况

三 情景设定

在此,我们同样依据2005年来我国有色金属行业出口退税率调整的政策文件来设定情景,每个情景可以由当年的多个政策文件共同组成。本书选取的政策文件均是导致有色金属行业某些产品"出口税负率"发生显著变化的政策,详见表 7-21。

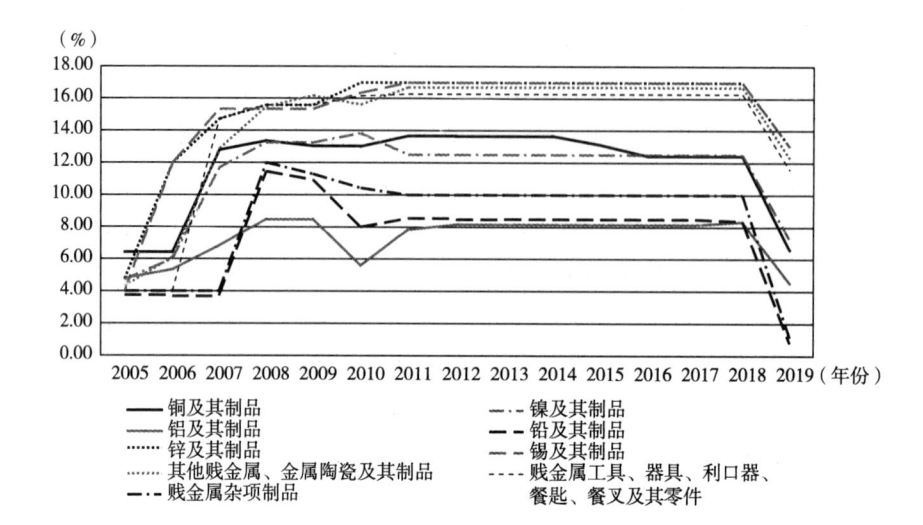

图 7-10　2005—2019 年有色行业产品"出口税负率"变化情况

表 7-21　　2005—2019 年有色金属行业出口退税相关政策文件

年份	相关政策
2005	《财政部、国家税务总局关于调整煤焦油等产品出口退税率的通知》(财税〔2005〕184 号)将汞、钨、锌、锡、锑及其制品等退税率下调为 5%
2006	《财政部、国家税务总局关于 2006 年部分出口商品适用退税率的通知》(财税〔2006〕6 号)将 760110100、7601109000 的铝制品取消退税,将 7901119000 的锌制品退税率调整为 5% 《财政部、发展改革委、商务部、海关总署、国家税务总局关于调整部分商品出口退税率和增补加工贸易禁止类商品目录的通知》(财税〔2006〕139 号)将部分有色金属材料的出口退税率由 13%降至 5%、8%和 11%
2007	《财政部、国家税务总局关于调低部分商品出口退税率的通知》(财税〔2007〕90 号)取消非合金铝制条杆等简单有色金属加工产品出口退税,调低其他贱金属及其制品出口退税率至 5%
2010	《财政部、国家税务总局关于取消部分商品出口退税的通知》(财税〔2010〕57 号)文件,通知决定取消部分有色金属加工材出口退税
2019	《财政部、税务总局、海关总署联合公告 2019 年第 39 号〈关于深化增值税改革有关政策的公告〉》(联合公告〔2019〕39 号)将原适用 16%增值税率的,税率调整为 13%;原适用 10%税率的,税率调整为 9%

依据表7-21,我们设定以下情景,各情景内的产品的"出口税负率"因政策文件而发生显著变化。

(一)情景A

2005—2006年相关政策(财税〔2005〕184号、财税〔2006〕6号)对有色金属行业产品的出口退税率进行了调整,其"出口税负率"变动情况如表7-22所示。

表7-22　情景A下有色金属行业产品"出口税负率"变动情况　　单位:%

产品	2005年	2006年	变动
铝及其制品	4.79	5.34	0.55
锌及其制品	4.75	12.00	7.25
锡及其制品	4.00	12.00	8.00
其他贱金属、金属陶瓷及其制品	4.29	6.11	1.82

(二)情景B

2006年相关政策(财税〔2006〕139号)导致有色金属行业部分产品出口退税率变动,其"出口税负率"变动情况如表7-23所示。

表7-23　情景B下有色金属行业产品"出口税负率"变动情况　　单位:%

产品	2006年	2007年	变动
铜及其制品	6.42	12.78	6.36
镍及其制品	6.00	11.69	5.69
铝及其制品	5.34	6.83	1.49
铅及其制品	4.00	14.71	10.71
锌及其制品	12.00	14.71	2.71
锡及其制品	12.00	15.33	3.33
其他贱金属、金属陶瓷及其制品	6.11	12.86	6.75

(三)情景C

2007年相关政策(财税〔2007〕90号)导致有色金属行业部分产品出口退税率变动,其"出口税负率"变动情况如表7-24所示。

表7-24　情景C下有色金属行业产品"出口税负率"变动情况　　单位:%

产品	2007年	2008年	变动
铝及其制品	6.83	8.48	1.65
其他贱金属、金属陶瓷及其制品	12.86	15.47	2.61
贱金属工具、器具、利口器、餐匙、餐叉及其零件	3.71	11.45	7.74
贱金属杂项制品	4.00	12.00	8.00

(四) 情景D

2010年相关政策 (财税〔2010〕57号) 对有色金属行业部分产品的出口退税率进行了调整,其"出口税负率"变动情况如表7-25所示。

表7-25　情景D下有色金属行业产品"出口税负率"变动情况　　单位:%

产品	2009年	2010年	变动
铝及其制品	8.50	5.60	-2.9
锌及其制品	15.57	17.00	1.43
锡及其制品	15.33	16.37	1.04
贱金属工具、器具、利口器、餐匙、餐叉及其零件	10.93	8.01	-2.92

(五) 情景E

2019年政策 (联合公告〔2019〕39号) 对出口退税率的调整涉及有色金属行业多项产品,而且是受经济和对外贸易形势影响,以调高该类产品的出口退税优惠为主。我们以此为依据设定情景E,此次政策调整对有色金属行业多种产品"出口税负率"变动的影响如表7-26所示。

表7-26　情景E下有色金属行业产品"出口税负率"变动情况　　单位:%

产品	2018年	2019年	变动
铜及其制品	12.42	6.59	-5.83
镍及其制品	12.50	7.25	-5.25
铝及其制品	8.35	4.52	-3.83
铅及其制品	16.29	11.57	-4.72
锌及其制品	17.00	13.00	-4.00
锡及其制品	17.00	13.00	-4.00
其他贱金属、金属陶瓷及其制品	16.71	12.29	-4.42

续表

产品	2018 年	2019 年	变动
贱金属工具、器具、利口器、餐匙、餐叉及其零件	8.38	0.79	-7.59
贱金属杂项制品	10.00	1.15	-8.85

四 经济影响

如表 7-27 所示,在情景 A 下,由于 2005—2006 年相关政策使得以下四种产品的"出口税负率"上升,国内厂商的出口意愿下降,本国的生产者剩余降低,出口退税率下降导致政府税收增加,从表 7-27 中可以看出,本国的税收增加额大于生产者剩余减少额,所以本国净福利增加,世界净福利减少。

表 7-27　　有色金属行业部分产品在情景 A 下的经济影响　　单位:美元

产品	中国生产者剩余	中国税收	中国净福利	中国出口变动	世界消费者剩余	世界净福利
铝及其制品	-19807666	31966498	12158831	-30591051	-12727359	-12727359
锌及其制品	-16176079	24734516	8558437	-24897079	-9488508	-9488508
锡及其制品	-10868183	16510318	5642134	-16721174	-6254895	-6254895
其他贱金属、金属陶瓷及其制品	-24753591	39532696	14779106	-38198694	-15567519	-15567519

相较于情景 A,2006 年相关政策(情景 B)对有色金属行业产品的出口退税政策调整更多,并且税率变动幅度也较大,从而较大程度地影响了出口额,导致出口额降低,本国的生产者剩余降低,本国税收增加并且本国净福利增加,世界净福利减少,具体影响见表 7-28。

表 7-28　　有色金属行业部分产品在情景 B 下的经济影响　　单位:美元

产品	中国生产者剩余	中国税收	中国净福利	中国出口变动	世界消费者剩余	世界净福利
铜及其制品	-213363676	328900978	115537302	-328552341	-128974025	-128974025
镍及其制品	-16527045	25610568	9083522	-25457851	-10041367	-10041367
铝及其制品	-80959571	129696904	48737333	-124954025	-51655607	-51655607

续表

产品	中国 生产者剩余	中国 税收	中国 净福利	中国 出口变动	世界 消费者剩余	世界 净福利
铅及其制品	-45574353	67693219	22118866	-70023303	-25151004	-25151004
锌及其制品	-21138328	33642137	12503809	-32608761	-14147081	-14147081
锡及其制品	-4364945	6912884	2547940	-6731654	-2899177	-2899177
其他贱金属、金属陶瓷及其制品	-107497229	165156916	57659687	-165499358	-64418214	-64418214

在情景 C 中，与情景 A 和情景 B 不同的是，有色金属行业中的第 82 章贱金属工具、器具、利口器、餐匙、餐叉及其零件和第 83 章贱金属杂项制品等也纳入了降减出口退税的产品范围中。情景 C 模拟的经济影响各指标在变动方向上与之前情景类似，只是程度不同，详见表 7-29。在情景 D 中，出口退税政策调整并没有继续延续之前的降减趋势，而是出现了有升有降的情况。其中，第 76 章产品和第 82 章产品的出口退税优惠有所上升，从而促进了这两章产品的出口，中国生产者剩余增加，政府出口退税额减少，中国净福利下降，世界消费者福利上升，世界净福利上升。而第 79 章和第 80 章产品的出口退税率则继续降低，延续着抑制这两章产品出口的态势，其他经济指标的变动方向与之前情景相类似，详见表 7-30。受经济和对外贸易形势恶化的影响，我们国家在 2018—2019 年通过降低增值税率或者通过增大部分产品出口退税的优惠力度，以扩大出口和促进对外贸易，这其中包括了有色金属行业中的多项产品。因而，在情景 E 中，出口退税政策调整使有色金属行业中 8 种大类商品的"出口税负率"出现了不同程度的下降。从模拟结果来看（见表 7-31），受此影响，国内厂商的出口意愿提升，生产者剩余增加，税收减少，出口减少的税收大于增加的生产者剩余，所以本国净福利减少，出口产品更多导致世界消费者剩余增加和世界净福利上升。

表 7-29　　有色金属行业部分产品在情景 C 下的经济影响　　单位：美元

产品	中国 生产者剩余	中国 税收	中国 净福利	中国 出口变动	世界 消费者剩余	世界 净福利
铝及其制品	-110273898	176556122	66282223	-170187075	-71231110	-71231110

续表

产品	中国生产者剩余	中国税收	中国净福利	中国出口变动	世界消费者剩余	世界净福利
其他贱金属、金属陶瓷及其制品	-50034061	79725163	29691102	-77188521	-33792235	-33792235
贱金属工具、器具、利口器、餐匙、餐叉及其零件	-329853404	502085206	172231801	-507546618	-189975009	-189975009
贱金属杂项制品	-386296332	586839125	200542793	-594333758	-222322633	-222322633

表 7-30　　有色金属行业部分产品在情景 D 下的经济影响　　单位：美元

产品	中国生产者剩余	中国税收	中国净福利	中国出口变动	世界消费者剩余	世界净福利
铝及其制品	157712097	-261798261	-104086163	243908167	110174118	110174118
锌及其制品	-1754548	2825314	1070766	-2708232	-1231117	-1231117
锡及其制品	-378973	612057.90	233084	-585062	-266549	-266549
贱金属工具、器具、利口器、餐匙、餐叉及其零件	105857320	-175931480	-70074159	163709519	75559647	75559647

表 7-31　　有色金属行业部分产品在情景 E 下的经济影响　　单位：美元

产品	中国生产者剩余	中国税收	中国净福利	中国出口变动	世界消费者剩余	世界净福利
铜及其制品	224785330	-382138081	-157352750	348060057	169136385	169136385
镍及其制品	13251847	-22431486	-9179639	20514535	9899952	9899952
铝及其制品	595440998	-995409279	-399968280	921263265	421010135	421010135
铅及其制品	3346399	-5650525	-2304126	5178724	2559977	2559977
锌及其制品	5304599	-8911682	-3607083	8207036	4043120	4043120
锡及其制品	1587359	-2666750	-1079391	2455890	1209871	1209871
其他贱金属、金属陶瓷及其制品	91433354	-154066602	-62633247	141478733	69904253	69904253
贱金属工具、器具、利口器、餐匙、餐叉及其零件	717060556	-1233205702	-516145145	1111289332	534610010	534610010

五 环境影响

同样，在本部分我们选取二氧化硫排放量、化学需氧量排放量、废水排放量、工业固体废物产生量等环境指标，基于CPE模拟的不同情景下的经济影响，进一步考察政策情景下的环境影响。在测算方式上我们还是使用不同污染物的污染排放强度（见附表7）与各政策情景下的产值（出口额）变动相乘得到不同污染物的污染排放变动量。

由附表7污染排放系数变动可以发现，化学需氧量、二氧化硫、工业废水、工业固体废物的污染强度大部分随着时间推移有下降趋势，说明技术进步导致单位产值造成的污染更低了。各情景下的环境影响测算结果如表7-32至表7-35所示。

表7-32　有色金属行业九项产品不同情景下对COD排放的影响　单位：吨

产品	情景A	情景B	情景C	情景D	情景E
铜及其制品		−134.10			28.33
镍及其制品		−10.39			1.67
铝及其制品	−18.37	−51.00	−43.61	42.49	74.99
铅及其制品		−28.58			0.42
锌及其制品	−14.95	−13.31		−0.47	0.67
锡及其制品	−10.04	−2.75		−0.10	0.20
其他贱金属、金属陶瓷及其制品	−22.94	−67.55	−19.78		11.52
贱金属工具、器具、利口器、餐匙、餐叉及其零件			−130.06	28.52	90.45
贱金属杂项制品			−152.30		

表7-33 有色金属行业九项产品不同情景下对二氧化硫排放的影响

单位：吨

产品	情景A	情景B	情景C	情景D	情景E
铜及其制品		−942.90			755.24
镍及其制品		−73.06			44.51
铝及其制品	−128.13	−358.60	−374.00	347.22	1999.00

续表

产品	情景 A	情景 B	情景 C	情景 D	情景 E
铅及其制品		-200.96			11.24
锌及其制品	-104.28	-93.58		-3.86	17.81
锡及其制品	-70.04	-19.32		-0.83	5.33
其他贱金属、金属陶瓷及其制品	-159.99	-474.96	-169.63		306.99
贱金属工具、器具、利口器、餐匙、餐叉及其零件			-1115.36	233.05	2411.33
贱金属杂项制品			-1306.08		

表7-34 有色金属行业九项产品不同情景下对工业废水排放的影响

单位：万吨

产品	情景 A	情景 B	情景 C	情景 D	情景 E
铜及其制品		-110.27			28.33
镍及其制品		-8.54			1.67
铝及其制品	-13.78	-41.94	-44.26	43.49	74.99
铅及其制品		-23.50			0.42
锌及其制品	-11.22	-10.94		-0.48	0.67
锡及其制品	-7.53	-2.26		-0.10	0.20
其他贱金属、金属陶瓷及其制品	-17.21	-55.54	-20.07		11.52
贱金属工具、器具、利口器、餐匙、餐叉及其零件			-131.99	29.19	90.45
贱金属杂项制品			-154.56		

表7-35 有色金属行业九项产品不同情景下对工业固体废物排放的影响

单位：万吨

产品	情景 A	情景 B	情景 C	情景 D	情景 E
铜及其制品		-27.50			13.36
镍及其制品		-2.13			0.79
铝及其制品	-3.41	-10.46	-11.39	14.16	35.36

续表

产品	情景 A	情景 B	情景 C	情景 D	情景 E
铅及其制品		−5.86			0.20
锌及其制品	−2.77	−2.73		−0.16	0.31
锡及其制品	−1.86	−0.56		−0.03	0.09
其他贱金属、金属陶瓷及其制品	−4.26	−13.85	−5.17		5.43
贱金属工具、器具、利口器、餐匙、餐叉及其零件			−33.96	9.51	42.65
贱金属杂项制品			−39.77		

除情景 D 和情景 E 外，其他情景均是降低出口退税率的情景，均会导致污染排放减少，情景 D 对税率的调整升降不一，所以污染排放有增有减，情景 E 提高了出口退税优惠，伴随高污染产品出口额的增加，污染排放也有所增加。从政策力度角度来看，情景 B 使有色金属产品的污染普遍较大幅度减少，说明当时的政策是最有力的，其次是情景 C 的政策。

第七节　矿物质

一　行业产品选取依据

矿物质行业包括盐、硫黄、石料、石灰、水泥、矿砂、矿渣以及矿灰等产品。开采矿物质会消耗大量资源，并产生对环境有害的工业废水和工业固体废物等。根据《中国环境统计年鉴》，2015 年我国工业废水总排放为 4445822 万吨，工业固体废物总排放为 310999.20 万吨。其中矿物质行业的工业废水排放量为 463559 万吨，占工业废水总排放的 10.40%；工业固体废物排放量为 101865.30 万吨，占工业固体废物总排放量的 32.80%。由此，鉴于矿物质行业的高污染高排放属性，本书选取该行业产品开展分析。

二　行业产品的出口退税率

首先把矿物质的各种品类按照 6 位税号进行集结，对各类产品的税率进行算术平均，得到矿物质行业历年来出口退税率，如图7-11所示。可以看出，2005—2007年矿物质行业的出口退税率呈显著下降趋势，原因在于我国针对矿物质行业部分产品进行了出口退税调整，且最终下调为0。

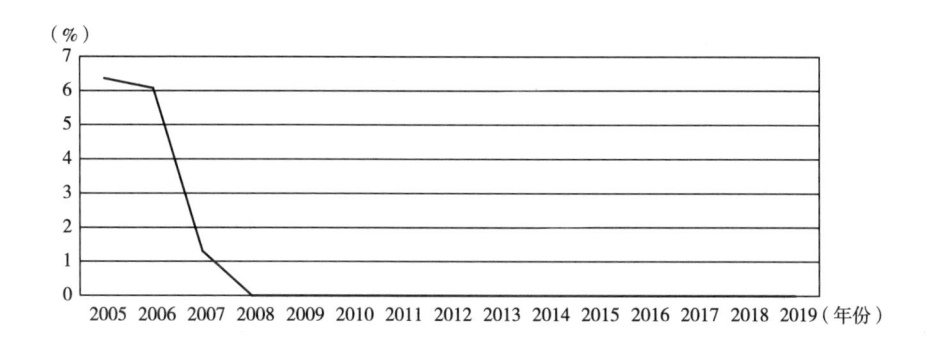

图7-11　2005—2019年矿物质行业出口退税率情况

三　情景设定

出口退税政策变化必然导致产品的出口退税率或者增值税率发生变化，从而影响该行业的平均"出口税负率"，进而导致CPE模拟结果的不同。故根据2005年以来针对矿物质行业的出口退税政策文件，本书选取了矿物质行业平均"出口税负率"发生显著变化的年份为时间节点，以模拟测算矿物质行业出口退税政策调整所带来的经济影响和环境影响，分别记为以下四个情景。

（一）情景A

2005年发布的《财政部、国家税务总局关于调整部分产品出口退税率的通知》〔以下简称（财税〔2005〕75号）〕，取消稀土金属、稀土氧化物、稀土盐类，金属硅，钼矿砂及其精矿，轻重烧镁，氟石、滑石、碳化硅，木粒、木粉、木片的出口退税政策。故以2005年为基点，分析矿物质行业的出口退税率由2005年的6.36%降至2006年的6.07%时的经济和环境影响。

（二）情景B

2006年9月发布的（财税〔2006〕139号），决定取消《税则》中

第25章除盐、水泥之外的所有非金属类矿产品的出口退税。故以2006年为基点，分析矿物质行业的平均出口退税率由2006年的6.08%降至2007年的1.30%时的经济和环境影响。

（三）情景C

2007年发布的（财税〔2007〕90号），将部分石料出口退税率下调至5.00%，并且取消了水泥的出口退税政策。故以2007年为基点，分析矿物质行业的平均出口退税率由2007年的1.30%降至2008年的0时的经济和环境影响。

（四）情景D

2019年4月，财政部发布（联合公告〔2019〕39号），对增值税进行如下改革：原适用16.00%税率的调整为13.00%；原适用10.00%税率的调整为9.00%；纳税人购进农产品，原适用10.00%扣除率的，扣除率调整为9.00%。纳税人购进用于生产或者委托加工13.00%税率货物的农产品，按照10.00%的扣除率计算进项税额等。故以2018年为基点，分析矿物质行业的"出口税负率"由2018年的16.00%降至2019年的12.60%时的经济和环境影响。

四　经济影响

四个情景的CPE结果如表7-36所示。

表7-36　　　　矿物质行业不同情景下的经济影响　　　　单位：美元

福利	情景A	情景B	情景C	情景D
生产者剩余	-6739046.20	-97143175.50	-24573934.60	88965825.50
消费者剩余	-4479697.20	-61321625.80	-16935632.30	66698861.80
政府税收	10906547.00	151873425.60	39588409.30	-148696849.90
中国净福利	4167500.80	54730250.00	15014474.70	-59731024.40
世界净福利	-4479697.20	-61321625.80	-16935632.30	66698861.80
出口额	-10406747.10	-149709694.70	-37933778.00	137605689.70

情景A是取消了部分矿物质的出口退税政策的情况，情景B是取消了大量矿物质的出口退税优惠的情况，情景C是下调部分矿物质产品的出口退税率，同时取消了部分产品的出口退税的情况，因此，这三

个情景都会导致矿物质行业的平均出口退税率下降。取消或者降低部分矿物质产品的出口退税率会增加企业的经营成本、提高出口产品的价格，进而使我国出口额减少、生产者剩余减少，世界消费者剩余减少，但我国政府税收增加，且税收增量大于我国减少的生产者剩余，故我国净福利增加，世界净福利减少。

情景 D 是下调矿物质产品的"出口税负率"的情况，这样会使产品的平均增值税率降低，进而使该行业产品的"出口税负"降低。降低矿物质产品的"出口税负"会减少企业的经营成本，提高产品的价格，企业的利润增大，会扩大生产规模，最终引起我国出口额增加、生产者剩余增加，世界消费者剩余增加，但我国的政府税收减少，且税收减少量大于我国生产者剩余增加量，故我国净福利减少，世界净福利增加，总体福利效应为正。

综上，税率调整幅度越大，对经济的影响越大，以上四个情景中情景 A 的"出口税负率"变动最小，所引起的福利变化也最小。而情景 B 的"出口税负率"变动最大，所引起的福利变化也最大，故对经济的影响最大。

五 环境影响

根据矿物质行业历年污染排放系数（见附表 7）及 CPE 模型结果，我们计算得到了如表 7-37 所示的各个情景下污染物变化量。

表 7-37　　　　矿物质行业不同情景下的环境影响

指标	情景 A	情景 B	情景 C	情景 D
工业废水（万吨）	-37.24	-401.79	-70.27	220.69
工业固体废物（万吨）	-9.00	-97.17	-22.07	48.50
二氧化硫（吨）	-49.91	-612.08	-151.61	37.27
化学需氧量（吨）	-28.25	-221.59	-34.08	30.23

由附表 7 污染排放系数变动可以发现，污染排放系数呈递减趋势，表明矿物质行业的内部结构得到了优化。由表 7-37 可知，2006 年取消大量矿物质产品的出口退税政策使得该行业的出口退税率下降幅度最大，进而引起工业废水、工业固体废物、二氧化硫、化学需氧量排放均

大幅下降，对环境的影响最大。2005年取消了部分矿物质的出口退税政策只能引起该行业平均出口退税率较小变动，对环境的影响较小，各污染物减排力度也最小。而2019年的增值税改革使得该行业的增值税下降，企业扩大生产规模，引起各污染物排放量增加。但矿物质行业污染排放系数呈递减趋势，表明矿物质行业在不断优化行业内部结构，推进行业的绿色发展。

第八节 矿物燃料

一 行业产品选取依据

矿物燃料包含煤、矿物油及其产品、沥青等，其开采过程会造成大气污染和水污染，消耗时又会产生大量二氧化硫等污染物。根据《中国环境统计年鉴》，2015年，矿物燃料行业排放的工业废水占工业废水总排放量的7.80%，工业固体废物排放占33.10%，二氧化硫排放占比高达45.20%，化学需氧量占比达9.80%，能源消耗占比22.00%。显然，矿物燃料行业属于典型的"两高一资"行业。

二 行业产品的出口退税率

将矿物燃料的各种品类按照6位税号进行集结，然后对各产品的税率进行算数平均，得到该行业历年出口退税率变化情况（如图7-12所示）。2005—2007年矿物燃料行业的出口退税率有了显著下降，原因在于我国针对该行业进行了出口退税调整，且最终下调为0。

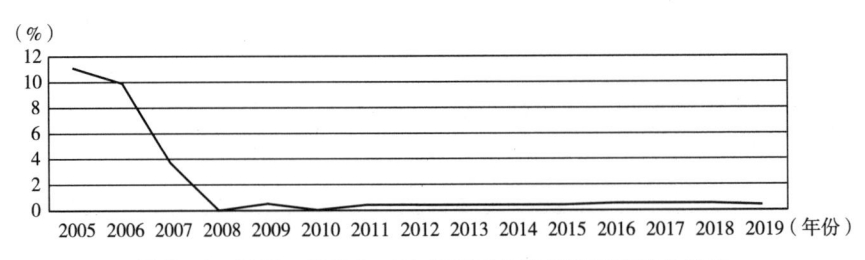

图7-12 2005—2019年矿物燃料行业出口退税率变化情况

三 情景设定

根据2005年以来针对矿物燃料行业的出口退税政策文件，本书以矿物燃料行业平均"出口税负率"发生显著变化的年份为时间节点，模拟测算该行业出口退税政策调整所带来的经济影响和环境影响，分别记为以下四个情景。

（一）情景 A

2005 年发布的（财税〔2005〕75 号）将煤炭出口退税率下调为 8.00%。故以 2005 年为基点，分析矿物燃料行业的出口退税率由 2005 年的 11.10%降至 2006 年的 9.90%时的经济和环境影响。

（二）情景 B

根据 2006 年 9 月发布的（财税〔2006〕139 号），取消了煤炭、天然气、石蜡、沥青等矿物燃料的出口退税。故以 2006 年为基点，分析矿物燃料行业的出口退税率由 2006 年的 9.90%降至 2007 年的 3.70%时的经济和环境影响。

（三）情景 C

2007 年发布的（财税〔2007〕90 号），取消了液态丙烷、液化丁烷、液化石油气等矿产品的出口退税。故以 2007 年为基点，分析矿物燃料行业的出口退税率由 2007 年的 3.70%降至 2008 年的 0 时的经济和环境影响。

（四）情景 D

2019 年，财政部发布（联合公告〔2019〕39 号），对增值税进行如下改革：原适用 16.00%税率的调整为 13.00%；原适用 10.00%税率的调整为 9.00%；纳税人购进农产品，原适用 10.00%扣除率的，扣除率调整为 9.00%。纳税人购进用于生产或者委托加工 13.00%税率货物的农产品，按照 10.00%的扣除率计算进项税额等。故以 2018 年为基点，分析矿物燃料行业的"出口税负率"由 2018 年的 15.70%降至 2019 年的 12.10%时的经济和环境影响。

四 经济影响

四个情景的 CPE 结果如表 7-38 所示。

表 7-38　　矿物燃料行业产品不同情景下的经济影响　　单位：美元

福利	情景 A	情景 B	情景 C	情景 D
生产者剩余	-97525305.20	-655358922.20	-424782358.80	900752845.90
消费者剩余	-62342424.20	-393402129.40	-281152613.00	675321195.80

续表

福利	情景A	情景B	情景C	情景D
政府税收	156877477.00	1009812607.50	670754577.60	-1507710698.20
中国净福利	59352171.70	354453685.30	245972218.80	-606957852.30
世界净福利	-62342424.20	-393402129.40	-281152613.00	675321195.80
出口额	-150560701.70	-1009142843.20	-654992532.40	1393348101.80

情景A是下调部分矿物燃料产品的出口退税率的情况，情景B、情景C是取消部分矿物燃料的出口退税政策的情况，这三个情景都会导致矿物燃料行业的平均出口退税率下降。取消或者降低部分矿物燃料产品的出口退税率会增加企业的经营成本，提高出口产品的价格，导致我国出口额减少、生产者剩余减少，世界消费者剩余减少，但我国政府税收增加，且税收增量大于我国减少的生产者剩余，故我国净福利增加，世界净福利减少，总体福利效应为负。

情景D是下调产品的"出口税负率"的情况。降低矿物燃料产品的增值税会减少企业的经营成本，降低出口产品的价格，企业利润增大，企业生产规模扩张，最终引起我国出口额增加，生产者剩余增加，世界消费者剩余增加，但我国的政府税收减少，且税收减少量大于我国生产者剩余增加量，故我国净福利减少，世界净福利增加，总体福利效应为正。

对比上述四种情景，税率调整幅度越大，经济影响却不一定越大，以上四个情景中情景B"出口税负率"变动最大，由2006年的5.80%提高至2007年的12.10%；情景D所引起的"出口税负率"变化较小，由2018年的15.70%下降到2019年的12.10%；而2019年政策调整使矿物燃料行业所引起的福利变化最大，对经济的影响最大，这可能与两情景年份下的经济基础不同有关，2018年的行业产值远大于2006年的行业产值，因此较小政策变动也能引起我国福利的较大变化。

五 环境影响

根据矿物燃料行业历年污染排放系数（见附表7）及CPE模型结果，我们计算得到了如表7-39所示的各个情景下污染物变化量。

表 7-39　　　　礦物燃料行业产品不同情景下的环境影响

指标	情景 A	情景 B	情景 C	情景 D
工业废水（万吨）	-105.30	-505.00	-238.60	252.60
工业固体废物（万吨）	-14.00	-80.00	-47.90	75.00
二氧化硫（吨）	-3685.00	-19817.90	-9799.60	5218.70
化学需氧量（吨）	-87.20	-386.60	-207.20	181.70

由附表 7 污染排放系数变动可以发现，污染排放系数呈递减趋势，表明矿物燃料行业的内部结构得到进一步优化，使其对环境的损害越来越小。2006 年取消部分矿物燃料产品的出口退税政策使该行业的出口退税率下降幅度最大，进而引起工业废水、工业固体废物、二氧化硫、化学需氧量的排放均下降幅度较大，对环境的改善作用较为显著。而 2019 年的"出口税负"改革使该行业的增值税降低，"出口税负率"略微下降，各污染物排放增加幅度较小。但其污染排放系数呈递减趋势，表明矿物燃料行业的发展对环境的损害越来越小。

第九节　矿物材料制品

一　行业产品选取依据

矿物材料制品是非金属矿物制品业的一类产品。而非金属矿物制品业具有耗能高、废气污染严重的特点，该行业包含矿物材料制品、陶瓷产品、玻璃及其制品等，其生产过程会产生大气污染和水污染。根据 2015 年所发布的《中国环境统计年鉴》，非金属矿物制品业所产生的二氧化硫占二氧化硫总排放的 13.20%，能源消耗占比达 11.80%，工业固体废物排放占比达 2.40%，说明非金属矿物制品业属于高污染、高能耗行业。接下来，我们选取矿物材料制品进行具体分析。

二　行业产品的出口退税率

将矿物材料制品的各种品类按照 6 位税号进行集结，然后对各产品的税率进行算数平均，得到该行业历年来出口退税率变化，如图 7-13 所示。2006—2007 年矿物材料制品的出口退税率呈显著下降的趋势，2008—2018 年出口退税率持平，2019 年出口退税率才出现上涨趋势。

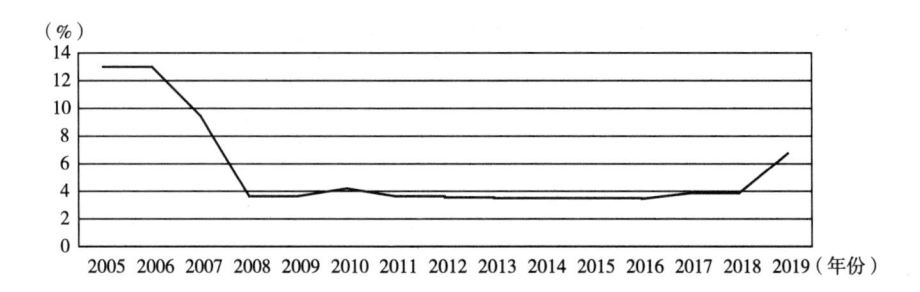

图 7-13　2005—2019 年矿物材料制品出口退税率

三　情景设定

根据 2005 年以来我国对矿物材料制品行业的出口退税政策文件，本书以矿物材料制品行业平均"出口税负率"发生显著变化的年份为时间节点，模拟测算该行业出口退税政策调整所带来的经济影响和环境影响，分别记为以下三个情景。

（一）情景 A

根据 2006 年 9 月发布的（财税〔2006〕139 号），取消了沥青、硅、石料材等矿物材料制品的出口退税。故以 2006 年为基点，分析矿物材料制品行业的出口退税率由 2006 年的 13.00% 降至 2007 年的 9.50% 时的经济和环境影响。

（二）情景 B

2007 年发布的《财政部、国家税务总局关于调整部分产品出口退税率的通知》[以下简称（财税〔2007〕90 号）]，将部分石料、珍珠、宝石的出口退税率下调至 5.00%。故以 2007 年为基点，分析矿物材料制品行业的出口退税率由 2007 年的 9.50% 降至 2008 年的 3.60% 时的经济和环境影响。

（三）情景 C

2018 年底发布的《财政部、税务总局关于调整部分产品出口退税率的通知》[以下简称（财税〔2018〕123 号）]，将部分农产品、砖、瓦等产品出口退税率提高至 10.00%。2019 年，财政部发布（联合公告〔2019〕39 号），对增值税进行如下改革：原适用 16.00% 税率的，税率调整为 13.00%；原适用 10% 税率的，税率调整为 9.00%；纳税人购进农产品，原适用10.00%扣除率的，扣除率调整为9.00%。纳税人购进用于生产或者委托加工13.00%税率货物的农产品，按照10.00%的扣除率计算进项税额等。

2018年年底颁布的出口退税政策正式实施并起作用是在2019年，2019年既有增值税税率的下降，又有部分产品的出口退税率升高，所以综合2018年政策和2019年政策，以2018年为基点，分析矿物材料制品行业的出口退税率由2018年的3.90%上升至2019年的6.80%、增值税率由17.00%下降到13.00%时的经济和环境影响。

四 经济影响

三个情景下矿物材料制品的经济影响，如表7-40所示。

表7-40　　　矿物材料制品不同情景下的经济影响　　　单位：美元

福利	情景A	情景B	情景C
生产者剩余	-76016372.90	-149523006.10	467836682.70
消费者剩余	-46600204.20	-92108002.60	359201814.60
政府税收	119729143.10	231633677.00	-801949315.90
中国净福利	43712770.20	82110670.90	-334112633.10
世界净福利	-46600204.20	-92108002.60	359201814.60
出口额	-117207397.20	-230312211.00	724738620.00

情景A是取消部分矿物材料制品的出口退税政策的情况，情景B是下调部分产品的出口退税率的情况，这两个情景都会导致矿物燃料行业的平均出口退税率下降。取消或者降低部分矿物材料制品的出口退税率会增加企业的经营成本、提高出口产品的价格，进而使我国出口额减少、生产者剩余减少，世界消费者剩余减少，但我国政府税收增加，且税收增量大于我国减少的生产者剩余，故我国净福利增加，世界净福利减少，总体福利效应为负。

情景C是既降低产品的增值税率又提高部分矿物材料制品的出口退税率的情况，这使产品的"出口税负率"显著下降。矿物材料制品的"出口税负率"的下降会减少企业的经营成本，进而产品的价格将会有一定程度的下降，企业的利润增大，会扩大生产规模，最终引起我国出口额增加、生产者剩余增加，世界消费者剩余增加，但我国的政府税收减少，且税收减少量大于我国生产者剩余增加量，故我国净福利减少，世界净福利增加，总体福利效应为正。且由于情景C的出口退税政策调整力度最大，所以其对经济的影响也较为显著，福利变化最大。

五 环境影响

根据非金属矿物制品业污染排放系数（见附表7）及CPE模型结果，环境影响测算结果如表7-41所示。

表7-41　　　　矿物材料制品不同情景下的环境影响

指标	情景A	情景B	情景C
工业废水（万吨）	-1.90	-4.20	10.60
工业固体废物（万吨）	-3.60	-5.30	6.00
二氧化硫（吨）	-1488.20	-2055.40	1667.90
化学需氧量（吨）	-47.20	-50.70	28.80

由附表7污染排放系数变动可以发现，非金属矿物制品业污染排放系数大致呈递减趋势，表明非金属矿物制品业的内部结构得到进一步优化，使其对环境的损害越来越小。对比情景A和情景B，出口退税率的下降使污染物排放量均减少，且情景B出口退税率下调幅度更大，尽管非金属矿物制品业污染排放系数大致呈递减趋势，情景B的环境影响依然显著大于情景A。由于2018年的工业废水和工业固体废物的污染排放系数较大，故当2019年出口退税政策调整时，其水污染也较为严重，情景C的工业废水和工业固体废物排放变化幅度均大于其他两个情景，但二氧化硫和化学需氧量排放变化在三个情景中最小。

第十节　陶瓷产品

一　行业产品选取依据

2017年，我国卫生、建筑、日用陶瓷产量位居世界第一，其中建筑陶瓷产量、生产原料及燃料消耗量均超过全行业总量的85%。然而陶瓷产品从开采、燃烧、加工、色釉料制作等环节均会产生较多的有害气体，包括二氧化硫、氮氧化物、颗粒物等，其所属非金属矿物制品业为"两高一资"行业。

二 行业产品的出口退税率

将陶瓷产品的各种品类按照 6 位税号进行集结,然后对各产品的税率进行简单平均,得到该行业的历年来出口退税率变化(如图 7-14 所示)。从图 7-14 可以看出,2006 年、2007 年该行业的出口退税率逐年下降,而 2008 年、2009 年、2019 年时出口退税率明显上升。

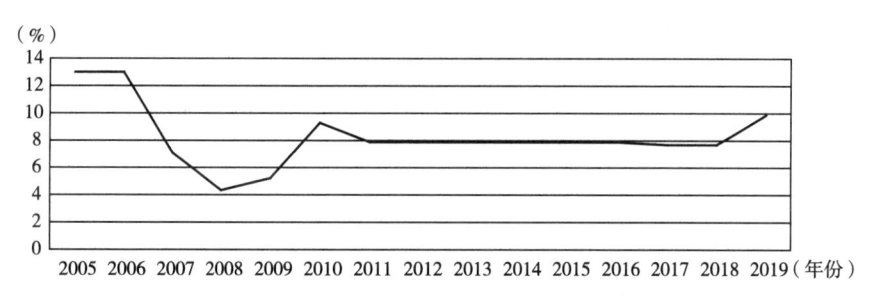

图 7-14 2005—2019 年陶瓷产品出口退税率变化

三 情景设定

根据 2005 年以来我国对陶瓷产品的出口退税政策文件,本书以陶瓷行业平均"出口税负率"发生显著变化的年份为时间节点,模拟测算该行业出口退税政策调整所带来的经济影响和环境影响,分别记为以下五个情景。

(一)情景 A

根据 2006 年 9 月发布的(财税〔2006〕139 号),将部分陶瓷产品的出口退税率由 13.00%将至 8.00%。故以 2006 年为基点,分析陶瓷行业的平均出口退税率由 2006 年的 13.00%降至 2007 年的 7.10%时的经济和环境影响。

(二)情景 B

2007 年发布的(财税〔2007〕90 号),将部分陶瓷出口退税率下调至 5.00%。故以 2007 年为基点,分析陶瓷行业的出口退税率由 2007 年的 7.10%降至 2008 年的 4.30%时的经济和环境影响。

(三)情景 C

2008 年发布的(财税〔2008〕138 号),将一些劳动密集型和高技术含量、高附加值商品的出口退税率提高,其中部分陶瓷产品的出口退税率提高到 11.00%。故以 2008 年为基点，分析陶瓷行业的出口退税率由 2008 年的 4.30% 提高至 2009 年的 5.20% 时的经济和环境影响。

（四）情景 D

2009 年 4 月发布的（财税〔2009〕43 号），将日用陶瓷的出口退税率提高到 13.00%，将建筑陶瓷、卫生陶瓷、部分搪瓷制品的出口退税率提高到 9.00%。同年 6 月发布《财政部、国家税务总局关于进一步提高部分商品出口退税率的通知》，决定将部分陶瓷的出口退税率提高到 13.00%。故以 2009 年为基点，分析陶瓷行业的出口退税率由 2009 年的 5.20% 提高至 2010 年的 9.30% 时的经济和环境影响。

（五）情景 E

2018 年底发布的（财税〔2018〕123 号），将部分陶瓷产品的出口退税率提高为 13%；此外，除部分产品外，原出口退税率为 15% 的提高至 16%；原出口退税率为 9% 的提高至 10%；原出口退税率为 5% 的提高至 6%。2019 年发布（联合公告〔2019〕39 号），对增值税进行如下改革：原适用 16% 税率的调整为 13%；原适用 10% 税率的调整为 9%；纳税人购进农产品，原适用 10% 扣除率的，扣除率调整为 9%。纳税人购进用于生产或者委托加工 13% 税率货物的农产品，按照 10% 的扣除率计算进项税额等。

2018 年年底颁布的出口退税政策正式实施并起作用是在 2019 年，2019 年既有增值税税率的下降，又有部分陶瓷产品的出口退税率升高，所以分析时将 2018 年政策和 2019 年政策综合起来，以 2018 年为基点，分析陶瓷行业的出口退税率由 2018 年的 7.70% 上升至 2019 年的 9.90%、增值税率由 17.00% 下降到 13.00% 时的经济和环境影响。

四　经济影响

五个情景下的经济影响如表 7-42 所示。

表 7-42　　　　　陶瓷产品不同情景下的经济影响　　　　单位：美元

福利	情景 A	情景 B	情景 C	情景 D	情景 E
生产者剩余	-219567559	-102018164	39265236	182971305	788837908
消费者剩余	-130243085	-66945217	27644728	133698442	581198980
政府税收	339253548	162167950	-64293726	-306892081	-1342849957

续表

福利	情景A	情景B	情景C	情景D	情景E
中国净福利	119685989	60149786	-25028489	-123920776	-554012049
世界净福利	-130243085	-66945217	27644728	133698442	581198980
出口额	-338153316	-157371162	60668884	283107971	1221745060

情景A、情景B下调部分陶瓷产品的出口退税率,这两个情景都会导致陶瓷产品的平均出口退税率下降。降低部分陶瓷产品的出口退税率会增加企业的经营成本,提高出口产品的价格,进而使我国出口额减少,生产者剩余减少,世界消费者剩余减少,但我国政府税收增加,且税收增量大于我国减少的生产者剩余,故我国净福利增加,世界净福利减少,总体福利效应为负。

情景C、情景D提高了部分陶瓷产品的出口退税率,情景E既降低产品的增值税率又提高部分陶瓷产品的出口退税率,这样会使产品的"出口税负率"显著下降。陶瓷产品的"出口税负"下降会减少企业的经营成本,降低产品的价格,提升企业利润空间,企业生产规模扩大,最终引起我国出口额增加,生产者剩余增加,世界消费者剩余增加,但我国的政府税收减少,且税收减少量大于我国生产者剩余增加量,故我国净福利减少,世界净福利增加,总体福利效应为正。且由于情景C的出口退税政策调整力度最大,所以其对经济的影响也较为显著,福利变化最大。

五 环境影响

参考附表7中非金属矿物制品业的污染排放系数及CPE模型结果,根据各个情景下的出口额变动以及汇率,得到各个情景下的污染物变化量,如表7-43所示。

表7-43 陶瓷产品不同情景下的环境影响

指标	情景A	情景B	情景C	情景D	情景E
工业废水(万吨)	-5.38	-2.90	0.68	2.79	17.82
工业固体废物(万吨)	-10.29	-3.60	7.15	3.67	10.18
二氧化硫(吨)	-4293.69	-1404.47	338.12	1249.56	2811.72
化学需氧量(吨)	-136.31	-34.63	8.10	23.22	48.54

2008年的政策变动所引起的排污变化量最小，这是因为政策调整力度较小，陶瓷行业的"出口税负率"下降幅度不显著，故对环境的影响较小。而2019年陶瓷行业出口退税政策调整使其"出口税负"变动幅度最大，但带来的除工业废水外的其他污染排放变化比其他情景大，可能与该行业通过技术革新减排使其污染排放系数降低有关。

第十一节 玻璃及其制品

一 行业产品选取依据

对于玻璃及其制品行业，因为玻璃本身可溶出有害物质，废弃玻璃会污染水源和土壤；玻璃的生产过程总会产生大量有害物质，排放物主要为二氧化硫与粉尘，这两者给大气带来了严重的污染，所以玻璃行业可以作为非金属矿物制品业的高污染典型代表来分析。

二 行业产品的出口退税率

将玻璃及其制品的各种品类按照6位税号进行集结，然后对各产品的税率进行简单平均，得到该行业历年来出口退税率变化情况，如图7-15所示。2007年玻璃及其制品行业的出口退税率有了显著下降，且在2008年、2009年陡然升高，2010年以后趋于平稳，直至2019年出口退税率再次显著上升。

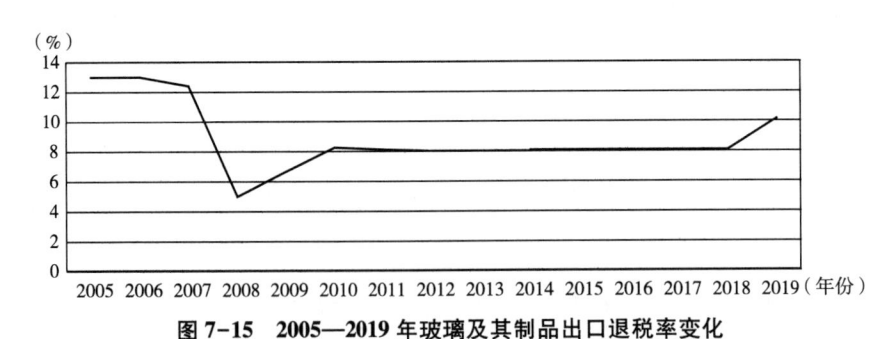

图7-15 2005—2019年玻璃及其制品出口退税率变化

三 情景设定

根据2005年以来针对玻璃及其制品的出口退税政策文件，本书以该行业平均"出口税负率"发生显著变化的年份为时间节点，模拟测算该行业出口退税政策调整所带来的经济影响和环境影响，分别记为以下四个情景。

（一）情景 A

2007 年发布的（财税〔2007〕90 号），部分玻璃及其制品的出口退税率下调至 5.00%。以 2007 年为基点，分析玻璃及其制品行业的出口退税率由 2007 年的 12.40%降至 2008 年的 5.00%时的经济和环境影响。

（二）情景 B

2008 年发布的《财政部、国家税务总局关于提高劳动密集型产品等商品增值税出口退税率的通知》，将部分玻璃器皿的退税率由 5.00%提高到 11.00%。以 2008 年为基点，分析玻璃及其制品行业的出口退税率由 2008 年的 5.00%上涨至 2009 年的 6.60%时的经济和环境影响。

（三）情景 C

2009 年发布的（财税〔2009〕43 号）以及《财政部、国家税务总局关于进一步提高部分商品出口退税率的通知》，将部分玻璃及其制品的出口退税率提高到 13.00%。故以 2009 年为基点，分析玻璃及其制品行业的出口退税率由 2009 年的 6.60%上涨至 2010 年的 8.30%时的经济和环境影响。

而 2010 年发布（财税〔2010〕57 号），决定取消部分玻璃及其制品的出口退税政策。由于该行业的出口退税率由 2010 年的 8.26%下降至 8.12%，变动幅度不明显，所以对此不做情景模拟。

（四）情景 D

2018 年年底发布的（财税〔2018〕123 号），将钢化安全玻璃的出口退税率提高至 16%，将玻璃纤维的出口退税率提高至 10%。2019 年发布（联合公告〔2019〕39 号），对增值税进行如下改革：原适用 16%税率的，税率调整为 13%；原适用 10%税率的，税率调整为 9%；纳税人购进农产品，原适用 10%扣除率的，扣除率调整为 9%。纳税人购进用于生产或者委托加工 13%税率货物的农产品，按照 10%的扣除率计算进项税额等。

同其他行业一样，2018 年年底颁布的出口退税政策正式实施并起作用是在 2019 年，所以分析时将 2018 年政策和 2019 年政策综合起来，故以 2018 年为基点，分析玻璃及其制品行业的出口退税率由 2018 年的

8.10%上升至2019年的10.10%、增值税率由17.00%下降到13.00%时的经济和环境影响。

四 经济影响

四个情景的CPE结果如表7-44所示。

表7-44　　玻璃及其制品不同情景下的经济影响　　单位：美元

福利	情景A	情景B	情景C	情景D
生产者剩余	-313938620	82689160	68705614	585605937
消费者剩余	-183400283	58506638	47888701	429394891
政府税收	479362628	-136151516	-113013634	-995886745
中国净福利	165424008	-53462356	-44308020	-410280808
世界净福利	-183400283	58506638	47888701	429394891
出口额	-483151393	127806435	106192497	906944432

情景A下调部分玻璃及其制品的出口退税率会导致该行业的平均出口退税率下降。降低部分玻璃及其制品的出口退税率会使我国出口额减少，生产者剩余减少，世界消费者剩余减少，但我国政府税收增加，且税收增量大于我国减少的生产者剩余，故我国净福利增加，世界净福利减少，总体福利效应为负。

情景B、情景C是将部分玻璃及其制品的出口退税率提高的情况，情景D是既降低产品的增值税率又提高部分玻璃产品的出口的情况，这样会使产品的"出口税负率"下降。陶瓷行业的"出口税负"下降会减少企业的经营成本，进而产品的价格将会有一定程度的下降，企业的利润增大，会扩大生产规模，最终引起我国出口额增加，生产者剩余增加，世界消费者剩余增加，但我国的政府税收减少，且税收减少量大于我国生产者剩余增加量，故我国净福利减少，世界净福利增加，总体福利效应为正。且由于情景A出口退税政策调整力度最大，该行业的平均"出口税负"变动最大，所以其带来的福利变化较大，但小于2018年政策调整引起的福利变动。

五 环境影响

根据非金属矿物制品业的污染排放系数（见附表7）及CPE模型

结果，根据各个情景下的出口额变动以及汇率，得到各个情景下的污染物变化量，如表 7-45 所示。

表 7-45　　玻璃及其制品行业不同情景下的环境影响

指标	2007	2008	2009	2018
工业废水（万吨）	-8.90	1.40	1.00	13.20
工业固体废物（万吨）	-11.10	15.10	1.40	7.60
二氧化硫（吨）	-4311.90	712.30	468.70	2087.20
化学需氧量（吨）	-106.30	17.10	8.70	36.00

2009 年的政策变动所引起的排污变化量最小，这是因为政策调整力度较小，玻璃及其制品行业的"出口税负率"下降幅度不显著，故对环境的影响较小。

第十二节　稀土及其制品

一　行业产品选取依据

稀土是钪、钇、镧等 17 种元素的统称，又称稀土金属，有工业"维生素"之称，并被美、日等国列为 21 世纪的"战略元素"。稀土需要使用大量化学药剂和水资源，经过多项化学程序和化学反应后，会产生含近百种化学药剂及放射性物质的废水。这对土壤、水质均会造成极大的污染，甚至损害人类身体健康，故本书将稀土作为高污染行业进行分析。

二　行业产品的出口退税率

将稀土及其制品的各种品类按照 6 位税号进行集结，然后对各产品的税率进行简单平均，得到该行业的平均出口退税率变化如图 7-16 所示。2005 年稀土行业的出口退税率有了显著下降，且在 2007 年降至接近 0，2007 年以后，稀土行业出口退税率一直维持在接近于 0 的态势。

三　情景设定

根据 2005 年以来针对玻璃及其制品的出口退税政策文件，本书以该行业平均"出口税负率"发生显著变化的年份为时间节点，模拟测算该行业出口退税政策调整所带来的经济影响和环境影响。

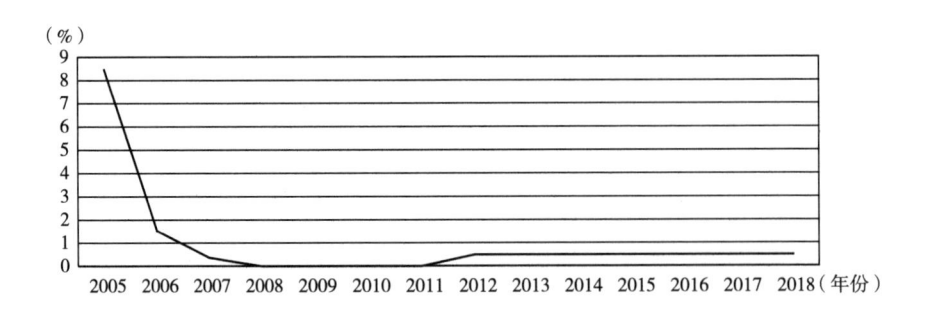

图 7-16 2005—2018 年稀土及其制品行业的出口退税率

情景 A

自 2005 年来,关于稀土及其制品的出口退税政策调节如下:取消稀土金属、稀土氧化物、稀土盐类的出口退税政策(财税〔2005〕75号)。故以 2005 年为基点,分析稀土及其制品行业的出口退税率由 2005 年的 8.46%降至 2008 年的 1.53%时的经济和环境影响。

四 经济影响

运用 CPE 模拟的 2005 年降减稀土及其制品出口退税的经济影响如图 7-17 所示。降减部分稀土产品的出口退税政策使我国生产者剩余减少 6533.49 万美元,国外消费剩余减少 3994.85 万美元,我国政府税收收入增加 10034.99 万美元。由此可以看出,我国的净福利增加 3501.50 万美元,国外的净福利减少 3994.85 万美元,但总体的福利效应为负。此外,由图 7-17 可知,我国的出口额将会减少 10058.61 万美元。

根据以上分析,在 2005 年,矿物质、矿物燃料、稀土及其制品行业的出口退税率均有所下降,引起这三大行业的"出口税负率"呈上升趋势。2007 年,我国对矿物质、矿物燃料、矿物材料制品、陶瓷产品以及玻璃制品行业实行降低出口退税率或者取消出口退税的政策。说明 2005—2008 年的出口退税政策以降低各个行业的出口退税率为特征,说明这几年我国较为重视环境保护,开始引导企业改进生产工艺,进而优化产业结构,促进经济可持续发展。而 2008 年后,实施的出口退税政策提高了部分高附加值行业的出口退税率,这可能与 2008 年国际金融危机下我国政府旨在稳定国内经济而实施扩张性的财政政策有关,由此鼓励扩大出口,刺激经济,以减小金融危机所带来的冲击。

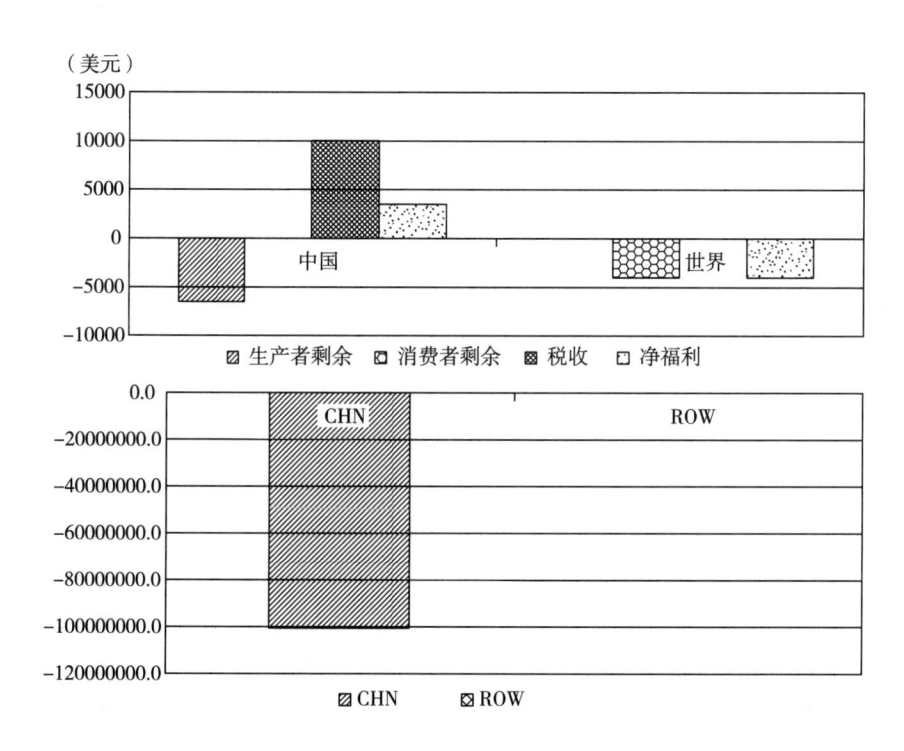

图 7-17 稀土及其制品行业情景 A 下的经济影响

第十三节　本章小结

依据我国历年来所颁布的主要出口退税政策调整文件,本章采用局部均衡模型,分别模拟测算了纺织印染、皮革制品、造纸、化工、钢铁、有色金属、非金属矿物制品、矿物质、矿物燃料和稀土 10 个重点"两高一资"行业共计 36 类贸易产品出口退税政策调整的经济与环境影响。一般而言,降减出口退税会使我国"两高一资"行业产品的出口额下降,生产者福利下降,但由于政府税收提升力度大于生产者福利下降程度,从而我国整体净福利上升。在获得经济净福利的同时,降减出口退税政策往往可以通过抑制"两高一资"行业产品的出口和生产，减少多种污染物的排放量，从而起到污染减排的作用。

综合出口退税上调政策情景，我国提高出口退税的经济与环境效益均为负，其主要目的在于刺激经济，激发市场主体活力。同时政府搭配其他限制"两高一资"行业低效发展的政策，仍使环境指标（如污染排放系数）持续向好。

综合出口退税下调政策情景，我国降低出口退税的经济与环境效益均为正，其主要目的在于抑制重点"两高一资"行业的盲目扩张。一方面，降低出口退税使国内厂商利益受损，政府税收增加，税收增幅大于生产者剩余降幅，因而出口退税下调的经济效益为正。另一方面，"两高一资"行业在出口退税政策的引导下，优化调整行业内部结构，推进绿色生产，因而多种污染物排放量减少，出口退税下调的环境效益为正。此外，出口退税政策效果因出口退税调整幅度和行业特点的不同而呈现出一定差异，其中钢铁行业的经济效益较为显著，造纸行业和化工行业的环境效益较为显著。

这种局部均衡的分析过程及其结果，证实了我国政府针对"两高一资"行业产品实施的"降减出口退税"的政策措施，可以取得经济利益与环境效益的"双赢"结果。国家实行以取消出口退税或者调低产品出口退税率为主的出口退税政策，导致重点"两高一资"行业的出口退税率在2005—2007年发生显著下降，然而2008—2009年受国际金融危机影响，国家提高部分行业的出口退税率，以应对金融危机对我国经济带来的波动，多数行业的污染排放强度回升。尽管从长期来看，国家政策以降低"两高一资"行业的出口退税率为主，不仅督促企业优化自身生产技术，推动产业的转型升级，而且引导整个行业的结构优化，加速行业绿色可持续发展，最终对社会发展带来巨大的经济环境效益。但是受其他政策目标的影响，纺织印染行业、部分皮革制品、造纸业、塑料橡胶及其制品、钢铁制品、部分有色金属制品等的出口退税率在近年来有一定提高，这为我国环境带来了一定危害，侧面也说明了我国调整出口退税政策空间较大。

不同时期我国出口退税政策调整的主要目的有所差异，但我国对于"两高一资"行业的宏观调控方向不变，而降减"两高一资"行业产品

第七章 | 通过出口退税政策调整抑制重点"两高一资"行业效果研究

出口退税的政策手段对我国的绿色发展具有重要作用。下文我们将使用 CGE 模型进一步测度出口退税对全行业的经济与环境影响,尤其是在生产要素可以自由流动的情况下的经济与环境影响。并且,后文将在本章 CPE 和第八章 CGE 模型基础上,分别针对重点"两高一资"行业和外贸全行业开展"取消出口退税"的政策试验,综合分析外贸全行业以及重点"两高一资"行业的出口退税政策调整在污染减排上的空间及其经济代价等。

第八章

出口退税政策调整的宏观经济效果分析与环境效应测度

第一节 方法与政策情景

一 模型基础

在本章,我们因循第三章第三节"出口退税政策环境经济影响结构化分析的传导逻辑",并在第三章第五节"可计算一般均衡(CGE)模型"和第三章第六节"出口退税政策环境效应分解分析"的基础上,完成适用于"出口税负"政策分析的具体模型及其与 GTAP9 的耦合,并就"出口税负"对贸易和经济规模、结构调整的效果与环境效应等开展分析测度。具体而言,在第三章第五节"可计算一般均衡(CGE)模型"的基础上,做出如下细化变动和"软连接":

首先,以变量 i 表示不同部门产品,R_i^0 和 R_i^1 分别代表出口退税政策调整(模型中以模拟"出口税负"的变动而实现)前后不同部门产品的"出口税负"水平。将调整后的 R_i^1 作为政策冲击输入模型,可以计算出政策调整对经济的相对影响 $\alpha_{i,j}$,即部门 i 的经济变量 j(如产量、需求、出口、进口以及福利等经济指标)在出口退税政策冲击下的变化率。

通过以下公式可得到政策调整对经济的绝对影响(变化量)$Z_{i,j}^t$:

$$Z_{i,j}^t = \alpha_{i,j} \times V_{i,j}^t, \tag{8.1}$$

其中,$Z_{i,t}^t$ 为 t 时期部门 i 之经济变量 j 的价值变化量,$\alpha_{i,j}$ 为政策

情景下部门 i 之经济变量 j 的变动率,$V_{i,j}^t$ 为 t 时期部门 i 之经济变量 j 的当年价值量。

其次,我们假设有 k 种污染物,那么,受"出口税负"冲击所产生的第 k 种污染物排放量的变动量,可以由部门 i 的产值(量)变动乘以第 k 种污染物在该行业部门的基于产值(量)的污染排放系数而得到,可表示为:

$$P_{i,k}^t = e_{i,k}^t \times Z_{i,output}^t \tag{8.2}$$

其中,$P_{i,k}^t$ 为 t 时期第 k 种污染物在部门 i 的污染排放变化量,$e_{i,k}^t$ 为 t 时期第 k 种污染物在部门 i 的基于产值(量)的污染排放系数,$Z_{i,output}^t$ 为 t 时期部门 i 产量变动量。在此,需要说明的是,对于模型中使用的污染排放系数 $e_{i,k}^t$,我们需要依据模型模拟年份而计算其当年值。这种基于当年数据而得到的各行业的污染排放系数,或者说污染排放强度,其实是当年行业产品生产技术状况、当年行业产品污染治理状况、当年行业所投入的资源能源等生产要素及其综合利用效率状况等的综合反映。因此,式(8.2)也反映了技术等因素所引起的污染排放变化。

最后,为了估算 t 时期所有经济部门第 k 种污染物总的排放变化率 VR_k^t,并据此估算出口退税调整("出口税负"水平变动)对环境影响的结构效应,需要通过以下公式完善经济模块与环境模块的软连接:

$$VR_k^t = \frac{\sum_i P_{i,k}^t}{\sum_i (e_{i,k}^t \times V_{i,output}^t)} \tag{8.3}$$

假定 $E_{i,k}^t$ 为 t 时期部门 i 第 k 种污染物在基线情景下的排放量,从而,

$$e_{i,k}^t \times V_{i,output}^t = E_{i,k}^t \tag{8.4}$$

因此,

$$VR_k^t = \frac{\sum_i P_{i,k}^t}{\sum_i (e_{i,k}^t \times V_{i,output}^t)} = \frac{\sum_i (e_{i,k}^t \times Z_{i,output}^t)}{\sum_i E_{i,k}^t}$$

$$= \frac{\sum_i (e_{i,k}^t \times \alpha_{i,output} \times V_{i,output}^t)}{\sum_i E_{i,k}^t} = \frac{\sum_i (\alpha_{i,output} \times E_{i,k}^t)}{\sum_i E_{i,k}^t} \tag{8.5}$$

其中,$\alpha_{i,output}$ 为政策情景下部门 i 的产量变动率。将此公式嵌入

GTAPinGAMS 模型（GTAP9 版本），结合第三章第六节"出口退税政策环境效应分解分析"中的分解模型 $P=e\beta X$（其中，e 为污染排放强度，β 为高污染行业所占比重，X 为经济规模），通过效应分解算法测度技术效应、结构效应和规模效应的贡献比例：$\hat{P}=\hat{e}+\hat{\beta}+\hat{X}$。后文中对规模效应和结构效应的分解（见本章第三节"结果分析"部分）将依据此分解模型而进行。

二 政策情景

为了更加深入地了解中国出口退税政策调整的宏观层面的整体经济影响，我们需要合理设定政策情景。政策情景的设置要依据历史调整文件。中国出口退税政策调整的历史文件非常多，我们不可能也没必要穷尽所有的政策调整。只要把握其中出口退税政策调整的关键时间节点，对其开展 CGE 模型模拟分析即可说明问题。因此，遵循这一思路，我们根据中国出口退税政策的历年调整文件，并且根据数据可得性，辨析出了三组重要的时间节点，分别为 2002 年、2005 年和 2010 年。理由如下：

《国务院关于改革现行出口退税机制的决定》（以下简称《决定》）于 2003 年出台，这一《决定》深刻影响了中国出口退税体系。在此之前，中国出口退税政策调整的依据是单一地锚定经济增长势态，出口退税政策调整就是为了多赚取外汇，因此出口创汇可以说是出口退税政策调整的唯一目标。但《决定》之后，情况就有了转变，出口退税政策调整不再单纯锚定出口创汇这一目标，而是加入了对环境保护等的考量。直到 2005 年，环境保护的功能在出口退税政策调整中的分量陡增，尤其是"十一五"时期，我国分批次调低和取消了部分"两高一资"行业产品的出口退税，从而坚定地改变着国家对于"两高一资"产品出口的态度，至此，出口退税的环境保护职能被空前提升。因此，我们选择的重要时间节点：一是 2002 年，代表了《决定》出台之前的状态：即中国出口退税政策调整单纯锚定出口创汇，鼓励"两高一资"产品出口的阶段。二是 2005 年，代表了《决定》出台之后的状态，但还未纳入"十一五"时期对"两高一资"行业产品调转方向的"出口税负"的"惩戒"时期，这一时期只是对"两高一资"行业产品的出口退税优惠略有下降。例如，中国高污染行业平均出口退税水平从

第八章 | 出口退税政策调整的宏观经济效果分析与环境效应测度

2002年的13.66%下降到了2004年的9.47%和2005年的9.44%。三是2010年，由于国家大力降减甚至取消"两高一资"行业产品的出口退税发生在"十一五"时期，将2010年视为这一段时期的多次调整的综合结果。因此，我们选择2010年，并通过CGE模型考察这一时期的政策组合效果。在这一时期，中国高污染行业平均出口退税水平由2005年的9.44%下降到了2010年的4.83%，其中2008年下降至历史最低值2.80%。同样这一时期的变动也可以用"出口税负"水平来说明：中国高污染行业"出口税负"平均水平由2005年的6.42%上升至2010年的11.55%，同样在2008年上升至历史最高水平，为13.30%。

考虑到2011年后，即"十二五"乃至"十三五"时期，无论是高污染行业出口退税水平（在4.54%—4.97%）还是外贸全行业出口退税水平（在5.22%—5.62%）总体上并未有大的变动，相对较为稳定，所以我们对此没有再额外设置新的阶段性情景。后续在第九章，我们会在新近年份出口退税现状的基础上开展"取消出口退税"的政策试验。届时，我们将进一步探讨新近阶段尤其是在新形势下出口退税政策发挥其优化调整贸易和经济结构以及减排污染的潜力空间等。

在此，为便于表述，我们将以上辨析出的三个重要时间节点定义为三组政策情景。由于"出口税负"水平比出口退税水平更能体现问题，更适合在CGE模型中开展分析（具体原因请参见第三章第五节和第四章第三节），我们将这三组政策情景分别简称为："2002年出口税负"、"2005年出口税负"以及"2010年出口税负"。由于GTAP9数据库是以2004年、2007年和2011年为基准年，因此，根据我们三组政策情景的研究需要，我们需在模型中对接以2004年和2011年作为研究基点，并对模型进行滚动匹配至政策情景所需年份。下文会介绍如何滚动匹配。这里需要指出的是，虽然GTAP9数据库中没有单独列明中国出口退税数据，但事实上，无论是2004年还是2011年的GTAP9的基础数据表，抑或是中国官方的对外贸易数据，其实都是中国出口退税政策实施下的现实贸易数据。

因此，对于在模型中需进行滚动和匹配至政策情景年份而言，见图8-1，首先，由于模型中2004年的数据是2004年中国出口退税政策实施下的现实贸易数据，所以我们在模型数据基础上，以取消2004年所有行业产品的"出口退税率"来呈现一种没有出口退税政策实施的状态或者均衡，然后，进一步在这种均衡状态下，我们再分别将 2002 年和 2005 年"出口税负"水平输入至 GTAP9 模型，从而分别得到"2002 年出口税负"和"2005 年出口税负"两组政策情景下的经济与环境影响。

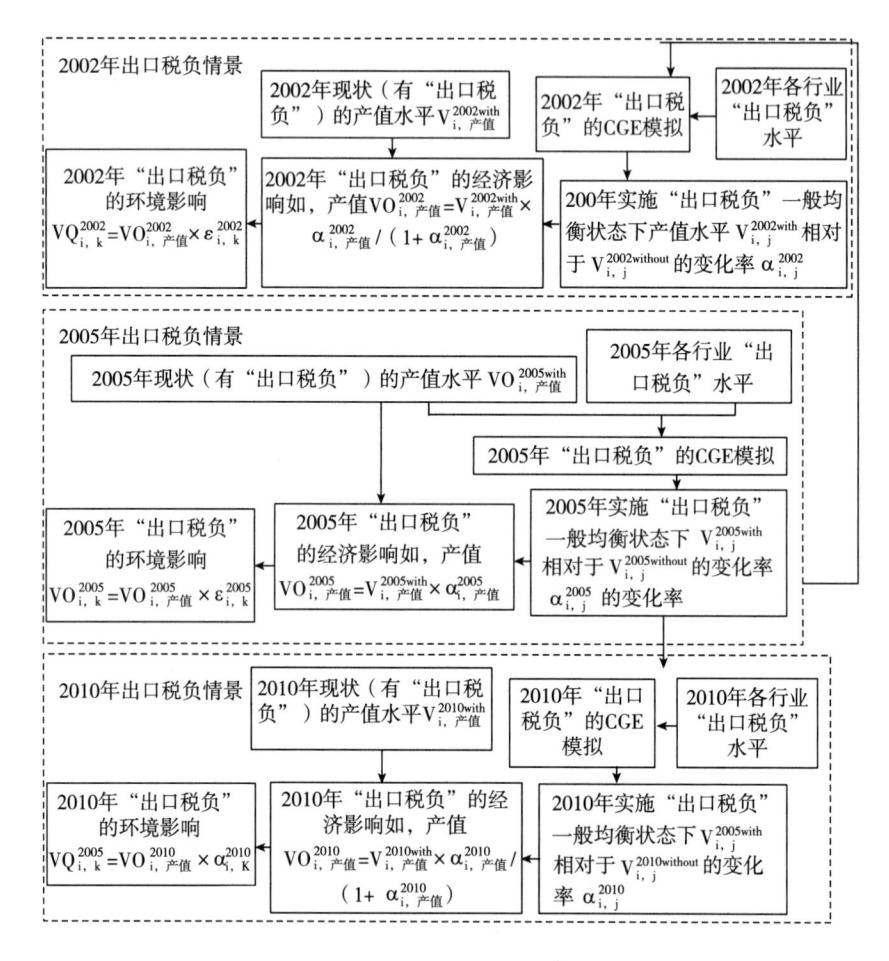

图 8-1 政策情景以及基于 CGE 模型模拟出口退税政策情景的经济与环境影响的逻辑过程

其次，由于模型中 2011 年的数据是 2011 年中国出口退税政策实施下的现实贸易数据，所以我们在模型数据基础上，同样以取消 2011 年所有行业产品的"出口退税率"来呈现一种没有出口退税政策实施的状态或者均衡，然后，进一步在这种均衡状态下，我们再将2010年"出口税负"水平输入至GTAP9模型，从而得到"2010年出口税负"这一政策情景下的经济与环境影响。

在此，我们以"2010年出口税负"政策情景为例，数学化呈现其推导过程。

假设 $\alpha_{i,产值}^{2010}$ 为"2010年出口税负"政策情景下部门 i 的产值变化率，由此可得部门 i 的产值变化量 $VO_{i,产值}^{2010}$ 为：

$$VO_{i,产值}^{2010} = \alpha_{i,产值}^{2010} \times V_{i,产值}^{2010without} \tag{8.6}$$

其中，没有出口退税政策实施时2010年部门 i 的产值为 $V_{i,产值}^{2010without}$。但，该年份的数据是中国出口退税政策实施下的现实贸易数据，即，$V_{i,产值}^{2010with}$。可知，$V_{i,产值}^{2010with}$ 和 $V_{i,产值}^{2010without}$ 之间的关系如下：

$$sV_{i,产值}^{2010with} = (1+\alpha_{i,产值}^{2010}) \times V_{i,产值}^{2010without} \tag{8.7}$$

所以，

$$V_{i,产值}^{2010without} = V_{i,产值}^{2010with} / (1+\alpha_{i,产值}^{2010}) \tag{8.8}$$

式（8.6）中的 $\alpha_{i,产值}^{2010}$ 即为所需要的变化率，可以通过CGE模拟得出。因而，由式（8.4）和式（8.6）联立，可得 $VO_{i,产值}^{2010}$：

$$VO_{i,产值}^{2010} = V_{i,产值}^{2010with} \times \alpha_{i,产值}^{2010} / (1+\alpha_{i,产值}^{2010}) \tag{8.9}$$

进一步，由式（8.9）和式（3.16）或式（8.2）可以得到：第 k 种污染物在 i 部门的排放变化量 VQ_{ik}，

$$VQ_{ik}^{2010} = \varepsilon_{ik}^{2010} \times VO_{i,产值}^{2010} = \varepsilon_{ik}^{2010} \times V_{i,产值}^{2010with} \times \alpha_{i,产值}^{2010} / (1+\alpha_{i,产值}^{2010}) \tag{8.10}$$

可依据以上同样的逻辑过程推导出另外两组政策情景，即"2002年出口税负"和"2005年出口税负"所对应的不同污染物的排放变化量。

第二节　数据与模型校验

一　数据基础

本章节的数据基础是最新的GTAP9数据库，最新版本的GTAP9数据库涵盖了以往版本数据库，譬如涵盖了GTAP7和GTAP8数据库。在

最新版本的 GTAP9 数据库中，共设置了 57 个部门，拥有 140 个国家或地区。我们根据本章节模型模拟需要，对接本章第一节所设定的三组政策情景，将 GTAP9 数据库中的地区进行了进一步的集结，重新归为北美自贸区、欧盟、东盟、中国、日本、韩国、中国台湾地区、中国香港特区及世界其他 9 个国家或地区。我们保留了 GTAP9 数据库中的 57 个部门，但在外部数据上需要与 GTAP9 数据库的 57 个部门进行对接，所以在外部数据上我们对部门进行了一系列的或拆分、或集结、或归类等，尤其是对源于《中华人民共和国进出口税则》（以下简称《税则》）以及《中国统计年鉴》中的部门进行了大规模匹配处理。

这种大规模匹配处理，涉及不同来源的数据及其部门情况，依据"出口退税→经济影响→环境影响"的逻辑链条，我们主要涉及以下三类数据：一是行业部门出口退税率、出口退税水平，以及"出口税负"水平等；二是行业部门的产出、产值、贸易额等；三是行业部门的不同种污染物的污染排放量、污染排放系数等。对于以上三类数据，其来源各不相同，部门划分各异，对此的匹配的总体原则是向 GTAP9 数据库的 57 个部门看齐，将其他来源的部门分类进行拆分、集结、匹配至 GTAP9 数据库 57 个部门。匹配过程简要描述如下。一是对于行业出口退税类数据，依据《税则》，以 6 位税号（HS6）共计 5113 类产品为基础，将其重新归并至 GTAP9 数据库 57 个行业部门，并采用算术平均方法计算（白重恩等，2011；毛显强和宋鹏，2013），得到 2002 年、2004 年至 2019 年各部门的出口退税水平（见附表 2 和附表 4）和"出口税负"水平（见附表 3）。从中选取本章节 CGE 模型模拟情景年份的相应的出口退税水平和"出口税负"水平。二是对于各行业产值类数据而言，数据主要源于《经济预测系统（EPS）数据库》和《中国统计年鉴》，对来源数据库中各行业产值对应匹配到 GTAP9 数据库 57 个部门，得到 2002 年、2005 年和 2010 年各行业产值（见附表 4）。三是对于行业层面的多种污染物的污染排放类数据而言，数据主要来源于《中国环境统计年鉴》、《中国环境年鉴》、《中国农村统计年鉴》、《中国农业统计年鉴》以及《经济预测系统（EPS）数据库》等，对这些不同端口的数据也采取同样的处理方式匹配至 GTAP9 数据库 57 个行业部门。对于各部门工业废水、二氧化硫、烟粉尘污染物的污染排放系数而言，是通过计算集结后的 57 部门的排污量和产值的比值而得到的。CO_2、甲烷（CH_4）、氧化亚氮（N_2O）等温室气体的排放系数则主要源于《2006 IPCC 国家温室气体清单指南》。

二 模型校验

在开展模拟之前，对模型进行校验是取得合理模拟结果的前提。在本 CGE 模型中，基础数据包括污染排放等数据均来自官方统计，其符合性和确定性较好。因此，模型模拟是否准确主要依赖于模拟结果和现实情况以及已有文献研究结果的对照等。对此，我们通过对比模型模拟结果与前文我们的经验分析结果以及有关文献经验分析结果，来校验模型可靠性。

我们在第六章"中国出口退税对环境保护的实证分析"中，分别利用 1985—2012 年的区间样本和 1985—2017 年的区间样本对出口退税额与出口额之间的关系开展了经验分析，结果显示，在两个样本区间内出口退税额对出口额的弹性系数分别为 0.91 和 0.76。还有另外的经验分析也研究了两者之间的弹性系数，譬如陈平和黄建梅（2003）利用 1985—2002 年出口退税额和出口额的数据得出两者之间的弹性系数为 0.50，并在此基础上使用分区域的面板数据，进一步得出了组间估计系数为 1.043。郑桂环等（2004）同样利用 1985—2002 年的数据，认为出口退税额对出口额的弹性系数为 0.71。

对照上述经验分析结果，我们可以看一下我们所构建的 CGE 模型的模拟结果。CGE 模拟结果显示，在"2002 年出口税负"情景，8.93% 的外贸全行业平均出口退税水平促进出口额额外增长 7.29%，据此可以计算出两者的弹性系数为 0.82，这一结果与上述经验分析结果符合性较好。同样我们可以得到 2005 年和 2010 年出口退税和出口额两者之间的弹性系数，通过计算可知，2005 年为 1.05，2010 年为 1.47，均比 2002 年 0.82 的弹性系数大。这也符合我国加入 WTO 以后出口增长迅猛，出口额对出口退税反应更加敏感的现实情况。基于此，我们可以说本章节所构建的 CGE 模型的模拟结果与经验分析结果符合性较好，可以在一定程度上保证合理性和准确性，可以据此开展情景模拟分析。

第三节 结果分析

一 2002年：出口退税激励结构不合理，增大污染排放

中国出口退税总额在2002年为1259.40亿元，这其中，很大程度上是由"两高一资"行业产品出口所带来的，因为当年中国出口退税政策优惠主要集中在"两高一资"行业，使"两高一资"行业出口额占当年总出口额达到36.13%（见表8-1和附表5）。这里，我们对于"两高一资"行业出口额占比的计算，是在排除掉"其他机械及设备"这一行业的情况下计算的占比，要知道仅"其他机械及设备"行业的出口额占当年总出口额的比重就高达35.60%。如果"两高一资"行业包括"其他机械及设备"行业的话，那么占比将达到71.73%。

表8-1 2002年、2005年和2010年"两高一资"行业出口额及其占总出口额的比重　　单位：十亿美元

高污染行业	2002年 出口	2002年 比重（%）	2005年 出口	2005年 比重（%）	2010年 出口	2010年 比重（%）
其他矿物质	0.18	0.06	1.12	0.15	0.58	0.04
煤石油天然气及其制品	8.44	2.59	17.62	2.31	26.67	1.69
造纸	1.72	0.53	3.97	0.52	12.41	0.79
纺织	26.81	8.23	53.87	7.07	115.03	7.29
服装	20.58	6.32	35.03	4.60	54.36	3.45
皮革制品	20.42	6.27	34.65	4.55	58.88	3.73
化工橡胶塑料制品	19.23	5.91	42.44	5.57	127.00	8.05
其他矿产品	6.68	2.05	14.43	1.89	30.33	1.92
钢铁	2.31	0.71	15.09	1.98	28.93	1.83
金属制品	7.26	2.23	19.03	2.50	57.57	3.65
其他金属	3.99	1.23	10.56	1.39	24.30	1.54
总计	117.63	36.13	247.83	32.53	536.07	33.98

注：详见附表5。在这里我们只选取和呈现了2002年、2005年和2010年"两高一资"行业出口及其占总出口的比重。

第八章 | 出口退税政策调整的宏观经济效果分析与环境效应测度

还可以观察重点"两高一资"行业出口额占外贸全行业当年出口总额的比重,例如煤石油天然气及其制品为 2.59%、纺织为 8.23%、皮革制品为 6.27%、化工橡胶塑料制品为 5.91%、钢铁为 0.71%,以及其他金属行业为 1.23%。

由前文第四章第二节和第四章第三节的分析可知,2002 年高污染行业平均出口退税水平为 13.66%,明显高于 8.93% 的外贸全行业平均出口退税水平。"两高一资"行业出口退税水平最低的也要高出外贸全行业平均出口退税水平 4 个百分点,尤其是纺织服装(含印染)、金属制品、化工橡胶塑料制品、其他金属,以及石油煤炭产品等享有过高的出口退税优惠,分别为 15.89%、14.31%、14.08%、13.95%、13.22%。

依据模拟结果,我们可以看出"2002 年出口税负"情景下,中国出口增长得益于出口退税的拉动作用,这种对出口额的拉动作用达到额外的 7.29%,即 2002 年出口退税促进中国出口额外增长 7.29%。这里的"额外"是指与没有出口退税情形下的结果进行对比而得到的差额。2002 年的出口退税不仅拉动了出口额的增长,还拉动了当年 GDP 额外上升 0.52%,而当年 GDP 较上一年同比增长 8.07%,可见,出口退税对于 GDP 的贡献率已经达到 6.44%。除此之外,2002 年出口退税还拉动了工业增加值额外上升 1.32%。另外一个重要的经济指标是行业产值,2002 年出口退税对于不同行业产值的影响存在差异(见图 8-2 和附表 4),总体而言,其虽然推动了"两高一资"行业产值增长,但抑制了部分非"两高一资"行业特别是服务业产值的增长。这是由于 2002 年的出口退税安排,"两高一资"行业受惠较大,相较之下,其他行业受惠较小或根本没有享受出口退税,这种情况下,生产要素和生产资源就会更多地流向"两高一资"行业,在资源和要素总量既定的情况下,势必会减少非"两高一资"行业的生产能力,增大其生产成本,进而减少其行业产值。可以发现,2002 年出口退税安排正是通过这种行业差异影响了行业资源的分配进而影响行业生产能力和行业产出,间接推升了"两高一资"行业占比,加大了整个行业体系或经济体系的污染排放量。这表明 2002 年的出口退税安排存在较明显的激励结构不合理的问题,这种不合理的直接后果便是造成行业发展扭曲和行业结构恶化,这里的恶化是从生产方式粗放和不够绿化,以及污染排放等角度而言的，亦即2002年出口退税对结构的恶化集中体现在环境影响方面。

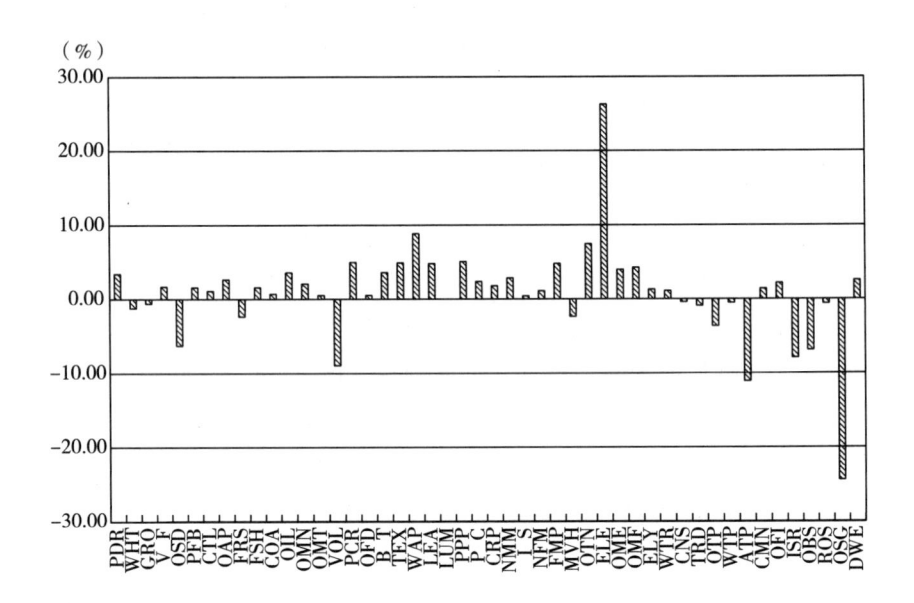

图8-2 "2002年出口税负"情景对各部门产值变化率的影响

从图8-5和附表6，我们可以看出"2002年出口税负"情景的环境影响。多数污染物在2002年的出口退税安排下出现了较大幅度的增长，增长幅度因污染物而有所不同，譬如，就工业污染物而言，工业废水额外增排幅度最大，为2.73%；二氧化硫额外增排幅度最小，为1.72%；烟粉尘额外增排幅度居中，为2.10%。对农业污染物的影响而言，也出现了不同程度的额外增排现象，只不过额外增排幅度相差不大，其中农业COD受2002年出口退税影响额外增排1.05%、农业TN受2002年出口退税影响额外增排1.20%、农业TP受2002年出口退税影响额外增排1.40%。对温室气体而言，同样出现了额外增排，三种温室气体额外增排幅度相差也不大，譬如，CO_2受2002年出口退税影响额外增排1.54%、CH_4受2002年出口退税影响额外增排幅度更大，为1.63%；N_2O受2002年出口退税影响额外增排1.50%。就不同种类型的污染物而言，受2002年出口退税影响，工业污染物额外增排幅度明显大于温室气体的额外增排幅度，而温室气体额外增排幅度则大于农业污染物额外增排幅度。这是因为,"两高一资"行业出口退税优惠主要集中在工业部门,而农业部门受出口退税的优惠相较之下要小得多。

前文对出口退税影响污染排放的机理分析和环境效应模型表明,出口退税影响环境的驱动力可以分解成规模、结构和技术三种效应。借鉴Copeland 和 Taylor(1995)的研究我们进一步实现了对以上三种效应的数学解构。虽然我们实现了对规模效应、结构效应和技术效应的数学结构和表达,但我们在前文也讲到,出口退税政策在通过技术效应影响环境和污染排放这一方面是非常微弱的,并且在短期这种出口退税政策所能体现出来的技术效应就更加微弱,加之频繁调整的出口退税政策,会使这种即使存在但极其微弱的技术效应可以忽略不计。从另一方面来看,本书模型中的污染排放系数均来自所计算的当年实际值,技术效应的贡献已经由行业排污系数的减小所体现。所以,本书其实仅测度了由规模和结构效应两者所构成的环境影响。前文提到,在"2002 年出口税负"情景下,总产值额外增长 0.82%(见表 8-2 和附表 4),根据 Copeland 和 Taylor(1995),以此为"规模效应",那么"2002 年出口税负"情景下各污染物的"结构效应"可以由"总效应"减去"规模效应"得到(Copeland and Taylor, 1995),具体结果见图 8-6 和附表 6。可以看出,对工业污染物而言,"2002 年出口税负"情景的结构效应为"增大工业污染排放",且该结构效应明显大于规模效应。

二 2005 年:出口退税激励结构初步调整,缓解污染增排

2005 年,"两高一资"行业产品享有的平均出口退税率明显降,出口退税安排在行业结构上已经体现出了一定的优化调整。这可以从 2005 年"两高一资"行业平均出口退税水平或者"出口税负"平均水平观察出来。2005 年高污染行业平均"出口税负"水平为 6.42%,明显高于外贸全行业 4.30%的平均水平。这表明,相较于外贸全行业平均水平,国家在 2005 年对"两高一资"行业产品的出口进行了一定程度的"惩罚"。虽然这种"惩罚"是降减了"两高一资"行业的出口退税优惠,不是真正意义上的"惩罚",但这确实是在之前年份(如 2002 年)巨大优惠基础上的较大幅度的降减,而且降减到了外贸全行业出口退税优惠的平均水平之下。体现在"出口税负"水平上,则是"两高一资"行业明显高于外贸全行业平均水平。另外,我们还可以观

察高污染具体行业的出口退税水平的变动情况，基本上所有"两高一资"行业的出口退税水平都比2002年有所下降，譬如降减力度较大的有：石油的出口退税水平由2002年的13.00%降至为零；其他矿物质出口退税水平由2002年的13.00%降至2005年的0.42%；造纸由2002年的13.00%降至2005年的5.14%；钢铁由2002年的13.00%降至2005年的5.13%；其他金属由2002年的13.95%降至2005年的8.92%，等等。

其实，这种"两高一资"行业出口退税水平的下降，亦可由"出口税负"水平的上升所体现，并且对于观察"两高一资"行业所承担的税负"惩罚"而言，可能更为合适和直观。对比发现，2005年"两高一资"行业中的石油、其他矿物质、造纸、钢铁和其他金属等行业所承担的"出口税负"较高，分别为17.00%、12.19%、11.45%、11.84%和7.37%。"两高一资"行业较高的"出口税负"负担，使它们在当年的出口额占外贸全行业出口额的比重降至32.53%，相较于2002年下降了3.60%。

还可以深入某个具体"两高一资"行业观察其"出口税负"和出口额情况。通过观察发现，多数"两高一资"行业虽然"出口税负"负担上升，但以价值量衡量的年度出口额却上升了。这并不奇怪，因为这是货币化的以价值绝对数量所衡量的出口额。这种以价值量衡量的出口额的增加，其实并不意味着该"两高一资"行业出口占总体的比重是上升的，其实多数情况下是下降的，因为以价值量衡量的外贸全行业出口额也出现了上升态势，因此，以某"两高一资"行业出口额除以外贸全行业出口总额而得到的比重为指标观察，那么在2005年多数"两高一资"行业出口额占比相较于2002年其实是出现了不同程度的下滑（见表8-1和附表5）。

依据模拟结果，我们可以看出"2005年出口税负"情景下，中国出口增长得益于出口退税的拉动作用，这种对出口额的拉动作用达到额外的7.63%。同样，2005年的出口退税不仅拉动了出口额的增长，而且拉动了当年GDP额外上升0.47%，还拉动了工业增加值额外上升1.19%。另外，从行业产值变动来看，与"2002年出口税负"情景相类似，"2005年出口税负"对于不同行业产值的影响也存在差异（见图8-3和附表4），总体而言，同样推动了"两高一资"行业产值增长，增值幅度与行业享受的出口退税优惠直接相关。不同于"2002年出口税负"情景的是，在"2005年出口税负"情景下，由于出口退税安排在结构上的优化，部分非"两高一资"行业或者相对洁净行业的产值出现了额外上升，如电子电器行业产值等。这表明2005年的出口退税安排在激励结构上有了初步调整，我们接下来观察这种激励结构上的初步调整对多种污染物污染减排的影响。

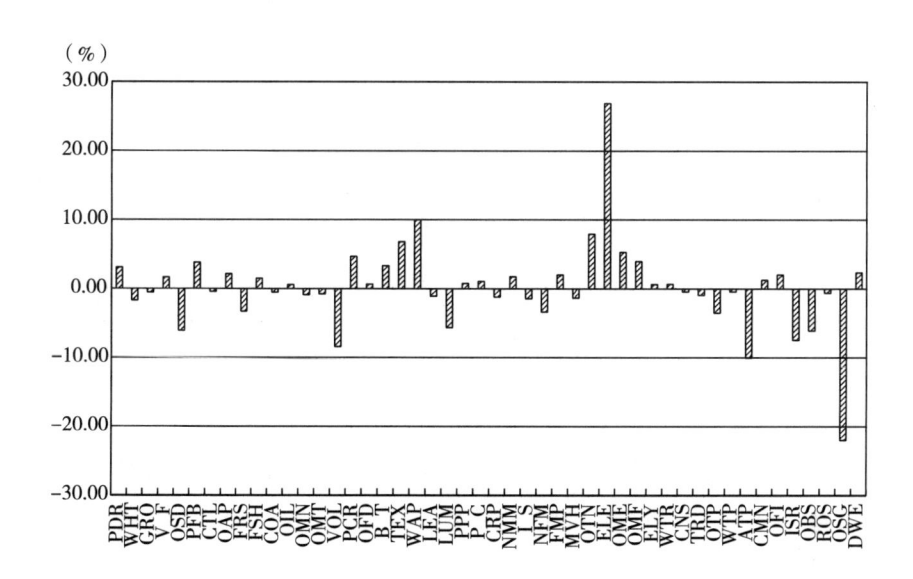

图 8-3 "2005年出口税负"情景对各部门产值变化率的影响

从图8-5和附表6可以看出，"2005年出口税负"情景下，仍然出现了额外的污染增排。对工业污染物而言，工业PM额外增排幅度最大，为1.07%；工业废水额外增排幅度最小，为0.06%；工业二氧化硫额外增排幅度居中，为0.71%。对农业污染物的影响而言，也出现了不同程度的额外增排现象，只不过额外增排幅度相差不大，其中农业COD受2005年出口退税影响额外增排0.78%；农业TN受2005年出口退税影响额外增排0.72%；农业TP受2005年出口退税影响额外增排0.89%。对温室气体而言，同样出现了额外增排，三种温室气体额外增排幅度同样相差也不大，譬如CO_2受2005年出口退税影响额外增排0.67%；CH_4受2005年出口退税影响额外增排幅度较大，为0.85%；

245

N_2O 受 2005 年出口退税影响额外增排 0.59%。相较于"2002 年出口税负"情景,"2005 年出口税负"情景下各种污染物额外增排幅度均有所下降,这也体现了"2005 年出口税负"情景下激励结构初步调整的效果,在一定程度上缓解了污染增排。

同样,从表 8-2 和附表 4 中可以看出,"2005 年出口税负"情景下,行业总产值额外增长 1.09%。根据 Copeland 和 Taylor(1995),以此为"规模效应",可以从污染物排放量变化率中减去其贡献,那么就可以得到"结构效应",如图 8-6(或者附表 6)所示,其结果均为负值。这一点是与"2002 年出口税负"情景下为正的结构效应完全不同,说明"2005 年出口税负情景"下出现了结构(优化)减排作用。结构效应为"减少污染排放",那么与规模增排效应相叠加,会在一定程度上减少规模效应的增大污染排放的负面影响。但是,从两者叠加,即总效应的增大污染排放的结果来看,彼时虽然出口退税激励结构初步调整,并且出现了结构(优化)减排作用,但这种结构(优化)减排作用的力度小于规模增排效应,所以在出口退税对污染排放的最终影响上,仍然是起到了增大污染排放的作用。

三 2010 年:出口退税激励结构进一步优化,助推污染减排

"十一五"时期,大规模系列调减和取消"两高一资"行业产品出口退税的政策,持续到 2010 年。之后一直到"十二五"时期乃至"十三五"时期,无论是高污染行业出口退税水平还是外贸全行业出口退税水平总体上并未有大的变动,相对较为稳定。因此,我们在此重点观察 2010 年的情况。

首先,2010 年"两高一资"行业平均出口退税水平降至 4.83%,小于外贸全行业的 5.66% 的平均出口退税水平。相较于 2005 年,2010 年"两高一资"行业平均出口退税水平下降了 4.61%,外贸全行业平均出口退税水平下降了 1.61%,由此可见,"两高一资"行业平均出口退税水平下降幅度更大。国家在"十一五"时期,降减和取消"两高一资"行业产品出口退税的系列政策措施力度大、动真格、见实效。

其次,我们可以深入具体"两高一资"行业观察变化情况,发现 2010 年"两高一资"行业出口退税水平相较于 2005 年有升有降,其中纺织服装(含印染)和造纸行业的出口退税水平相对上升,其余"两高一

第八章 | 出口退税政策调整的宏观经济效果分析与环境效应测度

资"行业出口退税水平相对下降，下降幅度较大的有煤炭、天然气、石油煤炭产品、其他矿产品、皮革制品、钢铁、化工橡胶塑料制品、金属制品和其他金属等行业产品，是我们"十一五"时期降减出口退税政策重点所针对的行业产品。最后，受降减出口退税优惠的影响，2010年多数"两高一资"行业产品，如其他矿物质、煤石油天然气及其产品、皮革制品、钢铁等行业产品的出口额占当年出口额的比重相较于2005年出现较明显下降（见表8-1和附表5）。

依据第四章第三节的分析可知，至2010年，中国外贸全行业平均"出口税负"水平为5.98%，而"两高一资"行业平均"出口税负"水平已升至11.55%，比2005年（6.42%）上升了5.13个百分点，并且明显高于外贸全行业平均"出口税负"水平。此时，"两高一资"行业中的煤炭、天然气、石油煤炭产品、其他矿产品、皮革制品、钢铁、化工橡胶塑料制品、金属制品和其他金属等行业产品的"出口税负"水平已升至17%或已处于高位，表明国家对这些行业产品的相对"惩罚"已较为明显，但纺织、服装、造纸等少数"两高一资"行业的"出口税负"惩罚还仍未体现。

依据模拟结果，我们可以看出"2010年出口税负"情景下，受出口退税安排的影响，中国出口额额外增长8.32%。虽然相较于以往两组政策情景，中国出口退税政策对出口和经济增长的拉动作用有所降低，但这也正表明了中国出口退税政策体系和在激励出口贸易结构上的一种优化转型，是一种高质量的优化激励方式。

另外，从行业产值变动来看，"2010年出口税负"对于不同行业产值的影响存在较大差异（见图8-4和附表4），总体而言，国家在这一时期对"两高一资"行业产品的"出口税负"惩罚，抑制了多数"两高一资"行业产值，受抑制较大的行业有皮革制品、黑色金属、化工橡胶塑料制品、石油煤炭产品、金属制品和其他金属等行业。而相对洁净的行业如电子电气、其他交通设备、其他机械及设备等受"出口税负"的惩罚较小，享受了部分出口退税优惠，所以在产值上出现了额外上升。需要特别指出的是，纺织、服装、造纸等少数"两高一资"行业依然受到较小的"出口税负"惩罚，甚至还享受较大的出口退税优惠，特别是纺织服装行业，使它们的产值在"2010年出口税负"情景下依然获得了较大幅度的额外增长。但总体而言，2010年的出口退税安排在激励结构上有了进一步调整和优化，我们接下来观察这种激励结构上的进一步优化调整对多种污染物污染减排的影响。

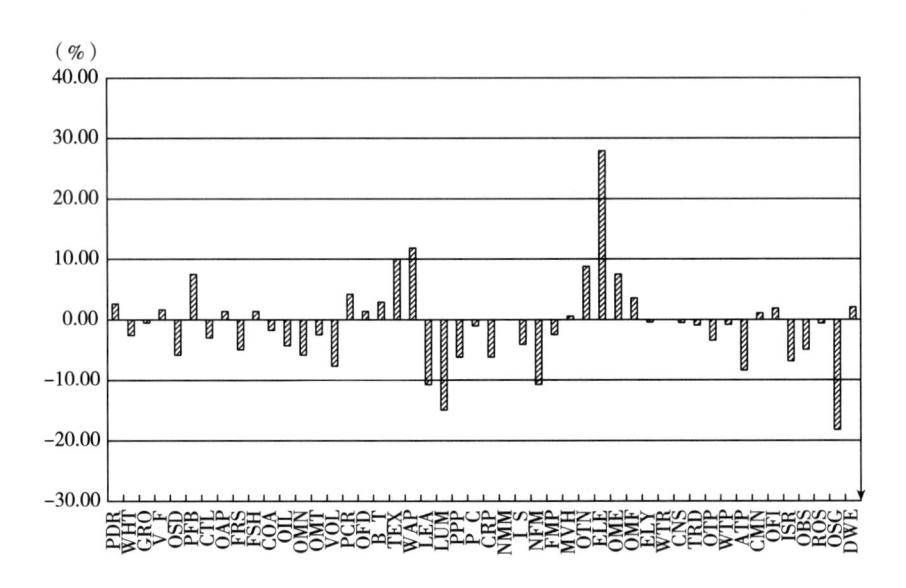

图8-4 "2010年出口税负"情景对各部门产值变化率的影响

从图8-5和附表6可以看出，"2010年出口税负"情景下，只有农业污染物出现了额外的污染增排，而对于工业污染物和温室气体而言则出现了明显的污染减排。对工业污染物而言，工业二氧化硫额外减排幅度最大，为-1.72%；工业废水额外减排幅度最小，为-1.27%。对温室气体而言，同样出现了额外减排，三种温室气体额外减排幅度相差不大，譬如 CO_2 受2010年"出口税负"影响额外减排-1.45%，CH_4 受2010年"出口税负"影响额外减排-1.34%，N_2O 受2010年"出口税负"影响额外减排-1.45%。对农业污染物的影响而言，则出现了不同程度的额外增排现象，这是由于"2010年出口税负"安排对于纺织服装等"两高一资"行业的惩罚不够，由于植物纤维属于其上游产品，因此表现在污染排放上，农业污染物出现了增排现象，只不过额外增排幅度不大，其中农业COD受2010年"出口税负"影响额外增排

0.36%、农业 TN 受 2010 年"出口税负"影响额外增排 0.48%、农业 TP 受 2010 年"出口税负"影响额外增排 0.31%。相较于之前两组政策情景,"2010 年出口税负"情景下工业污染物和温室气体出现了额外减排,这也体现了"2010 年出口税负"情景下激励结构进一步优化调整的效果,在一定程度上助推了污染减排。所以,接下来,我们来观察分析"2010 年出口税负"情景下的结构效应。

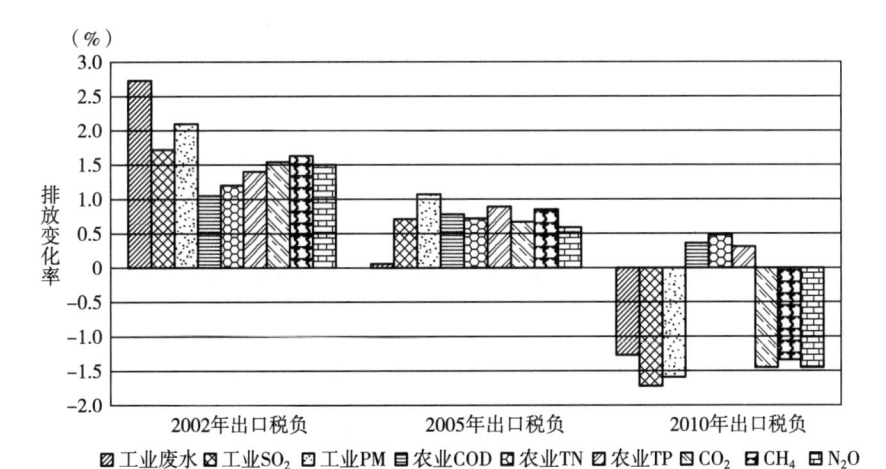

图 8-5　三组政策情景下"出口税负"的环境影响

同样,从表 8-2 和附表 4 中可以看出,"2010 年出口税负"情景下,行业总产值额外增长 1.19%。根据 Copeland 和 Taylor（1995）,以此为"规模效应",可以从污染物排放量变化率中减去其贡献,那么就可以得到"结构效应",如图 8-6（或者附表 6）所示,其结果均为负值,且力度明显大于"2005 年出口税负情景"下的结构（优化）减排力度。并且,进一步观察分析可知,此时对于工业污染物和温室气体而言,结构（优化）减排效应的力度已经最大,在最终的环境影响上出现了两类污染物的减排结果。所以,我们可以说,"2010 年出口税负"情景下的出口退税安排以减排污染物为主,结构（优化）效应的减排作用力度已然超过了规模效应的增排作用力度,从而出口退税终于在总体上助推了中国外贸的污染减排。

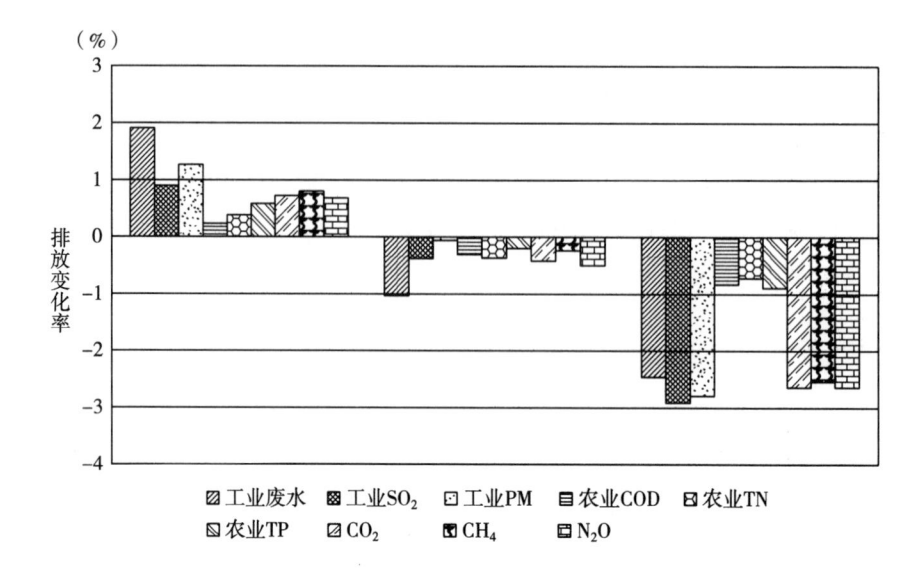

图 8-6　三组政策情景下"出口税负"的结构效应

由此可见，中国政府"十一五"时期以来降低或取消"两高一资"行业产品出口退税的系列调整，使中国出口退税政策体系在结构上已经出现了明显的优化，出口退税税目结构优化并通过结构优化效应起到了污染减排的作用，这说明中国政府经过几年的努力、不断的优化调整，动真格、见实效，使出口退税成为一项减排污染、保护环境的重要贸易政策措施，同时承担起了一项次佳环境政策的代理性职能。

表 8-2　三组政策情景对"两高一资"行业及部分重点行业产值的影响　　单位:%

行业部门	2002年"出口税负" 行业产值占总产出的比重	2002年"出口税负" "出口税负"引致的产值变动率	2005年"出口税负" 行业产值占总产出的比重	2005年"出口税负" "出口税负"引致的产值变动率	2010年"出口税负" 行业产值占总产出的比重	2010年"出口税负" "出口税负"引致的产值变动率
煤炭	1.30	0.70	1.66	−0.23	2.19	−1.73
石油	1.06	3.57	1.03	0.59	0.98	−4.28
其他矿物质	0.98	2.06	1.10	−0.94	1.28	−5.82
石油煤炭产品	1.97	2.34	2.34	1.07	2.90	−1.01

续表

行业部门	2002年"出口税负" 行业产值占总产出的比重	2002年"出口税负" "出口税负"引致的产值变动率	2005年"出口税负" 行业产值占总产出的比重	2005年"出口税负" "出口税负"引致的产值变动率	2010年"出口税负" 行业产值占总产出的比重	2010年"出口税负" "出口税负"引致的产值变动率
其他矿产品	1.88	2.82	2.40	1.75	3.18	0.00
纺织	2.91	4.85	2.88	6.81	2.83	9.99
服装	1.33	8.84	1.28	9.97	1.22	11.82
皮革制品	0.82	4.76	0.81	−1.13	0.78	−10.74
造纸	1.83	5.03	1.66	0.78	1.39	−6.16
钢铁	3.66	0.10	4.25	−1.48	5.14	−4.06
化工橡胶塑料制品	6.98	1.77	7.54	−1.24	8.37	−6.16
电力	2.56	1.28	3.15	0.64	4.02	−0.40
其他金属	1.31	1.09	1.91	−3.41	2.79	−10.74
金属制品	1.94	4.76	1.96	2.02	2.79	−2.46
高污染行业部门总计	30.53	2.69	33.97	1.08	39.10	−2.60
其他机械及设备	4.75	3.94	5.36	5.29	6.26	7.49
电子器械	6.50	26.25	7.81	26.88	9.76	27.90
其他交通设备	0.87	7.41	1.94	8.40	2.75	8.76
其他制成品	0.94	4.21	1.62	7.92	0.79	3.57
航空	0.41	−11.11	0.66	−10.06	1.05	−8.34
保险	0.40	−7.87	0.63	−7.48	0.97	−6.84
其他商业服务类	3.82	−6.84	3.35	−6.11	2.64	−4.93
公共行政、国防、医疗卫生和教育类	6.88	−24.38	5.80	−22.03	4.18	−18.20
总计	100.00	0.82	100.00	1.09	100.00	1.19

注：详见附表4。在此，我们仅选择并呈现了三组政策情景对"两高一资"行业及部分重点行业的产值变动率情况。

第四节 本章小结

依据我国历年来面向"两高一资"行业产品的出口退税政策调整

文件的重要时间节点，本章采用一般均衡模型，分别模拟测算了"2002年出口税负"、"2005年出口税负"以及"2010年出口税负"三组出口退税政策情景的经济与环境影响。出口退税政策的环境效应包括规模效应、结构效应和技术效应，短期则主要集中在规模和结构效应。受降减出口退税政策影响，高污染行业产品出口及生产规模下降，从而通过规模效应减排污染；同时生产要素等资源会从高污染行业流向清洁行业，清洁行业产出及其占比就会扩大，从而通过结构（优化）效应减排。

"2002年出口税负"情景下，出口退税政策更多的是用以推动经济增长，相对忽视其对结构调整和环境保护的重要性，彼时大部分高污染行业享受较高的出口退税优惠，高污染行业的生产规模增加。研究发现，2002年出口退税安排存在较大的结构不合理问题，产生了规模增排效应和结构（劣化）效应，在带来经济总产值上升的同时也带来了多种污染物排放量的上升，并且污染物排放量上升更快。

随着政府越来越重视环境保护，中国出口退税率政策开始将出口退税率向结构优化和环境保护方向上引导。"2005年出口税负"情景下，高污染行业的出口退税率水平出现明显下降。多数"两高一资"行业出口额占比相较于2002年出现了不同程度的下滑，表明2005年的出口退税安排在激励结构上有了初步调整。彼时出口退税所带来的环境影响的结构效应已经转变为负值，但是由于规模效应为正，且规模效应力度更大，所以在总体上依然呈现污染增排。

"2010年出口税负"情景下，高污染行业享有的出口退税水平进一步从2005年的9.44%降至4.83%，并且已降到外贸全行业平均水平之下，结构明显优化。这一时期的出口退税安排不仅带来了经济总产值的增长，还使污染减排的结构优化效应超过了污染增排的规模效应。所以彼时的出口退税政策总体上对环境起到了改善的作用。

政策模拟结果表明，中国出口退税率政策调整目标已转向结构优化和环境保护，后文将分别针对重点"两高一资"行业和外贸全行业开展"取消出口退税"的政策试验，从贸易、经济与环境利益综合平衡角度，提出未来出口退税政策调整优化路径选择。

第九章

出口退税"政策试验"：贸易、经济与环境综合平衡的路径选择

在本章，我们首先以2018年出口退税为基准，开展"政策试验"：一是运用CPE和CGE模型分别对"单一高污染行业"产品和对"所有高污染行业"产品开展"提高出口税负"（"取消出口退税"）的政策模拟。二是从行业角度设计多种"差别化出口退税"政策方案，模拟不同方案下的经济和环境影响。其次，在模拟结果基础上，通过构建和使用"污染减排的出口额损失代价""单位税率污染变动""污染减排综合指数""出口税负引致的污染—经济弹性""GDP的污染排放代价"等指标，多角度综合比较不同政策方案，从贸易、经济与环境利益综合平衡角度，提出政策选择的路径：包括出口退税调整方向，优先调整的重点行业选择，以及推进进程等。

第一节 基于CPE模型的出口退税"政策试验"与路径选择

一 取消纺织印染行业、皮革制品行业及造纸行业出口退税政策试验

纺织印染行业、皮革制品行业及造纸行业均属于典型"两高一资"行业，我们主张国家继续通过降减"两高一资"行业产品出口退税，以助力产业结构优化调整、经济高质量发展和绿色贸易转型升级。因此，本部分在2018年纺织印染行业出口退税的基础上，开展"取消出

口退税"的政策试验。我们仍采用 CPE 模型来模拟所选取的三个行业的代表产品出口退税率变动的经济与环境影响，分别记为情景 A、情景 B 及情景 C。

（一）情景 A：纺织印染行业

情景 A1：以 2018 年为基准，分析化学纤维长丝出口退税率由 16.9%（2018 年税号第 54 章的产品平均出口退税率）降至 0 的福利变化。

情景 A2：以 2018 年为基准，分析化学纤维短纤出口退税率由 17%（2018 年税号第 55 章的产品平均出口退税率）降至 0 的福利变化。

（二）情景 B：皮革制品行业

情景 B1：以 2018 年为基准，分析旅行箱包类出口退税率由 3.88%（2018 年税号第 42 章的产品平均出口退税率）降至 0 的福利变化。

情景 B2：以 2018 年为基准，分析鞋靴类出口退税率由 13.75%（2018 年税号第 64 章的产品平均出口退税率）降至 0 的福利变化。

（三）情景 C：造纸行业

情景 C1：以 2018 年为基准，分析纸制品出口退税率由 4.41%（2018 年税号第 48 章的产品平均出口退税率）降至 0 的福利变化。

1. 经济影响

CPE 模型的结果如表 9-1 所示，取消出口退税将抑制企业的出口行为，各类商品的出口额减少。国内生产厂商利益受损，政府税收增加，且后者税收收益大于前者的损失利益，所以最后中国净福利是增加的。即各类产品出口退税率还有下调的空间。

表 9-1　　　　　取消纺织印染行业、皮革制品行业及
造纸行业出口退税的经济影响　　　　　单位：美元

经济影响	情景 A		情景 B		情景 C
	情景 A1	情景 A2	情景 B1	情景 B2	情景 C1
中国生产者剩余	-2093529586.00	-1296176562.90	-624590103.30	-3793897525.30	-468251910.90
中国政府税收	2940069445.80	1820298664.20	985471758.60	5489973097.80	735442113.50
中国净福利	846539859.80	524122101.40	360881655.30	1696075572.40	267190202.60
中国出口变动额	-3205357695.90	-1984547793.80	-963031313.30	-5820038368.70	-721799155.80

第九章 | 出口退税"政策试验":贸易、经济与环境综合平衡的路径选择

续表

经济影响	情景A		情景B		情景C
	情景A1	情景A2	情景B1	情景B2	情景C1
世界消费者剩余	-983352780.60	-608827711.70	-416436604.20	-1972796372.00	-308550227.40
世界净福利	-983352780.60	-608827711.70	-416436604.20	-1972796372.00	-308550227.40

对于纺织行业,化学纤维长丝各项指标变化幅度大于化学纤维短纤,这说明化学纤维长丝(第54章)的出口退税政策调整空间要大于化学纤维短纤(第55章)。对于皮革制品行业,鞋靴类(第64章)商品的出口退税政策空间明显要比箱包类(第42章)商品的出口退税政策空间大。

综合比较各类产品,出口退税政策调整空间从大到小依次为:B2(鞋靴类)、A2(化学纤维短纤)、A1(化学纤维长丝)、B1(旅行箱包)、C1(纸制品);综合比较各行业,取消出口退税政策的经济效益从大到小依次为:皮革制品行业、纺织印染行业、造纸行业。

2. 环境影响

本书选取化学需氧量排放量、二氧化硫排放量、工业固体废物产生量、工业废水排放量这四个指标,从行业层面来分析取消出口退税政策的环境影响。根据纺织印染、皮革制品、造纸三个行业的污染排放系数(见附表7)以及CPE模型的结果,我们计算出了不同情景下各行业多种污染物排放量的变化量,结果如表9-2所示。

表9-2　　　　　取消纺织印染行业、皮革制品行业
及造纸行业出口退税的环境影响

行业	纺织印染行业	皮革制品行业	造纸行业
COD/吨	-1793.71	-1633.01	-1127.01
二氧化硫/吨	-69.68	-606.03	-12.63
工业废水/万吨	-1606.52	-790.09	-795.26
工业固体废物/万吨	-5.92	-1.88	-7.55

取消出口退税率使得各行业污染物排放量均不同程度地减少。综合比较各行业污染物变化量,纺织行业的化学需氧量和工业废水减排量最

多；皮革制品行业的二氧化硫减排量最多；造纸行业的固体废物减排量最多，说明下调出口退税率的政策对这三个行业在不同污染物减排上表现出不同的政策效果，所以在制定政策时要灵活取舍。

二 取消化工行业出口退税政策试验

化工行业同样作为典型的"两高一资"行业，在产品生产过程中会带来大量的污染物排放。对化工行业内产品执行更加严格的出口退税率政策不仅会显著地降低污染物的排放，还会促进我国绿色贸易转型升级、经济高质量发展。因此，我们以2018年为基准，对化工行业内10个出口退税率还未下调至0的产品（具体见表9-3）开展"取消出口退税"的政策实验。我们仍采用CPE模型来模拟上述10个产品的出口退税率变动的经济与环境影响，分别记为情景D1—情景D10。

表9-3　化工行业减排潜力模拟依据："出口税负率"变动情况

产品	2018年	模拟征税率	变动
有机化合物	9.37	17.00	7.63
药品	4.39	16.45	12.06
精油及香膏等	7.45	17.00	9.55
肥皂等	7.30	17.00	9.70
蛋白类等	9.91	17.00	7.09
易燃材料制品	12.67	17.00	4.33
照相及电影用品	4.00	17.00	13.00
杂项化学产品	14.92	16.68	1.76
塑料及其制品	7.71	16.79	9.08
橡胶及其制品	9.24	16.71	7.47

注：无机化学品、肥料、鞣料浸膏三类产品出口退税率已下调为0。

情景D1：以2018年为基准，分析有机化学品出口退税率由7.63%降至0的福利变化。

情景D2：以2018年为基准，分析药品出口退税率由12.06%降至0的福利变化。

情景D3：以2018年为基准，分析精油及香膏等产品出口退税率由9.55%降至0的福利变化。

第九章 | 出口退税"政策试验"：贸易、经济与环境综合平衡的路径选择

情景 D4：以 2018 年为基准，分析肥皂等产品出口退税率由 9.7% 降至 0 的福利变化。

情景 D5：以 2018 年为基准，分析蛋白类产品出口退税率由 7.09% 降至 0 的福利变化。

情景 D6：以 2018 年为基准，分析易燃材料制品出口退税率由 4.33% 降至 0 的福利变化。

情景 D7：以 2018 年为基准，分析照相及电影用品出口退税率由 13% 降至 0 的福利变化。

情景 D8：以 2018 年为基准，分析杂项化学产品出口退税率由 1.76% 降至 0 的福利变化。

情景 D9：以 2018 年为基准，分析塑料及其制品出口退税率由 9.08% 降至 0 的福利变化。

情景 D10：以 2018 年为基准，分析橡胶及其制品出口退税率由 7.47% 降至 0 的福利变化。

（一）经济影响

经济—环境 CPE 模型模拟结果如表 9-4 所示。总体来说，出口退税率下调为 0，厂商将会减少产品的出口，收入下降，生产者福利下降。由于出口退税率下调，政府的税收将会上升，且税收收益大于生产者损失的利益，因此我国的净福利是上升的。对于世界上其他经济体而言，由于我国出口退税率的取消，出口的减少，我国产品在世界市场上价格上升，这使世界市场上消费者福利受损。从产品层级来看，出口退税率的下调对有机化学品、塑料及其制品、橡胶及其制品产生较大的经济影响。

表 9-4 　　　　　取消化工行业出口退税的经济影响 　　　　　单位：美元

经济影响	情景 D1	情景 D2	情景 D3	情景 D4	情景 D5
中国生产者剩余	-2549500492.00	-621127442.00	-305013970.00	-227278174.00	-120717830.00
中国政府税收	3895342848.00	912364254.20	458274239.50	341027762.00	185303588.80
中国净福利	1345842356.00	291236811.90	153260269.60	113749587.80	64585758.74
中国出口变动	-3923900945.00	-953718956.00	-468983448.00	-349431074.00	-185841973.00
世界消费者剩余	-1560122509.00	-336842199.40	-177964367.30	-132099675.50	-74826681.52

续表

经济影响	情景 D1	情景 D2	情景 D3	情景 D4	情景 D5
世界净福利	−1560122509.00	−336842199.40	−177964367.30	−132099675.50	−74826681.52
	情景 D6	情景 D7	情景 D8	情景 D9	情景 D10
中国生产者剩余	−23537657.40	−85615326.70	−171383640.00	−4117452741.00	−931177930.00
中国政府税收	36993552.76	124735552.10	275178876.00	6211273974.00	1424499450.00
中国净福利	13455895.34	39120225.41	103795236.40	2093821233.00	493321519.70
中国出口变动	−36284087.20	−131394482.00	−264500216.00	−6332402650.00	−1433264077.00
世界消费者剩余	−15537138.97	−45500175.92	−119108868.00	−2425842384.00	−570341599.30
世界净福利	−15537138.97	−45500175.92	−119108868.00	−2425842384.00	−570341599.30

（二）环境影响

根据化工行业的污染排放系数（见附表7）以及CPE模型的结果，我们计算出了不同情景下化工行业多种污染物排放量的变化量，结果如表9-5所示。出口退税率下调至0将会大幅度削弱厂商的出口积极性，厂商将会减少产品的生产。相应地，污染排放量将会下降。从表9-5可以看出，出口退税率下调至零，对四类污染物减排的影响主要集中在有机化学品、药品、塑料及其制品3个产品上，即出口退税率政策在上述3类产品的减排上依然有很大的政策空间。加大对有机化学品、药品、塑料及其制品出口退税率的下调力度将会显著降低其对应的污染排放量。

表9-5　取消化工行业出口退税的减排潜力

分类	SO_2/吨	COD/吨	工业废水/万吨	工业固体废物/万吨
有机化学品	−2037.34	−1080.03	−264.54	−102.32
药品	−3299.44	−229.76	−628.77	−0.87
精油及香膏等	−243.50	−129.08	−31.62	−12.23
肥皂等	−181.43	−96.18	−23.56	−9.11
蛋白类等	−96.49	−51.15	−12.53	−4.85
易燃材料制品	−18.84	−9.99	−2.45	−0.95
照相及电影用品	−68.22	−36.17	−8.86	−3.43
杂项化学产品	−137.33	−72.80	−17.83	−6.90

续表

分类	SO$_2$/吨	COD/吨	工业废水/万吨	工业固体废物/万吨
塑料及其制品	−1012.99	−211.06	−503.27	−3.00
橡胶及其制品	−229.28	−47.77	−113.91	−0.68

三 取消钢铁行业出口退税政策试验

钢铁行业是典型的"两高一资"行业，在生产过程中会消耗大量的煤炭和电能，还会带来巨大的污染排放。为了保证钢铁行业可持续、低碳环保的良性发展，对钢铁行业执行更加严格的出口退税率政策是十分必要的。为了考察钢铁行业出口退税政策空间，本部分将在2018年出口退税的基础上，对钢铁行业内的两类产品开展"取消出口退税"的政策实验。我们仍然运用CPE模型来模拟上述两类产品的出口退税率变动对经济与环境的影响，分别记为情景E1、情景E2。

情景E1：以2018年为基准，分析钢铁产品出口退税率由4.53%降至0的福利变化。

情景E2：以2018年为基准，分析钢铁制品出口退税率由8.28%降至0的福利变化。

（一）经济影响

经济—环境CPE模型模拟结果如表9-6所示。总体来说，由于出口退税率下调，政府的税收将会上升，且上升幅度大于生产者剩余下降幅度，因此我国的净福利是上升的。相对应世界市场上消费者剩余以及世界净福利是受损的。从产品层面来看，钢铁制品的经济影响要强于钢铁产品。

表9-6　　　　取消钢铁行业出口退税的经济影响　　　　单位：美元

经济影响	情景E1	情景E2
中国生产者剩余	−1160720881	−3046784670
中国政府税收	1821191432	4629025573
中国净福利	660470550	1582240903
中国出口变动	−1789123532	−4687739414
世界消费者剩余	−762831590	−1835310918
世界净福利	−762831590	−1835310918

（二）环境影响

基于钢铁行业2018年污染排放系数（见附表7）和CPE模拟的经济影响，我们可以测算出取消钢铁行业出口退税所带来的污染减排量，如表9-7所示。从表9-7中我们可以看出，取消钢铁行业出口退税率的政策空间：如果仅改变退税率的话，影响钢铁行业二氧化硫排放量和工业固体废物排放量的政策空间依然很大，说明如果政府想降低二氧化硫排放量或减排工业固体废物，实施降低出口退税率的政策依然是行而有效的；但是化学需氧量和工业废水的政策空间有限。说明政府想降低钢铁行业化学需氧量和减排工业废水的话，降低退税率的政策效果是有限的，有可能不能完成政策目标。对比两类产品的环境影响可以看出，取消钢铁制品的出口退税会比取消钢铁出口退税的减排效果更好，带来的减排量更可观。

表9-7　　　　　　　　取消钢铁行业出口退税的环境影响

污染指标	钢铁	钢铁制品
COD/吨	-138.52	-362.94
二氧化硫/吨	-3653.62	-9572.97
工业废水/万吨	-159.83	-418.78
工业固体废物/万吨	-116.03	-304.00

四　取消有色金属行业出口退税政策试验

同钢铁行业一样，有色金属行业也属于典型"两高一资"行业，废水废气产量和固体废物产量巨大，产业升级缓慢，污染治理落后，亟须对其实施严格的出口退税率。为了研究有色金属行业出口退税政策空间，我们在有色金属行业产品2018年出口退税率的基础上模拟其出口退税率降至为零的经济与环境影响。在模拟之前，我们需观察政策可以调整污染排放的空间，整理有色金属行业2018年"出口税负率"及其变化如表9-8所示。

表9-8　　　　　　有色金属行业减排潜力模拟依据：

"出口税负率"变动情况

单位：%

产品	2018年税率	变化后税率
第七十四章　铜及其制品	12.42	17.00

第九章 | 出口退税"政策试验":贸易、经济与环境综合平衡的路径选择

续表

产品	2018年税率	变化后税率
第七十五章　镍及其制品	12.50	17.00
第七十六章　铝及其制品	8.35	17.00
第八十二章　贱金属工具、器具、利口器、餐匙、餐叉及其零件	8.38	16.48
第八十三章　贱金属杂项制品	10.00	17.00

基于以上整理情况,我们将有色金属行业内五个产品分别记为情景F1至情景F5。

情景F1:以2018年为基准,分析铜及其制品出口退税率由4.58%降至0的福利变化。

情景F2:以2018年为基准,分析镍及其制品出口退税率由4.50%降至0的福利变化。

情景F3:以2018年为基准,分析铝及其制品出口退税率由8.65%降至0的福利变化。

情景F4:以2018年为基准,分析贱金属工具、器具、利口器、餐匙、餐叉及其零件出口退税率由8.10%降至0的福利变化。

情景F5:以2018年为基准,分析贱金属杂项制品出口退税率由7.00%降至0的福利变化。

(一)经济影响

经济—环境CPE模型模拟结果如表9-9所示。取消有色金属行业出口退税会使出口额下降,进而会减少中国生产者剩余,但由于该类产品政府税收的增加,在总体上会带来我国净福利的上升。由于我国出口退税率降低,出口将会减少,我国产品在世界市场上价格将会上升,世界市场上的消费者福利会因此受到损失,净福利受损。从产品层面上来看,有色金属行业内的5类产品中,铝及其制品、贱金属工具器具等、贱金属杂项制品3类产品的经济影响要明显大于其他2类产品。

表9-9　　　　取消有色金属行业出口退税的经济影响　　　　单位:美元

经济指标	情景F1	情景F2	情景F3	情景F4	情景F5
中国生产者剩余	-173691573	-11194273	-1319222086	-746795371	-725413284

续表

经济指标	情景F1	情景F2	情景F3	情景F4	情景F5
中国政府税收	272419428	17568473	1997761598	1136068303	1114424783
中国净福利	98727855	6374200	678539512	389272932	389011499
中国出口变动	−267720727	−17254981	−2029349179	−1149090501	−1116840156
世界消费者剩余	−114035857	−7361791	−787335038	−449401485	−450651506
世界净福利	−114035857	−7361791	−787335038	−449401485	−450651506

（二）环境影响

基于有色金属行业2018年污染排放系数（见附表7）和CPE模拟的经济影响，我们可以测算出取消有色金属行业产品的出口退税所带来的污染减排量，如表9-10所示。从表9-10中我们可以看出，取消有色金属行业出口退税的减排空间：铝的四种环境指标的政策空间都相当不错，贱金属产品的化学需氧量、二氧化硫、工业固体废物的政策空间不错，说明对这些产品实行退税率政策会有较好的减排效果。对于产品来说，铜、铝、贱金属产品带来的减排效果更加可观，政府要进行环境改善需要更注重这几个产品。

表9-10　　　　取消有色金属行业出口退税的环境影响

污染指标	铜及其制品	镍及其制品	铝及其制品	贱金属工具、器具等	贱金属杂项制品
COD/吨	−21.79	−1.40	−165.18	−93.53	−90.90
二氧化硫/吨	−580.91	−37.44	−4403.37	−2493.35	−2423.37
工业废水/万吨	−21.79	−1.40	−165.18	−93.53	−90.90
工业固体废物/万吨	−10.28	−0.66	−77.89	−44.10	−42.87

五　取消非金属矿物制品行业出口退税政策试验

我们在前文分析了2005年来的矿物质、矿物燃料、矿物材料制品、陶瓷产品、玻璃及其制品以及稀土及其制品这几类行业的出口退税政策变动所带来的经济与环境影响，由各行业2005年来的出口退税变化图可知，矿物质、矿物燃料在2008年以后接近0，稀土及其制品行业在2005年取消出口退税政策后，出口退税率也一直保持接近0的税率水平，所以这三个行业通过降低出口退税促进减排的潜力不大，我们在此不对这三大行业进行取消退税政策的模拟。因此，本部分以 2018 年为基点，模拟取消矿物材料制品、陶瓷产品、玻璃及其制品这三大行业出口退税政策的情景，分别记为情景 G1、情景 G2、情景 G3。

情景 G1：以 2018 年为基准，分析矿物材料制品出口退税率由 3.86%降至 0 的福利变化。

情景 G2：以 2018 年为基准，分析陶瓷产品出口退税率由 7.70%降至 0 的福利变化。

情景 G3：以 2018 年为基准，分析玻璃及其制品出口退税率由 8.08%降至 0 的福利变化。

（一）经济影响

由表 9-11 可以看出，取消陶瓷产品的出口退税率会对经济产生较大的影响，表现在国内生产者剩余下降幅度、世界消费者剩余下降幅度、政府税收上涨幅度以及出口额缩减程度均最大。其次是玻璃及其制品，模拟取消退税政策实验对经济影响最小的是矿物材料制品。

表 9-11　　取消非金属矿物制品行业出口退税的经济影响　　单位：美元

经济影响	G1	G2	G3
中国生产者剩余	-257836567	-962461032	-763896161
中国政府税收	406839036	1469692326	1162575183
中国净福利	149002469	507231294	398679022
中国出口变动	-397549677	-1481261896	-1175435732
世界消费者剩余	-171938350	-588029658	-462360298
世界净福利	-171938350	-588029658	-462360298

（二）环境影响

根据非金属矿物制品行业的污染排放系数（见附表 7）以及 CPE 模型的结果，我们计算出了不同情景下非金属矿物质行业多种污染物排放量的变化量，结果如表 9-12 所示，取消非金属矿物制品行业三类产品出口退税均带来了多种污染物的减排，其中，陶瓷产品减排效果最好，其次是玻璃及其制品，减排效果最弱的是矿物材料制品。

表 9-12　取消非金属矿物制品行业出口退税的环境影响

污染指标	矿物材料制品	陶瓷产品	玻璃及其制品
COD（吨/亿元）	-15.80	-58.90	-46.70
二氧化硫（吨/亿元）	-914.90	-3409.00	-2705.10
工业废水（万吨/亿元）	-5.80	-21.60	-17.10
工业固体废物（万吨/亿元）	-3.30	-12.30	-9.80

第二节　基于CGE模型的出口退税"政策试验"与路径选择

我们运用CGE模型，在新近数据可获得年份即2018年出口退税现状的基础上，进一步对"单一高污染行业"产品和对"所有高污染行业"产品分别开展了"提高出口税负"（取消出口退税）的政策模拟。这里对于高污染行业的界定，我们使用第四章第二节所辨析出的14个高污染部门。这里的政策试验的逻辑过程，我们参照了第八章第一节"政策情景"中三组政策情景的实现过程，从而推出政策试验情景下多种污染物排放变化量，具体逻辑过程可见图9-1。

提高高污染行业产品"出口税负"政策试验

```
                    ┌─────────────────┐      ┌─────────────────┐     ┌──────────────┐
                    │ 2018年现状（有"出口税"）│      │ 提高高污染行业   │     │ 2018年各     │
                    │ 的产值水平              │      │ "出口税负"的    │     │ 行业"出口    │
                    │      V_{i,产值}^{2018with} │      │ CGE模拟         │     │ 税负"水平    │
                    └─────────────────┘      └─────────────────┘     └──────────────┘
┌─────────────────┐  ┌─────────────────┐      ┌──────────────────────┐
│ 提高高污染行业"出 │  │ 提高高污染行业"出口│      │ 提高高污染行业"出口税负"│
│ 口税负"的环境影响 │  │ 税负"的经济影响    │      │ 一般均衡状态下相对于   │
│                 │  │                  │      │ V_{i,j}^{2018with}的   │
│ V_{i,k}^{2018提高}=VO_{i,产值}^{2018提高} │ VO_{i,产值}^{2018提高}=V_{i,产值}^{2018with}×α_{i,j}^{2018提高} │ 变化率 α_{i,j}^{2018提高} │
│    ×ε_{i,k}^{2018with}    │  │         ...         │      │                      │
└─────────────────┘  └─────────────────┘      └──────────────────────┘
```

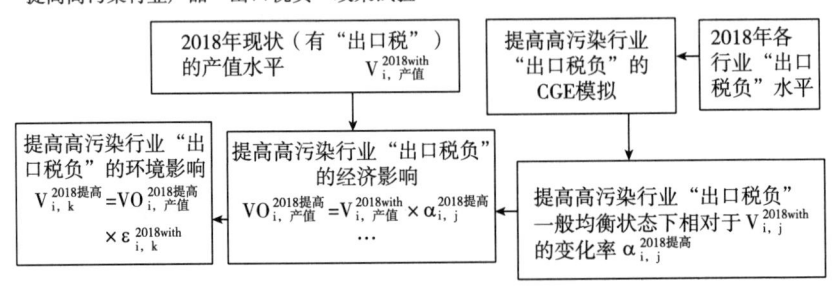

图9-1　本章提高高污染行业产品"出口税负"
政策试验的经济与环境影响的逻辑过程

通过模拟可以测度提高"出口税负"这一政策手段在中国的空间、减排潜力，以及进一步测度提高"出口税负"这一政策手段的经济代价，从而通过构建相应的经济与环境综合指标，估算政策的贸易经济利

第九章 | 出口退税"政策试验":贸易、经济与环境综合平衡的路径选择

益和环境利益的综合平衡。这里的"提高出口税负",无论是对单一高污染行业还是对所有高污染行业而言,均是指完全取消出口退税的一种试验状态,将试验对象的增值税水平提高至国内同类产品同等的增值税水平。对于"提高单一高污染行业产品出口税负"效果而言,其涉及较多的单一高污染行业,而在模拟的效果方向上差别不大,没有必要一一描述和呈现。因此,我们在此的策略一是对"提高所有高污染行业产品出口税负"的情况开展重点分析。策略二是将提高某一个高污染行业"出口税负"的情况与提高所有高污染行业"出口税负"的情况进行比较分析并加以说明。

保留其他行业"出口税负"税率不变,模拟发现,"提高所有高污染行业产品出口税负"并不会降低经济整体的GDP,也不会降低外贸全行业的工业增加值。令人惊喜的是,"提高所有高污染行业产品出口税负"会使GDP额外上升0.07%,会使工业增加值额外上升0.19%。这一结果与提高税率的预期影响相反。但我们知道,提高税率会降低产出只是在局部均衡的分析框架下的一个结论。如果是在一般均衡的分析框架中,提高部分行业而非全部行业的增值税税率,不见得会带来GDP和增加值的下降,因为在一般均衡框架下,提高部分而非全部行业的增值税,会使生产要素、生产资源等更多地流向其他未被提高税率的行业中去,这些被提高税率的行业产值下降的同时,会使其他未被提高税率的行业的产值上升,进而在总体上GDP和增加值是升是降则要看结构情况、税率提升的具体安排以及行业产值占比变动等情况。在我们的情景模拟中,虽然是"提高所有高污染行业产品出口税负",但也只是所有高污染行业,而非全部外贸行业,也就是说,那些非高污染的相对洁净行业会吸引更多的生产要素,从而促进这些洁净行业的发展和产值的增加。而通过我们的CGE政策试验,正是发现了这种结构性的调整优化所带来的GDP和工业增加值的上升,同时还起到了抑制"两高一资"行业产量增长的效果。因此,"提高所有高污染行业产品出口税负"会使GDP和工业增加值双双上升的同时,带来产业结构的优化升级和贸易的绿色转型,是一种较优的政策选择。

我们还可以深入行业层面去观察和分析具体行业的产值的变动情况,见图9-2和附表4。由于在2018年,纺织服装(含印染)虽然是

"两高一资"行业，但国家对其仍然保留了非常大的出口退税优惠，使纺织行业和服装行业的"出口税负"惩罚非常低，分别为 0.86% 和 0.38%，这与其在国内的增值税相比相对较小。因此，我们开展"提高所有高污染行业产品出口税负"的政策试验，受惩罚最大的其实就是这两个行业。所以，我们的"提高所有高污染行业产品出口税负"的这个政策试验明显抑制了纺织行业和服装行业及其相关行业的产值。也有一些行业产值受一般均衡框架下生产要素的自由流动而在我们"提高所有高污染行业产品出口税负"的政策试验下出现了额外上涨，较明显的是一些相对洁净的或高附加值的行业，如电子电气、其他制成品和其他交通设备等。"提高所有高污染行业产品出口税负"对提升这些相对洁净行业的产值的贡献其实是大于对减少纺织行业和服装行业的产值的作用的，所以在整体 GDP 和工业增加值的表现上才出现了双双提升的结果，我们因此主张，即使是仅从 GDP 和工业增加值的这种经济表现上来看，也应该"提高所有高污染行业产品出口税负"。

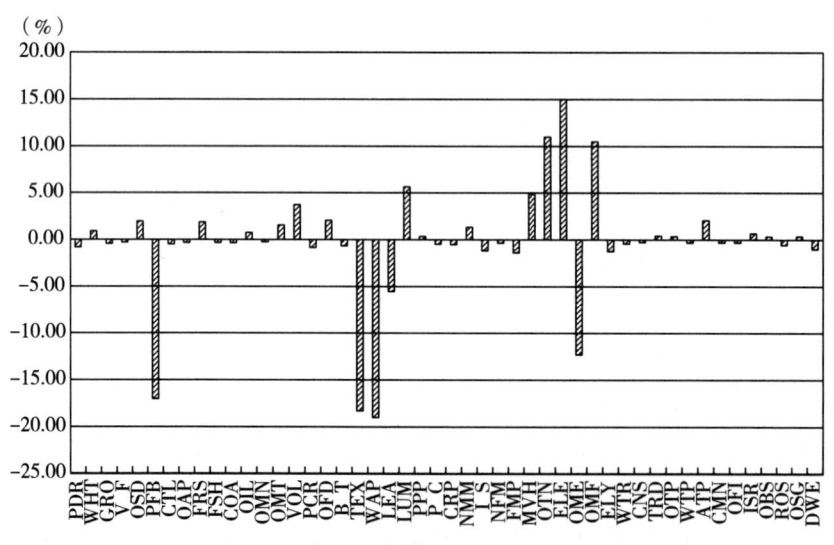

图 9-2　政策影响下的产值变动率情况（以 2018 年为基准）

接下来我们考察分析"提高所有高污染行业产品出口税负"对污染排放的影响。从图 9-3 和附表 6 可以看出，"提高所有高污染行业产

第九章 │ 出口退税"政策试验":贸易、经济与环境综合平衡的路径选择

品出口税负"会使各种污染物均减排,无论是工业污染物还是农业污染物抑或是温室气体的排放变动率均为负值。进一步地考察发现,"提高所有高污染行业产品出口税负"这一政策对所有污染物均起到了结构减排的效果。总体来看,农业污染物的结构减排效应大于其他两类污染物,这是因为之前提到的在2018年基础上"提高所有高污染行业产品出口税负",对应提高幅度最大的两个行业是纺织和服装,而纺织服装(含印染)行业的上游则是植物纤维,与农产品的生产关系密切,直接影响农业污染排放,所以这一政策试验下,农业污染物的结构减排效应最大。其次为工业污染物的结构减排效应,最后为温室气体的结构减排效应。从各类污染物排放变化率的相互比较分析来看,情况与结构效应的情况相类似,基本上也是农业污染物的减排效果最好,其次是工业污染物,最后是温室气体。"提高所有高污染行业产品出口税负"政策试验下,各类污染物的污染排放变化率及其结构效应具体的数值可详见图9-3和附表6,对此我们不再一一描述。

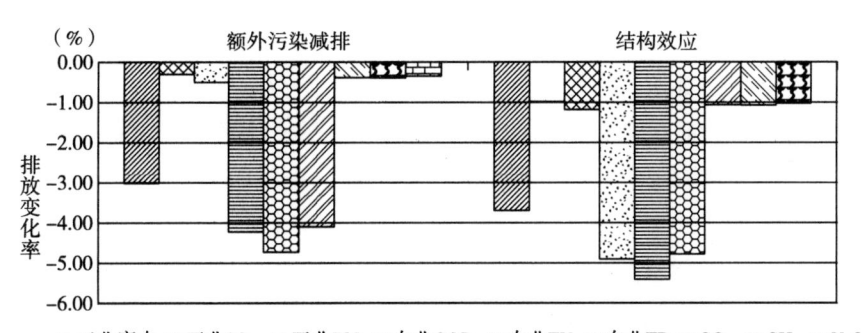

图9-3 "提高高污染行业产品出口税负"对多种
污染物的环境影响(额外污染减排及结构优化效应)

这里需要强调的是,"提高所有高污染行业产品出口税负"是能够进一步优化出口退税税目结构、进一步优化外贸产品和产业结构的一项较优的绿色贸易政策手段,不仅可以带来GDP和工业增加值等经济的正向增长,还可以带来考察范围内所有污染物的污染减排。

我们还针对具体单个高污染行业进行了多项提高"出口税负"的

政策试验。从试验效果来看，除"提高金属制品行业出口税负"这一政策试验抑制了 GDP 的增长外，所有其他的"提高单一高污染行业产品出口税负"的政策试验均会促进 GDP 额外增长。金属制品行业增加值在 GDP 中的占比相对较大，当提高该行业产品的"出口税负"时，会使该行业增加值下降较大，生产要素从该行业流出，而流向的行业的增加值不足以弥补金属制品行业增加值的损失，因而，"提高金属制品行业出口税负"这一政策试验会抑制 GDP 的增长。

那么，从不同政策试验对污染排放的影响来看，无论是提高哪一个"两高一资"行业产品的"出口税负"，都会使污染物排放量有增有减，没有呈现出"提高所有高污染行业产品出口税负"对所有污染排放的那种统一的减排作用。这种非统一的现象既包括污染排放在行业间的有增有减的差异，也包括在不同污染物间的有增有减的差异。前一种差异体现了"提高单一高污染行业产品出口税负"政策在行业间的非协同性，而后一种差异则体现了"提高单一高污染行业产品出口税负"政策在污染物间的非协同性。总结其中原因，发现提高单一高污染行业产品"出口税负"时，在一般均衡的框架下，生产要素会流向其他行业，当然也会流向其他高污染行业，从而会产生污染排放在行业间的外溢效应，又可称为高污染行业间的"污染泄漏"现象。当然，行业间有增有减的污染排放现象，加之每个高污染行业所排放的主要污染物不同，对应到不同种类的污染物上，就出现了污染减排的非协同性。因此，"提高单一高污染行业产品出口税负"政策并不能保证多种污染物协同减排，也不能避免污染排放的行业外溢效应。依照外溢效应和协同减排效果，我们也可以对"提高单一高污染行业产品出口税负"政策试验的效果进行排序。总体而言，提高纺织和服装（含印染）、皮革制品行业等行业"出口税负"的表现较好，之后是提高化工橡胶塑料制品行业"出口税负"时的表现；而排在末位的是提高造纸、有色金属、其他矿物质和金属制品行业等的"出口税负"时的表现。

相较之下，"提高所有高污染行业产品出口税负"是既能够促进 GDP 和工业增加值等经济增长，又能够实现对考察范围内所有污染物减排，还能够有效规避污染排放行业间外溢效应和促进多种污染物协同减排的较优政策选择。

第九章 | 出口退税"政策试验":贸易、经济与环境综合平衡的路径选择

第三节 贸易、经济与环境综合平衡分析与路径选择

如前所述,我们研究"出口税负"(出口退税)对污染排放的影响的考察和测度,是基于模型模拟的经济影响,进而通过污染排放系数等"软连接"而实现的。从而依照这一过程,"出口税负"(出口退税)政策冲击会同时影响经济指标和环境指标,因此,需要同时考察"出口税负"(出口退税)对贸易、经济与环境的综合影响,可以帮助我们更为合理准确地平衡出口退税在贸易利益、经济利益和环境利益上的作用。对此,我们将在 CPE 和 CGE 模拟结果基础上,分别通过合理构建综合指标,量化评估不同政策方案的贸易、经济与环境综合利益,从而给出优化的路径选择。

一 污染减排的出口额损失代价和单位税率污染变动比较分析与路径选择

根据"取消出口退税"政策试验的模拟结果,本部分构建和使用两个指标,即污染减排的出口损失代价和单位税率污染变动这两个指标,对不同行业产品"取消出口退税"政策试验的经济与环境的综合影响进行比较分析。

污染减排的出口损失代价="取消出口退税"政策试验下的出口减少额/"取消出口退税"政策试验下的某种污染物减排量,表示每减排1单位污染物所付出的出口额损失代价。对于不同行业而言,单位污染减排的出口额损失代价往往是不同的。一是不同行业的污染排放强度不尽相同,二是"取消出口退税"政策试验在不同行业的降减力度也不尽相同。对于多种污染物而言,不同污染物减排的出口额损失代价也不相同。该指标越大说明在使用"取消出口退税"这一政策措施时,为了减排一单位污染排放所要牺牲的出口额越大;反之则越小。

单位税率污染变动影响="取消出口退税"政策试验下的污染减排量/"取消出口退税"政策试验下的出口退税率变动,表示每下调1单位出口退税率所能带来的污染物减排量。该指标越大说明下调出口退税率的政策所带来的污染减排效果越好;反之则越差。

269

（一）污染减排的出口额损失代价

如表9-13所示，我们计算出了各个行业以及各污染指标的出口损失代价，其数值越高代表为减少污染所需损失的代价越高，也反映了该行业减排难度越高。比较分析见表9-13，我们可以得出结论，若政府想减少化学需氧量排放量，政策路径应偏向造纸行业、纺织印染行业，不宜偏向非金属矿物质行业；若想减少二氧化硫排放量，政策路径应偏向钢铁行业、有色金属行业、非金属矿物质行业，不宜偏向纺织印染行业；若想减少工业废水排放量，政策路径应偏向造纸行业、纺织印染行业，不宜偏向非金属矿物质行业；若想减少工业固体废物产生量，政策路径应偏向钢铁行业、有色金属行业，不宜偏向纺织印染行业和皮革制品行业。从总体上看，化工行业、钢铁行业、有色金属行业的出口损失代价较低，政策路径应偏向这三个行业。

表9-13　　　　　　　行业污染减排的出口损失代价

污染指标	纺织印染	皮革制品	造纸	化工	钢铁	有色金属	非金属矿物制品
COD（亿元/吨）	0.19	0.27	0.04	0.07	0.85	0.81	1.67
二氧化硫（亿元/吨）	4.93	0.74	3.78	0.25	0.03	0.03	0.03
工业废水（亿元/万吨）	0.21	0.57	0.06	0.34	0.74	0.81	4.54
工业固体废物（亿元/万吨）	58.03	238.57	6.32	4.37	1.02	1.72	7.94

（二）污染减排的单位税率变动影响

如表9-14所示，我们计算出了各行业各污染指标的单位税率污染变动的数据，其反映了降低每单位税率可带来的污染减排量，数值越高表示同样的退税政策下，会减少更多的污染排放量，即减排效果更好，用以确定更优的政策路径。比较分析表9-14，我们可以得出结论：若政府想减少化学需氧量排放量，政策路径应偏向化工行业、造纸行业，不宜偏向非金属矿物制品行业；若想减少二氧化硫排放量，政策路径应偏向化工行业、钢铁行业，不宜偏向造纸行业；若想减少工业废水排放量，政策路径应偏向造纸行业、化工行业，不宜偏向非金属矿物制品行业；若想减少固体废物产生量，政策路径应偏向化工行业、钢铁行业，不宜偏向纺织行业、皮革行业和非金属矿物制品行业。从总体来看，化化工行业单位税率污染变动数据比其他行业更加优越，政策路径应更偏向化工行业。

表 9-14　　行业污染减排的单位税率污染变动

污染指标	纺织印染	皮革制品	造纸	化工	钢铁	有色金属	矿物材料制品	陶瓷	玻璃及其制品
COD（吨）	105.82	185.25	255.56	550.97	39.15	11.36	4.10	7.60	5.80
二氧化硫（吨）	4.11	68.75	2.86	1996.23	1032.52	302.69	236.90	443.00	334.70
工业废水（万吨）	94.78	89.63	180.33	396.71	45.17	11.36	1.50	2.80	12.10
固体废物（万吨）	0.35	0.21	1.71	31.01	32.79	5.35	0.90	1.60	1.20

对于总体上的综合效果，在此我们采用另外一种方法进行测度验证和进一步分析。我们运用熵值法构建污染减排综合指数，从而对不同行业的减排效果开展综合比较分析。

首先，我们对上述四种污染物单位税率减排量进行标准化处理，如下：

$$\alpha_{ij} = \frac{x_{ij} - \min(x_j)}{\max(x_j) - \min(x_j)}$$

其中，i 表示行业，j 表示污染指标，α_{ij} 表示标准化后的值，$\max(x_j)$ 表示第 j 项污染指标的最大值，$\min(x_j)$ 表示第 j 项污染指标的最小值。

其次，计算第 j 项污染物的熵值，在 m 个行业下，n 个污染指标中，第 j 个污染指标的熵值 θ_j 为：

$$\beta_{ij} = \alpha_{ij} / \sum_{i=1}^{m} x_{ij}, \quad j = 1, 2, 3, 4; \quad k = 1/\ln m$$

$$\theta_j = -k \sum_{i=1}^{m} \beta_{ij} \ln \beta_{ij}$$

再次，计算第 j 项指标的熵权：

$$\omega_j = \frac{1 - \theta_j}{\sum_{j=1}^{n} (1 - \theta_j)}$$

最后，根据计算得到的熵权以及标准化单位税率减排数据计算得到

污染减排指数,即:

$$\varphi_j = \sum_{j=1}^{n} \alpha_{ij}\omega_j$$

我们将表9-14的单位税率变动所引起的污染排放变动代入上式,可以得到污染减排综合指数,结果如表9-15所示,污染减排综合指数越大说明在相同退税政策下该行业污染减排效果越好,从表中我们可以看出化工行业指数最高,随后是钢铁行业、造纸行业、皮革制品行业、纺织印染行业、有色金属行业、陶瓷行业、玻璃及其制品行业,最后是矿物材料制品行业。

表9-15　　　　　　　　污染减排综合指数

行业	污染减排综合指数
纺织印染行业	0.10
皮革制品行业	0.14
造纸行业	0.24
化工行业	0.98
钢铁行业	0.46
有色金属行业	0.09
矿物材料制品行业	0.03
陶瓷行业	0.06
玻璃及其制品行业	0.05

(三)污染减排的路径选择

通过出口损失代价指标我们可以找到减排代价小的政策路径,通过单位税率污染变动指标我们可以找出政策减排效果好的政策路径,结合这两个指标,我们就可以筛选出同时满足政策减排效果较好和减排代价小的政策路径。通过对比发现,化工行业的各项数据都比较优越,是符合最优政策路径的行业,所以减少各类污染均可选择化工行业为政策路径。除此之外,减少化学需氧量污染和工业废水污染都可以选择纺织印染行业、皮革制品行业、造纸行业;减少二氧化硫污染可以选择钢铁行业、有色金属行业、非金属矿物制品行业;减少固体废物污染可以选择钢铁行业。同时,此表也反映了不适合作为政策路径的行业,若政府想减少工业固体废物污染,则不宜选择皮革制品行业和纺织印染行业,因为这两个行业减排代价很高同时降税政策效果甚微。

二 "出口税负"引致的污染—经济弹性分析与路径选择

我们在本部分针对 CGE 模型研究的提高"两高一资"行业产品"出口税负"政策试验的经济与环境影响开展综合比较分析,并尝试给出贴近现实的合理路径选择。参考毛显强等(2011)的研究,构建"污染—经济弹性"指标开展综合分析。这里的"污染—经济弹性"指标,一方面要与"出口税负"有关,是"出口税负"政策试验下的"污染—经济弹性",另一方面要符合弹性的概念。弹性是指一个变量的变动率相对于另外一个变量的变动率的敏感程度。那么"污染—经济弹性"指标的话,是指由"出口税负"政策冲击所带来的经济变量(如 GDP 或者产值或者工业增加值等)的变动率相对于"出口税负"政策冲击所带来的环境变量(如污染排放量等)的变动率的敏感程度。由此,我们称为:"出口税负引致的污染—经济弹性"(Elasticity of Pollution-Economy Induced by Export VAT,EPEEV)。

"出口税负"引致的污染—经济弹性,即 EPEEV 的取值方向及其大小等所反映的意义可以分以下几种情况来说明:

第一种情况是 EPEEV 的值为正,我们称为 P 情况(positive)。此种情况下,"出口税负"引致的污染排放和经济增长同向变动。P 情况又可细分为两种情况:

一是"出口税负"引致的污染排放量增加,同时经济也增长,即污染排放量和经济同向增长。为了简便,我们将此种情况记为 PPP(EPEEV 值、污染排放量和经济均为正向或增加)。此时,我们继续探讨为正的 EPEEV 的值大小,当 EPEEV 值为正且小于 1 时,意味着污染排放量增长率小于经济增长率,表明"出口税负"引致的经济增长是"相对清洁"的增长。同样为了简便,我们进一步将此情况记为 PPPL(PPP 情况下 EPEEV 值 Lower than one)。反之,当 EPEEV 值为正且大于 1 时,意味着污染排放量增长率大于经济增长率,表明"出口税负"引致的经济增长是"相对污染"的增长。我们将此情况记为 PPPB(PPP 情况下 EPEEV 值 Bigger than one)。

二是"出口税负"引致的污染排放量减少,同时经济也缩减,此时EPEEV值也为正，但不同的是污染排放量和经济增长量均为负向，因此我们记此情况为PNN（EPEEV值为正、污染排放量和经济均为负向或减少）。此时，我们继续探讨为正的EPEEV的值大小，当EPEEV值为正且大于1时，意味着污染物减排率大于经济缩减率，表明此时很可能经济总量的缩减发生在高污染行业。我们将此情况记为PNNB（PNN情况下EPEEV值Bigger than one）；反之亦反，记为PNNL（PNN情况下EPEEV值Lower than one）。

第二种情况是EPEEV的值为负，我们称为N情况（negative）。此种情况下，"出口税负"引致的污染排放和经济增长反向变动。N情况也可细分为两种情况：

一是"出口税负"引致污染排放量减少，但促进了经济增长。这种情况是优化和理想的结果，表明"出口税负"优化了外贸和产业结构，使经济增长的同时实现了污染减排。我们记录此种情况为NNP（EPEEV值为负、污染排放量负向变动、经济增长正向变动）。此时，对应在现实中可能是洁净行业更多地替代了高污染行业。再继续探讨EPEEV的绝对值是大于1还是小于1，此时已经意义不大。

二是"出口税负"造成经济下滑的同时也带来了污染排放的增加。这种情况是最差的一种情况，说明出口退税结构体系恶化，使高污染行业更多地替代了洁净行业，高污染行业的增加并没有带来较多的经济利益，反而产生了较大的污染压力。我们将此种情况记录为NPN（EPEEV值为负、污染排放量正向变动、经济增长负向变动）。此种情况急需外贸结构绿色转型和产业结构优化升级。同样，在此种情况下，再继续探讨EPEEV的绝对值是大于1还是小于1，意义也已不大。

本书以污染物排放量为污染指标，以GDP为经济指标，计算"提高所有高污染行业产品出口税负"以及"提高单一高污染行业产品出口税负"情景下的EPEEV值，并开展比较分析，见表9-16。

（1）在"提高单一高污染行业产品出口税负"的多项政策试验中，除"提高金属制品行业出口税负"这一政策试验抑制了GDP的增长之外，所有其他的"提高单一高污染行业产品出口税负"的政策试验均会促进GDP额外增长。关于"提高金属制品行业出口税负"这一政策试验为什么会抑制GDP的增长的原因解释请见本章第二节。

第九章 | 出口退税"政策试验"：贸易、经济与环境综合平衡的路径选择

表9-16 提高高污染行业（单一或全部）"出口税负"政策情景下的污染—经济弹性
(Elasticity of Pollution-Economy Induced by Export VAT, EPEEV)

行业	其他矿产品		纺织服装（含印染）		皮革		造纸		化工橡胶塑料		有色金属		金属制品		所有高污染行业	
污染物	EPEEV	取值情况	EPEEV	取值情况	EPEEV	取值情况	EPEEV	取值情况	EPEEV	取值情况	EPEEV	取值情况	EPEEV	取值情况	EPEEV	取值情况
工业废水	15.97	PPPB	-180.45	NNP	-4.22	NNP	-247.90	NNP	-132.52	NNP	-31.03	NNP	-2.54	NPN	-111.95	NNP
工业 SO_2	-123.92	NNP	37.16	PPPB	8.69	PPPB	-26.75	NNP	-80.49	NNP	-59.73	NNP	25.73	PNNB	-7.95	NNP
PM	508.85	PPPB	-81.49	NNP	-10.54	NNP	15.32	PPPB	33.27	PPPB	42.13	PPPB	-17.07	NPN	-12.92	NNP
农业 COD	20.49	PPPB	-340.06	NNP	-41.62	NNP	8.84	PPPB	29.32	PPPB	41.49	PPPB	-21.04	NPN	-152.44	NNP
农业 TN	23.50	PPPB	-399.01	NNP	-35.41	NNP	12.49	PPPB	34.75	PPPB	46.61	PPPB	-22.88	NPN	-173.93	NNP
农业 TP	19.51	PPPB	-325.80	NNP	-45.35	NNP	8.69	PPPB	27.01	PPPB	40.02	PPPB	-21.82	NPN	-148.30	NNP
CO_2	87.89	PPPB	-57.47	NNP	-7.37	NNP	1.76	PPPB	-75.09	NNP	56.30	PPPB	28.24	PNNB	-8.68	NNP
CH_4	87.41	PPPB	-53.83	NNP	-5.15	NNP	0.39	PPPL	-87.13	NNP	88.58	PPPB	22.31	PNNB	-9.35	NNP
N_2O	90.59	PPPB	-53.76	NNP	-7.68	NNP	3.24	PPPB	-72.17	NNP	46.58	PPPB	30.06	PNNB	-7.57	NNP

注：EPEEV 为提高"出口税负"引致的经济变量的变动率相对于环境变量的变动率的敏感程度，表示"出口税负"引致的污染—经济弹性（Elasticity of Pollution-Economy Induced by Export VAT, EPEEV），其中污染变量包括：工业废水、SO_2、PM、农业 COD、TN、TP、CO_2、CH_4 和 N_2O 等；经济变量为 GDP。对 EPEEV 的取值方向反及其大小情况的解释请见正文中具体阐述。

275

"提高单一高污染行业产品出口税负"会使不同污染物排放量有增有减,并未呈现出"提高所有高污染行业产品出口税负"对所有污染排放的那种统一的减排作用。这种对污染物排放量有增有减的情况,亦可由 EPEEV 的取值情况的不确定可以看出,EPEEV 的取值在 PPPL、PPPB、PNNB、NNP、NPN 诸种情况均有出现。总结其中原因,在于提高单一高污染行业产品"出口税负"会使生产要素流向其他高污染行业,从而会产生污染排放在行业间的外溢效应,同时产生多种污染减排的非协同性。

依据 EPEEV 值,我们可以对"提高单一高污染行业产品出口税负"政策试验的效果进行排序。总体而言,提高纺织服装(含印染)、皮革制品行业等行业"出口税负"的表现较好,提高化工橡胶塑料制品行业"出口税负"时的表现次之;而提高造纸、有色金属、其他矿物质和金属制品行业等的"出口税负"时的表现较差。

(2)在一般均衡条件下,当"提高所有高污染行业产品出口税负"时,能够保证生产要素流动到更有效率和增加值更高的行业,从而对应所有污染物的 EPEEV 取值情况均为 NNP,即实现了考察范围内的所有污染物污染排放量减少,同时又促进了经济增长。此外,"提高所有高污染行业产品出口税负"还能够有效规避污染排放行业间外溢效应和促进多种污染物协同减排。

三 GDP 的污染排放代价比较分析

除以上两类综合指标分析外,对于 CGE 政策试验情景的经济与环境影响的综合分析,我们还可以采取另外一种视角和方式,即以不同政策试验情景下提高"出口税负"所带来的污染变动量除以该政策试验情景下提高"出口税负"所引致的 GDP 变动额。我们称这一指标为"GDP 的污染排放代价"。通过比较分析不同政策试验下的"GDP 的污染排放代价"还可以挖掘不同政策情景的减排潜力。

在运用这一综合指标开展分析时,依然是涉及多种污染物,但在这里,我们尝试对这些污染物进行归一化,从而形成更加综合的指标。一是对应大气污染物而言,目前已有研究文献对大气污染物进行归一化处理,在此,我们借鉴 Mao 等(2013)的方法,将 SO_2、PM、N_2O、CO_2 和 CH_4 等多种大气污染物归一为"大气污染当量"(Air pollutant equivalence，APeq）指标。二是对于农业污染物而言，我们采取同样的思路，对农业 COD、TN 和 TP 等进行归一化。具体地，我们参照地表水环境质量 V 类标准，用农业 COD、TN 和 TP 排放变动量除以各自对应的 V 类标准，然后加总并归一为"农业水污染物等标污染负荷"指标。三是对于工业废水而言，我们将其单独列为一类。

"提高所有高污染行业产品出口税负"以及"提高单一高污染行业产品出口税负"情景下 GDP 变动情况及所对应情景下的污染排放变化情况见表 9-17。比较分析可知：

（一）单位 GDP 的污染排放代价

在"提高单一高污染行业产品出口税负"的政策试验中，提高其他矿产品"出口税负"，所对应的所有污染物均增加了污染排放，其单位 GDP 的污染代价为正；提高造纸行业或有色金属行业"出口税负"，所对应的大气污染物均增加了污染排放，对于大气污染物而言，其单位 GDP 的污染代价为正；提高纺织印染行业或皮革制品行业"出口税负"，所对应的二氧化硫增加了污染排放，其单位 GDP 的污染代价为正，而从 APeq 这一"大气污染当量"综合指标来看（见表 9-17），体现出总体减排。

同样，采用单位 GDP 的污染排放代价这一指标进行分析的最优结果也是"提高所有高污染行业产品出口税负"情景，因为在这一情景下，单位 GDP 的污染排放为负，即经济增长的同时伴随着所有污染物协同减排。

（二）通过单位 GDP 污染减排进行减排潜力分析

此外，我们还可以运用"GDP 的污染排放代价"这一指标去开展不同政策情景下的减排潜力分析。因为"GDP 的污染排放代价"这一指标，在多个情景下出现了 GDP 增长的同时，污染排放却出现了减排，即"GDP 的污染排放代价"为负。这就意味着这一指标可以说成"GDP 的污染减排潜力"。因此，我们用这一指标考察不同政策情景下的减排潜力，并进行比较分析。

分析结果见表 9-17，对工业废水而言，污染减排潜力最大的当属"提高所有高污染行业产品出口税负"这一政策情景，之后从大到小依次是提高纺织印染行业"出口税负"政策情景，提高化工橡胶塑料制品

表9-17 提高高污染行业（单一或全部）"出口税负"政策情景下GDP、污染排放量变化情况及单位GDP的污染排放代价

指标/行业		其他矿产品	纺织服装（含印染）	皮革	造纸	化工橡胶塑料	有色金属	金属制品	所有高污染行业
GDP变动额（亿元）		2.02	31.67	39.18	2.89	9.68	1.77	-9.37	71.27
工业废水	排放量变动或减排潜力（万吨）	261.33	-45977.41	-1221.90	-6003.71	-9072.54	-216.30	198.49	-65162.37
	单位GDP污排量（吨/万元）	129.37	-1451.77	-31.19	-2077.41	-937.25	-122.20	-21.18	-914.30
大气污染（APeq）	排放量变化或减排潜力（万吨）	3.31	-12.43	-2.09	0.06	-3.70	0.28	-1.02	-6.01
	单位GDP污排量（吨/万元）	1.64	-0.39	-0.05	0.02	-0.38	0.16	0.11	-0.08
农业水污染	排放量变动或减排潜力（亿吨）	20.28	-5372.09	-748.87	14.19	137.83	20.11	101.93	-5995.72
	单位GDP污排量（吨/元）	10.04	-169.63	-19.11	4.91	14.24	11.36	-10.88	-84.13

第九章 | 出口退税"政策试验"：贸易、经济与环境综合平衡的路径选择

"出口税负"政策情景和提高造纸行业"出口税负"政策情景，而提高其他矿产品行业"出口税负"不仅没有减排潜力，还带来了工业废水污染增排。对于大气污染物而言，"提高所有高污染行业产品出口税负"这一政策情景的污染减排潜力同样表现非常出色，仅排在提高纺织印染行业产品"出口税负"政策情景的减排潜力之后，除此之外，大气污染物减排潜力在提高化工橡胶塑料制品"出口税负"或提高皮革行业"出口税负"等政策试验中也取得了较好的表现，但是提高造纸行业"出口税负"或提高有色金属行业"出口税负"或提高其他矿产品行业"出口税负"等的政策试验不仅没有带来大气污染物的减排效果，反而还导致了大气污染物的增排。对于农业水污染而言，污染减排潜力最大的依旧是"提高所有高污染行业产品出口税负"这一政策情景，而后分别是提高纺织印染"出口税负"和提高皮革行业"出口税负"政策情景，但是对于其余单一高污染行业而言，提高"出口税负"的政策试验反而导致了农业水污染的增排。

第四节 本章小结

本章以 2018 年出口退税为基准，运用 CPE 和 CGE 模型分别对某一个高污染行业和所有高污染行业产品开展了"提高出口税负"（"取消出口退税"）的政策模拟。针对模拟结果，进一步构建和使用"污染减排的出口额损失代价""单位税率污染变动""污染减排综合指数""出口税负引致的污染—经济弹性""GDP 的污染排放代价"等指标，多角度综合比较不同政策方案，从贸易、经济与环境利益综合平衡角度，提出优化路径选择。

基于 CPE 模型的出口退税"政策试验"结果表明，"提高单一高污染行业产品出口税负"即取消单一高污染行业出口退税，优先顺序依次为：化工行业、钢铁行业、造纸行业、皮革制品行业、纺织印染行业、有色金属行业、陶瓷行业、玻璃及其制品行业、矿物材料制品行业。

基于 CGE 模型的出口退税"政策试验"结果表明，"提高单一高污染行业产品出口税负"，会导致污染减排的不平衡，在行业间产生污

染外溢效应，且不利于同时控制多种污染物的污染排放。而"提高所有高污染行业产品出口税负"是能够进一步优化出口退税税目结构、进一步优化外贸产品和产业结构的一项较优的绿色贸易政策手段，既能带来 GDP 和工业增加值等经济的正向增长，又能实现考察范围内所有污染物的污染减排，还可以有效阻止跨行业污染转移，是有效规避污染排放行业间外溢效应和促进多种污染物协同减排的较优政策选择。

贸易、经济与环境利益综合指标分析结果显示，"提高所有高污染行业产品出口税负"能够实现对外贸易、国内经济和国内环境利益的综合平衡与多赢，应是中国出口退税政策调整的较优选择。

第十章

结论与政策建议

本书研究我国出口退税政策的经济与环境效应及其优化路径。出口退税，是激励中国出口、拉动经济增长的重要贸易政策工具，同时也是深化财税体制改革中促产业转型升级和促经济结构调整的一项重要抓手。然而，长期以来，中国出口退税存在对行业和贸易产品激励结构不合理等问题，在助推贸易顺差不断扩大的同时，也引致了巨大的资源环境"逆差"。特别是"两高一资"（高耗能、高污染和资源性）行业产品出口退税水平偏高，会通过"高污染行业产品出口退税优惠→高污染行业产品出口扩大→高污染行业产品生产规模扩张→污染排放增加"的链式反应传导，在产生贸易利得效应的同时产生污染的负效应。为了应对中国经济的结构性问题，党中央国务院多次提出要以推动高质量发展为主题，以深化供给侧结构性改革为主线，加大宏观财税政策应对力度。这其中出口退税是重要方面和重要抓手。我们建议出口退税政策的调整需要综合考虑贸易、经济和环境之间的利益平衡。

基于此，本书全面量化评估出口退税政策的经济与环境效应，聚焦出口退税的结构调整和污染减排效力，从贸易、经济和环境综合平衡的角度研究出口退税政策的优化路径，为做出正确的调整方案、促进绿色转型提供科学的决策支持。在研究脉络上，首先回顾和梳理了贸易与环境的关系研究现状，综述了出口退税及其经济影响相关的研究进展，发现目前国内外关于出口退税的环境影响的研究尚处于起步阶段，研究的广度和深度明显不够；其次在对出口退税政策的经济和环境影响进行局部均衡和一般均衡理论分析的基础上，推导出了一个包含出口退税的"最优污染排放水平"，构建了出口退税经济与环境影响结构化分析的传导逻辑和出口退税环境效应的分解方法；进一步地，本书针对出口退税与污染排放的关系从不同角度开展了多种经验分析，应用从"出口退税→贸易变化→经济活动→环境影响"的链式反应评价方法，通过构建可计算局部均衡（CPE）和可计算一般均衡（CGE）等结构化模型，对中国出口退税政策的经济与环境影响开展深化分析并进行政策试验，以期从贸易、经济与环境利益综合平衡的角度，提出出口退税政策优化调整的路径选择。

第一节　出口退税调整与贸易、经济、环境利益的平衡

本书首先对出口退税、出口与污染排放之间的关系开展了经验分析，然后运用 CPE 与 CGE 模型对出口退税所带来的行业层面和宏观整体层面的经济与环境影响进行了模拟分析。在分析过程中，本书对出口退税、贸易、经济、环境之间的关系进行总结，结果如下：

首先是出口退税与出口贸易的关系。出口退税率的大小对中国的出口贸易增长具有重要的影响。在出口退税政策的影响下，中国的对外贸易迅速发展。本书对 1985—2012 年和 1985—2017 年两个样本区间数据开展经验分析的结果表明，出口退税额每增加 1%，在两个区间样本下我国的出口额分别增加 0.91% 和 0.76%。紧接着 CGE 研究结果表明，2002 年、2005 年和 2010 年，中国的出口退税所带来的出口额增长分别为 7.29%、7.63% 和 8.32%。

其次是出口贸易与中国经济增长的关系。改革开放以来中国实施了长时间的出口导向战略，毫无疑问出口贸易为中国经济增长做出了突出的贡献。1978—2019 年，我国的出口额占 GDP 的比例从 4.6% 上升到 17.39%。

所以从出口退税、贸易与经济之间的关系可以看出，出口退税政策的实施首先能够促进中国的贸易增长，从而拉动中国的经济增长。本书运用 CGE 模型对出口退税对中国经济增长的贡献进行了简单的计算，结果显示 2002 年、2005 年和 2010 年，中国出口退税所带来的 GDP 的额外增长分别为 0.52%、0.47% 和 0.31%。这意味着中国如果想要激励

第十章 结论与政策建议

出口贸易进而促进经济增长的话，进一步提高出口退税力度不失为一种策略选择。但是我们应时刻记得出口是存在"环境成本"的，出口退税政策调整不仅要考虑贸易和经济利益，还应将环境利益也考虑进来，成为优化政策选择方案的影响因素之一。

第一，考虑经济与环境之间的关系。当把环境污染作为经济发展的成本时，经济的不断增长可能会带来环境的不断恶化；但是经济增长又会带来治理环境能力的提升和治理环境所需收入的增加，即经济增长会进一步改善环境。本书的结果表明，经济增长本身并不是产生环境污染问题的根源。从环境的外部性属性来看，污染排放是经济增长的负产品，但是环境的改善也可以成为经济增长的正产品。环境问题与经济发展方式有重要关系，而经济发展方式与政策的导向性又存在重要关系。

第二，考虑贸易与环境之间的关系。贸易对环境的影响可以分为直接影响和间接影响。直接影响是带有污染性质的产品的地区间贸易，例如危险化学品等，这种影响是贸易带来了直接的污染转移。但是，这种污染性质产品或危险物品的国际贸易在国际舞台很大程度上已经被禁止或限制（如国际多边环境协定、国际加工贸易禁止类名录等法律法规），所以这种污染性质的产品的贸易的直接影响可以认为相对较小。贸易的间接影响则是带来更大影响的另一方面，是贸易通过拉动经济增长而产生的生产规模扩张并带来的影响，通过经济影响，贸易一方面带来环境的恶化，另一方面带来环境的改善。同经济增长与环境之间的关系一样，贸易本身并不是带来环境问题的根源，不合理的贸易政策（如激励高污染行业产品出口的贸易政策）才是导致环境污染的重要原因。间接影响相比于直接影响带来的环境问题更深更广泛。本书通过对出口退税政策案例进行分析，结果表明，规模效应和结构（劣化）效应会造成环境恶化，技术效应和结构（优化）效应会带来环境的改善。在此，结构效应既可能为正，也可能为负，其具体方向有赖于政策的导向设计。同时，我们发现不同效应的影响力存在一定的差异，结构效应的影响相对于其他效应的影响要更为显著。对结构效应的进一步研究发现，国家或地区自由贸易政策、环境政策以及环境规制的情况很大程度上决定了结构效应对环境影响的作用方向和其影响的大小。因此，结构效应至关重要，应该是政策设计重点关注的方面。出口退税政策设计和优化调整方案，应强调其对于产业结构、经济结构的调整能力，强调其结构减排效力，通过出口退税结构优化调整的能力促进外贸污染减排。

第三，考察出口退税调整与贸易、经济、环境利益之间的关系。我们发现：中国的出口退税是一项阶段性贸易政策，并且充当的是一项次佳环境政策，通过结构（优化）效应助推污染减排。"十一五"时期和"十二五"时期的出口退税政策调整被经验分析证实是出于减排污染和保护环境的目的，并且本书进一步研究证实中国"十一五"时期以来降减"两高一资"行业产品出口退税的政策措施也确实起到了减排污染和保护环境的作用。但需要强调的是，此项环境保护职能是出口退税在本地环境政策未能将外贸隐含污染排放的成本有效地内部化的现实情况下所发挥的代理性职能。2002年时，出口退税激励结构不合理，增大污染排放；2005年出口退税激励结构初步调整，缓解污染增排；2010年出口退税激励结构进一步优化，助推污染减排。未来，我们主张加大对洁净行业产品的出口退税力度，对其要及时足额退税；主张降减甚至全面取消高污染行业产品的出口退税，以降低其"污染的负效应"。通过出口退税结构调整减少污染排放的政策效力应予以足够重视，应最大化发挥其结构效应的减排作用。在取消单一高污染行业出口退税方面，化工、钢铁、造纸、皮革制品、纺织印染等行业表现较为突出；而全面取消所有"两高一资"行业产品的出口退税，不仅可以有效规避污染减排的范围偏差，在实现协同减排的同时还可以有效阻止行业间污染外溢效应，达成对外贸易、国内经济和国内环境利益的综合平衡与多赢，这也是中国出口退税政策调整的较优选择。

本书支持的研究结果如下：

（一）在中国出口退税政策调整及其水平和结构变化方面

在集结6位税号（HS6）共计5113类产品的出口退税率的基础上，通过使用多种方法对2002年、2004—2019年重点"两高一资"行业和外贸全行业产品的出口退税率水平、"出口税负率"水平进行量化测度，然后进一步对二者的行业水平和结构状况进行比较分析。研究发现，中国外贸全行业出口退税水平呈下降趋势，从2002年的8.93%降至2004年的7.42%，到2019年进一步降至5.24%，其中在2008年达到历史最低的4.59%。而特别值得关注的是，高污染行业出口退税水平经历了更快的下降过程。2003年之前，"两高一资"行业产品享有过高的出口退税优惠，例如2002年高污染行业的出口退税率高达13.66%，明显高于外贸全行业产品的出口退税率平均水平。在"两高一资"行业内部，煤炭、石油、天然气等战略性资源以及多数高污染行业的出口退税率水平普遍过高。2003年之后，中国不断出台新的出口退税率政策对出口退税率进行调节优化，及至2005年，"两高一资"行业的出口退税率水平明显下降。2007年"两高一资"行业的平均出口退税率的水平已然低于全行业产品的出口退税率水平，且在2008年降至2.80%的历史最低值，与外贸全行业产品的平均出口退税水平的差距也达到最大，两者差值为-1.79%。

这种状况和发展趋势，亦可由计算的"出口税负"水平差异所反映：考察期内，高污染行业产品的平均"出口税负"水平均高于外贸全行业产品的平均"出口税负"水平，且在2008年两者差值达到最大，前者比后者高出了6.28个百分点。2008年之后，两者差值虽有所缩减，但前者仍然明显高于后者，年均高出5.32个百分点。

虽然在2008年之后，高污染行业产品的平均出口退税水平（"出口税负"水平）的年际变化有升有降，但均小于（高于）当年外贸全行业产品的平均出口退税水平（"出口税负"水平）。2008—2019年，高污染行业产品的平均出口退税水平（"出口税负"水平）基本围绕4.62%（11.56%）这个税率水平波动，而外贸全行业产品的平均出口退税水平（"出口税负"水平）则基本围绕5.42%（6.23%）这个税率水平波动，两者差值基本维持在年均-0.80%（5.32%）的水平。以上系列变化均已说明，"十一五"时期以来，中国面向"两高一资"行业产品实施的降减出口退税的多批次政策，在降低高污染行业产品出口退税水平、优化出口退税对行业产品的激励结构等方面的作用已充分显现并卓见成效。

（二）在出口退税与污染排放的理论研究及其经验分析方面

1. 出口退税与环境

在发挥环境保护的作用上，出口退税是次佳政策。如果本地环境政策效果足够好，已经能够将环境损害内部化，那么出口退税政策设计就不应对环境造成影响，也不需要调整出口退税政策以发挥其减排污染物和保护环境的职能；但是，如果在处理对外贸易所引致的污染排放等环境问题上，本地环境政策效果欠佳，未能有效地将环境损害内部化，那么出口退税政策就可以作为次佳环境政策发挥其污染减排和保护环境的作用。

通过考察中国对外贸易所引致的环境污染和本地环境政策效果现状可知：由于中国本地环境政策执行效率低、执行中存在腐败、环境政策缺乏弹性等原因，中国本地环境政策并未最优化，没能充分起到减排对外贸易所隐含的污染和保护环境等的应有作用。因此，在这种现实状况下，出口退税就成为中国对外开放过程中的一种合理的次佳环境政策选择。现实中，中国也的确在使用和较频繁地调整其出口退税政策以发挥其降减贸易隐含污染排放、绿化贸易结构和保护环境等的功能，并且也已积累了大量实践经验。对这些经验的证实、总结和提升，一方面有利于我国对出口退税政策调控方向进行规律性把握，以丰富绿色贸易转型工具箱；另一方面也为全球其他面临相同问题的发展中国家提供可资借鉴的经验。

本书第五章基于中国出口退税政策调整历程与污染排放的经验分析证实：中国"十一五"时期和"十二五"时期的出口退税政策调整，特别是2007年以来针对"两高一资"行业产品的出口退税政策调整，是出于减排贸易隐含污染物和保护环境的目的。

本书第六章进一步的经验分析也已反向证实：中国"十一五"时期以来的出口退税政策调整确实起到了减排贸易隐含污染和保护环境的作用。

2. 出口退税与社会福利

出口退税对于社会福利的效应，可以分为两个方面：一方面是贸易利得效应，另一方面是污染的负效应。

减少"出口税负"，即加大出口退税力度，会带来贸易利得，其效应为正。

污染的负效应的大小则在一定程度上取决于本地环境政策对于环境损害外部效应内部化的力度。如果本地环境政策效果足够好、能够将环境损害内部化，那么出口退税对社会福利的效应只有贸易利得效应；然而，在中国本地环境政策效果欠佳、未能将外贸隐含污染排放的环境损害有效地内部化的现实下，出口退税对社会福利水平的影响是"贸易利得效应"和"污染的负效应"之和。

本书第六章的经验分析也已证实：中国"十一五"时期以来面向"两高一资"行业产品实施的出口退税政策调整通过影响高污染行业及产品的相对价格而影响污染排放，进而通过"污染的负效应"影响了社会福利水平。

3. 行业出口退税、贸易利得与污染的负效应

无论是洁净行业产品，还是高污染行业产品，增大其出口退税，即减少"出口税负"，均会带来贸易利得，从而增进社会福利水平。一方面，我们主张未来应加大出口退税力度。

另一方面，本书发现"污染的负效应"的存在，使出口退税政策调整的福利效应会因"本地环境成本（τ）和环境损害（MD）"的大小关系在行业产品层面体现出异质性。靶向锚定环境保护和污染减排，减少高污染行业产品的出口退税（增加其"出口税负"），会降低高污染行业产品的相对价格优势，从而减少高污染行业产品的出口占比和生产规模，污染排放水平的下降会使得社会福利水平上升；而贸易利得效应下，由于减少了高污染行业产品出口退税（增加了"出口税负"），会使高污染行业产品所引致的社会福利水平下降。最终的福利效应会取决于两者的加总。在资源自由配置和生产要素充分流动的框架下，一定量的资源和生产要素会流向洁净行业，会带来社会福利水平的上升。这种结构优化调整指导第七章和第八章使用结构化模型尤其是可计算一般均衡模型开展研究工作。

至此，我们形成一个结论并且主张：就未来趋势而言，应加大对洁净行业产品的出口退税力度，而降减高污染行业产品的出口退税。

这一结论也呼应了时下国务院、商务部对我国出口退税政策调整的硬举措。2020年3月10日召开的国务院常务会议，研究出台稳外贸政策措施《商务部稳外贸稳外资"硬举措"》中提出，对除"两高一资"外所有未足额退税的出口产品及时足额退税。退税做到及时足额，可以有效地提升社会福利水平；同时该举措排除"两高一资"行业，旨在环境保护和绿色转型。

（三）在通过出口退税政策调整抑制重点"两高一资"行业效果方面

本书运用 CPE 模型，结合我国历年主要的出口退税率文件，对纺织印染、皮革制品、造纸、化工、钢铁、有色金属、非金属矿物制品、矿物质、矿物燃料和稀土 10 个重点"两高一资"行业共计 36 类贸易产品出口退税政策调整的经济与环境影响展开分析。研究结果表明，近年来中国对出口退税率政策的调整有效地控制了"两高一资"行业产品的出口量和相应的产出量，从而减少了污染排放量；虽然这会减少中国生产者剩余，尤其是"两高一资"行业产品生产者的剩余，但是政府税收增加额会更大，从而我国净福利整体表现为上升，因此在总体上是利大于弊的。值得强调的是，各行业多种污染物的减排不仅存在行业间差异，还存在行业内差异，不同部门在运用出口退税率政策进行污染减排时所导致的"污染减排的出口损失代价"存在一定的差异。这种局部均衡的分析过程及其结果，证实了我国政府针对"两高一资"行业产品实施的"降减'两高一资'行业产品出口退税"的政策措施，可以取得经济利益与环境效益的"双赢"结果。综合比较经济成本和对多种污染物减排的效力，在纺织印染、部分皮革制品、造纸业、化工塑料橡胶及其制品、钢铁制品、部分有色金属制品等行业，出口退税率有进一步下调的空间和取得经济与环境效益"双赢"的潜力。

（四）在出口退税政策调整的宏观经济效果分析与环境效应测度方面

出口退税政策的环境效应包括规模效应、结构效应和技术效应。短期主要集中在规模和结构效应。受降减出口退税政策影响，高污染行业产品出口及生产规模下降，从而通过规模效应减排污染；同时生产要素等资源会从高污染行业流向清洁行业，清洁行业产出及其占比就会扩大，从而通过结构（优化）效应减排。CGE 研究表明：

（1）在早期（"2002 年出口税负"）政策目标依然是为经济增长服务，所以在制定出口退税政策时旨在推动经济增长，从而忽视了退税政策在结构调整和环境保护的重要性，导致大部分高污染行业享受较高的出口退税优惠，高污染行业的生产规模增加。2002 年，出口退税安排存在较大的结构不合理问题，产生了规模增排效应和结构（劣化）

效应，在带来经济总产值上升的同时也带来了多种污染物排放量的上升，并且污染物排放量上升更快。

（2）随着政府越来越重视环境保护，中国出口退税率政策开始将出口退税率向结构优化和环境保护方向上引导。2005年高污染行业的出口退税率水平出现明显的下降。此时出口退税所带来的环境影响的结构效应已经为负值，但是由于规模效应为正，且规模效应影响更为强烈，所以总体上污染排放还是增加的。

（3）2010年，高污染行业享有的出口退税水平进一步从2005年的9.44%降至4.83%，并且已降到外贸全行业平均水平之下，结构明显得到了优化。这一时期的出口退税安排不仅带来了总产值的增长，还使污染减排的结构效应超过了污染增排的规模效应。所以，此时的出口退税政策总体上对环境起到了改善的作用。

（五）在出口退税"政策试验"与路径选择方面

以2018年出口退税为基准，运用CPE和CGE模型分别对某一个高污染行业和所有高污染行业产品开展了"提高出口税负"（"取消出口退税"）的政策模拟。针对模拟结果，进一步构建和使用"污染减排的出口额损失代价""单位税率污染变动""污染减排综合指数""出口税负引致的污染—经济弹性""GDP的污染排放代价"等指标，多角度综合比较不同政策方案，从贸易、经济与环境利益综合平衡角度，提出优化路径选择。一是"提高单一高污染行业产品出口税负"即取消单一高污染行业出口退税，优先顺序依次为：化工行业、钢铁行业、造纸行业、皮革制品行业、纺织印染行业、有色金属行业、陶瓷行业、玻璃及其制品行业、矿物材料制品行业。二是具体细类产品的出口退税率和税目结构仍存在继续优化的空间：短期内，进一步加大对"两高一资"行业产品出口退税率的下调力度，而对除"两高一资"外的产品足额退税。建议提高钢铁制品、其他合金钢等细类产品的"出口税负率"（尽快取消其出口退税），同时逐步提高合成橡胶、纺织服装（含印染）、皮革制品、造纸、其他金属制品等的"出口税负率"。三是"提高单一高污染行业产品出口税负"，会导致污染减排的不平衡，在行业间产生污染外溢效应，且不利于同时控制多种污染物的污染排放；而"提高所有高污染行业产品出口税负"即全面取消所有"两高一资"

行业产品的出口退税，不仅可以有效规避污染减排的范围偏差，在实现协同减排的同时还可以有效阻止行业间污染外溢效应，达成对外贸易、国内经济、和国内环境利益的综合平衡与多赢，应是中国出口退税政策调整的较优选择。

我们强调：出口退税政策在污染减排上发挥的作用应予以足够的重视，例如，2002年出口退税政策的结构性不合理导致SO_2的排放量额外增加1.72%；2005年，出口退税结构得到初步优化，使SO_2排放量额外增长有所下降，但仍额外增排0.71%；至2010年，中国出口退税结构得到进一步优化，使当年SO_2额外减排。值得注意的是，"十一五""十二五"时期全国SO_2减排的总量目标是10%和8%。相较于10%和8%的约束性目标，出口退税政策调整所带来的1.72%的贡献已经不小。而且我们进一步的研究表明，如果在2018年的基础上取消所有高污染行业的出口退税，我国主要污染排放指标的排放量仍会出现较大程度的下降，说明我国出口退税率政策仍然存在调整空间，从而进一步释放减排潜力。

通过前文分析可以看出：运用出口退税率政策对出口退税率结构进行优化调整可以实现对外贸易、国内经济和国内环境利益的综合平衡。

第二节　出口退税政策未来调整方向

在增强中国产品的出口能力，拉动中国的经济增长等方面，出口退税政策发挥了一定作用。如今，中国早已成为世界第一出口大国，外汇储备也因此越来越多。但是也需要注意到，由于长期的出口导向政策（如出口退税鼓励），我国的贸易体量占GDP的比例越来越高，数据显示我国经济的贸易依存度已经高达60%，这意味着我国的经济发展很容易受到国际经济波动的影响。出口退税一度成为许多企业赖以生存的动力，而企业产品本身缺乏竞争力，这就导致了资源错配。更重要的是，出口退税政策在一定程度上导致了我国的环境污染（毛显强等，2012）。以2000年前后的出口退税政策为例，当时出口退税存在不合理的地方，即高污染行业的出口享受较大的优惠，由于规模效应和结构效应的同向增排作用，我国的能源消耗和污染排放不断增加。可以说，我

第十章 结论与政策建议

国对外贸易能对中国经济增长做出突出贡献的背后是我国环境和资源的巨大牺牲。随着新时代的到来,以牺牲环境为代价的发展不再可取,因此中国对"两高一资"行业的出口退税进行调整,进而对出口产品的结构产生影响的政策就显得尤为必要。

本书对出口退税政策进行回顾,并对出口退税水平的环境影响进行的研究表明,中国的出口退税政策总体上可以分为两个阶段。2003年及之前的出口退税政策旨在刺激中国的出口,拉动经济的增长,因而政策制定时忽略了环境问题。2004年及之后,特别是"十一五"时期以来,中国政府意识到出口退税在环境上的重要影响,在政策制定时更多地考虑环境保护。之后,中国对出口退税率结构不断进行优化调整,主要表现在"两高一资"行业的出口退税率逐渐降低,到2007年已低于外贸全行业平均出口退税水平,且在2008年降至2.80%的历史最低值,这表明中国在制定出口退税率政策时更多考虑的是环境保护的目的。如今出口退税率政策不仅成为实现绿色贸易的重要手段,也成为促进节能减排的重要推动力。

截至目前,中国的出口退税率调整政策已经取得了较大进展。但是在环境保护方面仍然存在一定的问题,仍然具有一定的减排潜力,出口退税的结构体系也存在进一步优化的空间。本书通过CPE和CGE模型进行模拟分析,根据结果建议:

在"提高单一高污染行业产品出口税负"即取消单一高污染行业出口退税方面,化工、钢铁、造纸、皮革制品、纺织印染等行业表现较为突出;而"提高所有高污染行业产品出口税负"即全面取消所有"两高一资"行业产品的出口退税,不仅可以有效规避污染减排的范围偏差,在实现协同减排的同时还可以有效阻止行业间污染外溢效应,达成对外贸易、国内经济和国内环境利益的综合平衡与多赢,这应是中国出口退税政策调整的较优选择。

(1)对中国出口退税政策的作用及目标进行重新定位,重点关注"两高一资"行业产品的税率调整,使我国的出口向环境友好型发展,强化出口退税结构优化效应的减排作用和环境保护功能;主张加大对洁净行业产品的出口退税力度,及时足额退税;主张降减甚至全面取消高污染行业产品的出口退税,以降低其"污染的负效应"。逐步发展优化中国的出口退税体系，进而协助构建中国的绿色贸易体系。

（2）短期内，进一步加大对"两高一资"行业产品出口退税率的下调力度，而对除"两高一资"外的产品足额退税。建议提高钢铁制品、其他合金钢等细类产品的"出口税负率"（尽快取消其出口退税），同时逐步提高合成橡胶、纺织服装（含印染）、皮革制品、造纸、其他金属制品等的"出口税负率"。尽管这使相关企业出口受到抑制，但是却能促进企业的技术升级和清洁生产转型，并优化我国的产业结构。

（3）在中长期，要继续保持煤、石油、天然气等产品的零出口退税率使这些产品在生产过程中的污染排放保持在较低水平；在此基础上逐步取消其他矿产品、不锈钢等多种产品的出口退税，让污染排放在这些产品上继续下降。

（4）最终，中国可以全面取消"两高一资"行业的出口退税，这一方面加大了污染减排的效力，另一方面可以有效规避污染减排的范围偏差，在实现协同减排的同时还可以有效阻止行业间污染外溢效应，达成对外贸易、国内经济和国内环境利益的综合平衡与多赢。

第三节 本书特色与未来展望

本书的特色和创新之处在于：

研究出口退税对优化贸易和经济结构的政策效力，从微观产品、中观行业到宏观经济整体，全方位量化评估出口退税的贸易、经济和环境效应，对"出口退税政策能够通过优化出口产品结构、外贸行业结构乃至经济结构实现经济与环境双赢"的假设进行谨慎求证，并提出：出口退税政策优化调整需要依据"综合考虑贸易、经济与环境之间的利益平衡"的原则。

在研究方法上，本书试图构建从"出口退税政策→贸易、经济影响→环境影响"的链式传导机制和环境CPE和CGE模型，综合理论分析、经验分析和结构化模型模拟，在研究方法和研究框架上均是一种新的尝试。

Harrison和List（2004）认为，有三种类型的"政策实验"，分别为：场地实验（field experiments）；准实验（quasi-experiments）；以及

第十章 结论与政策建议

结构化模型（structural modeling）实验等。结合中国的实际问题特征，场地实验和准实验的方法难以实际应用。对此，Anna（2006）认为，可以通过构建结构化模型（structural modeling）来消除或降低影响尺度和数据问题，从而帮助实现政策实验。本书正是通过构建结构化模型，定量考察了出口退税政策调整的经济与环境影响。所采用的综合"理论（模型）分析→经验（实证）分析→结构化模型（模拟）"方法框架的可操作性和有效性得到了验证，且得到了富有政策含义的模拟结果。

当然，本书也存在不足或欠缺，尚需深入研究的问题。

首先，本书对于环境影响的刻画，集中在污染排放方面，而在环境质量变化方面，本书尚未涉及，这需要在未来做进一步的深化研究。其次，由于本书涉及贸易产品种类多、数量大，在进行数据统计时难免出现误差，模拟精确度可能存一定的偏差，未来仍有进一步优化的空间。最后，本书的主体模型还是以静态分析为主，在"政策试验"阶段也是以2018年政策变动为依据而设定相应情景对比分析不同政策方案效果，并未纳入动态及面向未来的预测分析。这些研究将进一步为深化中国出口退税率改革提供更加翔实可靠的依据和方向。

由于出口退税的短期政策属性，国家常用其发挥调结构促转型作用，国内区域发展不平衡是未来一段时期的重要矛盾。并且当前贸易保护主义抬头、世界经济低迷、世界贸易市场萎缩。为应对新形势，我国提出"逐步形成以国内大循环为主体、国内国际双循环相互促进的新发展格局"，畅通国内国际双循环是未来一段时间的重要任务。对内而言，出口退税亦可以发挥其调结构、促均衡、畅循环、提质量等的作用。党的十九大报告提出："我国经济已由高速增长阶段转向高质量发展阶段，正处在转变发展方式、优化经济结构、转换增长动力的攻关期。"面对新冠疫情的严重冲击，国内发展稳定改革任务尤为艰巨，加之错综复杂的经济形势，我国经济发展迫切需要新的方向。十九届五中全会提出："加快构建以国内大循环为主体、国内国际双循环相互促进的新发展格局。""十四五"时期经济社会发展主要目标之一便是要形成更加强大的国内市场。这些论述提示我们要统筹国内国际两个大局，积极畅通国内大循环，促进国内国际双循环。那么，出口退税政策可否体现区域差异，在国内的区域弹性能否增大？虽然目前出口退税政策在全国层面实行统一化，全国"一盘棋"，在国内应用还未体现出较大的区域差异，但在某些地方或区域已经出现了保税区、自由贸易试验区、自由贸易港等，对这些改革开放前沿试验区，甚至部分国家级新区同样施行了一定程度的出口退税政策优惠。区域异质性出口退税政策会不会通过影响我国区域间的内贸而影响各区域的贸易利得效应，进一步会不会影响各区域污染减排效应，存不存在贸易利得再分配和污染转移？未来，在研究内容上，可着眼于区域异质性，尝试探讨"区域差别化出口退税政策"在帮助部分区域平衡贸易、经济与环境利益上的政策效力，为其发挥优化区域结构等作用建言献策。具体而言，一是对实施出口退税政策优惠或存在出口退税政策优惠安排的保税区、自贸试验区等区域进行梳理，明晰其出口退税政策优惠时间、范围及力度等情况，选取重点区域及其典型做法，进行比较分析。二是分析选定区域的贸易、经济与环境现状，运用CGE模型测度当前出口退税政策优惠对各区域贸易、经济与环境产生的影响。三是设计区域异质性出口退税政策，帮助促进区域平衡发展的同时，从整体上促进贸易、经济与环境协同发展。构建"协同度"指标，对不同政策方案的经济、贸易与环境影响开展区域"协同度"分析，综合比较并做出优劣判断，从而给出区域异质性和弹性设计策略：包括重点区域出口退税调整方向，优先调整的区域以及推进进程等。

需要进一步探讨的是，出口退税应是一项阶段性贸易政策，随着绿色转型，高污染行业产品的减少，足额退税应更加普遍。给予出口产品全额退还其在国内所征的增值税，以避免出口产品在本国和他国双重征税，是一种国际惯例。因此，在长期应顺应国际惯例，实行全额退税。

当前全球经济形势严峻，对外贸易受阻，在这种情况下，更应该保障我国出口产品、出口贸易的竞争力，对出口产品特别是洁净行业产品实行全额退税。近期，国务院、商务部为应对中美贸易摩擦、国际贸易形势恶化和应对新冠疫情影响，也出台了出口退税政策调整的硬举措：2020年3月10日召开的国务院常务会议，研究出台稳外贸政策措施《商务部稳外贸稳外资"硬举措"》中提出：对除"两高一资"外所有未足额退税的出口产品及时足额退税。及时足额退税是为了社会福利水平；而对除"两高一资"外的产品才能足额退税，是为了环境保护和绿色转型。这与我们的建议和主张相同，即"加大对洁净行业产品的出口退税力度，对其要及时足额退税；提高'两高一资'行业产品的'出口税负'，以降低其'污染的负效应'；强化出口退税结构优化效应的减排作用和环境保护功能，加快发展优化中国的出口退税体系，从而促进经济、内外双循环、环境的协调发展"。

参考文献

白重恩等:《出口退税政策调整对中国出口影响的实证分析》,《经济学(季刊)》2011年第3期。

鲍晓华:《技术性贸易壁垒政策择优:一个局部均衡的分析框架》,《财贸研究》2004年第5期。

财政部:《国家税务总局关于出口货物劳务增值税和消费税政策的通知》(财税〔2012〕39号),2012. http://szs.mof.gov.cn/zhengwuxinxi/zhengcefabu/201206/t20120620_ 661213. html。

曹薇、王自然:《我国环境污染与对外贸易关系的空间计量研究》,《管理现代化》2016年第3期。

陈继勇等:《论中国对外贸易、环境保护与经济的可持续增长》,《亚太经济》2005年第4期。

陈平、黄健梅:《我国出口退税效应分析:理论与实证》,《管理世界》2003年第12期。

陈文锦:《出口退税政策效应的实证分析》,《中外企业家》2010年第4期。

陈迎等:《中国外贸进出口商品中的内涵能源及其政策含义》,《经济研究》2008年第7期。

陈曦、周鹏:《中国国际贸易碳排放水平实证研究》,《中国经贸导刊》(中)2020年第5期。

陈牧:《碳排放比较优势视角下环境和贸易关系的研究》,《中国人口·资源与环境》2015年第S1期。

陈瑜、董鸿飞:《国际贸易中环境贸易壁垒问题研究》,《时代金融》2018年第17期。

程名望等：《国际贸易中环境成本内在化的经济学分析》，《中国地质大学学报》（社会科学版）2005年第2期。

常静：《中国对外贸易的环境库兹涅茨曲线形态判断与对策》，《商业经济研究》2015年第27期。

迟铮、王佳元：《环境规制、环境成本内部化与国外对华反生态倾销》，《宏观经济研究》2019年第11期。

党玉婷、万能：《我国对外贸易的环境效应分析》，《山西财经大学学报》2007年第3期。

邓力平：《浅谈中性与非中性出口退税制度》，《税务研究》1996年第11期。

范金等：《中国进出口价格弹性研究》，《当代经济科学》2004年第4期。

哈尔·R. 范里安：《微观经济学：现代观点》，费方域译，上海人民出版社2003年版。

方莉：《环境税：从出口退税突破》，《环境保护》2006年第12期。

傅京燕、陈红蕾：《国际贸易中产品环境成本内部化研究》，《国际经贸探索》2002年第2期。

高兴民、孙涛：《简论国际贸易与环境保护的关系》，《世界经济》1996年第10期。

苟聪：《国际贸易发展与环境保护间的博弈分析》，《商场现代化》2020年第9期。

郭际等：《中国制造业出口贸易隐含污染的测算及启示》，《阅江学刊》2015年第2期。

谷祖莎：《贸易、环境与中国的选择》，《山东大学学报》（哲学社会科学版）2005年第6期。

胡涵钧：《新编国际贸易》，复旦大学出版社2000年版。

胡涛、孙炳彦：《加入WTO对中国环境的影响》，《环境科学动态》2000年第1期。

胡涛等：《贸易顺差背后的环资逆差》，《WTO经济导刊》2007年第 8 期。

胡涛等：《我国对外贸易的资源环境逆差分析》，《中国人口·资源与环境》2008 年第 2 期。

黄蕙萍等：《论国际贸易中的环境成本内在化问题》，《武汉理工大学学报》2000 年第 6 期。

黄建忠：《出口退税制度改革的若干问题思路》，《中国经济问题》1997 年第 3 期。

黄静波、何昌周：《中国制造业对外贸易的环境效应分析》，《中国社会科学院研究生院学报》2015 年第 1 期。

黄磊：《水资源管理现状问题及应对措施思考》，《科技创新与应用》2020 年第 3 期。

黄晓航：《政府环保支出、环境政策及执行力对大气污染治理的效应研究》，《行政事业资产与财务》2020 年第 6 期。

江霞：《贸易政策与中国产业结构优化研究》，博士学位论文，山东大学，2010 年。

蒋勇、左玉辉：《关于贸易与环境关系的几点认识及其对我国的启示》，《城市环境与城市生态》2000 年第 2 期。

金兴健：《人民币贬值政策与出口退税率调整的比较分析》，《财贸研究》2002 年第 2 期。

李丽平：《化工行业贸易政策的环境影响评价》，《环境保护》2007 年第 15 期。

李丽：《环境成本内部化对我国出口贸易的影响》，《中国商论》2018 年第 24 期。

李荣林、鲁晓东：《中日韩自由贸易区的贸易流量和福利效应分析：一个局部均衡的校准方法》，《数量经济技术经济研究》2006 年第 11 期。

李珊：《中国稀土出口贸易研究》，硕士学位论文，中国地质大学，2011 年。

李万甫、马衍伟：《提高出口退税率的政策效应分析》，《涉外税务》2000 年第 12 期。

李秀香、张婷：《出口增长对我国环境影响的实证分析——以 CO_2

排放量为例》,《国际贸易问题》2004年第7期。

李琴:《基于空间计量模型的我国省际出口贸易与环境关系研究》,《商业经济研究》2018年第17期。

李永源等:《基于MRIO模型的中国对外贸易隐含大气污染转移研究》,《中国环境科学》2019年第2期。

李小胜、束云霞:《环境政策对空气污染控制与地区经济的影响——基于命令控制型工具的实证》,《数理统计与管理》2020年第4期。

李媛娜:《WTO体制下的贸易与环境问题——对中国原材料出口限制案的思考》,《商场现代化》2011年第9期。

刘香丽:《烟尘污染的主要来源与处理对策》,《当代化工研究》2017年第9期。

廖建成:《从国际惯例思考我国出口退税机制的改革》,《国际贸易》1996年第2期。

林龙辉等:《我国出口退税政策的贸易与经济效应研究——基于局部均衡模型的分析》,《财贸研究》2010年第1期。

刘强等:《中国出口贸易中的载能量及碳排放量分析》,《中国工业经济》2008年第8期。

刘穷志:《出口退税与中国的出口激励政策》,《世界经济》2005年第6期。

刘怡:《出口退税：理论与实践》,《北京大学学报》（哲学社会科学版）1998年第4期。

刘昭阳等:《中日韩自由贸易协议对中国农业的经济与环境影响研究——基于可计算局部均衡模型的分析》,《北京师范大学学报》（社会科学版）2011年第2期。

刘林奇:《对外贸易与环境问题关系研究综述》,《经济师》2008年第6期。

刘巧玲等:《经济增长、国际贸易与污染排放的关系研究——基于美国和中国SO_2排放的实证分析》,《中国人口·资源与环境》2012年第5期。

陆穗峰:《环境保护与对外经贸》,中国对外经济贸易出版社1997

年版。

马捷：《国际多市场寡头条件下的贸易政策和产业政策》，《经济研究》2002年第5期。

马捷、李飞：《出口退税是一项稳健的贸易政策吗?》，《经济研究》2008年第4期。

马玉瑛、李东明：《我国实行出口退税问题的探讨》，《中国农业大学学报》（社会科学版）2000年第4期。

毛显强等：《农业贸易政策环境影响评价的案例研究》，《中国人口·资源与环境》2005年第6期。

毛显强、宋鹏：《中国出口退税结构调整及其对"两高一资"行业经济—环境影响的案例研究》，《中国工业经济》2013年第6期。

毛显强、宋鹏：《探路中国政策环境影响评价：贸易政策领域先行实践》，《环境保护》2014年第1期。

毛显强等：《出口退税政策调整的环境经济影响分析》，《北京师范大学学报》（哲学社会科学版）2012年第6期。

毛显强等：《贸易政策的环境影响评价导则研究》，《中国人口·资源与环境》2010年第8期。

毛显强等：《污染—经济时间弹性概念、方法与应用》，《中国人口·资源与环境》2011年第2期。

茅于轼：《出口退税未必合适》，《大经贸》2001年第4期。

孟家丞、王斌：《对外贸易的环境效应研究——基于地区视角的差异性分析》，《中国市场》2018年第22期。

潘明星：《零税率与我国的出口退税制度》，《当代财经》1997年第11期。

潘安：《全球价值链分工对中国对外贸易隐含碳排放的影响》，《国际经贸探索》2017年第3期。

彭昱：《经济增长背景下的环境公共政策有效性研究——基于省际面板数据的实证分析》，《财贸经济》2013年第4期。

彭水军等：《贸易开放的结构效应是否加剧了中国的环境污染——基于地级城市动态面板数据的经验证据》，《国际贸易问题》2013年第8期。

曲如晓：《环境外部性与国际贸易福利效应》，《国际经贸探索》2002年第1期。

任宇：《我国工业水污染防治立法现状、问题及对策》，《水利发展研究》2015年第5期。

沈晓悦：《纺织行业贸易顺差下的环境"逆差"》，《环境保护》2007年第15期。

沈利生、唐志：《对外贸易对我国污染排放的影响——以二氧化硫排放为例》，《管理世界》2008年第6期。

邵柏春：《低碳经济对我国三大产业出口贸易的影响——基于LMDI因素分解法》，《商业经济研究》2016年第7期。

宋春峰、耿献辉：《环境保护与贸易自由化的冲突及解决》，《商业研究》2003年第12期。

宋鹏、贡越：《入世十年创新绿色贸易手段维护国家利益》，《WTO经济导刊》2011年第10期。

宋鹏等：《争端不休，我国稀土贸易管理该走向何方》，《环境经济》2013年第3期。

孙东生、王智慧：《出口退税政策的理论依据及政策建议》，《哈尔滨商业大学学报》（社会科学版）2006年第3期。

孙玉良：《出口退税是鼓励外贸出口的重要手段》，《中国修船》2000年第1期。

汤贡亮、李成威：《出口退税政策的经济效应：理论分析和实证研究》，《税务研究》2002年第12期。

唐剑、周雪莲：《中国对外贸易的环境影响综合效应分析》，《中国人口·资源与环境》2017年第4期。

田秀杰等：《基于碳排放视角的政府环境治理政策效果研究》，《调研世界》2020年第3期。

万莹：《中国出口退税政策绩效的实证分析》，《经济评论》2007年第4期。

王根蓓：《论中间品贸易存在条件下国内税收、出口退税与汇率调整对出口企业最优销量的影响》，《世界经济》2006年第6期。

王班班等：《地方环境政策创新的扩散模式与实施效果——基于河

长制政策扩散的微观实证》,《中国工业经济》2020 年第 8 期。

吴玉萍等:《贸易政策环境影响评价方法论初探》,《环境与可持续发展》2011 年第 3 期。

吴力波、于畅:《国际贸易与国内贸易环境效应的差异性研究》,《环境经济研究》2017 年第 2 期。

谢建国、陈莉莉:《出口退税与中国的工业制成品出口:一个基于长期均衡的经验分析》,《世界经济》2008 年第 5 期。

熊波、杨碧云:《命令控制型环境政策改善了中国城市环境质量吗?——来自"两控区"政策的"准自然实验"》,《中国地质大学学报》(社会科学版)2019 年第 3 期。

徐鹤等:《中国战略环境评价理论与实践》,科学出版社 2010 年版。

徐盈之、吴海明:《我国钢铁行业发展水平、产业关联特征及影响因素——基于投入产出法的动态研究》,《经济问题》2010 年第 5 期。

许美琪、张帆:《环境成本内部化对国际贸易带来的影响》,《农村经济与科技》2019 年第 24 期。

严才明:《我国出口退税政策效应分析》,《涉外税务》2007 年第 3 期。

严选晨等:《WTO 与我国出口退税制度的完善》,《涉外税务》2001 年第 2 期。

杨海艳、陈晓川:《出口退税对我国出口影响的实证分析》,《边疆经济与文化》2006 年第 9 期。

杨丹萍:《我国出口贸易环境成本内在化效应的实证分析与政策建议》,《财贸经济》2011 年第 6 期。

杨永:《关于国际贸易中环境成本内部化的研究》,《现代交际》2016 年第 15 期。

杨恺钧等:《经济增长、国际贸易与环境污染的关系研究》,《统计与决策》2017 年第 7 期。

叶汝求:《环境与贸易》,中国环境科学出版社 2001 年版。

叶继革、余道先:《我国出口贸易与环境污染的实证分析》,《国际贸易问题》2007 年第 5 期。

叶华光：《我国对外贸易战略中的环境成本内部化》，《环境经济》2013年第6期。

俞海：《中日韩经济一体化的环境影响初步分析》，《环境经济》2007年第1期。

张连众等：《贸易自由化对我国环境污染的影响分析》，《南开经济研究》2003年第3期。

张晚冰、李义伦：《国际贸易中环境贸易壁垒问题及其对策探讨》，《现代经济信息》2015年第9期。

张友国：《中国贸易增长的能源环境代价》，《数量经济技术经济研究》2009年第1期。

张越、房乐宪：《WTO机制下的中国对外贸易与环境保护思考》，《当代亚太》2001年第2期。

赵玉焕：《贸易与环境协调问题研究》，博士学位论文，对外经贸大学，2001年。

赵忠秀等：《贸易隐含碳与污染天堂假说——环境库兹涅茨曲线成因的再解释》，《国际贸易问题》2013年第7期。

钟凯扬：《对外贸易、FDI与环境污染的动态关系——基于PVAR模型的研究》，《生态经济》2016年第12期。

郑桂环等：《出口退税政策对中国出口增长的影响分析》，《管理评论》2004年第6期。

中国行业信息研究网：《2011年我国钢铁产业发展回顾》，http：//www.chinamrc.com/shichangfenxi/2012/0416/21584.html. 2012-4-22.

中国科学院：《中国可持续发展战略报告（2011）》，科学出版社2011年版。

朱红根等：《中国出口贸易与环境污染互动关系研究——基于广义脉冲响应函数的实证分析》，《国际贸易问题》2008年第5期。

朱敏、高越：《中国对外贸易中环境成本内在化问题研究》，《商业时代》2012年第22期。

朱启荣：《我国出口贸易与工业污染、环境规制关系的实证分析》，《世界经济研究》2007年第8期。

Abaza, H., Hamwey, R., "Integrated Assessment as A Tool for Achieving Sustainable Trade Policies", *Environmental Impact Assessment Review*, Vol. 21, 2001, pp. 481-510.

Anderson, K., Blackhurst, R., *The Greening of World Trade Issues*, Ann Arbor: University of Michigan Press, 1992.

Anna, K. G., "Use of Structural Equation Modeling to Examine the Relationships between Growth, Trade and the Environment in Developing Countries", *Sustainable Development*, Vol. 14, 2006, pp. 327-342.

Antweiler, W., et al., "Is Free Trade Good for the Environment?", *American Economic Review*, Vol. 91, 2001, pp. 877-907.

Abdelaziz Hakimi, Helmi Hamdi, "Environmental Effects of Trade Openness: What Role Do Institutions Have?", *Journal of Environmental Economics and Policy*, Vol. 9, No. 1, 2020.

Bao, C. K., et al., "Framework and Operational Procedure for Implementing Strategic Environmental Impact in China", *Environmental Impact Assessment Review*, Vol. 24, 2004, pp. 27-46.

Baumol, W. J., *Environmental Protection, International Spillovers, and Trade*, Stockholm: Almquit and Wixell, 1971.

Birdsall, N., Wheeler, D., "Trade Policy and Industrial Pollution in Latin America: Where Are the Pollution Havens?", In Low, P. eds. *International Trade and the Environment*, Washing-ton, DC: World Bank, 1992.

Björklund, A., "Life Cycle Assessment as An Analytical Tool in Strategic Environmental Assessment. Lessons Learned from A Case Study on Municipal Energy Planning in Sweden", *Environmental Impact Assessment Review*, Vol. 32, 2012, pp. 82-87.

Böhringer, C., Löschel, A., "Computable General Equilibrium Models for Sustainability Impact Assessment", *Ecological Economics*, Vol. 60, No. 1, 2006, pp. 49-64.

Chao, C. C., et al., "Export Duty Rebates and Export Performance: Theory and China's Experience", *Journal of Comparative Economics*, Vol. 29, No. 2, 2001, pp. 314-326.

Che, X. et al., "Strategic Environmental Assessment and Its Development in China", *Environmental Impact Assessment Review*, Vol. 22, No. 2, 2002, pp. 101-109.

Chen, C. H., et al., "Integrated Dynamic Policy Management Methodology and System for Strategic Environmental Assessment of Golf Course Installation Policy in Taiwan", *Environmental Impact Assessment Review*, Vol. 31, 2011, pp. 66-76.

Chen, C. H., et al., "The Effect of Export Tax Rebates on Export Performance: Theory and Evidence from China", *China Economic Review*, Vol. 17, No. 2, 2006, pp. 226-235.

Chichilnisky, G., "North-South Trade and the Gloabal Environment", *American Economic Review*, Vol. 84, No. 4, 1994, pp. 851-874.

Copeland, B. R., Taylor, M. S., "North-South Trade and Environment", *Quarterly Journal of Economies*, Vol. 109, No. 3, 1994, pp. 755-787.

Copeland, B. R., Taylor, M. S., "Trade and Transboundary Pollution", *American Economic Review*, Vol. 85, No. 4, 1995, 716-737.

Copeland, B. R., Taylor, M. S., *Trade and the Environment: Theory and Evidence*, Princeton: Princeton University Press, 2003.

Clara Brandi, et al., "Do environmental provisions in trade agreements make exports from developing countries greener?", *World Development*, Vol. 129, 2020.

Dai, H., et al., "Assessment of China's Climate Commitment and Non-Fossil Energy Plan Towards 2020 Using Hybrid AIM/CGE Model", *Energy Policy*, Vol. 39, 2011, pp. 2875-2887.

Department of Environmental Affairs and Tourism, 2000, "Strategic Environmental Assessment in South Africa: Guideline Document", Pretoria: Cape Town, Juta and Company.

Dua, A., Esty, D. C., *Sustaining the Asia Pacific Mira-cle*, Washington, D. C.: Institute for International Economics, 1997.

Edward Manderson, Richard Kneller, "Environmental Regulations, Outward FDI and Heterogeneous Firms: Are Countries Used as Pollution Havens?", *Environmental and Resource Economics*, No. 3, 2012.

Elena, I., "Trade Policy Analysis in the Presence of Duty Drawbacks", *Journal of Policy Modeling*, Vol. 26, 2004, pp. 353-371.

Eliste, P., Fredriksson, P. G., *Does Open Trade Result in a Race to the Bottom? Cross - Country Evidence*, Mimeo, Washington, D. C.: The World Bank, 1998.

Esty, D. C., Geradin, D., "Market Access, Competi-Tiveness, and Harmonization: Environmental Protection in Re-Gional Trade Agreements", *The Harvard Environmental Law Review*, Vol. 21, 1997, pp. 265-336.

Fehr, H., et al., "Should the EU Adopt the Origin Principle for VAT after 1997?", *FinanzArchiv/Public Finance Analysis*, 1994, pp. 1-27.

Ferrantino, M. G., et al., "Evasion Behaviors of Exporters and Importers: Evidence from the U. S. -China Trade Data Discrepancy", *Journal of International Economics*, Vol. 86, 2012, pp. 141-157.

Food and Agriculture Organization, International Fund for Agricultural Development, "Strategic Environmental Assessment an Assessment of the Impact of Cassava Production and Processing on the Environment and Biodiversity", 2001. http://ftp. fao. org/docrep/fao/007/y2413e/y2413e00. pdf/ Date accessed: 10. March 2010.

Foreign Affairs, "Trade and Development of Canada. Handbook for Conducting Environmental Assessments of Trade Negotiations", 2008. http://www. international. gc. ca/trade-agreements-accordscommerciaux/ds/Environment. aspx? lang=en/ Date accessed: 10. March 2010.

Institute for International And Development Economics, "Global Simulation Analysis of Industry-Level Trade Policy", 2009.

Francois, J. F., Kenneth, A. R., *Applied Methods for Trade Policy Analysis: A Handbook*, Cambridge: Cambridge University Press, 1997.

Grossman, G. M., Krueger, A. B., "Environmental Impacts of A North American Free Trade Agreement", *National Bureau of Economic Research, Working Paper*, 1991.

Grossman, G. M., Krueger, A. B., "Environmental Impacts of A

North American Free Trade Agreement", In Garber, PM, eds. *The Mexico-US Free Trade Agreement*, Cambridge, MA: MIT Press, 1993.

Gumilang, H., et al., "Economic and Environmental Impacts of Trade Liberalization: The Case of Indonesia", *Economic Modelling*, Vol. 28, No. 3, 2011, pp. 1030-1041.

Harrison, G. W., List, J. A., "Field Experiments", *Journal of Economic Literature*, Vol. 42, 2004, pp. 1009-1055.

Hashimzade, N., et al., "Country Characteristics and Preferences over Tax Principles", *International Tax and Public Finance*, Vol. 18, No. 2, 2011, pp. 214-232.

Haufler, A., *Taxation in A Global Economy*, Cambridge University Press, 2001.

He, J. W., "Estimating the Economic Cost of China's New Desulfur Policy during Her Gradual Accession to WTO: The Case of Industrial SO_2 Emission", *China Economic Review*, Vol. 16, 2005, pp. 364-402.

He, P., Zhang, B., "Environmental Tax, Polluting Plants' Strategies and Effectiveness: Evidence from China", *J. Policy Anal. Manag.* Vol. 37, No. 3, 2018, pp. 493-520.

Hertel, T. W., Walmsley, T. L., *GTAP 7 Data Base Documentation*, West Lafayette: Center for Global Trade Analysis, 2008.

Hundloe, T, et al., "Cost-Benefit Analysis and Environmental Impact Assessment", *Environmental Impact Assessment Review*, Vol. 10, 1990, pp. 55-68.

International Institute for Sustainable Development (IISD), *An Environmental Impact Assessment of China's WTO Accession: An Analysis of Six Sectors*, Published by the IISD, Winnipeg, Manitoba. http://www.cbd.int/impact/case-studies/cs-impact-cciced-eia-en.pdf.

Ioanna Pantelaiou, et al., "Can Cleaner Environment Promote International Trade? Environmental Policies as Export Promoting Mechanisms", *Environmental and Resource Economics*, Vol. 75, 2020, pp. 809-833.

Jakob, M., Marschinski, R., "Interpreting Trade-Related CO_2 Emission Transfers", *Nature Climate Change*, Vol. 3, 2012, pp. 19-23.

Jingjing Zhang, "International Production Fragmentation, Trade in Intermediate Goods and Environment", *Elsevier B. V.*, 2020, Vol. 87.

Keen, M., Lahiri, S., "The Comparison between Destination and Origin Principles Under Imperfect Competition", *Journal of International Economics*, Vol. 45, No. 2, 1998, pp. 323-350.

Kirkpatrick, C., Scrieciu, S., "Is Trade Liberalisation Bad for the Environment? A Review of the Economic Evidence", *Journal of Environmental Planning and Management*, Vol. 51, No. 4, 2008, pp. 497-510.

Kitwiwattanachai, A., et al., "Quantitative Impacts of Alternative East Asia Free Trade Areas: A Computable General Equilibrium (CGE) Assessment", *Journal of Policy Modeling*, Vol. 32, No. 2, 2010, pp. 286-301.

Kuitunen, M., et al., "Testing the Usability of the Rapid Impact Assessment Matrix (RIAM) Method for Comparison of EIA and SEA Results", *Environmental Impact Assessment Review*, Vol. 28, 2008, pp. 312-320.

Kanemoto, K., et al., "International Trade Undermines National Emission Reduction Targets: New Evidence from Air Pollution", *Global Environmental Change*, Vol. 24, 2014.

Lenzen, M., et al., "Environmental Impact Assessment Including Indirect Effects-A Case Study Using Input-Output Analysis", *Environmental Impact Assessment Review*, Vol. 23, 2003, pp. 263-82.

Leopold, L. B., et al., "A Procedure for Evaluating Environmental Impact", Washington, D. C.: US Geological (USGS) Circular 645 USGS, Government Printing Office, 1971.

Li, G., et al., "Environmental Non-governmental Organizations and Urban Environmental Governance: Evidence from China", *J. Environ. Mange*, Vol. 206, 2018, pp. 1296-1307.

Liddle, B., "Free Trade and the Environment-Development System", *Ecological Economics*, Vol. 39, 2001, pp. 21-36.

Liu, J. G., Diamond, J., "China's Environment in A Globalizing World", *Nature*, Vol. 435, 2005, pp. 1179-1186.

Lu, C., et al., "The Impacts of Carbon Tax and Complementary Policies on Chinese Economy", *Energy Policy*, Vol. 38, 2010, pp. 7278-7285.

Lucas, E. B. R., et al., "Economic Development, Environmental Regulation, and the International Migration of Toxic Industrial Pollution: 1960-1988", in Low, P., eds. *International Trade and the Environment*, Washing-ton, DC: World Bank, 1992.

Laura Hering, Sandra Poncet, "Environmental Policy and Exports: Evidence from Chinese Cities", *Journal of Environmental Economics and Management*, Vol. 68, No. 2, 2014.

Magee, S. P., Ford, W. F., "Environmental Pollution, the Terms of Trade, and Balance of Payments of the United States", *Kyklos*, Vol. 25, 1972, pp. 101-118.

Mah, J. S., "The Effect of Duty Drawback on Export Promotion: The Case of Korea", *Journal of Asian Economics*, Vol. 18, No. 6, 2007, pp. 967-973.

Mahmoudi, H., et al., "A Framework for Combining Social Impact Assessment and Risk Assessment", *Environmental Impact Assessment Review*, Vol. 43, 2013, pp. 1-8.

Mao, X. Q., et al., "A Review of EIAs on Trade Policy in China: Exploring the Way for Economic Policy EIAs", *Environmental Impact Assessment Review*, Vol. 50, No. 1, 2015, pp. 53-65.

Mao, X. Q., et al., "Co-control of Local Air Pollutants and CO_2 in the Chinese Iron and Steel Industry", *Environmental Science & Technology*, Vol. l47, 2013, pp. 12002-12010.

Mingquan Li, Qi Wang, "International Environmental Efficiency Differences and Their Determinants", *Energy*, Vol. 78, 2014.

OECD, "*Trade and Environment: Process and Production Methods*", Organization for Economic Co-operation and Development, Working Paper, 1994.

OECD, "*Reconciling Trade, Environment and Development Policies-The Role of Development Co-operation*", Organization for Economic Co-operation and Development, Working paper, 1997.

Olivier, J., Marcelo, O., "*Explaining SMART and GSIM*", The World Bank, 2005.

Peters, G. P., et al., "China's Growing CO_2 Emissions—A Race between Increasing Consumption and Efficiency Gains", *Environmental Science & Technology*, Vol. 41, 2007, pp. 5939–5944.

Peters, G. P., Hertwich, E. G., "CO_2 Embodied in International Trade with Implications for Global Climate Policy", *Environmental Science & Technology*, Vol. 42, 2008, pp. 1401–1407.

Robinson, H., "International Pollution Abatement: The Impact on the Balance of Trade", *Canadian Journal of Economics*, Vol. 21, 1988, pp. 187–199.

Runge, F. C., "Trade Liberalization and Environmental Quality in Agriculture", *International Environment Affairs*, Vol. 5, No. 2, 1993, pp. 95–129.

Rutherford, T. F., 2005, "GTAPinGAMS: The Dataset and Static Model", Ann Arbor, MI. Available at http://www.mpsge.org/gtap6/gtap6gams.pdf [Accessed 19 August 2006].

Slaughter, M. J., "Trade Liberalization and Per Capita Income Convergence: A Difference-in-differences Analysis", *J. Int. Econ*, Vol. 55, 2001, pp. 203–228.

Stevens, C., "The Environmental Effects of Trade", *The World Economy*, Vol. 16, No. 4, 1993, pp. 439–451.

Study Group on Environment and Economic Partnership Agreements/Free Trade Agreements, "Guideline on environmental impact assessment of economic partnership agreements and free trade agreements in Japan", 2004. http://www.env.go.jp/en/policy/assess/epa_fta/index.html/ Date accessed: 10. March 2010.

Valeria, D. B., *Regional Integration and Commodity Tax Harmonization*, World Bank, Development Research Group, 1997.

Vennemo, H., et al., "Environmental Impacts of China's WTO-accession", *Ecological Economics*, Vol. 64, 2007, pp. 893-911.

Van Tran Nguyen, "The Environmental Effects of Trade Openness in Developing Countries: Conflict or Cooperation?", *Environmental science and pollution research international*, 2020.

Walter, I., "The Pollution Content of American Trade", *Western Economic Journal*, Vol. 6, No. 1, 1973, pp. 61-70.

Weber, C. L., et al., "The Contribution of Chinese Exports to Climate Change", *Energy Policy*, Vol. 36, 2008, pp. 3572-3577.

Wu, J., et al., "Strategy Environmental Assessment Implementation in China-Five-Year Review and Prospects", *Environmental Impact Assessment Review*, Vol. 31, 2011, pp. 77-84.

Yun Wang, et al., "Environmental regulation and green productivity growth: Empirical evidence on the Porter Hypothesis from OECD industrial sectors", *Energy Policy*, Vol. 132, 2019, pp. 611-619.

Zhai, F., Li, S., "The Implications of Accession to WTO on China's Economy", *Third Annual Conference on Global Economic Analysis*: Melbourne, 2000, pp. 27-30.

Zhu, D., Ru, J., "Strategy Environmental Assessment in China: Motivations, Politics, and Effectiveness", *Journal of Environmental Management*, Vol. 88, No. 4, 2008, pp. 615-626.

附　录

附表 1　　GTAP 详细部门分类及编码

Sector Code	Sector Description
PDR	Paddy Rice: rice, husked and unhusked
WHT	Wheat: wheat and maslin
GRO	Other Grains: maize (corn), barley, rye, oats, other cereals
V_F	Vegetable & Fruit: vegetables, fruit vegetables, fruit and nuts, potatoes, cassava, truffles
OSD	Oil Seeds: oil seeds and oleaginous fruit; soy beans, copra
C_B	Cane & Beet: sugar cane and sugar beet
PFB	Plant Fibers: cotton, flax, hemp, sisal and other raw vegetable materials used in textiles
OCR	Other Crops: live plants; cut flowers and flower buds; flower seeds and fruit seeds; vegetable seeds, beverage and spice crops, unmanufactured tobacco, other raw vegetable materials
CTL	Cattle: cattle, sheep, goats, horses, asses, mules, and hinnies; and semen thereof
OAP	Other Animal Products: swine, poultry and other live animals; eggs, edible products of animal origin n. e. c.
RMK	Raw milk
WOL	Wool: wool, silk, and other raw animal materials used in textile
FRS	Forestry: forestry, logging and related service activities
FSH	Fishing: hunting, trapping and game propagation including related service activities, fishing, fish farms; service activities incidental to fishing
COL	Coal: mining and agglomeration of hard coal, lignite and peat

续表

Sector Code	Sector Description
OIL	Oil: extraction of crude petroleum and natural gas (part), service activities incidental to oil and gas extraction excluding surveying (part)
GAS	Gas: extraction of crude petroleum and natural gas (part), service activities incidental to oil and gas extraction excluding surveying (part)
OMN	Other Mining: mining of metal ores, uranium, gems. other mining and quarrying
CMT	Cattle Meat: fresh or chilled meat and edible offal of cattle, sheep, goats, horses, asses, mules, and hinnies. raw fats or grease from any animal or bird.
OMT	Other Meat: pig meat and offal. preserves and preparations of meat, meat offal or blood, flours, meals and pellets of meat or inedible meat offal; greaves
VOL	Vegetable Oils: crude and refined oils of soya-bean, maize (corn), olive, sesame, ground-nut, olive, sunflower-seed, safflower, cotton-seed, rape, colza and canola, mustard, etc.
MIL	Milk: dairy products
PCR	Processed Rice: rice, semi-or wholly milled
SGR	Sugar
OFD	Other Food: prepared and preserved fish or vegetables, fruit juices and vegetable juices, prepared and preserved fruit and nuts, all cereal flours, groats, meal and pellets of wheat, cereal groats, meal and pellets n. e. c.
B_T	Beverages and Tobacco products
TEX	Textiles: textiles and man-made fibers
WAP	Wearing Apparel: Clothing, dressing and dyeing of fur
LEA	Leather: tanning and dressing of leather; luggage, handbags, saddlery, harness and footwear
LUM	Lumber: wood and products of wood and cork, except furniture; articles of straw and plaiting materials
PPP	Paper & Paper Products: includes publishing, printing and reproduction of recorded media
P_C	Petroleum & Coke: coke oven products, refined petroleum products, processing of nuclear fuel
CRP	Chemical Rubber Products: basic chemicals, other chemical products, rubber and plastics products
NMM	Non-Metallic Minerals: cement, plaster, lime, gravel, concrete
I_S	Iron & Steel: basic production and casting

续表

Sector Code	Sector Description
NFM	Non-Ferrous Metals: production and casting of copper, aluminum, zinc, lead, gold, and silver
FMP	Fabricated Metal Products: Sheet metal products, but not machinery and equipment
MVH	Motor, motor vehicles and parts: cars, lorries, trailers and semi-trailers
OTN	Other Transport Equipment: Manufacture of other transport equipment
ELE	Electronic Equipment: office, accounting and computing machinery, radio, television and communication equipment and apparatus
OME	Other Machinery & Equipment: electrical machinery and apparatus n. e. c., medical, precision and optical instruments, watches and clocks
OMF	Other Manufacturing: includes recycling
ELY	Electricity: production, collection and distribution
GDT	Gas Distribution: distribution of gaseous fuels through mains; steam and hot water supply
WTR	Water: collection, purification and distribution
CNS	Construction: building houses factories offices and roads
TRD	Trade: all retail sales; wholesale trade and commission trade; hotels andrestaurants; ; retail sale of automotive fuel
OTP	Other Transport: road, rail ; pipelines, auxiliary transport activities; travel agencies
WTP	Water transport
ATP	Air transport
CMN	Communications: post and telecommunications
OFI	Other Financial Intermediation: includes auxiliary activities but not insurance and pension funding
ISR	Insurance: includes pension funding, except compulsory social security
OBS	Other Business Services
ROS	Recreation & Other Services: recreational, cultural and sporting activities, other service activities; private households with employed persons (servants)
OSG	Other Services (Government): public administration and defense; compulsory social security, education, health and social work, activities of membership organizations n. e. c., extra-territorial organizations and bodies
DWE	Dwellings: ownership of dwellings (imputed rents of houses occupied by owners)

Source: Website of Global Trade Analysis Project (GTAP). https://www.gtap.agecon.purdue.edu.

附表 2　中国 2002 年和 2004—2019 年 57 个行业产品出口退税水平

单位：%

行业/年份	2002	2004	2005	2006	2007	2008	2009	2010	2011	2012	2013	2014	2015	2016	2017	2018	2019
水稻	13.00	13.00	0.00	0.00	0.00	0.00	0.00	0.00	0.00	0.00	0.00	0.00	0.00	0.00	0.00	0.00	0.00
小麦	13.00	13.00	13.00	13.00	13.00	0.00	0.00	0.00	0.00	0.00	0.00	0.00	0.00	0.00	0.00	0.00	0.00
其他粮谷类	6.33	6.33	9.00	9.00	9.00	0.00	0.00	0.00	0.84	0.21	0.21	0.21	0.21	0.21	0.21	0.21	0.38
蔬菜水果和坚果类	4.98	5.03	5.00	5.00	5.00	4.98	4.90	2.97	4.71	5.10	3.15	3.23	3.23	3.23	3.17	3.23	5.30
油料种子	4.25	4.25	4.26	4.93	4.93	3.69	3.69	3.33	3.86	3.84	3.84	3.84	3.84	3.84	3.84	3.84	4.92
甘蔗甜菜类	0.00	0.00	0.00	0.00	0.00	0.00	0.00	0.00	0.00	0.00	0.00	0.00	0.00	0.00	0.00	0.00	0.00
植物纤维	13.29	11.58	11.49	11.49	10.53	10.32	12.81	14.43	14.45	14.45	14.45	14.45	14.45	14.96	14.67	15.26	12.21
其他农作物	6.33	6.37	6.67	6.90	6.65	6.56	6.39	6.39	5.02	7.34	6.39	6.39	6.39	6.39	6.31	5.99	7.14
牲畜类	5.00	5.00	5.00	5.00	5.00	3.75	2.50	3.50	0.00	2.09	2.09	2.09	2.09	2.09	2.09	2.09	4.23
其他畜禽产品	6.49	6.10	6.92	6.15	5.75	4.75	3.39	4.66	3.44	3.35	3.35	3.35	3.35	3.35	3.22	3.22	5.51
鲜牛奶	7.67	7.67	9.00	9.00	13.00	9.00	9.00	9.00	0.00	10.00	10.00	10.00	10.00	10.00	10.00	10.00	8.50
毛织品	12.06	10.71	11.30	11.80	10.05	9.09	9.69	11.93	11.12	11.12	11.12	11.12	11.12	11.43	11.66	11.66	10.48
渔业	5.18	5.10	5.13	5.13	5.00	4.93	6.31	8.71	8.81	8.32	8.28	8.28	8.10	8.17	5.51	6.93	7.80
肉类	8.60	8.60	8.56	8.56	8.37	7.66	6.64	8.40	6.68	7.01	7.01	7.01	6.84	7.01	7.01	6.97	7.65
其他肉制品	8.58	8.69	8.14	7.45	7.29	7.30	7.02	8.11	6.84	6.64	6.67	6.67	7.00	6.67	6.67	6.62	7.66
植物油脂	12.59	11.74	11.49	11.33	12.41	8.34	5.23	6.39	5.75	5.75	6.23	6.23	6.23	6.23	6.12	5.55	5.50
乳制品	12.29	12.29	12.68	12.68	13.00	12.68	12.68	14.20	13.80	14.60	14.60	14.60	14.60	14.60	14.60	14.60	12.64
米食制品	0.00	0.00	0.00	0.00	0.00	0.00	0.00	0.00	0.00	0.00	0.00	0.00	0.00	0.00	0.00	0.00	0.00
糖	13.00	13.00	13.00	13.00	13.00	13.00	13.00	15.00	15.00	15.00	15.00	15.00	15.00	15.00	15.00	15.00	13.00
其他食品	8.18	10.28	8.89	9.90	10.71	8.87	8.94	9.78	8.16	10.14	10.14	10.12	10.12	10.31	10.12	10.24	9.58

续表

行业/年份	2002	2004	2005	2006	2007	2008	2009	2010	2011	2012	2013	2014	2015	2016	2017	2018	2019
饮料和烟草品	10.36	10.32	10.97	11.46	10.64	9.68	8.70	10.33	9.00	10.00	10.00	10.00	10.00	10.65	9.70	10.65	10.20
煤	13.00	10.71	11.00	5.33	0.00	0.00	1.78	0.00	0.00	0.00	0.00	0.00	0.00	0.00	0.00	0.00	0.00
石油	13.00	0.00	0.00	0.00	0.00	0.00	0.00	0.00	0.00	0.00	0.00	0.00	0.00	0.00	0.00	0.00	0.00
天然气	13.00	11.00	11.00	11.00	2.40	0.00	0.00	0.00	0.00	0.00	0.00	0.00	0.00	0.00	0.00	0.00	0.00
矿物质	13.00	0.00	0.42	0.00	0.00	0.00	0.00	0.00	0.00	0.00	0.00	0.00	0.00	0.00	0.00	0.00	0.00
石油煤炭产品	13.22	11.56	11.38	9.25	3.25	0.00	0.00	0.00	0.00	0.00	0.00	0.00	0.00	0.00	0.00	0.00	0.00
其他矿产品	13.01	11.25	11.70	11.64	6.67	2.24	2.68	3.60	3.06	3.10	3.07	3.07	3.07	3.07	3.18	3.18	3.98
纺织	15.36	12.84	12.81	12.81	12.00	11.13	13.64	15.67	15.61	15.62	15.62	15.62	15.62	15.80	15.94	16.14	12.75
服装	16.42	13.00	13.00	13.00	13.00	11.00	14.00	16.00	16.00	16.00	16.00	16.00	16.00	16.22	16.62	16.62	13.00
皮革制品	13.55	12.71	12.64	10.86	8.19	4.38	4.20	6.35	4.79	4.79	4.79	4.79	4.79	4.79	4.79	4.79	4.90
林业	0.00	0.00	0.00	0.00	0.00	0.00	0.00	0.00	0.00	0.00	0.00	0.00	0.00	0.00	0.00	0.00	0.00
木材制品	12.19	8.53	8.23	7.91	4.54	2.46	2.82	3.32	2.51	2.51	2.51	2.51	2.51	2.51	2.30	2.95	4.49
纸制品和出版业	13.00	5.53	5.14	5.17	5.27	3.85	4.37	5.89	5.54	5.58	5.58	5.58	4.95	4.95	5.08	5.18	5.10
黑色金属类	13.00	5.53	5.16	0.50	0.00	0.00	0.00	0.00	0.00	0.00	0.00	0.00	0.00	0.00	0.00	0.00	0.00
化工橡胶塑料制品	14.08	12.54	12.61	12.42	12.08	4.18	5.16	5.60	5.27	5.34	5.33	5.31	5.29	5.35	4.93	5.02	6.41
汽车及其零部件	17.00	17.00	17.00	17.00	17.00	17.00	17.00	17.00	17.00	17.00	17.00	17.00	17.00	17.00	17.00	17.00	12.90
其他交通设备	16.47	14.55	15.35	15.33	15.19	14.26	15.59	15.32	15.76	15.88	16.10	16.10	16.10	16.27	16.13	15.23	12.90
其他机械及设备	16.81	13.61	13.64	13.64	14.09	13.77	14.78	15.87	15.64	15.77	15.76	15.76	15.76	15.77	15.89	14.34	12.73
其他制成品	14.50	12.81	12.79	12.79	12.78	10.34	11.11	12.32	11.36	11.32	11.35	11.35	11.29	11.41	11.24	10.36	10.88
电力	13.00	13.00	13.00	13.00	13.00	0.00	0.00	13.00	13.00	13.00	13.00	13.00	13.00	17.00	17.00	17.00	13.00
其他金属	13.95	9.44	8.92	6.67	2.35	0.58	0.52	0.60	0.42	0.52	0.52	0.52	0.52	0.52	0.52	0.52	0.67

续表

行业/年份	2002	2004	2005	2006	2007	2008	2009	2010	2011	2012	2013	2014	2015	2016	2017	2018	2019
金属制品	14.31	12.89	12.83	11.36	9.37	4.56	4.73	5.77	5.88	5.88	5.87	5.86	5.86	6.11	6.12	6.12	8.24
电子器械	17.00	13.12	13.43	13.31	12.51	13.30	13.53	16.17	16.69	16.70	16.39	16.39	16.39	16.39	15.79	15.23	12.77
天然气生产分配	0.00	0.00	0.00	0.00	0.00	0.00	0.00	0.00	0.00	0.00	0.00	0.00	0.00	0.00	0.00	0.00	0.00
水	0.00	0.00	0.00	0.00	0.00	0.00	0.00	0.00	0.00	0.00	0.00	0.00	0.00	0.00	0.00	0.00	0.00
建筑	14.90	13.00	13.00	13.00	7.50	4.82	6.05	9.29	9.18	9.18	9.18	9.18	9.18	9.18	9.22	9.22	11.22
贸易	0.00	0.00	0.00	0.00	0.00	0.00	0.00	0.00	0.00	0.00	0.00	0.00	0.00	0.00	0.00	0.00	0.00
其他交通运输	0.00	0.00	0.00	0.00	0.00	0.00	0.00	0.00	0.00	0.00	0.00	0.00	0.00	0.00	0.00	0.00	0.00
海运	0.00	0.00	0.00	0.00	0.00	0.00	0.00	0.00	0.00	0.00	0.00	0.00	0.00	0.00	0.00	0.00	0.00
航空	0.00	0.00	0.00	0.00	0.00	0.00	0.00	0.00	0.00	0.00	0.00	0.00	0.00	0.00	0.00	0.00	0.00
通信	17.00	13.62	13.00	13.00	13.00	13.00	14.00	17.00	17.00	17.00	17.00	17.00	17.00	17.00	17.00	13.82	13.00
金融服务类	0.00	0.00	0.00	0.00	0.00	0.00	0.00	0.00	0.00	0.00	0.00	0.00	0.00	0.00	0.00	0.00	0.00
保险	0.00	0.00	0.00	0.00	0.00	0.00	0.00	0.00	0.00	0.00	0.00	0.00	0.00	0.00	0.00	0.00	0.00
其他商业服务类	0.00	0.00	0.00	0.00	0.00	0.00	0.00	0.00	0.00	0.00	0.00	0.00	0.00	0.00	0.00	0.00	0.00
消遣和其他服务类	0.00	0.00	0.00	0.00	0.00	0.00	0.00	0.00	0.00	0.00	0.00	0.00	0.00	0.00	0.00	0.00	0.00
公共行政、国防、医疗卫生和教育类	6.90	5.67	5.57	5.76	7.06	6.01	5.20	6.86	5.32	5.88	6.59	6.59	6.59	6.59	6.59	6.59	6.95
民居类	0.00	0.00	0.00	0.00	0.00	0.00	0.00	0.00	0.00	0.00	0.00	0.00	0.00	0.00	0.00	0.00	0.00

附表3 中国2005—2019年57个行业产品"出口税负"水平

单位:%

行业/年份	2005	2006	2007	2008	2009	2010	2011	2012	2013	2014	2015	2016	2017	2018	2019
水稻	0.00	0.00	0.00	0.00	0.00	0.00	0.00	0.00	0.00	0.00	0.00	0.00	0.00	0.00	0.00
小麦	0.00	0.00	0.00	13.00	13.00	13.00	13.00	13.00	13.00	13.00	13.00	13.00	13.00	13.00	9.00
其他粮谷类	4.00	4.00	4.00	13.00	12.16	13.00	12.16	12.79	12.79	12.79	12.79	12.79	12.79	11.12	8.62
蔬菜水果和坚果类	8.00	8.00	8.00	13.00	7.25	10.11	8.29	8.05	9.85	9.77	9.77	9.77	9.83	7.94	3.70
油料种子	9.41	8.74	8.74	9.98	9.98	10.34	9.81	9.83	9.83	9.83	9.83	9.83	9.83	8.23	4.75
甘蔗甜菜类	0.00	0.00	0.00	0.00	0.00	0.00	0.00	0.00	0.00	0.00	0.00	0.00	0.00	0.00	0.00
植物纤维	5.05	4.84	6.20	6.35	3.86	2.24	2.22	2.22	2.22	2.22	2.22	1.71	2.01	1.35	0.39
其他农作物	7.35	7.03	7.43	7.44	7.65	7.73	9.02	6.60	7.55	7.55	7.55	7.21	7.29	6.50	2.18
牲畜类	8.00	8.00	8.00	9.25	10.50	9.50	13.00	10.91	10.91	10.91	10.91	10.91	10.91	10.08	4.78
其他畜禽产品	7.93	8.70	9.25	9.58	10.84	9.80	10.89	10.88	10.88	10.88	10.88	10.88	11.01	10.46	4.72
鲜牛奶	8.00	8.00	4.00	8.00	8.00	6.00	17.00	7.00	7.00	7.00	7.00	7.00	7.00	7.00	4.50
毛织品	5.60	5.10	6.84	7.79	7.19	4.95	5.76	5.76	5.76	5.76	5.76	5.45	5.22	5.22	2.40
渔业	7.87	7.87	8.00	8.07	6.69	4.32	4.19	4.68	5.02	4.72	4.90	4.83	7.49	4.82	1.20
肉类	6.22	6.22	6.41	7.12	8.14	6.38	8.10	7.99	7.99	7.99	8.16	7.99	7.99	7.67	3.35
其他肉制品	6.36	6.69	6.85	6.84	7.12	6.03	7.30	7.50	7.47	7.47	7.14	7.47	7.47	6.61	2.48
植物油脂	3.96	3.80	2.82	6.61	10.19	9.00	9.65	9.65	9.17	9.17	9.17	9.17	9.30	9.14	5.95
乳制品	4.43	4.32	4.00	4.32	4.32	2.72	3.20	2.40	2.40	2.40	2.40	2.40	2.40	2.40	0.36
米食制品	0.00	0.00	0.00	0.00	0.00	0.00	0.00	0.00	0.00	0.00	0.00	0.00	0.00	0.00	0.00
糖	4.00	4.00	4.00	4.00	4.00	2.00	2.00	2.00	2.00	2.00	2.00	2.00	2.00	2.00	0.00
其他食品	7.05	5.95	5.23	7.04	6.97	5.84	7.78	5.77	5.73	5.75	5.75	5.56	4.46	4.20	1.37

续表

行业/年份	2005	2006	2007	2008	2009	2010	2011	2012	2013	2014	2015	2016	2017	2018	2019
饮料和烟草品	6.03	5.36	6.36	7.32	8.30	6.47	8.00	7.00	7.00	7.00	7.00	6.35	7.30	6.35	2.80
煤	3.11	7.67	14.11	14.11	14.33	17.00	17.00	17.00	17.00	17.00	17.00	17.00	17.00	17.00	13.00
石油	17.00	17.00	17.00	17.00	17.00	17.00	17.00	17.00	17.00	17.00	17.00	17.00	17.00	17.00	13.00
天然气	2.40	2.40	11.00	13.40	13.40	13.40	13.40	13.40	13.40	13.40	13.40	13.40	13.40	12.80	9.40
矿物质	12.19	13.29	12.95	12.61	12.97	12.97	12.97	12.97	12.97	12.97	12.97	12.97	12.97	12.97	11.46
石油煤炭产品	1.62	7.75	13.75	17.000	17.00	17.00	17.00	17.00	17.00	17.00	17.00	17.00	17.00	17.00	13.13
其他矿产品	4.43	4.43	9.31	13.82	14.32	13.40	13.94	13.90	13.93	13.93	13.93	13.93	13.82	13.82	9.02
纺织	4.19	4.19	5.00	5.87	3.36	1.33	1.39	1.38	1.38	1.38	1.38	1.20	1.06	0.86	0.31
服装	4.00	4.00	4.00	6.00	3.00	1.00	1.00	1.00	1.00	1.00	1.00	0.78	0.38	0.38	0.00
皮革制品	4.36	6.14	8.81	12.43	12.61	10.46	12.02	12.02	12.02	12.02	12.02	12.02	12.02	11.96	7.91
林业	0.00	0.00	0.00	0.00	0.00	0.00	0.00	0.00	0.00	0.00	0.00	0.00	0.00	0.00	0.00
木材制品	8.59	8.86	12.29	14.37	13.97	13.47	14.28	14.28	14.28	14.28	14.28	14.28	14.45	13.77	8.31
纸制品和出版业	11.45	11.42	11.31	12.73	12.21	10.69	11.04	11.00	11.00	11.00	11.63	11.63	11.49	11.17	7.47
黑色金属类	11.84	16.50	17.00	17.00	17.00	17.00	17.00	17.00	17.00	17.00	17.00	17.00	17.00	17.00	13.00
化工、橡胶、塑料制品	4.26	4.43	4.80	12.61	11.71	11.27	11.61	11.53	11.54	11.56	11.48	11.52	11.90	11.78	6.45
汽车及其零部件	0.00	0.00	0.00	0.00	0.00	0.00	0.00	0.00	0.00	0.00	0.00	0.00	0.00	0.00	0.10
其他交通设备	0.65	0.67	0.77	1.70	0.37	0.64	0.20	0.08	0.01	0.01	0.01	0.00	0.00	0.70	0.00
其他机械及设备	3.21	3.20	2.74	3.05	2.05	0.97	1.20	1.07	1.08	1.08	1.06	1.07	0.89	2.43	0.12
其他制成品	4.21	4.21	4.22	6.66	5.89	4.68	5.64	5.68	5.65	5.65	5.71	5.59	5.76	6.48	2.12
电力	4.00	4.00	4.00	17.00	17.00	4.00	4.00	4.00	4.00	4.00	4.00	0.00	0.00	0.00	0.00
其他金属	7.37	9.45	13.94	15.54	15.60	15.52	15.70	15.60	15.60	15.60	14.89	15.60	15.60	15.60	11.38

续表

行业/年份	2005	2006	2007	2008	2009	2010	2011	2012	2013	2014	2015	2016	2017	2018	2019
金属制品	4.14	5.60	7.59	12.40	12.23	11.19	11.08	11.08	11.09	11.10	11.10	10.85	10.84	10.84	4.72
电子器械	3.57	3.69	4.49	3.70	3.47	0.83	0.31	0.30	0.61	0.61	0.31	0.61	1.03	1.77	0.23
天然气生产分配	0.00	0.00	0.00	0.00	0.00	0.00	0.00	0.00	0.00	0.00	0.00	0.00	0.00	0.00	0.00
水	0.00	0.00	0.00	0.00	0.00	0.00	0.00	0.00	0.00	0.00	0.00	0.00	0.00	0.00	0.00
建筑	4.00	4.00	9.50	12.18	10.95	7.71	7.82	7.82	7.82	7.82	7.82	7.82	7.78	7.78	1.78
贸易	0.00	0.00	0.00	0.00	0.00	0.00	0.00	0.00	0.00	0.00	0.00	0.00	0.00	0.00	0.00
其他交通运输	0.00	0.00	0.00	0.00	0.00	0.00	0.00	0.00	0.00	0.00	0.00	0.00	0.00	0.00	0.00
海运	0.00	0.00	0.00	0.00	0.00	0.00	0.00	0.00	0.00	0.00	0.00	0.00	0.00	0.00	0.00
航空	4.00	4.00	4.00	4.00	3.00	0.00	0.00	0.00	0.00	0.00	0.00	0.00	0.00	3.18	0.00
通信	0.00	0.00	0.00	0.00	0.00	0.00	0.00	0.00	0.00	0.00	0.00	0.00	0.00	0.00	0.00
金融服务类	0.00	0.00	0.00	0.00	0.00	0.00	0.00	0.00	0.00	0.00	0.00	0.00	0.00	0.00	0.00
保险	0.00	0.00	0.00	0.00	0.00	0.00	0.00	0.00	0.00	0.00	0.00	0.00	0.00	0.00	0.00
其他商业服务类	0.00	0.00	0.00	0.00	0.00	0.00	0.00	0.00	0.00	0.00	0.00	0.00	0.00	0.00	0.00
消遣和其他服务类	0.00	0.00	0.00	0.00	0.00	0.00	0.00	0.00	0.00	0.00	0.00	0.00	0.00	0.00	0.00
公共行政、国防、医疗卫生和教育类	11.43	11.24	9.94	10.99	11.80	10.14	11.68	11.12	10.41	10.41	10.41	10.41	10.41	10.41	6.05
民居类	0.00	0.00	0.00	0.00	0.00	0.00	0.00	0.00	0.00	0.00	0.00	0.00	0.00	0.00	0.00

附录

附表4　不同时期各行业出口退税水平及其引致的产值额外变化情况

单位：10⁹元

GTAP数据库部门分类	对应部门的中文描述	2002年出口税负 出口退税水平(%)	2002年出口税负 产值	2002年出口税负 产值变化	2005年出口税负 出口退税水平(%)	2005年出口税负 产值	2005年出口税负 产值变化	2010年出口税负 出口退税水平(%)	2010年出口税负 产值	2010年出口税负 产值变化	政策试验：取消所有出口退税 行业幅度(%)	取消所有产品出口退税 产值	取消所有产品出口退税 产值变化
PDR	水稻	13.00	286.63	9.69	0.00	303.64	9.40	0.00	386.69	10.17	0.00	428.64	-3.47
WHT	小麦	13.00	157.68	-1.92	13.00	167.04	-2.89	0.00	212.73	-5.46	0.00	239.49	2.18
GRO	其他粮谷类	6.33	250.07	-1.51	9.00	264.91	-1.50	0.00	337.37	-1.70	0.21	373.97	-0.71
V_F	蔬菜水果和坚果类	4.98	533.81	8.92	5.00	565.49	9.45	2.97	720.17	12.04	3.23	802.44	-2.32
OSD	油料种子	4.25	104.16	-6.53	4.26	110.34	-6.73	3.33	140.52	-8.18	3.84	159.81	3.12
PFB	植物纤维	13.29	80.22	1.26	11.49	84.98	3.25	14.43	108.23	8.11	15.26	93.99	-15.99
CTL	牲畜类	5.00	152.98	1.66	5.00	183.79	-0.85	3.50	334.19	-9.98	5.99	366.59	-0.88
OAP	其他畜禽产品	6.49	692.63	18.21	6.92	832.11	17.93	4.66	1513.11	20.89	2.09	1687.42	-1.35
FRS	林业	0.00	197.84	-4.66	0.00	204.32	-6.81	0.00	235.94	-11.64	3.22	266.97	4.97
FSH	渔业	5.18	297.11	4.68	5.13	342.25	5.14	8.71	562.64	7.77	10.00	629.07	-0.50
COL	煤	13.00	401.09	2.79	11.00	708.76	-1.60	0.00	2210.93	-38.24	11.66	2474.12	-8.56
OIL	石油	13.00	326.33	11.64	0.00	439.46	2.58	0.00	991.78	-42.40	6.93	1119.37	8.36
OMN	矿物质	13.00	304.30	6.26	0.42	472.27	-4.42	0.00	1292.36	-75.22	6.97	1475.97	-0.10
OMT	其他肉制品	8.58	153.43	0.31	8.14	325.27	-2.64	8.11	1164.27	-28.63	6.62	1299.51	20.21
VOL	植物油脂	12.59	146.27	-13.07	11.49	319.33	-26.96	6.39	1164.27	-88.98	5.55	1336.39	49.75
PCR	米食制品	0.00	270.39	13.37	0.00	422.35	19.71	0.00	1164.27	49.07	0.00	1295.04	-10.98
OFD	其他食品	8.18	494.92	0.99	8.89	603.74	3.91	9.78	1135.06	15.67	10.24	1282.16	26.36

321

续表

GTAP数据库部门分类	对应部门的中文描述	2002年出口税负 出口退税水平(%)	2002年出口税负 产值	2002年出口税负 产值变化	2005年出口税负 出口退税水平(%)	2005年出口税负 产值	2005年出口税负 产值变化	2010年出口税负 出口退税水平(%)	2010年出口税负 产值	2010年出口税负 产值变化	政策试验：取消所有产品出口退税 行业取消幅度(%)	产值	产值变化
B_T	饮料和烟草品	10.36	383.07	13.67	10.97	572.86	19.01	10.33	1499.51	43.68	10.65	1667.93	-11.07
TEX	纺织	15.36	900.56	43.70	12.81	1232.10	83.85	15.67	2850.79	284.82	16.14	2432.07	-444.92
WAP	服装	16.42	409.67	36.22	13.00	549.66	54.81	16.00	1233.12	145.71	16.62	1048.44	-199.17
LEA	皮革制品	13.55	253.32	12.06	12.64	344.51	-3.89	6.35	789.75	-84.84	4.79	813.25	-44.98
LUM	木材制品	12.19	394.89	0.00	8.23	528.49	-30.01	3.32	1180.80	-176.44	2.95	1373.51	77.53
PPP	造纸	13.00	566.60	28.52	5.14	708.23	5.53	5.89	1399.70	-86.18	5.18	1563.63	1.62
P_C	石油煤炭产品	13.22	608.46	14.26	11.38	1002.08	10.72	0.00	2923.88	-29.53	0.00	3277.55	-15.37
CRP	化工、橡胶、塑料制品	14.08	2157.26	38.14	12.61	3225.23	-40.10	5.60	8439.42	-519.63	5.02	9346.83	-48.55
NMM	其他矿产品	13.01	580.45	16.36	11.7	1026.75	17.94	3.60	3205.73	0.00	3.18	3602.72	48.10
I_S	黑色金属类	13.00	1130.64	1.13	5.16	1819.60	-26.93	0.00	5183.36	-210.36	0.00	5964.60	-69.65
NFM	其他金属	13.95	406.13	4.42	8.92	815.11	-27.77	0.60	2811.90	-302.05	0.52	3311.29	-3.36
FMP	金属制品	14.31	599.76	28.56	12.83	840.09	16.95	5.77	2013.46	-49.51	6.12	2224.14	-30.73
MVH	汽车及其零部件	17.00	696.98	-16.41	17	1049.84	-14.53	17.00	2772.63	5.53	17.00	3177.21	153.97
OTN	其他交通设备	16.47	267.69	19.83	15.35	693.53	54.93	15.32	2772.63	242.86	15.23	3219.80	354.43
ELE	电子器械	17.00	2009.90	527.67	13.43	3339.57	897.68	16.17	9831.51	2743.18	15.23	11775.79	1767.55
OME	其他机械及设备	16.81	1468.66	57.84	13.64	2291.58	121.21	15.87	6309.36	472.77	14.34	7484.42	-920.31
OMF	其他制成品	14.50	289.25	12.19	12.79	375.55	14.90	12.32	796.88	28.43	10.36	933.81	98.08

续表

GTAP数据库部门分类	对应部门的中文描述	2002年出口税负 出口退税水平(%)	2002年出口税负 产值	2002年出口税负 产值变化	2005年出口税负 出口退税水平(%)	2005年出口税负 产值	2005年出口税负 产值变化	2010年出口税负 出口退税水平(%)	2010年出口税负 产值	2010年出口税负 产值变化	政策试验:取消所有高污染行业产品出口退税 取消幅度(%)	政策试验 产值	政策试验 产值变化
ELY	电力	13.00	791.17	10.15	13	1346.03	8.66	13.00	4055.08	-16.29	17.00	4514.44	-55.86
WTR	水	0.00	56.65	0.62	0.00	66.35	0.45	0.00	113.71	0.00	0.00	127.13	-0.23
CNS	建筑	14.90	2813.27	-2.82	13.00	3640.75	-3.64	9.29	7680.77	-7.69	9.22	8602.46	-1.72
TRD	贸易	0.00	2429.10	-22.06	0.00	2758.17	-25.05	0.00	4364.80	-39.64	0.00	4892.76	8.53
OTP	其他交通运输	0.00	789.87	-28.65	0.00	835.23	-29.61	0.00	1056.67	-36.06	0.00	1189.56	1.41
WTP	海运	0.00	434.34	-0.87	0.00	540.14	-2.33	0.00	1056.67	-8.52	0.00	1187.53	-0.86
ATP	航空	0.00	125.86	-13.98	0.00	284.10	-28.58	0.00	1056.67	-88.15	0.00	1207.82	25.00
CMN	通信	17.00	602.40	8.32	13.00	682.93	8.67	17.00	1076.12	11.71	13.82	1205.25	-3.81
OFI	金融服务类	0.00	606.40	13.05	0.00	668.90	13.67	0.00	974.05	18.16	0.00	1089.06	-0.79
ISR	保险	0.00	124.99	-9.84	0.00	269.33	-20.15	0.00	974.05	-66.60	0.00	1098.41	7.46
OBS	其他商业服务类	0.00	1181.71	-80.80	0	1432.33	-87.56	0.00	2655.92	-130.99	0.00	2979.73	10.39
ROS	消遣和其他服务类	0.00	408.23	-2.46	0	497.22	-3.00	0.00	931.70	-5.62	0.00	1039.92	-5.88
OSG	公共行政、国防、医疗卫生和教育类	6.90	2126.83	-518.48	5.57	2482.06	-546.84	6.86	4216.42	-767.53	6.59	4795.25	17.47
DWE	民居类	0.00	442.19	11.21	0	515.84	12.14	0.00	875.44	18.01	0.00	972.93	-9.85
总计		—	30906.15	—	—	34037.76	—	—	100777.06	—	—	774.51	—
变化率		—	0.82%	—	—	1.09%	—	—	1.19%	—	—	0.68%	—

注:产值(当年价格计)以最终产品或服务计算,不管是否在报告期内销售,均包括在内。

附表 5　中国 1998—2012 年高污染行业出口额及其占总出口额的比重

单位：十亿美元

高污染行业		1998年	1999年	2000年	2001年	2002年	2003年	2004年	2005年	2006年	2007年	2008年	2009年	2010年	2011年	2012年
经济整体	总体	183.7090	194.9310	249.2030	266.0980	325.5960	438.2280	593.3260	761.9530	968.9780	1220.4560	1430.6931	1201.6118	1577.7543	1898.3815	2048.7144
其他矿物质	出口	0.0800	0.0770	0.0790	0.0920	0.1810	0.2530	0.5677	1.1230	0.9234	0.9458	0.9285	0.2190	0.5802	0.5939	0.4243
	比重	0.0004	0.0004	0.0003	0.0003	0.0006	0.0006	0.0010	0.0015	0.0010	0.0008	0.0006	0.0002	0.0004	0.0003	0.0002
煤石油天然气及其产品	出口	5.1760	4.6590	7.8560	8.4160	8.4350	11.1140	14.4804	17.6230	17.7701	19.9510	31.7732	20.3750	26.6746	32.2755	31.0115
	比重	0.0282	0.0239	0.0315	0.0316	0.0259	0.0254	0.0244	0.0231	0.0183	0.0163	0.0222	0.0170	0.0169	0.0170	0.0151
造纸	出口	1.0010	0.9290	1.4160	1.4910	1.7240	2.3273	2.8619	3.9650	6.8954	9.1928	10.3909	10.0210	12.4056	16.2425	17.3211
	比重	0.0054	0.0048	0.0057	0.0056	0.0053	0.0053	0.0048	0.0052	0.0071	0.0075	0.0073	0.0083	0.0079	0.0086	0.0085
纺织	出口	18.0780	18.4750	21.5880	22.1150	26.8114	34.8431	43.5336	53.8740	72.5822	94.7272	101.4066	92.5870	115.0299	139.0012	148.8821
	比重	0.0984	0.0948	0.0866	0.0831	0.0823	0.0795	0.0734	0.0707	0.0749	0.0776	0.0709	0.0771	0.0729	0.0732	0.0727
服装	出口	15.5730	15.5730	18.8650	18.9560	20.5830	25.0790	28.9809	35.0310	43.7203	47.3157	52.4901	46.7300	54.3615	63.0737	61.2202
	比重	0.0848	0.0799	0.0757	0.0712	0.0632	0.0572	0.0488	0.0460	0.0451	0.0388	0.0367	0.0389	0.0345	0.0332	0.0299
皮革制品	出口	14.3040	14.5620	17.3550	18.4860	20.4230	24.5270	28.8700	34.6530	37.1948	41.6692	47.9930	44.6990	58.8812	71.6673	78.5497
	比重	0.0779	0.0747	0.0696	0.0695	0.0627	0.0560	0.0487	0.0455	0.0384	0.0341	0.0335	0.0372	0.0373	0.0378	0.0383
化工橡胶塑料制品	出口	12.3400	12.6040	15.2000	16.2890	19.2289	24.3412	32.1061	42.4400	68.5289	88.9773	111.9139	91.8160	127.0010	166.3179	174.6108
	比重	0.0672	0.0647	0.0610	0.0612	0.0591	0.0555	0.0541	0.0557	0.0707	0.0729	0.0782	0.0764	0.0805	0.0876	0.0852

续表

高污染行业		2012年	2011年	2010年	2009年	2008年	2007年	2006年	2005年	2004年	2003年	2002年	2001年	2000年	1999年	1998年
其他矿产品	出口	43.1016	37.4396	30.3329	22.6980	26.3353	20.9860	18.2414	14.4310	10.8610	8.3034	6.6836	5.5500	5.3130	4.5310	4.4350
	比重	0.0210	0.0197	0.0192	0.0189	0.0184	0.0172	0.0188	0.0189	0.0183	0.0189	0.0205	0.0209	0.0213	0.0232	0.0241
钢铁	出口	37.1159	39.8760	28.9315	13.4850	53.4731	39.9427	25.1318	15.0900	11.4667	3.4172	2.3074	2.2380	3.5900	2.0440	2.4770
	比重	0.0181	0.0210	0.0183	0.0112	0.0374	0.0327	0.0259	0.0198	0.0193	0.0078	0.0071	0.0084	0.0144	0.0105	0.0135
金属制品	出口	81.7360	74.2571	57.5715	47.6720	64.8691	52.0597	39.4130	19.0320	13.7462	9.4470	7.2620	6.0160	5.4780	4.3520	4.1910
	比重	0.0399	0.0391	0.0365	0.0397	0.0453	0.0427	0.0407	0.0250	0.0232	0.0216	0.0223	0.0226	0.0220	0.0223	0.0228
其他金属	出口	30.2216	30.7882	24.2959	15.9630	25.6730	23.5276	20.7586	10.5670	8.7565	5.4302	3.9901	3.3070	3.3670	2.7290	2.6460
	比重	0.0148	0.0162	0.0154	0.0133	0.0179	0.0193	0.0214	0.0139	0.0148	0.0124	0.0123	0.0124	0.0135	0.0140	0.0144
其他机械及设备	出口	863.2087	799.5187	698.5682	536.9680	610.7545	528.8151	414.0455	322.0080	247.7843	172.3340	115.9210	84.8910	72.8850	52.0850	43.6150
	比重	0.4213	0.4212	0.4428	0.4469	0.4269	0.4333	0.4273	0.4226	0.4176	0.3933	0.3560	0.3190	0.2925	0.2672	0.2374
高污染行业总计	出口	1567.4034	1471.0516	1234.6338	943.2330	1138.0011	968.1101	765.2053	569.8370	444.0152	321.4163	233.5504	187.8470	172.9920	132.6200	123.9160
	比重	0.7651	0.7749	0.7825	0.7850	0.7954	0.7932	0.7897	0.7479	0.7483	0.7334	0.7173	0.7059	0.6942	0.6803	0.6745

附表6　不同情景下出口税负政策的环境影响

污染物	2002年出口税负 排放变化量(万吨)	2002年出口税负 排放变化率(%)	2002年出口税负 结构效应(%)	2005年出口税负 排放变化量(万吨)	2005年出口税负 排放变化率(%)	2005年出口税负 结构效应(%)	2010年出口税负 排放变化量(万吨)	2010年出口税负 排放变化率(%)	2010年出口税负 结构效应(%)	在2018年基础上继续提高所有高污染行业出口税负 排放变化量(万吨)	在2018年基础上继续提高所有高污染行业出口税负 排放变化率(%)	在2018年基础上继续提高所有高污染行业出口税负 结构效应(%)
工业废水	50021.62	2.73	1.91	1113.01	0.06	-1.03	-26787.83	-1.27	-2.46	-63885.23	-3.02	-3.70
工业 SO_2	23.46	1.72	0.90	12.45	0.71	-0.38	-29.24	-1.72	-2.91	-5.18	-0.30	-0.98
工业烟粉尘	29.41	2.10	1.27	17.35	1.07	-0.02	-15.24	-1.59	-2.79	-4.78	-0.50	-1.18
农业COD	11.35	1.05	0.23	8.53	0.78	-0.31	3.95	0.36	-0.83	-46.17	-4.22	-4.90
农业TN	17.52	1.20	0.38	10.87	0.72	-0.37	7.22	0.48	-0.72	-71.78	-4.73	-5.41
农业TP	0.49	1.40	0.58	1.56	0.89	-0.2	0.54	0.31	-0.89	-7.20	-4.10	-4.78
CO_2	6651.34	1.54	0.72	3980.28	0.67	-0.42	-13129.87	-1.45	-2.64	-3446.63	-0.38	-1.06
CH_4	0.13	1.63	0.80	0.09	0.85	-0.24	-0.20	-1.34	-2.54	-0.06	-0.39	-1.07
N_2O	0.08	1.50	0.68	0.13	0.59	-0.5	-0.18	-1.45	-2.64	-0.05	-0.35	-1.03

附表7　　　　不同行业四种污染物的污染排放强度

行业	年份	2005	2006	2007	2008	2009	2010	2018
纺织	化学需氧量（吨/亿元）	—	20.60	18.41	14.69	13.63	10.54	5.22
	二氧化硫（吨/亿元）	—	19.78	14.73	12.33	11.15	8.67	0.20
	工业固体废物（万吨/亿元）	—	0.04	0.04	0.04	0.03	0.03	0.02
	工业废水（万吨/亿元）	—	12.92	12.02	10.77	10.41	8.61	4.68
皮革制品	化学需氧量（吨/亿元）	—	17.32	13.75	10.95	8.96	8.15	3.64
	二氧化硫（吨/亿元）	—	4.34	3.39	2.95	2.78	1.77	1.35
	工业固体废物（万吨/亿元）	—	0.01	0.01	0.01	0.01	0.01	0.00
	工业废水（万吨/亿元）	—	4.90	4.57	4.45	3.89	3.57	1.76
造纸	化学需氧量（吨/亿元）	—	308.49	248.78	163.57	132.76	91.26	23.60
	二氧化硫（吨/亿元）	—	85.01	77.72	58.80	55.34	48.71	0.26
	工业固体废物（万吨/亿元）	—	0.32	0.28	0.23	0.24	0.22	0.16
	工业废水（万吨/亿元）	—	74.36	67.13	51.78	47.51	37.73	16.65
化工	化学需氧量（吨/亿元）	—	0.34	14.56	10.88	0.24	8.27	4.06
	二氧化硫（吨/亿元）	—	36.68	28.36	21.55	18.64	15.35	14.72
	工业固体废物（万吨/亿元）	—	20.76	0.26	0.21	10.24	0.18	0.23
	工业废水（万吨/亿元）	—	11.59	8.73	6.83	6.14	4.93	2.93
有色金属	化学需氧量（吨/亿元）	7.33	5.12	3.37	2.63	2.55	1.67	1.23
	二氧化硫（吨/亿元）	51.13	36.00	28.90	22.35	20.84	18.24	32.79
	工业固体废物（万吨/亿元）	1.36	1.05	0.88	0.79	0.85	0.74	0.58
	工业废水（万吨/亿元）	5.50	4.21	3.42	2.61	2.47	1.92	1.23
钢铁	化学需氧量（吨/亿元）	7.29	4.97	3.65	2.46	2.45	1.82	1.17
	二氧化硫（吨/亿元）	51.39	44.93	36.59	26.81	28.71	23.78	30.86
	工业固体废物（万吨/亿元）	1.27	1.22	1.10	0.85	0.93	0.90	0.98
	工业废水（万吨/亿元）	7.07	5.51	4.36	2.98	2.76	2.08	1.35
矿物质	化学需氧量（吨/亿元）	33.13	18.57	11.82	8.24	7.23	3.94	3.32
	二氧化硫（吨/亿元）	58.54	51.29	52.56	32.49	25.06	15.99	4.09
	工业固体废物（万吨/亿元）	10.56	8.14	7.65	5.62	5.70	4.90	5.33
	工业废水（万吨/亿元）	43.68	33.67	24.36	16.66	14.21	10.21	24.24
矿物燃料	化学需氧量（吨/亿元）	7.07	4.81	4.16	2.98	2.94	2.61	1.97
	二氧化硫（吨/亿元）	298.78	246.35	196.76	143.97	125.87	94.51	56.60
	工业固体废物（万吨/亿元）	1.14	0.99	0.96	0.81	0.91	0.82	0.81
	工业废水（万吨/亿元）	8.54	6.28	4.79	3.82	3.40	2.69	2.74

续表

	年份	2005	2006	2007	2008	2009	2010	2018
非金属矿物制品业	化学需氧量（吨/亿元）	5.75	5.06	2.89	1.92	1.20	0.97	0.60
	二氧化硫（吨/亿元）	193.97	159.28	117.37	80.25	64.61	52.60	34.78
	工业固体废物（万吨/亿元）	0.37	0.38	0.30	1.70	0.19	0.17	0.13
	工业废水（万吨/亿元）	0.23	0.20	0.24	0.16	0.14	0.08	0.22

注：本表污染排放强度数据所呈现年份2005—2010年，是依据第七章研究需要而选取的。2018年是依据第九章在新近年份的基础上取消出口退税政策试验的研究需要而选取并呈现2018年污染排放强度数据，也是满足研究需要。